소비자와 미디어

소비자와 미디어

초판1쇄 발행 | 2019년 01월 31일

저 자 | 유현정
발행처 | 충북대학교 출판부
발행인 | 김수갑

주 소 | 28644 충북 청주시 서원구 충대로 1
전 화 | 043-261-2952, 3014
팩 스 | 043-274-1256
이메일 | presscbu@chungbuk.ac.kr
등 록 | 제1983-2001-7호
인쇄처 | 케이프린텍

ISBN 978-89-7295-481-1 93300
값 19,000원

이 책은 충북대학교 2014년 학술도서지원 사업 및 2018년 국립대학 육성사업에 의해 지원 발행되었음.

소비자와 미디어

유현정 지음

충북대학교 출판부

목차

제1부

현대사회와 미디어

1장. 현대사회의 변화

2장. 미디어의 종류와 미디어의 변천

3장. 미디어의의 기능

1장

현대사회의 변화

소비자와 미디어

1. 기술의 혁신과 변화

정보통신기술의 발달로 생산의 자동화와 로봇화를 통해 생산성이 증가하고, 소비자 환경과 시장의 글로벌화는 소비환경과 유통구조의 변화를 가져오고 있다. 정보통신기술의 발달은 인간의 생활에 다양한 미디어 서비스를 탄생시켰으며 그 초기에는 미디어별 각각의 재생 기기에서 서비스 되던 것이 디지털미디어와 디지털미디어 기기가 발전하면서 다양한 디지털콘텐츠가 하나의 디지털 스마트 기기에서 서비스가 되고, 이제는 인간의 몸에 부착되어 인간의 오감과 커뮤니케이션하며 서비스를 하는 시대로 발전해 가고 있다.

디지털미디어 기술은 인간의 생활 전반에 걸쳐 활용되고 있으며 스마트 모바일 기기를 통한 콘텐츠의 소비는 이제 소유의 시대에서 접속의 시대로 넘어가 누구나 쉽게 소비하고 체험할 수 있는 시대가 되었다. 과거의 콘텐츠는 정해진 환경이나 특정한 기기에서 소비자에게 서비스 되었다면 지금은 초고속 무선 환경에 고화질로 각 개인의 모바일 기기를 통하여 바로 서비스가 되고 있다. 또한 이전에는 기술과 미디어 기기, 콘텐츠가 별도로 개발되어 제공되었다면 지금은 디지털미디어 기기 안에 미디어 기술이 내재되고 콘텐츠로 포장이 된 형태로 소비자들에게 서비스가 되고 있다. 이처럼 지금 이 시대의 디지털 콘텐츠의 역할은 기술과 기술을 이어주고 기술과 제품을 포장하여 소비자에게 직접적으로 서비스 해주는 것처럼 기능과 역할이 점점 발전하면서 광범위해지고 있다.

이에 현재 디지털시대에 맞는 디지털콘텐츠의 재해석과 이를 통해 창출되는 시장과 서비스에 대한 분석을 통하여 국내 디지털콘텐츠 산업 발전과 미래 신시장 서비스를 위한 전략 수립과 실행이 그 어느 때 보다도 중요하다(최용석, 2014).

과거[1] 1900년대[2] 현대[3]

그림 1.1 정보통신 미디어의 변천

1) 스마트(모바일) 미디어 환경으로

스마트 미디어 환경은 과거 PC 기반의 정보 또는 콘텐츠 생산/유통/소비 환경과 비교하여 다층적이고 서로 연관된 새로운 다양한 특성을 내포하고 있다. 근래의 스마트 미디어 혁명은 비즈니스 영역에서 뿐만 아니라 연구개발 영역 등 다양한 영역에서 큰 충격과 변화를 야기하고 있다. 좁게 보면, 스마트 미디어 환경은 스마트폰, 스마트패드 등과 같은 스마트 기기에 의해 촉발되었고 따라서 이러한 스마트 기기를 이용한 정보 또는 콘텐츠의 생산/유통/소비 환경 이라 정의할 수도 있으나,

---

1 그림출처: 눈높이대백과(http://newdle.noonnoppi.com/viewImage3.aspx?dataclass=2&enid=1871)

2 사진출처: 미디어 오늘(http://www.mediatoday.co.kr/?mod=news&act=articleView&idxno=121699)
두피디아(http://xn—hu1boo641bf7o.net/search/encyber/totalSearch.jsp?WT.ac=search)

넓게 보면, 모바일 컴퓨팅 (mobile computing), 소셜 컴퓨팅 (social computing), 개인화 컴퓨팅 (personalized computing) 등 새로운 컴퓨팅 패러다임에 의해 촉발되었고 따라서 이러한 컴퓨팅 기법을 이용한 정보 또는 콘텐츠의 생산/유통/소비 환경이며 이 환경에서의 주요 매체가 스마트 기기라 정의할 수 있다.

사실 스마트 기기의 확산과 새로운 컴퓨팅 패러다임의 등장은 서로 영향을 주는 양방향의 관계를 가지고 있다고 보아야 할 것 이다. 인터넷 접근성과 이동성이 탁월한 스마트 기기의 등장과 확산에 따라 과거와는 비교할 수 없을 정도의 다양한 형태와 방대한 양의 정보 및 콘텐츠가 생산되고 유통/소비되고 있으며 이러한 방대한 정보 및 콘텐츠에 기반하여 보다 지능적인 서비스가 가능해졌고 지능적인 서비스에 대한 요구가 증대되었다. 반대로 지능적 정보/콘텐츠 서비스가 가능해지고 지능적 서비스에 대한 사용자 요구가 증대됨에 따라 새로운 사업모델 및 관련 기술이 발전되었고 이는 다시 스마트 기기의 확산과 보편화를 촉진하고 있다.

스마트 미디어 환경은 과거 PC 기반의 정보 또는 콘텐츠 생산/유통/소비 환경과 비교하여 다층적이고 서로 연관된 새로운 다양한 특성을 내포하고 있다. 이러한 새로운 특성에 의해 과거의 스마트 미디어 서비스 영역은 새롭게 재편되고 있으며 개별 서비스의 핵심 기능 및 개발 방향이 변화되고 있다(조준면, 2012).

3 사진출처: 헤럴드팝 (http://news.naver.com/main/read.nhn?mode=LSD&mid=sec&sid1=105&oid=112&aid=0002338488)

2) 빅데이터(Big Data)시대로의 도래

빅데이터(Big Data)가 새로운 미래기술로 부상하고 있다. 급속한 정보통신기술(Information and communication technology)의 발전과 이를 활용한 전자기기의 보급으로 생성된 대용량의 디지털 정보를 빅데이터라고 한다. 미래 기업과 국가의 경쟁력을 결정할 핵심요소로 빅데이터의 중요성이 높아지면서 세계 각국의 기업과 정부는 빅데이터 기술을 적극적으로 도입하여 활용하고 있다. 컴퓨터와 인터넷의 보급으로 정보화시대가 도래하면서 많은 정보가 생산되고 소비되었다. 하지만 스마트기기의 보급, 다양한 소셜 네트워크 서비스(Social Network Service, SNS)와 미디어 콘텐츠의 등장, 클라우딩(Clouding) 기술의 확산으로 대용량 디지털 데이터의 생산-유통-소비는 더욱 급속도로 늘어나고 있다. 이러한 대용량 디지털 데이터를 기존의 데이터와 차별화하기 위해 대용량을 강조하는 '빅데이터(Big Data)'로 지칭하고 있다.

정보화시대 초기에는 이러한 대용량 디지털 데이터를 실시간으로 수집 및 저장하는 시스템을 구축하기 위해 많은 비용과 기술이 필요하였다. 그러나 2003년 구글의 분산파일시스템(GoogleFS)이 공개되면서 고비용의 대용량 서버 없이 저렴한 비용으로 빅데이터를 관리하는 시스템 구축이 용이해졌다. 빅데이터는 기업 경영의 효율성을 제고하기 위해 의사결정체계, 업무방식, 조직체계 등에 도입되었다. 그리고 빅데이터 기술이 발전하면서 기업은 실시간으로 축적되는 빅데이터를 분석하여 시장과 수요의 변화에 신속하게 대응하였다. 빅데이터 기술을 접목하여 기존의 사업영역을 확장시키거나 새로운 비즈니스모델을 개발하는 기업들도 늘어나고 있다. 최근 빅데이터 기술은 기업차원의 성과를 넘어 산업 및 국가의 경쟁력을 결정하는 중요한 무형자산으로 강조되기 시작하였다. 가트너의 보고서(2013)는 빅데이터를 "21세기의 원유"로 비유하며 미래경제에서 자본이나 노동과 동일하게 생산을 위해 투입되는 핵심요소가 될 것으로 전망하였다. 경제협력개발기구(OECD)는 창의적인 지식과 함께 빅데이터를 '지식기반 자본'으로 정의하면서 빅데이터 기술이 '데이터경제시대(Data-driven Economy)'를 선도할 것으로 전망하였다. 이를 위해 경제협력개발기구는 빅데이터 기술을 적극적으로 활용할 수 있는 인프라 구축과 제도개선이 필요하다고 주장하였다. 우리나라도 빅데이터 기술을 창조경제를 구현하는 핵심적인 요소로 인식하고 미래성장동력산업으로 육성하기 위해 기반조성과 제 도개선에 나서고 있다. 2013년 발표된 '정부3.0'을 통한 창조경제 기반 조성계획'은 정부와 공공부문의 정보공개를 우선적으로 추진하고 있다. 이 계획에 따르면 정부는 국가기관들이 보유하고 있는 빅데이터를 민간이 창의적으로 활용할 수 있도록 공개하고 창업을 지원하여 빅데이터를 기반으로 한 새로운 시장과 산업을 육성하려고 한다. 국내 기업들은 빅데이터를 활용하여 새로운 마케팅과 비즈니스 모델을 창출하기 위해 적극적으로 빅데이터 기술 관련 투자를 확대하고 있다. 또한 빅데이터 시장의 활성화를 위한 제도적인 개선으로 개인정보규제의 완화를 주장하였다. 하지만 최근 신용카드사와 이동통신사의 개인정보유출사고로 오히려 개인정보의 수집 및 활용에 대한 규제가 강화되었고 국내 빅데이터 산업은 위기를 맞고 있다. 따라서 미래의 국가경쟁력을 결정할 핵심요소로 부상하고 있는 빅데이터 기술을 미래산업으로 발전하기 위해서는 개인정보보호와의 상충적인 관계를 해결할 수 있는 제도 마련이 무엇보다 필요하다(신윤성, 2014).

그림1.2 대용량 정보기술 빅데이터[4]

4 사진출처: 위키미디아(https://commons.wikimedia.org/wiki/File:BigData_2267x1146_white.png)

2. 시장환경의 변화

1) 디지털 기술의 응용

최근 시장환경이 다양하게 변화하고 있다. 그 중에서도 디지털기술의 응용은 시장환경뿐만 아니라 사회환경에 까지 많은 변화를 가져왔다. 우리는 손쉽게 모바일쇼핑을 즐기고, 인터넷신문을 읽으며, 그날의 기상을 확인한다. 우리는 이렇게 디지털 혁명의 시대를 살아가고 있다.

이러한 디지털 기술은 우리의 생활에 다음과 같은 변화를 가져왔다. 첫째, 과학기술과 교육 분야는 회전속도가 엄청나게 빠르고 모든 것이 동시에 일어난다. 둘째, 경제와 비즈니스 분야에서는 국지적인 것은 별로 의미가 없으며, 모든 일이 전 세계에 걸쳐 동일하게 일어난다. 셋째, 정치와 종교 분야는 분산화가 추진되어 독점이 불가능하며 정보는 어떠한 방향으로든 유통된다.

디지털 기술을 통한 멀티미디어의 발달은 매체 환경에 변화를 초래하였고, 이로 인해 기존의 대량 생산 방식에 의한 대량 소비에서 각 개인이 중심이 되는 탈획일화, 차별화의 생산, 소비 방식의 패러다임으로 변화하고 있다(김정숙, 서경석, 2000).

2) 소비자들의 특성변화

기존에는 고객과 접촉하는 의사소통 채널이 4대 매체(TV, 라디오, 신문, 잡지)와 자사의 홈페이지 등으로 명확히 정의되어 있었지만 ICT의 발전은 고객과의 다양한 접촉 채널을 가능하게 하고 이는 역동적으로 변화하고 있다. 또한 기존에는 기업의 비즈니스 모델이 고객과 주기적인 연락을 통한 단순 거래 모형이었던 것에 비해 이제는 고객들의 지속적인 참여에 기반을 둔 복잡한 관계 모형으로 진화 하고 있다.

급변하는 글로벌 경제 환경에서 혁신 능력은 기업의 발전뿐 아니라 생존을 위한 필수 조건이 되었다. 또한 소셜 미디어(SNS: Social Network Service), 모바일, 클라우드 등의 최신 디지털 기술은 기업과 소비자 개인의 상호 의사소통 방식에 끊임없는 변화를 주고 있다. 따라서 기업들은 빅데이터 등으로 대표되는 정보 통신(ICT) 메가트렌드와 고객 인텔리전스(CI: Customer Intelligence) 및 고객 경험(CX: Customer eXperience)을 결합하여 고객 중심 전략에 더욱 박차를 가하고 있다. 과거에는 해외 선진 기업에서 고객 관리를 위한 서비스 차원으로 고객 관계 관리를 수행하였다면, 이제는 고객 관리가 단순 고객 서비스 차원을 떠나 기업 조직과 문화의 중심에 위치한 주요 전략으로 자리 잡아 가고 있다.

이러한 디지털 경영 시대의 특성은 다음과 같이 설명할 수 있다.

첫째, 대부분의 정보가 '읽기 전용(read-only)'이었던 web 1.0에서 '읽고 쓰기(read and write)'가 가능하게 된 web 2.0으로의 ICT 발전은 인터넷 환경은 물론, 정보 공유 및 의사소통 방식에 있어서도 변화를 가져왔다. 기존의 일대일(one to one) 의사소통에서 일대다(one to many) 혹은 다대다(many to many) 의사소통과 쌍방향 의사소통이 가능해졌다. 개인들은 네트워크상에서 커뮤니티를 구성하고 온라인상에서 대화를 하게 됨으로써 회사가 일방적으로 보내는 정보에 대한 신뢰가 희석되고, 오히려 한 번도 만난 적이 없는 온라인 친구들에게서 받은 정보와 조언을 신뢰하게 되었다.

둘째, 온라인 구매가 오프라인 구매보다 많은 비중을 차지하게 되고, 제품 리뷰, 랭킹 평가, 블로그 작성 등을 통해 제품과 서비스에 대한 피드백을 제공하며 더 나은 고객 경험을 기대하고, 소비자들이 네트워크로 연결이 되면서 회사에 더 많은 것을 요구하며 기업의 제품 개발 과정에도 참가하는 공동 창조(co-creation)의 시대가 도래하였다.

셋째, 웹(web)은 전 세계로 뻗어 나가는 네크워크이기 때문에 모든 사람이 접근할 수 있는 접근성, 모든 장소에서 가능한 확장성, 그리고 24시간 언제든지 접속할 수 있는 실시간성이라는 특성을 갖고 있다. 이 때문에 기업의 활동들이 보다 공개적으로 소비자들에게 전달될 수 있다. 예를 들어 기업에서 안전사고라든지 제품 결함이 생기면 기업의 마케팅 및 홍보 부서에서 보고를 받기도 전 웹상에 동영상이 먼저 올라오는 것을 흔히 발견할 수 있다.

따라서 기업의 대고객 전략도 변화가 필요하다. 기존에는 고객 지원 담당자만이 고객 관련 업무를 수행하였다면 이제는 전 직원이 대고객 업무를 행하게 된다. 그리고 기존에는 기업의 데이터베이스를 통해서 고객의 구매 행동이 얼마나 최근에, 얼마나 자주, 얼마나 많이 (RFM: Recency, Frequency, and Monetary value) 일어났는지에 초점을 두어 고객 계정 관리, 컨택 관리, 판매/촉진/캠페인 등의 마케팅 관리, 매출 관리, 서비스 관리와 같은 프로세스에 집중되었었다면 이제는 기업 내·외부 커뮤니티의 창출 및 관리도 새로운 업무 영역으로 확대되고 있다. 또한 기존에는 기업의 비즈니스 모델이 고객과 주기적인 연락을 통한 단순 거래 모형이었던 것에 비해 이제는 고객들의 지속적인 참여에 기반을 둔 복잡한 관계 모형으로 진화하고 있다.

그림1.3 디지털 경영시대의 특징5/6

3) 글로벌 디지털 시장 전망(메조미디어, 2014)

글로벌 디지털 시장은 지금까지와 마찬가지로 빠른 성장세를 이어갈 것으로 보인다. 이와 함께 디지털 광고시장의 성장 전망 또한 눈에 띄는 점이다. 미국의 시장조사기관인 이마케터가 발표한 자료에 따르면 방송, 뉴스 등의 전통적 광고는 점차 하락세를 보일 것으로 예측되는 반면, 디지털 광고가 전세계 전체 광고 지출의 4분의 1 가량을 차지할 것으로 보인다고 밝혔다. 또한 디지털 광고 중에서도 모바일 광고의 성장세가 가장 두드러질 것으로 예측하였다. 이마케터가 발표한 시장 전망과 예측되는 사회변화는 다음과 같다.

가. 모바일, 멀티플랫폼 환경이 디지털 시장의 중심으로 진출 할 것이다.

변화 1 : 모바일, 멀티플랫폼의 양적·질적 증가

---

5 사진출처: http://techneedle.com/archives/307
6 사진출처: http://cms.azoomma.com/moj/?p=1193

스크린의 수가 점점 늘어나고 있는 디지털 환경에서 모바일 기기가 멀티플랫폼의 중심이 되고 있으며, 미국 성인 유저들의 모바일 기기를 통한 인터넷 사용 시간 또한 증가함에 따라 모바일은 양적으로 뿐만 아니라 질적으로 성장을 했다고 볼 수 있다.

변화 2 : 모바일 광고가 꾸준히 증가

모바일 광고 집행 또한 꾸준히 증가하고 있는데, 2014년에는 전체 디지털 광고비 중 약 31%가 모바일 광고에 편성될 것으로 예상되며, 전체 미디어 광고비 중에서는 8.4% 비율을 차지할 것으로 보임. 아직 전체 미디어 광고비에서 차지하는 비율은 크지 않지만 매년 큰 성장률을 보이고 있음이 주목할 만 한 점이다.

변화 3 : 모바일폰과 태블릿이 중요한 채널로 등장

마케터들에게도 모바일폰과 태블릿은 점점 더 중요한 채널로 인식되고 있는 상황이다. 모바일 기기로 인터넷에 접속하는 비율이 미국 뿐 아니라 세계적으로도 계속해서 증가하고 있다. 특히 중국의 경우 모바일폰으로 인터넷에 접속하는 비율이 절반 이상인 70%에 육박하며 데스크톱으로 접속하는 비율 35.4%를 크게 앞서고 있다.

변화 4 : 모바일기기의 일상화

모바일 기기는 사람들의 업무 환경에도 변화를 주고 있는데, 개인 모바일 기기를 지참할 수 있도록(BYOD) 허용하는 정책을 두고 있는 회사의 비율이 전 세계적으로 70%이상인 것으로 조사되었으며 이러한 업무 환경 변화는 시간과 장소에 얽매이지 않고 언제 어디서나 일할 수 있는 '스마트워크'가 가능해지는 환경을 조성하고 있으며, BYOD의 비율이 높아질 것으로 전망되고 있다.

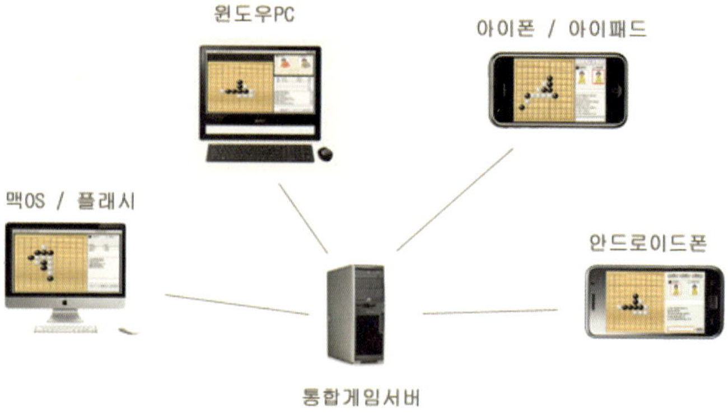

그림1.4 모바일, 멀티플랫폼의 디지털시장 진출 및 일상화[7]

나. 모바일 커머스 시장, 성장세

변화 1 : 세계적 디지털 기업들의 모바일 커머스 시장으로의 적극적 진입

전 세계적으로 온라인 매출 중 모바일이 확대 되면서 구글과 이베이, 이시스 등이 새로운 모바일 결제 솔루션을 내놓거나 자사의 온라인 쇼핑몰을 모바일 버전으로 출시하는 등 많은 기업들이 발빠르게 모바일 커머스 시장으로 진입함에 따라, 글로벌 모바일 커머스 시장의 규모가 큰 폭으로 상승할 것으로 예상된다.

7 사진출처: http://hangangsoft.tistory.com/9

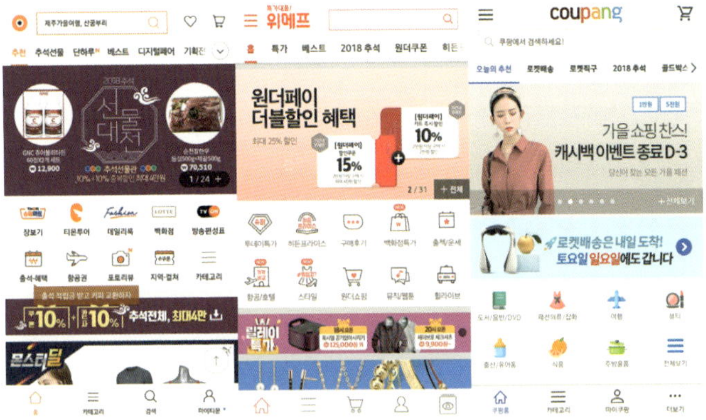

그림1.5 모바일 커머스 시장 예시[8]

변화 2 : 아-태지역의 모바일 커머스 성장

아시아 태평양 지역 모바일 커머스 성장세 가장 높다. 전 세계적으로 모바일 커머스가 성장 추세를 보이고 있지만, 그 중에서도 특히 아시아 태평양 지역에서 그 성장세가 가장 높은 것으로 조사되었다. eMarketer의 조사에 따르면, 2013년 모바일을 통한 구매를 경험한 비율은 중국이 1위, 인도가 2위를 차지하고 있다.

8 사진출처: (왼쪽부터) www.ticketmonster.co.kr, www.wemakeprice.com, www.coupang.com

다. 소셜 매체, 광고시장 진입 본격화

변화 1 : 소셜매체 광고 진입

페이스북과 트위터의 주가가 역대 최고치를 기록하고 있다. 디지털 광고시장에서 페이스북의 점유율이 2015년 9%에 달할 것이며, 트위터의 점유율은 2.2%로 상승할 것으로 전망된다. 현재 미국 회사들의 소셜미디어 마케팅 지출 금액은 매우 높은 편이며, 앞으로도 꾸준히 증가가 예상된다.

변화 2 : 모바일과 연계된 소셜광고 증가

모바일 기기를 통한 소셜 미디어 접속이 가장 많은 것으로 조사되면서 모바일과 연계된 소셜 광고도 급증하고 있다. 스냅챗, 라인, 위챗 등 대표적인 소셜 메시징 서비스에서 흔하게 광고를 접할 수 있게 되었다.

그림1.6 소셜 광고 예시[9]

라. 새로운 수요로 인하여 마케팅 방법에 변화가 있을 것이다

변화 1 : RTB(Real Time Bidding) 광고 증가

미국이 전체 RTB시장의 63%를 선점하며 시장을 선도하고 있는데 2017년에는 미국 이외의 국가에서도 RTB광고가 증가하여 미국의 RTB시장 선점율이 감소할 것으로 전망하고 있다. RTB를 활용한 실시간 마케팅의 장점으로는 '효과적인 마케팅이 가능하고 타겟팅이 비교적 정확하다'는 점을 들 수 있다.

변화 2 : 크로스 디바이스 마케팅 등장

멀티스크린, 멀티채널화로 크로스 디바이스 마케팅이 이루어진다. 다양한 기기의 등장으로 '멀티스크린', '멀티채널화'가 되고 있으며, 이러한 현상으로 '크로스 디바이스 마케팅(Cross-Device Marketing)또한 증가하게 되었다. 특히 2013년에는 크로스 디바이스 마케팅 비용이 전체 디지털 미디어 예산의 30%를 차지하는 것으로 나타났으며, 앞으로도 계속 증가할 것으로 전망된다.

그림1.7 RTB 광고 예시10

그림1.8 크로스 디바이스 마케팅 예시11

변화 3 : 마케팅에 빅데이터 활용 증가.

방대한 데이터 발생으로 빅데이터 활용이 증가할 것이다. 마케터들은 빅데이터들을 효과적으로 활용할 경우 고객들 반응에 대하여 조금 더 빨리, 더 나은 대응을 할 수 있으리라는 기대를 가지고 있으며, 실제 미국 금융서비스와 헬스케어 직종에 근무하는 임원들의 87%가 빅데이터 활용으로 인사이트를 얻음으로써 업무의 가속화를 가져오게 되었다고 평가하였다. 이러한 긍정적 평가로 인해 기업 일선에서 빅데이터 활용은 지속적으로 증가할 것으로 보인다.

변화 4 : 디지털-전통 통합 마케팅 증가

디지털 매체를 통한 소비가 증가하면서 디지털채널과 전통채널을 통합한 마케팅이 증가할 것이다. 전세계 브랜드 마케터들을 대상으로 설문조사를 한 결과 전통 채널에 디지털 채널을 통합하여 마케팅하는 경우가 늘어나고 있다고 응답했는데, 디지털 채널 중에서 '웹사이트, 이메일, 검색광고'를 가장 많이 통합하여 마케팅하고 있다고 하였으며, 그 다음으로 'SEO. 디스플레이 광고, 소셜미디어' 순으로 조사되었다.

변화 5 : 콘텐츠 마케팅 중요성 증대

콘텐츠 노출이 가능한 다양한 채널이 출현하면서 콘텐츠 마케팅의 중요성도 증가하고 있다. 기업들이 소비자들로부터 신뢰를 얻기 위해 가치있는 콘텐츠를 끊임없이 생산하여 다양한 채널에 노출시키는 것이 어느 때보다

---

9 사진 출처: http://internetmoney.tistory.com/entry/%EB%8F%88%EB%B2%84%EB%8A%94-%EC%82%AC%EC%9D%B4%ED%8A%B8-%EC%95%A0%EB%93%9C%EB%B0%94%EC%9D%B4%EB%AF%B8

10 사진출처: http://it.donga.com/19300/

11 사진출처: https://m.daisomall.co.kr/event/goods_event.php?event_x=3526&linkprice=Y

중요해지고 있으며, 이러한 현상에 의해 '콘텐츠 마케팅'이 더욱 중요해지고 있다. B2B, B2C 시장 모두에서 콘텐츠 마케팅에 더욱 더 많은 투자를 할 것이라는 전망을 보였으며, 단순 노출의 콘텐츠보다는 타겟된 유저들의 참여를 이끌어 낼 수 있는 콘텐츠 생성에 더 집중할 것이다.

변화 6 : 리마케팅 광고 증가

유저의 광고주 웹사이트 방문기록을 기반으로 다른 웹사이트 방문 시 특정 배너 광고를 노출시키는 '리마케팅 광고'가 높은 전환율로 많은 광고주들을 만족시키며 대세 광고 상품으로 자리잡을 것이라 전망된다.

4) 미래 콘텐츠 및 미디어 산업의 환경 변화 요인 및 진화방향

김국진(2010)은 융합에 따른 콘텐츠의 진화, 그리고 미디어 산업의 환경 변화는 복합적인 요인에 의해 그 구체적인 양상이 결정되는데 향후 미디어 시장을 변화시킬 요인은 크게 '기술적 요인', '시장요인', '이용자 성향 요인', '정책 및 법제도 변화 요인' 등 4가지로 구분해 볼 수 있다.

가. 기술적 요인

기술적 요인은 인프라의 발전, 서비스 구현 기술 발전, 모바일 환경 조성 등이 주요 내용이다. 망 개방 가속화, All-IP화 등 유비쿼터스 서비스를 제공할 수 있는 환경이 점차 구현되어감에 따라 유비쿼터스형 통합 단말기가 출현하고 이를 중심으로 미디어 시장이 재편될 가능성이 높다. 현재 국내는 물론 전 세계적으로 불고 있는 아이폰 열풍을 비롯한 스마트폰의 확산은 이러한 변의 가장 대표적인 현상이라고 할 수 있을 것이다. 이와 함께 모바일 환경이 완성되어감에 따라 미디어 시장의 중심축이 유선에서 무선으로 이동할 것으로 전망된다. 4G 기술의 발전, 모바일 인터넷, 모바일 IPTV의 등장 및 발전은 기존에 유선에서만 구현되던 서비스들을 무선에서도 이용 가능하게 만들고 있다. 이에 따라 모바일 시장이 점차 확대될 것으로 보이며 이는 앞서 설명한 유비쿼터스 환경과 어울려 유무선 통합 혹은 연계 서비스들이 핵심적인 서비스로 떠올랐다. 또한 디지털케이블TV, IPTV 등 모든 플랫폼의 디지털화가 진행되면서 다양성 및 개인성을 최대화할 수 있는 속성을 지닌 미디어가 소비자들로부터 환영받고 있다. 특히 디지털 기술의 발전으로 인한 방송장비 및 단말의 고도화에 따라 소비자들의 미디어 이용 행태가 단순시청형에서 정보선택형, 정보요구형, 더 나아가서는 정보창조형으로 진화하고 있다. 이밖에 3차원 입체상과 입체음향을 제공하는 3DTV나 고화질 상 및 멀티채널 음향을 제공하는 UHDTV 등이 본격화되면서 사실감과 현장감을 제공하는 차세대 방송시스템 및 서비스 기술이 방송시장을 주도해나갈 것으로 관측되고 있다.

표 1.1. 기술적 측면에서의 미디어 시장 변화 요인

인프라 측면	• 유비쿼터스 통합 단말기 출현
	• 망 개방 가혹화 추세
	• All-IP 환경 등 인프라 발전
서비스 구현 기술 측면	• 디지털케이블 및 IPTV 관련 기술 발전
	• 다양성 및 개인화를 적용할 수 있는 양방향 기술 발전
	• 3DTV 및 UHDTV 등 차세대 방송시스템 및 서비스 기술 발전

모바일 환경 조성 측면	• 모바일 인터넷 등 무선 미디어 환경의 변화
	• 모바일 IPTV의 출현
	• 이동전화단말기의 4G 기술 발전

자료출처: 미디어 미래연구소(2000)

나. 시장요인

기술적 요인의 변화는 결국 시장의 변화로 이어지게 되는데, 시장 변화는 크게 사업자간 경쟁 심화, 결합서비스 시장의 성장, 콘텐츠 활성화 등으로 다시 구분할 수 있다. 먼저 사업자간 경쟁심화는 미디어 기업간 제휴 및 인수합병의 형태로 나타날 것으로 보인다. 특히 미디어관련 법안이 통과됨에 따라 미디어시장에 대한 대기업과 통신사업자의 투자가 증가할 것으로 전망되며, 향후 외국 자본의 투자 및 전략적 제휴도 국내 미디어 산업 환경 변화의 요인이 될 수 있을 것으로 보인다. 사업자간 경쟁 심화는 결국 서비스 시장에서의 경쟁으로 표출된다. 이미 기존의 시장은 포화에 이른 상황이기 때문에 새로운 성장 동력으로써 유무선 통합서비스 및 TPS, QPS 등의 결합서비스 시장이 미디어 시장의 격전지가 될 전망이다. 결국 결합서비스 시장에서의 마케팅 역량과 다양한 콘텐츠 및 상품 개발을 누가 좌우하느냐가 향후 미디어 시장의 주도권을 잡는데 있어 핵심적인 요소가 될 것으로 보인다. 그런데 결합서비스의 품질을 결정하는 가장 중요한 요인 중 하나가 바로 콘텐츠이다. 따라서 융합시대에 적합한 킬러 콘텐츠 발굴이 시장 경쟁의 핵심이 될 것으로 전망된다.

표 1.2. 시장 측면에서의 미디어 시장 변화 요인

사업자간 경쟁	• 미디어 기업 간 제휴 또는 인수합병
	• 글로벌 미디어 그룹의 형성을 위한 경쟁 여부
	• 대기업의 미디어 참여 여부
	• 통신사업자들의 미디어 시장 진입 정도
	• 외국미디어 자본의 투자와 전략적 제휴
콘텐츠 활성화	• 소비자가 원하는 콘텐츠의 제공
	• 대기업의 콘텐츠 투자 정도
	• 킬러 콘텐츠 발굴
	• 방송통신 융합에 적합한 새로운 콘텐츠 발굴
결합서비스 등 마케팅 측면	• 유무선 통합서비스 제공
	• TPS, QPS 외에 다양한 콘텐츠와 결합된 상품 개발
	• 오프라인 유통망 활용 등 마케팅 역량

자료출처: 미디어 미래연구소(2000)

다. 이용자 성향 요인

융합시대 미디어 이용자 성향의 가장 큰 특징은 자신이 원하는 미디어를 찾아 이용하는 능동성 및 적극성으로 요약할 수 있다. 기존의 미디어가 제공하는 콘텐츠를 수동적으로 이용하는 계층도 여전히 다수를 차지하고 있긴 하지만, 스스로 콘텐츠를 생산·소비·유통하고 더 나아가 이슈를 창출해내는 능동적 소비자가 점차 증가하고 있는 추세이다. 이러한 이용자 성향의 변화를 좀 더 구체적으로 살펴보면 다음의 네 가지로 구분해 볼 수 있다.

표 1.3. 이용자 측면에서의 미디어 시장 변화 요인

이용자 측면	• 개인화 및 세분화 추세
	• 미디어 이용자의 능동성 및 적극성 강화
	• 멀티플랫포밍 현상
	• 고화질, 고음질, 고품질 방송에 대한 욕구 증가
	• 사실감 및 현장감을 제공하는 실감형 방송에 대한 욕구 증가

자료출처: 미디어 미래연구소(2000)

(1) 미디어 이용의 개인화

기술 발전으로 인한 네트워크 향상 및 단말기의 혁신은 이용자로 하여금 언제 어디서나 자신이 원하는 멀티미디어 콘텐츠를 향유할 수 있는 이용 환경을 만들고 있다. 이러한 환경 변화는 미디어 이용의 개인화를 빠른 속도로 진행시키고 있다. 특히, 스마트폰을 비롯한 모바일 기기의 발전으로 인해 공적 공간과 사적 공간을 자유롭게 넘나들며 미디어 이용이 가능해짐에 따라 미디어 이용의 개인화는 앞으로도 지속될 것으로 전망된다. 기술적 측면에서의 이러한 변화와 함께 사회문화적 측면의 변화도 미디어 이용의 개인화를 촉진시키고 있다. 해마다 평균 가구원의 수가 감소하는 가구 구성의 변화뿐만 아니라 삶의 전반적인 양식에서 개인주의적 라이프스타일을 추구하는 계층이 늘어나면서 미디어 이용의 개인화가 진행되고 있는 것이다. 실제로 한국방송광고공사의 2008년 소비자행태조사 결과를 살펴보면, 지상파TV의 동반시청 행태가 2000년에는 '가족 모두 함께 시청(34%)>배우자와 함께 시청(23.4%)>본인 혼자 시청(18.9%)' 순이었으나 2007년에는 '본인 혼자 시청(35.6%)>배우자와 함께 시청(26.8%)>가족 모두 함께 시청(20.2%)'으로,

2008년에는 '배우자와 함께 시청(34.4%)>본인 혼자 시청(27.6%)>가족 모두 함께 시청(9.7%)'순으로 변화하다. 조사 결과에서 특히 주목할 만한 사실은 '가족 모두 함께 시청'의 비율이 2000년에는 30% 중반을 유지하였으나 2007년에는 20% 초반대로, 2008년에는 10% 미만으로 떨어진 점이다. 이는 과거 라디오의 경우처럼 TV 역시 공동이용 매체에서 개인이용 매체로 매체의 이용행태 및 성격이 변화하고 있음을 시사하고 있다.

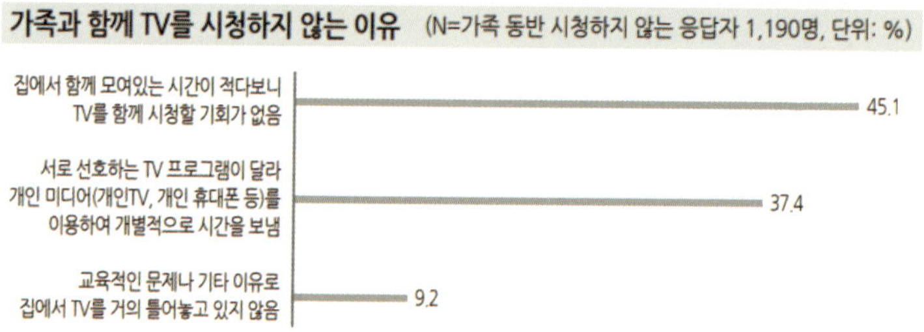

그림1.9 연도별 동반시청 가족[12]

(2) 미디어 이용 시간의 분절화

모바일 미디어의 발전 및 보급 확산은 미디어 이용 시간의 분절화로 이어지고 있다. 출퇴근 시간이나 다른 용무 중에 발생하는 잠깐의 시간을 활용하기 위해 혹은 필요한 정보를 좀 더 빠르게 얻기 위해 틈새 시간 미디어 이용 행태가 증가하고 있다. 고정형 미디어의 경우 공간적 제

---

12 자료출처: 방송통신위원회『2017년 방송매체 이용행태 조사』152p

약이 있기 때문에 미디어 이용이 연속성을 띠게 되고 따라서 미디어 이용과 여타의 활동이 대체적 관계에 놓이게 된다. 하지만 공간적 제약에 구애받지 않는 이동형 미디어는 여러 행동을 동시에 수행할 수 있는 복합 시간성 미디어 이용이 가능하고 다른 활동이 미디어 이용을 억제하거나 대체하지 않는 경향이 나타나게 된다. 이런 특성으로 인해 분절화된 미디어 이용이 가능하고 이에 따라 단시간 내에 이용자들을 끌어들일 수 있는 짧은 단위의 콘텐츠 제작이 증가하는 추세에 있다.

(3) 멀티 플랫포밍(multi-platforming)

미디어 융합현상이 본격화됨에 따라 미디어 이용 행위가 하나의 미디어에 국한되지 않고 다른 미디어와의 관계 속에서 복합적으로 전개되는데 이를 '멀티 플랫포밍'이라는 용어로 설명할 수 있다. 이제 미디어 이용자들은 다양한 미디어를 때로는 동시에, 때로는 시차를 두고 이용하면서 자유롭게 넘나드는 복합적인 이용 행태를 보이고 있다. 이러한 멀티 플랫포밍은 좀 더 구체적으로 미디어 축을 중심으로 하는 '미디어 매트릭스'와 시간 축을 중심으로 하는 '시간의 심화(time-deeping)'로 개념화할 수 있다. 먼저 미디어 매트릭스의 경우, 미디어 리터러시를 포함한 미디어 접근성 정도에 따라 이용자 개인별로 각기 다른 미디어 매트릭스가 구성되는데 2개 이상의 미디어 플랫폼을 이용해 다중 미디어 매트릭스를 구성하는 경우를 멀티 플랫포밍으로 정의할 수 있을 것이다. 현재의 미디어 환경에서 미디어 매트릭스를 구성하는 중심적인 미디어 플랫폼은 인터넷을 기반으로 하는 PC와 휴대전화로 대표되는 모바일 미디어라고 볼 수 있다. 한편, 미디어 이용은 단일시간적 이용과 복합시간적 이용으로 구분될 수 있는데 하나의 미디어를 이용하는 경우를 단일시간적 이용이라 하고, 동시에 여러 미디어를 이용하면서 다른 행동을 하는 경우를 복합시간적 이용이라 한다. 단일시간적 이용이 미디어나 콘텐츠에 대한 높은 집중도를 나타내는 반면, 복합시간적 이용은 응시(gaze)와 일별(glance)이 교차하는 형태를 보인다. 특정 시점에서의 복합시간적 이용, 즉 멀티플랫포밍은 시간의 심화로 규정할 수 있는데 이는 시간의도 제고 혹은 이중 시간의 창출이라고 볼 수 있다.

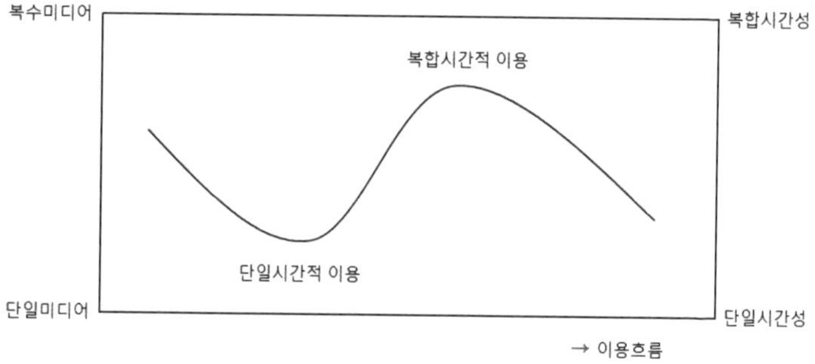

그림1.10. 멀티 플랫포밍: 이용자의 미디어 매트릭스와 이용흐름13

(4) 생산적 소비자, 프로슈머

정보중심 사회에서는 다양한 콘텐츠를 생산하는 동시에 소비, 공유, 확산시키는 이른바 생산적 소비자, 즉 '프로슈머(prosumer)'의 영향력이 강화된다. 미디어 이용자들은 콘텐츠를 단순히 소비하는 데서 그치지 않고 직접 창작에까지 나서고 있다. 블로그, 미니홈피, 팟캐스트,

13 자료출처: 이재현(2006)

위키피디아 등을 통해 독자적인 매스커뮤니케이션 시스템을 구축하고 있으며 파일 공유, P2P 네트워크 등을 통해서는 자발적으로 콘텐츠를 유통, 확산시키고 있다. SNS(Social Network Service), UCC 동영상의 확산 등은 이러한 흐름의 일환이다. 이렇게 소비자 수요가 다양하고 세분화됨과 동시에 언제 어디서나 자신이 원하는 콘텐츠를 소비하고자 하는 경향이 확산되면서 롱테일 니치마켓(long tail niche market)의 중요성도 커지고 있다. 향후에는 이러한 프로슈머의 차원을 넘어서 미디어 생태계를 변화시킬 수 있는 큰 흐름을 직접 만들어내는 혁신적인 소비자까지 등장할 것으로 전망된다. 유비쿼터스 융합기술을 기반으로 한 지능형 통합단말을 이용한 생산과 소비, 그리고 다른 소비자들과의 활발한 호혜적 상호작용을 통해 적극적으로 콘텐츠를 공유 및 확산시키는 혁신적 소비자의 등장이 예견되고 있는 것이다. 이와 함께 기술의 발전으로 고화질 및 고음질의 방송을 경험한 소비자들의 실감방송에 대한 욕구도 점차 증가할 것으로 보인다. 이에 따라 사실감과 현장감을 제공하는 3DTV 및 UHDTV 등에 대한 소비자들의 관심이 지속적으로 이어질 것으로 예상된다. 영화 <아바타>의 전 세계적인 흥행과 사회문화적 열풍은 소비자들의 이러한 욕구를 잘 설명해주는 사례라고 할 수 있겠다.

라. 정책 및 법제도 변화 요인

향후 미디어 시장에 대한 전반적인 정책 기조는 규제 완화의 방향으로 진행될 것으로 전망된다. 일반적으로 세계 미디어 시장의 정책 기조는 Regulation - Deregulation - Reregulation의 순환구조를 보여왔다. 선진국은 이미 Reregulation3)의 단계로 접어든 상황이며, 국내의 경우는 아직 Deregulation의 초기 단계에 위치해 있는 상태이다. 이러한 일반적인 정책 기조의 흐름을 살펴봤을 때, 국내의 미디어 정책은 Reregulation의 일부를 흡수한 Deregulation의 방향으로 진행될 것으로 보인다. 따라서 공정경쟁 환경 조성을 위한 단서적 조항 성격의 규제만 유지한 채, 그 외의 나머지 규제에 대해서는 규제 완화를 통한 다양한 사업자의 시장 참여를 유도해 경쟁 활성화를 도모할 것으로 예상된다. 실제로 국내 미디어 시장의 규제완화 정책은 2009년 미디어 관련 법안의 국회 통과 이후 가시적으로 나타나고 있다. 정부는 관련 법제도 및 시행령 등의 개정을 통해 지속적인 규제완화 정책을 추진해오고 있다. 조금 더 장기적인 관점에서 살펴봤을 때는 수평적 규제체계의 도입 및 공영방송의 구조 개편이 미디어 시장의 변화를 불러올 핵심 요인으로 지목되고 있다. 기존의 수직적 규제체계가 디지털 환경에 걸맞은 수평적 규제체계로 재정비되면 사업자의 시장 진출입이 용이하게 되고 이중규제, 중복규제 등의 현행 규제모순을 해결할 수 있다. 이는 미디어 산업 전반에 추가적인 경쟁을 촉발시키고 결국 전체적인 산업 발전으로 이어지는 긍정적 효과를 기대해 볼 수 있다. 한편, 서비스 활성화 차원에서 보다 다양한 정책이 수립될 것으로 전망되고 있다. 특히, 신규 서비스와 신규 플랫폼의 시장 안착 및 관련 산업 활성화를 위한 정부의 정책적 지원이 계속될 것으로 보인다. 이와 더불어 Post HD 시대에 대응하기 위해 차세대 방송분야에 대한 정부의 세부 추진 정책 및 전략 또한 구체화될 것으로 전망된다.

표 1.4. 법제도 및 정책 측면에서의 미디어 시장 변화 요인

규제 완화	• 융합서비스에 대한 규제 완화 • 새로운 종합편성채널 사업자의 선정 및 사업 안착 • 신문방송 및 대기업 보도채널, 지방파 진출과 관련한 소유 규제 완화
광고 정책	• 민간미디어 랩의 도입
구조 개편	• 공공방송 구조 개편 • 수평적 규제체계로의 전환 및 방송통신 통합법 체계
서비스 활성화 측면	• 신규 서비스 및 신규 플랫폼 시장안착을 위한 정책적 지원 • 차세대 방송분야에 대한 관심 고조 및 추진 전략 수립 • 디지털 융합형 방송콘텐츠 인프라 구축 중점 추진 • 콘텐츠 진흥정책 추진
저작권법 개정	• 저작권 보호 및 불법 침해 방지를 위한 저작권법 강화 추진 • 저작권 관련 분쟁 조정 기능 정책수립

자료출처: 미디어 미래연구소(2000)

생각해 보기 : 어느 디지털 수몰민의 추억

다음의 영상을 보고 빠르게 변화하는 디지털 시대에 대해 실감해보고 그에 따른 사회적 변화에 대해 생각해 봅시다.

1990년대 어느 날 내가 만난 새로운 바다
그리고 20여년 후 나는 바다 밑으로
가라앉는 수몰민이 되었다.

2011년 1.8제타바이트를 넘어선
전세계 디지털 정보량

숨 가쁘게 달려온 인터넷 환경 속에서
사업자의 경영난으로 문을 닫는 사이트

이용자들의 재능기부로 경영권을
무상으로 양도하는 기업

사리지지 않고 보존된
20여 년 간의 기록들과 함께
추억의 PC통신은 새로운 탄생을 준비 중

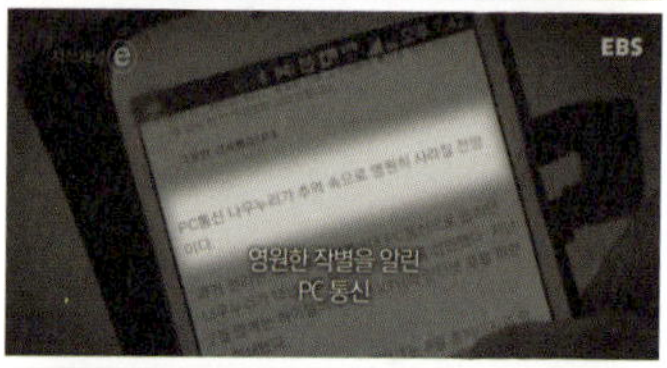

자료출처: EBS 지식채널e 1135화
2014년 3월 25일 방영

2장

미디어의 개념과 종류, 그리고 미디어의 변천

1. 미디어의 개념

1) 미디어의 정의

미디어(Media)란 어떤 작용을 한쪽에서 다른 쪽으로 전달하는 역할을 하는 것이다. 우리나라 말로는 '대중 매체', '매개체', '매체'로 순화하여 표현한다(네이버 국어사전, 국립국어원). 즉, 의사소통을 위해 사용하는 목소리, 얼굴표정, 몸짓, 문자, 메시지, 동영상 등 모든 수단을 포괄적으로 미디어라고 한다. 커뮤니케이션을 미디어를 통해 송신자에서 수신자로 의미를 전달하는 것이다. 매체와 수단에 따라 신문 ·잡지 ·도서 등의 인쇄매체와 TV ·라디오 ·영화 등의 시청각매체(비인쇄 또는 전파매체)로 나누어진다. 인쇄매체는 19세기 중엽 윤전기 등의 발명으로 이루어졌고, 시청각매체는 19세기 말부터 20세기에 걸쳐 무선전신의 송수신기술과 영화기술 등의 발명으로 이루어졌다. 최근의 기술적 발달로 더욱 다양화하는 매스 미디어의 성립기반으로는 근대산업의 발달에 따른 도시에의 인구집중, 교육의 확산, 경제적 여유와 여가시간의 증대 등 대중사회 형성의 여러 조건을 들 수 있다(네이버 백과사전).

2) 뉴미디어

정보화 사회라고 부르는 오늘날은 여러 가지 뉴 미디어가 출현하고 있다. 뉴미디어라고 불리는 미디어는 거의 모두 정보의 전송이 전기통신을 이용하므로 망의 디지털화와 관련하여 양자의 정합(整合, matching)이 중요하다.

맥루한은 인간의 신체 및 감각기관의 기능을 확장하는 모든 매체로 미디어의 개념을 확장하였다. 즉 차량은 다리의 기능을 확장한 것이고, 문자는 시각의 기능을 확장한 것이며, 의복은 피부의 기능을 확장한 것, 그리고 전자회로는 인간의중추신경의 기능을 확장한 것이라고 보았다.

맥루한은 매스미디어의 내용이란 그것을 전달하는 매체의 테크놀로지와 분리해서 생각할 수 없으며, 매체 자체가 사람이나 사회에 영향을 미친다고 하였다. 특히 텔레비전은 쿨(cool) 미디어로써 메시지의 충실밀도가 낮은 반면 수용자의 참가 정도가 높은 미디어이며, 책은 핫(hot) 미디어로 메시지의 충실밀도가 높음은 반면 수용자 참가 정도가 낮다고 하였다. 따라서 텔레비전 시청자보다 책을 읽는 사람이 더 수동적이라고 하였다(다음블로그, 미디어란? http://blog.daum.net/jylovebest1/3).

2. 미디어의 종류

인류발생이래 미디어는 다양한 형태로 변화·발전해왔다. 미디어의 형태는 기술발달과 함께 새로운 미디어가 추가되는 형태로 발전해왔다. 미디어는 어떠한 형태와 종류가 있을까? 지금부터 각각의 미디어 종류에 대해 알아보도록 하자.

1) 언어미디어 : 인류 최초의 미디어

그림 2.1. 언어미디어의 형태[14]

언어미디어는 인간의 언어뿐만 아니라 표정, 몸짓, 그 외 기타 감탄사 등 비언어적인 수단을 포함하는 의사소통 수단이다. 면대면의 상황아래 비교적 정확한 커뮤니케이션을 할 수 있는 장점이 있으며, 상대방의 반응을 즉각적으로 파악할 수 있다. 그러나 내적 정보에 의해 이루어지는 커뮤니케이션이기 때문에 단편적 기억에 의존된 일시적이고 파편적인 정보가 전달될 가능성이 크다.

14 사진출처: gettyimages(http://navercast.naver.com/contents.nhn?rid=133&contents_id=39708)

표 2.1. 언어미디어의 특성

구분	내용
수단	• 언어 및 비언어(표정, 몸짓, 언어 외 음성)
상황 특징	• 면대면, 상대방의 반응을 즉시적으로 파악 • 비교적 정확한 커뮤니케이션을 할 수 있음
감각 요소	• 시각, 청각
정보의 양	• 제한적임
정보의 성격	• 단편적 기억에 의존하기 때문에 장황하고, 파편적임
시공간적 제약	• 기록이 어렵고 일회적임
집단문화의 특성	• 공유성이 강하고, 집단연대성이 큼
리더의 조건	• 풍부한 경험과 축적된 지식을 가진 연장자(족장, 촌장)

2) 문자미디어

문자미디어는 인간의 소리나 말을 기록해 놓은 시각적 기호 혹은 그 체제를 말한다. 시각화된 문자가 의사소통의 수단이 된다. 체계화된 기호를 통하여 의미를 전달하기 때문에 상대방의 반응을 즉각적으로 파악하기 어려운 단점이 있다.

그림 2.2. 문자미디어의 형태[15]

전달하고자 하는 정보의 내적 의식 작용을 촉발하고 분석적, 논리적 사고를 강조하며, 보편적 지식이 아니라 전

15 사진출처: https://pixabay.com/photo-905562/

문적인 지식과 생산의 축적을 가능하다. 시공간의 제약이 언어미디어보다는 적다. 원거리 이동이 가능하고 기록성과 보존성의 속성을 가지고 있기 때문에 지식과 정보의 축적과 계승이 가능하다. 문자미디어는 단독으로 정보를 습득함으로써 개인주의를 강화하고 사색을 강조한다. 또한 과거에는 사회지배계층이 문자를 독점함으로써 사회 위계 질서를 더욱 공고히 하는 역할을 하기도 하였다.

표 2.2. 문자미디어의 특성

구분	내용
수단	• (시각화된)문자
상황의 특징	• 기호만을 가지고 의미를 전달해야하기 때문에 제약성이 상대적으로 큼 • 상대방의 반응을 즉시적으로 파악하기 어려움
감각 요소	• 시각 우위
정보의 양	• 언어미디어보다 확장됨
정보의 성격	• 순차적이고 선형적인 의식의 흐름을 특징으로 함 • 내적 의식작용을 촉발하고 분석적, 논리적 사고를 강조 • 보편적 지식이 아니라 전문적인 지식과 생산의 축적을 가능하게 함
시공간적 제약	• 언어미디어의 한계를 어느 정도 극복함 • 원거리 이동, 기록성, 보존성의 속성 때문에 지식과 정보의 축적, 계승이 가능해짐
집단문화의 특성	• 사색을 강조하고, 더불어 개인주의를 강화, 사회 위계의 계층화
리더의 조건	• 문자 해독력, 논리성, 엄격한 문법이 중요시되고. 이러한 요건을 갖춘 사람

3) 인쇄미디어

인쇄란 글이나 그림 등을 판에 박아내는 일로 인쇄로 만들어진 미디어를 인쇄미디어라 한다. 활판인쇄물에 의한 인쇄미디어는 라틴어를 해독할 수 있었던 중세 유럽의 소수 엘리트들의 독점적인 지위를 해체함으로써 르네상스 혁명을 가져왔으며, 이는 근대 사회의 형성과 발전에 결정적 계기로 작용했다(Elizabeth Eisenstein, 1979).

그림 2.3. 인쇄미디어의 형태[16]

인쇄된 서책을 통해 커뮤니케이션하므로 문자해독능력을 필요로 하기 때문에 제공되는 정보를 해독할 수 있는 정보문해력(literacy)의 필요성 제기된다.

인쇄미디어는 논리적, 체계적 사고를 형성하게 함으로써 전문적인 지식과 생산의 축적을 가능하게 하고 본격적인 매스미디어 시대를 열었다.

표 2.3. 인쇄미디어의 특성

구분	내용
수단	• 인쇄된 책
상황의 특징	• 인쇄된 서책을 통해 커뮤니케이션하므로 문자해독능력을 필요로 함 → literacy의 필요성 제기

16 사진 출처: 서울신문(2010.07.16.) http://news.naver.com/main/read.=102&oid=081&aid=0002098624

구분	내용
감각 요소	• 시각(감성을 배제하고 이성만 강조하는 현상 유발)
정보의 양	• 문자미디어보다 확대됨
정보의 성격	• 논리적, 체계적 사고를 형성하게 함 • 전문적인 지식과 생산의 축적을 가능하게 함 → 매스미디어 시대의 시작 • 원거리 이동성, 기록성, 보존성을 가지기 때문에 지식과 정보의 축적, 계승이 가능함
집단문화의 특성	• 지식의 대중화, 소수 독점적 지위체제를 해체함 • 개인주의화 경향은 유지, 집단 동류의식에 의한 여론과 공중의 형성 → 근대 민주주의의 초석

4) 전자미디어

전자미디어는 전자장 에너지의 파동을 이용한 미디어로 인쇄미디어보다 시공간적 영역이 더 넓다. 정보전달의 속도가 매우 빨라 거의 언어적 미디어가 갖는 동시성(simultaneity)의 특성을 갖는다. 즉, 정보제공과 수용의 동시성으로 인해, 생중계되는 사건을 즉흥적으로 정보를 전달하고, 동시에 지켜보고 참여하는 것을 가능하게 함으로써 구두문화의 전통의 집단의식을 재현할 수 있다.

그림 2.4. 전자미디어의 형태[17]

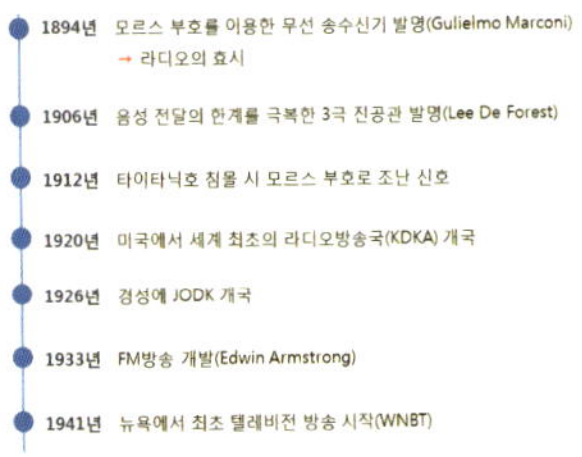

그림 2.5. 전자미디어의 발전과정

표 2.4. 전자미디어의 특성

구분	내용
수단	• 전자적 장치
상황의 특징	• 인쇄미디어보다 시공간적 영역이 더 넓어짐 • 제한적이지만 인쇄미디어처럼 문자 해독능력을 필요로 하지 않음 • 동시성(simultaneity)의 확장
감각 요소	• 시각 및 청각 공유
정보 전달 속도	• 빠름
정보의 성격	• 즉흥적인 정보를 전달하고, 영상 및 이미지 강조 →인쇄미디어보다 전달량이 더 축소되면서 정보의 상세성, 구체성이 결여됨
집단문화의 특성	• 정보제공과 수용의 동시성으로 인해, 생중계되는 사건을 동시에 지켜보고 참여하는 것을 가능하게 함으로써 구두문화의 전통의 집단의식을 재현함

5) 인터넷미디어

TCP/IP라는 고유한 프로토콜을 기반으로 구축된 전 세계적인 네트워크 또는 이를 통해 구성되는 전 세계적인 사람들과 자원들의 집합체이다(이재현, 2000)

그림 2.6. 인터넷미디어[18]

인터넷미디어의 특징은 다음

17 사진 출처: 두피디아(http://www.doopedia.co.kr/doopedia/master/master.do?_method=view&MAS_IDX=101013000863555)

18 사진출처: http://hankookilbo.com/v/e2749ad6de054f1e9ded7c346517d9c4

과 같다. 첫 번째 특징은 상호텍스트성이다. 이는 다양한 수준, 방식으로 기존 텍스트와 연관되어 있음을 의미한다. 두 번째 특징은 비선형성이다. 월드 와이드 웹에 내재된 링크를 통해 일련의 흐름이 아니라, 이용자가 선택에 의해 다른 텍스트로의 이동을 쉽게 할 수 있음을 의미한다. 세 번째 특징은 이용자가 능동적인 작가의 역할 수행한다는 것이다. 많은 텍스트들 중에서 원하는 텍스트를 선택할 수 있고, 다른 텍스트로의 자유로운 이동을 통해 독자적인 의미를 구성하기도 하는 일종의 능동적인 작가로 전환된다. 네 번째 특징은 멀티미디어적 특징으로 기존의 매스미디어에서 독립적으로 존재했던 메시지 요소인 문자, 영상, 음성과 자연스러운 결합이 가능한다. 다섯 번째 특징은 전 지구적 범위의 텍스트로써 지역, 공간적, 시간적 제약을 받지 않고 전 지구적인 범위를 보유하고 있다는 것이다. 여섯 번째는 일시성(비영속성)의 특징이 있다. 이는 텍스트는 실체적인 존재가 아니라 가상적이고 일시적이라는 것을 의미한다.

산업혁명이 농업사회에서 산업사회로의 발전을 주도했다면 인터넷의 발달은 산업사회에서 정보사회로 그리고 더 나아가 지식사회로의 발전을 가능하게 했다.

그림 2.7. 인터넷미디어의 형태[19]

6) 디지털미디어

디지털미디어는 디지털 코드(0과 1의 조합을 통해 숫자, 문자, 영상 등의 정보를 표현하는 것 매체를 말한다. 디지털 미디어는 아날로그 미디어에 비해 편집, 수정 및 수시 저장이 가능하며 새로운 정보물 생산이 용이하고, 문자, 음성, 데이터, 정지영상, 동영상 등 다양한 형태의 정보를 통합 처리할 수 있어 정보변환이 자유롭고 상호호환성이 높다. 디지털 압축 기술로 인해 방대한 양의 정보를 실시간으로 전달할 수 있고 전자 네트워크를 통해 수용자 간의 상호연결성이 증가된다. 정보를 선택적으로 받아들일 수 있고 일대 다수간의 다중 상호작용이 가능한 미디어이다.

19 사진출처: (왼쪽부터 시계방향으로) https://pixabay.com/photo-2647471/, https://pixabay.com/photo-2210580/, https://pixabay.com/photo-1328421/, https://pixabay.com/photo-2032150/

표 2.4. 아날로그 미디어와 디지털미디어의 특성 비교

구분	아날로그	디지털
복제의 완전성	• 정보복제를 반복할 때마다 훼손, 궁극에는 정보량이 0으로 수렴함 →원본이 복사본보다 우월	• 원본과 복사본의 구분이 무의미한 완전한 복제가 가능함 →가치체계의 구분이 무의미
편집과 수정의 용이성	• 편집, 수정, 새로운 정보물 생산이 불가능함	• 편집, 수정 및 수시 저장이 가능하며 새로운 정보물 생산이 가능
정보처리의 통합성	• 음성, 이미지, 텍스트를 통합, 일괄적으로 처리할 수 없고 단지 음향기기와 영상기기를 병렬로만 해야 하는 한계 존재	• 문자, 음성, 데이터, 정지영상, 동영상 등 다양한 형태의 정보를 통합 처리할 수 있어 정보 변환이 자유롭고 상호호환성이 높음
정보전달의 양과 속도	• 전송용량의 제한성으로 인해 전달속도에 한계가 있음	• 디지털 압축 기술로 인해 방대한 양의 정보를 실시간으로 전달할 수 있고 전자 네트워크를 통해 수용자 간의 상호연결성이 증가
정보전달의 특성	• 일방향성	• 정보의 선택성 • 다중 상호작용이 가능

현대사회에는 다양한 디지털 미디어들이 존재하고 있다. 그중 모바일미디어와 소셜미디어의 영향력은 가히 상상을 초월하고 있다. 이 매체는 유저(User)들 간의 정보를 공유함으로써 사회운동을 주도하기도 하고, 소비자와 판매자를 연계하는 주요 매개체가 되기도 하며, 개인들 간의 친목도모의 장이 되기도 한다. 이러한 모바일미디어와 소셜미디어에 대해 살펴보도록 하자.

가. 모바일미디어

그림 2.8. 모바일미디어의 형태[20]

모바일미디어는 이동 중에 음성 및 정보처리와 무선통신이 가능하도록 고안되어, 상호작용 및 커뮤니케이션 양식을 만들어 내고 있는 디지털 멀티미디어 중 하나로 책, 신문, 잡지, 무전기, 워크맨, MP3플레이어, 휴대용 라디오, DMB, 노트북, 휴대전화, PDA, Wearable 컴퓨터를 모두 포함한다.

모바일미디어의 특성은 다음과 같다. 첫째, 다른 미디어와 구별되는 독특한 인터페이스를 제공한다. 소형화, 경량화되면서 제한된 UI(User Interface)를 가지고 다른 미디어의 특성을 재매개함으로 UI의 한계를 극복하였다. 둘째, MMS, 어플리케이션 등 모바일미디어 UI에 의해 구현되는 모바일 콘텐츠를 보유한다. 셋째, 개인적 또는 사회적 수용과 관련하여 다양한 사회문화적 의미를 보유한다. 활용성과 친밀성이 강화되면서 이용자가 콘텐츠의 생산자이자 소비자가 되는 개인화 특성을 지니게 된다. 넷째, 이동성, 공간성과 밀접한 관련이 있으며 시간을 조직화할 수 있다. 이동 중 커뮤니케이션과 업무가 가능하다. 다섯째, 공적 공간과 사적 공간이 동시에 가능한 통합성을 제공하며, 공간적 장소에 가리지 않고 원하는 정보를 습득할 수 있다.

---

20 사진 출처: (왼쪽부터) https://www.samsung.com/sec/smartphones/galaxy-a6-sm-a600n/SM-A600NZDIKOO/,https://www.samsung.com/sec/pc/notebook-nt900x5t-x78l/

나. 소셜미디어

소셜미디어는 개방, 참여, 공유의 가치로 요약되는 소셜 네트워크의 기반 위에서 개인의 생각이나 의견, 경험, 정보 등을 서로 공유하고 타인과의 관계를 생성 또는 확장시킬 수 있는 개방화된 온라인 플랫폼을 가진다.

소셜미디어는 매스미디어에 비해 접근가능성이 매우 높으며, 커뮤니케이션 상황에서 정보 수용자들이 즉각적으로 반응을 나타낼 수 있다. 일반인들이 정보를 생산하고 가공하기가 용이하다.

소셜미디어는 다음과 같은 다섯가지 특성을 가진다. 첫째는 참여(Participation)이다. 소셜미디어는 관심 있는 모든 사람들의 기여와 피드백을 촉진하며 미디어와 오디언스 개념을 불명확하게 한다. 둘째는 공개(Openness)이다. 대부분의 소셜미디어는 피드백과 참여가 공개되어 있으며 투표, 피드백, 코멘트, 정보 공유를 촉진함으로써 콘텐츠 접근과 사용에 대한 장벽이 거의 없다. 셋째는 대화(Conversation)이다. 전통적인 미디어가 'broadcast'이고 콘텐츠가 일방적으로 오디언스에게 유통되는 반면 소셜미디어는 쌍방향성을 띈다. 넷째는 커뮤니티(Community)이다. 소셜미디어는 빠르게 커뮤니티를 구성하게 하고 커뮤니티로 하여금 공통의 관심사에 대해 이야기하게 한다. 다섯째는 연결(Connectedness)이다. 대부분의 소셜미디어는 다양한 미디어의 조합이나 링크를 통해 연결된다.

표 2.5. 소셜미디어의 특성

구분	특징
참여 (Participation)	• 소셜미디어는 관심 있는 모든 사람들의 기여와 피드백을 촉진 하며 미디어와 오디언스 개념을 불명확하게 함
공개 (Openness)	• 대부분의 소셜미디어는 피드백과 참여가 공개되어 있으며 투표, 피드백, 코멘트, 정보 공유를 촉진함으로써 콘텐츠 접근과 사용에 대한 장벽이 거의 없음
대화 (Conversation)	• 전통적인 미디어가 'broadcast'이고 콘텐츠가 일방적으로 오디언스에게 유통되는 반면 소셜미디어는 쌍방향성을 띔
커뮤니티 (Community)	• 소셜미디어는 빠르게 커뮤니티를 구성하게 하고 커뮤니티로 하여금 공통의 관심사에 대해 이야기하게 함
연결 (Connectedness)	• 대부분의 소셜미디어는 다양한 미디어의 조합이나 링크를 통해 연결

출처 : 설진아(2011). 소셜미디어와 사회변동. 서울 : 커뮤니케이션북스

표 2.6. 매스미디어와 소셜미디어의 특성 비교

속성	매스미디어	소셜미디어
도달률	• 위계적: 중앙집권적인 프레임웍을 통해 도달함	• 분권화된 프레임웍을 통해 도달함
접근가능성	• 특수한 사람이나 집단만이 소유, 운영함	• 적은비용 혹은 무료로 누구나 이용 가능함
사용의 용이성	• 운용에 전문적인 기술과 훈련이 필요함	• 보통수준의 기술을 가진 사람이라면 누구나 이용 가능함
반응의 즉시성	• 반응이 나타날 때까지 시간이 소요됨→ 반응소요시간은 생산자와 기술이 결정함	• 즉각적인 반응이 나타남 → 반응의 지체 여부는 이용자들이 결정함
수정 가능성	• 한번 제작하면 바꾸기 어려움	• 언제든지 수정이 가능함

3. 미디어의 변천

지난 20여 년 간 세계화와 이에 따른 경쟁의 심화, 정보 기술의 발달과 미디어 환경의 변화로 인해 커뮤니케이션 방식이 급격하게 변화되어 왔다. Werner Faulstich는 미디어의 변천은 다음과 같이 구분하였다. 1500년 이전에는 구두문화와 문자에 의해 의사소통이 수행되던 인간미디어 시대였다. 구텐베르크가 인쇄술에 성공하면서 인쇄문화가 발달하게 되었다. 또한 니에프스가 1926년에 영구사진 촬영을 성공하고 뤼미에르 형제에 의해 영화가 발명되면서 인쇄미디어가 발달하였다. 1900년대에는 라디오와 텔레비전의 보급으로 전자미디어가 급속히 보급되었으며 2000년대에 들어서서는 인터넷의 보급으로 디지털 미디어 시대가 열렸다. 학자들에 따라 미디어의 시대를 구분하는 기준은 다르지만 큰 틀에서 미디어는 구두미디어-문자미디어-인쇄미디어-전기/전자미디어-디지털미디어로 발달되어왔다는 점에서는 공통된 의견을 보이고 있다.

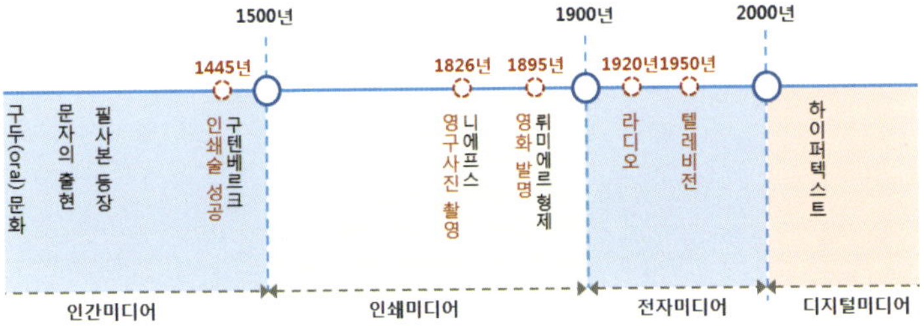

그림 2.8. 미디어의 변천

1) 언어미디어 및 문자미디어

초기미디어는 구비문화(Oral culture) 및 서기문화(scribal culture)로 이루어진다. 고대 동굴 벽화에서부터 문서에 이르기까지, 기록문화에 쓰였던 수단의 발달은 궁극적으로 그 당시의 지식, 힘, 자연자원들의 조직화로 인한 전례 없는 통제 수단 그 이상으로까지 발전된 일종의 변형이었다.

사람들의 입과 입을 통해 전달되어온 민요나 이야기(구비문학), 고대의 상형문자 등이 이러한 언어미디어와 문자미디어에 해당된다.

고대 벽화　　원시 부족의 의식　　상형문자

그림 2.8. 초기미디어의 형태[21]

2) 인쇄미디어

과거 활판인쇄술이 개발된 이후 인쇄미디어는 다양한 형태로 개발되어 왔다. 현대의 인쇄미디어로는 인쇄, 출판도서, 신문잡지, 언론, 사

21 사진 출처(왼쪽부터): 경향신문(http://news.khan.co.kr/kh_news/khan_art_view.html?artid=200505061721271&code=900308) 티스토리(http://youth-kungfus.tistory.com/81) 위키피디아 (https://en.wikipedia.org/wiki/Egyptian_hieroglyphs)

진, 광고, 만화 등이 있다.

가. 인쇄(Printing)

미디어 역사가들, 민족지학자, 사회과학자들에 의하면, '구비 문화'에서 '인쇄 기반 문화'로의 변천은 우리의 삶 거의 모든 면에 가장 큰 영향을 주었다고 말한다. 그리고 인쇄기, 식자(識字), 인쇄물의 급증에 따라, 중세 시대에 나타났던 인식론, 문화와 종교 주체성, 사회와 정치 조직들이 아주 두드러지게 변형되었다. 르네상스와 계몽운동 그리고 후의 산업혁명 그 모든 것이 인쇄술의 발전과 그 뿌리를 같이한다.

필사본 금속활자 대량 인쇄 신문

그림 2.9. 인쇄미디어의 발전[22]

나. 신문잡지 및 언론(Journalism)

초기의 신문잡지는 팜플렛으로 시작했고, 그것의 지배적인 이야기

22 사진출처(왼쪽부터): 나무위키(https://namu.wiki/w/%EC%9A%94%ED%95%98%EB%84%A4%EC%8A%A4%20%EA%B5%AC%ED%85%90%EB%B2%A0%EB%A5%B4%ED%81%AC) 한겨레(http://imgnews.naver.net/image/028/2015/06/03/00532632601_20150603_99_20150901162504.JPG?type=w540) 두산백과(http://terms.naver.com/entry.nhn?docId=1186933&cid=40942&categoryId=31755)

체식 형태는 항상 그것의 객관적 타당성을 생각하기 보다는 창도(唱導)의 하나가 되었다. 사실, 객관성 표준들의 발달은 인쇄 혁명으로 시작된 '이전의 문화 그리고 기술적 변형'들에 크게 종속되었다.

다. 광고(Advertising)

광고는 미국에서 가장 보편화 발전되었다.1800년대 말에서 20C 처음 10년 동안, 미국으로의 이주자들의 물결이 끊임없이 이어졌고, 그들 스스로는 새로운 사회 그룹들 사이에서 혼합되었다. 그 당시 광고는 이주민으로 하여금 새로운 국가 정체성을 확립하는 일을 도왔으며, 멜팅 포트(melting pot)로부터 나름대로의 공동체 의식을 설립하는 데도 큰 역할을 하였다. 하지만, Daniel Boorstin은 이러한 새로운 공동체는 모든 것을 변화시킨 문화적 전통에 기인한 것이기 보다 단지 광고 그 자체는 그들의 소비를 둘러싸고 자연스럽게 형성되었다고 주장하였다.

신문

잡지

전단지

그림 2.10. 신문잡지 및 언론, 광고의 형태[23]

라. 코믹스와 그래픽 예술(Comics & graphics art)

만화와 삽화는 예술, 문화 그리고 정보의 민주화에 측면에서 볼 때

오랫동안 사람들 사이에서 논쟁의 근원이 되었다. 그것들은 시각적이고 문화적인 식자(識字)들을 설립하는 데 중요한 역할을 하였고, 지금 현재는 학자들로 하여금 그것들은 대중문화의 한 일부분으로 이미 받아들이기 시작했다. 하지만, 예전부터 대중문화 속에서의 학생들은 오랫동안 만화의 중요성을 이미 이해하고 있었다. 현재 전세계적으로 일본의 애니매이션과 만화는 신세대들뿐만 아니라 여러 세대에 영향을 미치는 대중문화의 큰 부분을 차지하고 있다.

사진 애니매이션 그래픽

그림 2.11. 그래픽 예술의 형태[24]

3) 전자미디어

전자미디어는 전신, 전화, 소리녹음 등의 형태를 띠고 있다. 각 전자

---

23 사진출처(왼쪽부터): 미디언 24시(http://photoismylife.tistory.com/entry/%ED%9E%98%EC%9E%88%EB%8A%94-%EC%8B%A0%EB%AC%B8-%ED%95%98%EB%A3%A818%EC%8B%9C%EA%B0%84%EB%A7%88%EB%9D%BC%ED%86%A4-%EC%B6%A9%EC%9E%AC-%EC%9B%90%EB%85%84) 중앙일보(http://news.joins.com/article/13451489) 뉴스토마토(http://www.newstomato.com/readNews.aspx?no=65733)

24 사진출처(왼쪽부터): 픽사베이(https://pixabay.com/photo-2688919/) 뉴스타운(http://www.newstown.co.kr/news/articleView.html?idxno=244882) 한국경제(http://www.hankyung.com/news/app/newsview.php?aid=201310252740a)

미디어의 종류에 대해 알아보면 다음과 같다.

가. 전신(Telegraph)

전신줄은 철도를 따라서 건설되었다. 이는 미국을 십자형으로 교차하여 표준 시간대 형성에 기여했다. 전신은 또한 1700년 말과 1800 초에 생긴 신문잡지 집회(Journalistic conventions) 에도 아주 커다란 영향을 주었다. 르포르타주(보고문체, reportage) 형태의 "반전된 피라미드(inverted pyramid)"는 단지 그 시기의 유산의 하나일 뿐이다. 또한, 전신은 상품의 가격이 장소보다는 시간에 더 종속되어 결정되도록 하는 경제활동 변형에도 중요한 역할을 하였다.

나. 전화술(Telephony)

초창기의 전화는 사업종사자 즉 부자들만을 위한 편익으로 생각되었다. 사회 풍습을 향한 전화의 위협은 고립된 또는 소외된 사람들로 하여금, 사회, 가족, 공동체, 다른 사회적 권력의 경계하는 눈초리 없이 담화를 나누게끔 하는 능력에 있었다.

다. 녹음 및 기록 산업(Recording industry)

모든 미디어중에서 녹음 산업은 아마도 가장 깊은 반어, 풍자, 그리고 인종차별, 이적행위의 또한 그것 스스로의 역사 안에서의 영감들, 다양한 사람들 그리고 다양한 스타일의 음악의 통합을 가장 잘 설명해주고 있는 산업이다. 녹음,기록 산업은 오늘날의 라디오 포맷(AM, FM등등)처럼 기술적인 면 뿐만아니라, 거대한 문화적 변형을 가져오진 못했지만 아프리카 케리비안을, 미시시피 강 계곡을, 멤피스를, 서유럽을, 인도, 아시아, 그리고 더 나아가는 태평양 섬들의 소리를 바로 옆에서 들을 수 있게 하였다.

텔레그래피 전화기 보이스레코더

그림 2.12. 전자미디어의 형태[25]

4) 대중미디어

대중미디어로는 라디오, 영화, 텔레비전 등 다양한 형태를 띠고 있다.

가. 라디오(radio)

Gugliemo Marconi 와 Lee DeForest가 라디오를 가능케 한 무선 기술 발전의 선구자들이지만, 그것을 대중적 흥미로 만족시키며 그 매체를 정보의 운반자로 변형시킬 포부를 가진 사람은 바로 RCA의 David Sarnoff였다. 현재의 라디오는 AM(amplitude modulation),FM(-Frequency Modulation)의 두가지 포맷이 있으며, 영상매체가 주로 발전하는 오늘날에도 라디오방송은 대중들에게 편안한 정보제공과 안식처를

25 사진출처(왼쪽부터): 위키피디아(https://en.wikipedia.org/wiki/Wireless_telegraphy) 위키백과(https://ko.wikipedia.org/wiki/%EC%A0%84%ED%99%94) 잇월드(http://www.itworld.co.kr/news/82442)

제공해주고 있다.

나. 영화(movies)

사회에 미치는 미디어의 영향에 관한 최근 연구 중에 하나인 Payne Fund 연구는 1920년대 말과 1930년대 초의 영화 관객들을 대상으로 이루어졌다. 라디오에서처럼 영화에도 사람들의 일반적인 문화적 관심사가 존재했었고 그것은 대중매체가 '사회에 무엇인가'를 했다는 것을 의미한다. 즉 대중매체가 사회에 영향을 끼쳤다는 것이다. 현재 우리를 이끌고 있는 미디어 중에서 영화를 제외한다면 오늘날 현대인들의 관심사를 이해할 수 없을 정도로 영화는 중요한 매체이다.

다. 텔레비전(Television)

텔레비젼을 이해하기 위해서 우리는 먼저 산업경제 속에서의 그것의 뿌리 뿐만아니라, 사회적, 정치적 그리고 문화적인 측면에서의 TV 중요성을 이해해야한다. 지난 40년간 행해진 연구 결과에 의하면- TV의 잠재력에 관한 대중의 신념에 반하여- 진정한 질문은 "TV가 우리에게 과연 무엇을 하는가?" 가 아니라 그보다는 "우리가 TV를 통해 무엇을 하는가?"가 우리에게 던져진 진정한 의문이었다. 현시대 사회 모든 면에서 가장 큰 영향을 끼치고 있는 미디어는 바로 TV일 것이다.

5) 디지털 미디어

Computing(컴퓨팅): 군 산업적 집합체의 정상 정복으로, 전세계 PC와 PC로의 통신이 가능해졌고, 이로 인한 우리 삶의 변화나 변형의 결과로서 나타나게 된 삶의 변화는 우리가 생각했던 것을 훨씬 뛰어넘는 상상 이상의 것이었다. 당시 사람들은 발전된 군산업을 매체를 통해 쉽게 접하면서 '네트워크'와 '인터넷'을 쉽게 이해하고 발전 시킬 수 있는 아이디어를 가지고 있었다. 하지만 계속되는 미디어의 발전속에서 사람들은 뉴미디어에 대한 똑같은 논쟁거리, 이해관계, 열망과 우려로 나타내게 되었고, 컴퓨터를 기반으로 하는 미디어는 하루가 다르게 변화하고 있다.

현재의 컴퓨터, 가전, 방송, 통신 등의 분야 중 멀티미디어에 가장 발빠르게 접근하고 있는 것은 컴퓨터분야이다. 1982년에 나온 오디오CD를 컴퓨터업계에서는 1985년 CD롬 포맷으로 발전시켜 PC에서의 AV 구현의 길을 열게 된다. 멀티미디어라는 용어도 1990년 무렵 컴퓨터에 있어서의 CD롬의 응용을 모색하던 과정에서 탄생했다.

표 2.7 미디어발달사

구분	BC 50,000년~	BC 3,100년~	AD 1,455년~	AD 1894년~	AD 1945년~
언어미디어	●→	→	→	→	→
문자미디어		●→	→	→	→
인쇄미디어			●→	→	→
전자미디어				●→	→
디지털미디어					●→

자료출처: 지식디자인연구소(http://knowdesignlab.com/220122239383)

읽어보기 : 삼성이노베이션 박물관

우리나라의 1927년 경성방송국 개국하면서 라디오방송이 시작되었다. 1965년 FM 방송이 도입되었으며, 1960년대 텔레비전 방송이 보급되었다. 1970년대

자료출처: 삼성 이노베이션 홈페이지

말에는 뮤직비디오가 제작되었고 1980년 컬러방송이 시험적으로 방영되면서 컬러방송 시대가 열렸다. 1990년대 말 PC 통신과 인터넷이 보급되면서 현재 세계적인 IT 강국으로 자리 잡고 있다. 여기서는 우리나라 미디어 발달의 이면 살펴볼 수 있는 삼성이노베이션 박물관을 소개해보고자 한다.

국내 최대 규모 전자산업사 박물관으로 전자산업이 이루어낸 눈부시 성과와 혁신을 보고 느낄 수 있는 공간이다.

삼성역사관을 포함하여 총 4개의 테마에 따라 전시관을 운영하고 있다. 삼성전자 역사관은 글로벌 기업으로 성장한 삼성전자의 도전과 혁신, 창조의 역사를 만나 볼 수 있다.

제1전시관에서는 18~20세기 전구와 통신, 라디오 등의 발명을 비롯한 전자산업의 뿌리를 탐색해볼 수 있다. 당시의 혁신적인 발명품과 함께 토머스 에디슨, 그레이엄 벨, 마이클 패러데이같이 전자산업의 역사를 새로 쓴 유명 발명가들과 당시의 에피소드를 살펴볼 수 있다. 특히 이곳에는 전자산업의 진귀한 발명이야기가 영상과 함께 파노라마처럼 펼쳐진다. 또 지멘스(1847년 설립), AT&T(1885년), 필립스(1891년), GE(1892년), NEC(1899년) 등 100년 이상 된 전자기업들의 초창기 모습도 살펴볼 수 있다.

제2전시관은 반도체존, 디스플레이존, 모바일존으로 꾸며져 오늘날 전자산업의 주축을 이루는 3개 산업의 발전상을 한 눈에 볼 수 있게 했다.

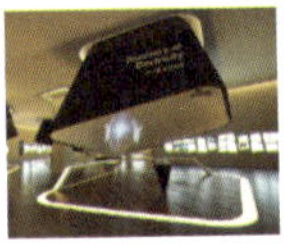    

제3전시관은 삼성전자가 첨단기술로 창조해 나갈 미래를 조망해볼 수 있는 곳이다. 먼저 전시관 입구 영상관에서 초대형 커브드 스크린과 천장의 돔 스크린, 7.1채널 입체음향이 어우러지며 미래의 스마트 라이프를 UHD급 화질로 생생하게 보여준다. 삼성전자는 또 '삼성 스마트홈' 시연공간을 마련해 가까운 미래에 일어날 생활의 변혁을 미리 체험할 수 있게 했다. 뿐만 아니라 앞선 기업 간 거래(B2B) 역량을 바탕으로 학교, 병원, 소매점, 정부기관 등이 어떤 방식으로 첨단기술과 기기를 이용해 변화하고 있는지 보여주는 공간도 마련했다.

삼성이노베이션 박물관은 삼성의 역사를 담고 있지만 우리나라 통신미디어의 역사를 이끌어온 기업으로써 미디어의 역사를 흥미롭게 살펴볼 수 있는 공간이라 할 수 있겠다.

3장

미디어의 기능

소비자와 미디어

1. 사회적 미디어

오재익(2009)[26]이 정리한 사회적 미디어의 기능을 살펴보면 다음과 같다.

1) 사회적 미디어로서의 기능

신문, 방송 등 미디어는 환경감시 기능을 통해 스스로 사회적으로 유익한 일을 한다고 자부해왔다. 미디어의 사회적 기능인 환경감시의 기능은 미디어가 사회의 구성원에게 주위의 현실에 대한 뉴스를 제공하여 사회적 책임을 다하는 일이다. 사회에서 일어나고 있는 여러 가지 일들에 대한 정보를 사람들이 개인적으로 수집한다는 것은 개인의 정보수집 능력의 한계로 볼 때 거의 불가능하다. 따라서 사회의 구성원은 개인이 모두 파악하기가 불가능한 사회 각 부분에서 일어나는 일들에 관한 정보의 수집 및 유통을 미디어기업에 의존하고 있는 것이다.

미디어 기업은 지진이나 홍수와 같은 천재지변을 예고하거나 사건, 경고, 고발 등 주변 환경의 정보를 제공하여 위험에 대비하거나 피해를 최소화하는데 기여하기도 했다. 또한 주식시장 및 가격에 대한 정보, 무역과 국제수지에 관한 경제적 정보를 통해 경제적인 환경에 적절히 대처할 수 있도록 해줌으로써 개인과 사회 전체적 차원에서 경제가 원활

---

26 오익재(2009). 미디어의 사회적 기능과 사회적 미디어

하게 수행될 수 있도록 해주었다. 정치적인 현안과 여론에 대한 정보를 제공해줌으로써 정치적 의사결정과정이 민주적으로 이루어지도록 촉진하기도 했다.

미디어는 권력자가 대중에게 알리고 싶지 않은 정치 스캔들이나 국제적 사건을 보도하여 특정국가나 사회의 정치적 안정을 위협하기도 했으며, 수용자에게 심리적 긴장감을 유발하거나, 위협적 보도로 공포를 유발하여 정서를 해치기도 했다. 매스미디어의 뉴스소재로 등장한 인물은 일반 공중으로부터 권위, 신뢰감, 전문성을 인정받는 특권을 누리는 반면, 미디어에 의해 그들의 비리나 비행을 폭로하여 권위를 잃거나 정치생명을 마감하게 만들기도 했다.

미디어는 단순한 사실보도의 차원을 넘어서 정치, 경제, 사회, 문화 환경에 관한 정보의 의미를 해석하고 대응책을 처방해 사람들의 태도 형성에 영향을 주기도 한다. 주관적 가치가 개입된 사설이나 논평 등을 통해 환경감시활동에 의해 제공된 여러 사건들에 우선순위를 부여하며 사건의 상대적 중요성을 규정하는 역할도 했다. 미디어 기업은 보다 폭넓은 맥락에서 사건의 의미에 대한 해석과 평가를 내려주고 보도된 사건을 어떤 입장에서 볼 것인가를 시사해주기도 했다. 미디어의 논평이나 사설에 편견이 개입되거나 고의로 중요한 사회문제를 다루지 않게 되면 이용자는 환경에 대해 왜곡된 이미지를 갖기도 한다. 이용자가 미디어기업의 의견 및 주장에 의존하도록 함으로써 이용자 스스로 환경을 해석하고 평가하는 비판적 분석적 사고능력을 저하시키기도 했다.

미디어의 사회적 기능은 이용자에게 즐거움을 주려는 단순 오락 기능과는 달리 권력으로 작용하기도 한다. 전통적인 4대 미디어, 즉 텔레비전, 라디오, 신문, 잡지와 같은 올드 미디어의 문제점은 미디어의 사회적 권력이 일부 미디어기업에 독점된다는 것이다.

2) 쌍방향 커뮤니케이션 기능

사회적 미디어(Social media)의 등장하면서 쌍방향 커뮤니케이션 기능이 확대되었다. 미투데이, 트위터 등을 필두로 해서 다양한 사회적 미디어가 속속 선보이면서, 새로운 미디어로 주목받기 시작했다. 사회적 미디어를 통해 친구, 지인 또는 업계 사람들과 의견을 주고받는 경우도 늘어나고 있다. 사회적 미디어는 사람들이 자신의 생각과 의견, 경험 등을 서로 공유하기 위해 사용하는 쌍방향 온라인 도구와 플랫폼을 말한다.

사회적 미디어의 종류는 관점에 따라 다양하지만 크게 블로그, 소셜네트워킹서비스(Social Networking Service·SNS), 위키(Wiki), 손수제작물(UCC), 마이크로(미니) 블로그 등이 있다. 디지털 카메라 등의 대중화로 인한 손수제작물의 증가, 신문방송의 디지털화 등으로 사회적 미디어의 영향력은 점차 커지고 있다. 사회적 미디어는 누구에게나 뉴스 등 콘텐츠를 생산하고 유통할 수 있는 기능을 준다. 이는 미디어기업에 독점되어 있던 사회적 권력이 개인에게로 이전될 가능성을 보여주는 것이다. 미디어 기업도 이러한 추세에 맞추어 개인화된 맞춤서비스를 제공하기 시작했다. 앞으로도 개인중심의 맞춤형 디지털 기술을 도입하지 않는 미디어기업은 도태될 것이다.

소셜 미디어의 등장으로 미디어의 사회적 권력은 점차 약화되고 있으며, 사회적 미디어의 영향력은 증가하고 있다. 미국의 는 수천 개씩의 댓글이 달린다. 이 사이트가 대선에서 오바마 현상의 중심적 역할을 했다. '각 후보의 홈페이지 접속량을 비교해볼 때 이미 누가 당선될지 뻔하다'고 해석하는 것이 가능했다. 루즈벨트 대통령이 올드미디어인 라디오 담화를 이용했다면, 오바마 대통령은 유튜브 담화를 이용했다. 오바마 당선 요인 가운데 하나는 매스미디어를 통해 유통되는 이미지를 거부하고 사회적 미디어를 선택한 점이다.

미국에서 소수에 의해 운영되는 블로그 뉴스 사이트인 는 하루에 25만 명이 접속한다. 이 사이트는 전통적인 종이신문인 가 차지하던 위상을 위협하고 있다. 줄어드는 지상파 시청율과 대조적으로, 유튜브(youtube.com)는 미국인들 1억 명(전 인구의 40%)이 시청하고 있다. 누구나 내용을 작성하고 수정할 수 있는 백과사전인 위키피디아는 2천654만 개 이상의 영어 페이지를 기록하고 있다. 물론 아무나 페이지를 통째로 날려버릴 수 있다. 하지만 몇 분이 지나지 않아 다시 누군가에 의해 페이지가 복구된다. 구글은 여러 사람들의 의견을 종합해 페이지 순위를 결정하는 검색 메커니즘을 가지고 있다. 마가린(mar.gar.in)은 소셜 북마킹 서비스를 제공하는데, 온라인에서 즐겨찾기를 관리하고 공유한다.

국내의 일부 시사주간지가 '08년의 인물로 '아고리언'을 선정했다. 그 가운데 하나인 <위클리 경향>은 선정이유에 대해 "2008년의 누리꾼은 분명 달랐다. 그들은 웹 1.0 혹은 웹 2.0 시대처럼 텍스트나 댓글로만 활동하지 않았다. 광화문 촛불집회를 실시간 동영상으로 중계했을 뿐 아니라, 단순한 인터넷 이용자 혹은 소비자가 아닌 명실상부한 생산자이며, 동영상의 편성권자, 소비자 주권 혁명자로 당당히, 사실상 권력자로 등극한 것"이라고 말했다.

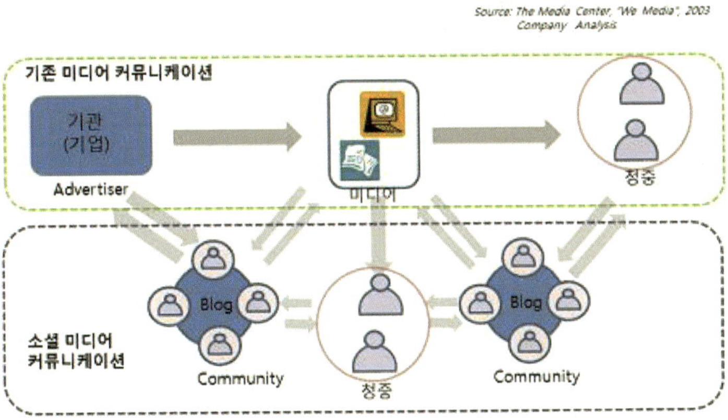

그림 3.1. 미디어 커뮤니케이션 방식

3) 대안미디어로서의 기능

미국의 미디어 기업들은 트위터(Twitter), 페이스북(Facebook) 등 사회적 미디어의 영향력을 인정하고 있다. 뉴욕타임스는 최근 사회적 미디어 에디터(Social Media Editor) 직을 신설했다. 소셜 미디어 에디터는 자사 콘텐츠를 트위터, 페이스북, 유튜브 등 소셜 미디어 네트워크를 이용해 독자에게 전달하는 역할을 담당한다. 또한 소셜미디어에서의 트렌드를 파악하고 기사거리를 찾아 기자들에게 전달한다. 아직 소셜미디어에 익숙하지 않은 기자들의 적응을 돕는 것도 주요 역할 중 하나이다. 뉴욕타임스는 종이신문이나 웹사이트 외에도 트위터, 페이스북, 유튜브 등과 같은 소셜미디어에서 뉴욕타임스 콘텐츠를 접하는 독자가 늘어나고 있으며 기자들에게도 소셜미디어가 새로운 정보원으로 역할을 하기 때문에 이 같은 결정을 내렸다.

그림 3.3. 소셜미디어 콘텐츠27

사회적 미디어의 힘은 갈수록 강성해져 가고 있다. 사소한 일상에서의 주고받음이 나비효과처럼 커져서 세상을 바라보는 통찰로 연결되기도 하고 쉽게 잊혀질 수 있는 내용이 일파만파로 퍼져가며 중요한 사회적 이슈가 되기도 한다. 사회적 미디어(social media)는 기업 커뮤니케이션과 마케팅의 지형도 바꾸고 있다. 사회적 미디어는 정보의 생산자와 소비자가 실시간으로 직접 연결된다는 점에서 큰 파급력이 있다. 기업과 소비자는 사회적 미디어를 통해 서로 직접 의견을 주고받으며, 이런 커뮤니케이션 방식은 사회적 미디어의 영향력을 더욱 증폭시킨다.

사회적 미디어는 집단지성(collective intelligence)에 의해 운영된다. 중간에 미디어 기업을 거치지 않고 당사자들이 직접 연결되는 온라인 공간은 기본적으로 개방적이다. 집단지성은 소수 20%가 수익의 80%를 차지하는 규모 시스템이 아닌 보다 많은 참여자들에 의한 수익 구조를 만든다. 사회적 미디어는 정보가 공유되고 분산돼 정보의 민주주의에 기여하고, 자신의 생각을 수신하고 발신할 뿐 아니라, 사용자가 뉴스

27 사진출처(왼쪽부터): https://en.ryte.com/magazine/facebook-instant-articles-blessing-or-curse, 트위터(https://twitter.com/jtbc_news)

를 생산하는 즉시 공유가 가능하다. 콘텐츠를 누구나 수정하고 편집할 수 있는 방식은 자격요건이나 권위를 거부하며, 기여자 역시 모호하게 만든다.

사회적 미디어는 모든 사람들이 콘텐츠 생산자이다. 그 중에는 쓸모없는 것도 있고, 가치 있는 것도 있다. 콘텐츠 가치는 미디어기업이 평가하는 것이 아니라 사람들이 직접 평가한다. 물론 거대화된 올드 미디어에서 만드는 콘텐츠의 생산은 계속될 것이다. 그렇다고 거대화가 올드 미디어기업이 살아날 유일한 길은 아니다.

인터넷에서 출발한 웹2.0의 참여와 공유 정신이 올드 미디어에도 접목되면서 신문방송 등 올드미디어는 수용자가 능동적으로 선택하는 양방향 개인 맞춤형 미디어를 지향하고 있다. 미디어 소비자를 수용자로만 간주하는 미디어는 점차 생존 자체가 위협을 당할 것이다. 신문, 방송 등 올드 미디어의 영향력은 감소하고 있으며, 사회적 미디어가 새로운 미디어로 부상하고 있다. 미디어 기업은 양방향과 개인 맞춤형 서비스에서 활로서 활고 있다. 사회적 미디어의 부상으로 디지털 커뮤니케이션 능력은 점점 더 중요해지고, 커뮤니케이션 능력을 비교적 객관적으로 측정할 수 있는 사회적 미디어 활동기록은 중요성이 높아지고 있다. 사회적 미디어는 점차 대안 미디어로 부상할 것이다. 올드미디어인 신문과 방송은 보다 거대해진 사회적 미디어의 일부가 될 것이다. 올드미디어가 이용자에게 직접 활동할 수 있는 장을 보다 다양하게 마련해 주고 가치 있는 콘텐츠에 대해 보상해 주는 것이 사회적 미디어와 공존하는 길이다.

2. 매스미디어의 기능[28]

1) 매스 커뮤니케이션의 기능

매스 커뮤니케이션의 기능은 매스 커뮤니케이션 자체가 지닌 속성과 능력에 의하여 나타나는 제반 현상으로 송신자가 어떤 목적을 가지고 커뮤니케이션 메시지를 전달하여 본래 의도한 반응을 얻는 것을 말한다.

매스 커뮤니케이션의 기능과 효과는 얼핏 비슷한 측면이 있으면서도 약간의 차이가 있다. 기능은 커뮤니케이션으로 인하여 최종적으로 나타난 결과에 초점을 두는 반면, 효과는 커뮤니케이션 메시지의 송신자에 강조점을 둔다. 즉, 기능이란 송신자의 의도성을 전제하지 않는다는 점에서 효과와 구별되며, 또한 그 결과로 나타나는 반응의 좋고 나쁨을 가리지 않는다는 점에서 효과와 다르다.

2) 사회통합의 기능

기능주의의 입장에서 매스미디어는 사회 구성원들이 기존의 규범과 가치를 공유하고 그 정당성을 인정하기 때문에 사회통합이 이루어진다. 일반대중은 매스커뮤니케이션에 의해 자발적으로 메시지에 순응

---

28 http://prince.natoo.net/online/mass03.htm

하게 된다고 본다.

갈등이론에서는 매스미디어에서 전달되는 매스 커뮤니케이션을 억압적 규제에 의해 사회통합이 이루어진다고 본다. 항상 기존의 규범에 도전하는 세력들이 있지만 법과 제도에 의하여 압력과 견제를 받기 때문에 강제력에 의해 사회통합이 이루어진다.

3) 매스미디어의 규범강화 기능

언론은 선행, 미담 등의 친사회적 가치에 대하여 칭찬하고 도덕적 지지를 보내는 한편, 일탈, 패륜 등의 반사회적 가치에 대하여 사회적 비판과 도덕적 제재를 가함으로써 특정의 행동양식을 장려하거나 억압한다. 이를 사회규범의 윤리화 기능이라고 하는데 이 때문에 그 사회가 지지하는 가치 규범이 계속 준수되며 사회의 안정과 통합을 이루게 된다.

4) 매스미디어의 이데올로기 기능

프랑스의 철학자 알튀세르(Althusser)는 국가기구에는 군대와 경찰과 같이 힘과 폭력으로 통제하는 억압적 국가기구가 있고, 종교, 교육, 언론, 가정 등과 같이 사상과 가치를 통해서 지배하는 이데올로기적 국가기구가 있다. 사회는 정부, 군대, 경찰과 같은 무력에 의해서보다 이데올로기적 국가기구에 의해 통제된다고 하였으며, 언론은 이데올로기적 기능을 감당하는 주요 기구이며, 그 일상성, 편재성, 반복성 때문에 중요한 국가기구로 작용한다고 하여 언론의 중요성을 언급하였다.

5) 언론과 사회변혁의 기능

언론은 사회체제를 유지하는 역할도 하지만 반면 사회를 변혁시키는 역할도 수행한다. 언론이 사회를 변화시키는 방식은 그 주체에 따라 다음과 같은 유형으로 나눌 수 있을 것이다.

가. 지배세력에 의한 미디어의 이용

그림 3.5. 지배세력에 의한 미디어 이용[29]

지배세력이 사회변혁에 대한 의지를 가지고 언론을 이용하는 경우. 언론은 국민 계몽활동, 공공 캠페인에서 정부의 목소리로서 역할을 수행한다. 예를 들어 새마을 운동은 신문과 라디오를 통한 대대적인 대국민 홍보를 통해 미신과 악습을 추방하고, 사회를 근대화시키고, 국민을 계몽하는 역할을 한 바 있다.

나. 미디어 주도의 운동

매스 미디어 조직이 스스로 본래의 기능을 수행하면서 사회변혁의 한 동인이 되기도 한다. 물론 직접적으로 사회변혁을 주도하는 세력이 존재하겠지만 매스 미디어가 이 과정에서 주도적 역할을 맡기도 한다. 워터게이트 사건에서 언론의 역할과 환경운동 등 언론이 주도하는 사

29 사진출처: 국가기록원(http://theme.archives.go.kr/next/semaul/gallery.do?type=05&page=4#body)

회운동이 그 대표적인 예라고 할 수 있다.

그림 3.6. 미디어 주도 운동[30]

다. 저항세력의 미디어 혹은 대안적 수단 이용

반체제 세력이나 저항세력 역시 매스 미디어를 사회변혁의 도구로 이용할 수 있다. 지하신문, 영화운동 등과 같은 대항매체 운동 등은 대표적인 저항세력의 미디어 활용의 예라 할 수 있다.

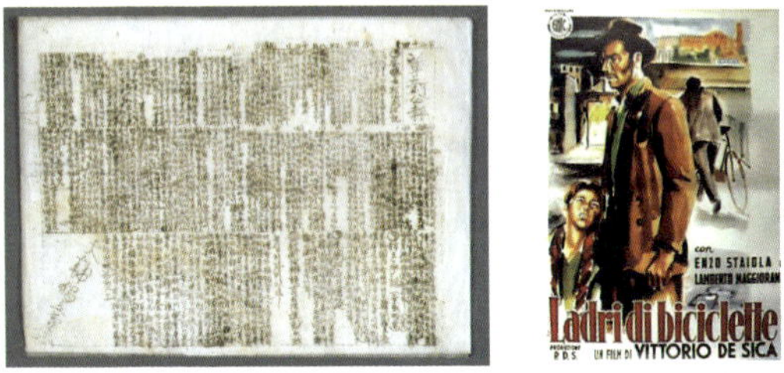

저항신문　　　　영화운동-자전거도둑

그림 3.7. 저항세력의 미디어 이용[31]

---

30 사진출처(왼쪽부터): 지구의 벗 환경연합(http://kfem.or.kr/?p=146905), (http://kfem.or.kr/?p=158722) 녹색교통(http://www.greentransport.org/27)

31 사진출처(왼쪽부터): 타임뉴스(http://www.timenews.co.kr/web/news/article/383061?mode=print) 오마이뉴스(http://star.ohmynews.com/NWS_Web/OhmyStar/at_pg.aspx?CNTN_CD=A0000771711)

읽어보기 : 워터게이트 사건

워터게이트 사건(Watergate scandal)은 1972년부터 1974년까지 2년 동안 미국에서 일어난 각종 일련의 사건들을 지칭하는 말로서, 미국의 닉슨 행정부가 베트남전에 대한 반대 의사를 표명했던 민주당을 저지하려는 과정에서 일어난 권력 남용으로 말미암은 정치 스캔들로 워싱턴 포스트지는 최초로 워터게이트 사건을 언론에 보도하였다.

사건의 이름은 당시 민주당 선거운동 지휘 본부가 있었던 워싱턴 D. C.의 워터게이트 호텔에서 유래한다. 처음 닉슨과 백악관 측은 '침입 사건과 정권과는 관계가 없다'는 입장을 고수했으나, 1974년 8월, "스모킹 건"이라 불리는 테이프가 공개됨에 따라 마지막까지 남아 있던 측근들도 그를 떠나게 되었다.

The Washington Post

FINAL

Nixon Denies Role in Cover-up, Admits Abuses by Subordinates

U.S. to Appeal Court Order On Milk Data

Says Tapes' Release Would Be 'Crippling'

Pocket Veto In Recess Ruled Illegal

워터게이트 사건을 최초로 보도한 워싱터 포스트지
사진출처: 노컷뉴스(2012.06.28.)
http://news.naver.com/main/read.nhn?mode=LSD&mid=sec&sid1=110&oid=079&aid=0002370735

닉슨은 미 하원 사법위원회에서 탄핵안이 가결된 지 4일 뒤인 1974년 8월 9일, 대통령직을 사퇴하였다. 이로써 그는 미 역사상 최초이자 유일한, 임기 중 사퇴한 대통령이 되었다.

백악관을 떠나는 닉슨 대통령
사진출처: 위키백과 https://ko.wikipedia.org/wiki/%EC%9B%8C%ED%84%B0%EA%B2%8C%EC%9D%B4%ED%8A%B8_%EC%82%AC%EA%B1%B4

워터게이트 사건은 언론이 엄청난 권력을 지닌 집권당과 대통령을 상대로 사건의 진실을 밝히려고 노력하였으며, 권력기관의 압력에도 불구하고 저널리즘의 의무를 성실히 수행하였다는 점에서의 의의를 갖는다. 특히 워터게이트사건은 익명의 제보자의 자보를 무시하지 않고 끝까지 파헤려 미국 대통령이 퇴진이라는 엄청난 결과를 가져왔다. 워터케이트 사건을 파헤친 기자는 밥 우드워드와 칼 버스타인이라는 두 기자였다. 이들은 저널리즘의 역사상 가장 유명한 기자로 손꼽히고 있다.

제2부

미디어소비자의 이해

4장

커뮤니케이션 도구로서의 미디어

1. 커뮤니케이션의 기본 이론

1) 커뮤니케이션의 개념

커뮤니케이션이란 송신자-수신자 간 정보교환 과정이다. 커뮤니케이션(communication)은 공통되는(common), 혹은 공유한다(share)는 뜻의 라틴어communis라는 어원에서 파생되었다. 어원을 근거로 정의하면 커뮤니케이션은 혼자가 아닌 타인과 정보를 나누고 공유하는 과정이라고 할 수 있다.

2) 커뮤니케이션의 기본 요소

커뮤니케이션의 기본 요소는 송신자, 부호화, 채널, 해독, 피드백, 잡음으로 총 6개의 요소들이 있다. 송신자는 메시지를 부호화해서 수신자에게 보내는 사람 또는 대상을 말한다. 부호화는 메시지를 인간의 감각기관에 의해서 인지될 수 있도록 전환한 것을 의미하며, 채널은 메시지 전달에 이용되는 전송체계이다. 해독은 수신자가 송신자의 생각과 아이디어(메시지)를 인지하는 과정을 말하며, 피드백은 송신자에게 받은 메시지에 대한 수신자의 반응이다. 잡음은 메시지의 송수신을 방해하거나 간섭하는 것을 의미한다.

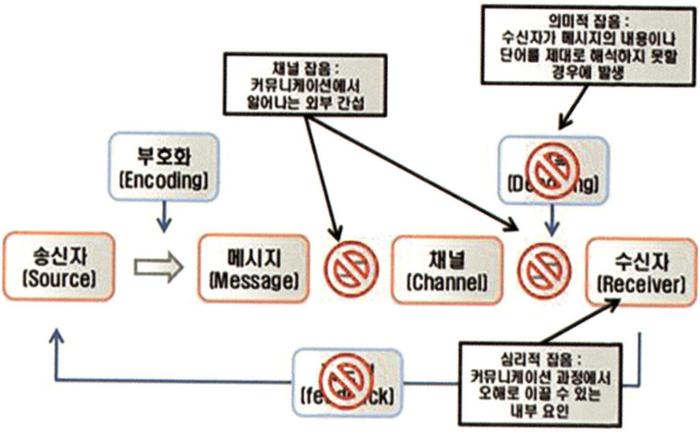

그림 4.1. 슈람의 SMCR(Source-Message-Channel-Receiver 모델과 잡음

3) 커뮤니케이션 유형과 분류

커뮤니케이션의 유형은 다음과 같다. 첫째, 인간 내 커뮤니케이션으로 개인 내부의 커뮤니케이션이다. 소위 자기자신과의 대화로써 자신 내부의 메시지를 공유하는 것이다. 둘째, 대인 커뮤니케이션은 2인 간 의사소통을 의미한다. 셋째, 집단 커뮤니케이션은 3인 이상 집단 내 의사소통으로 12명을 기준으로 소집단 커뮤니케이션과 대집단 커뮤니케이션으로 구분된다. 넷째, 조직 커뮤니케이션은 구조화된 조직 내 커뮤니케이션을 의미하며, 매스 커뮤니케이션은 매스미디어를 이용한 커뮤니케이션을 의미한다.

커뮤니케이션은 그 방향성에 따라 구분되기도 하는데, 일방향(one-way) 커뮤니케이션은 송신자가 수신자에게 메시지를 일방적으로 전달하는 것을 의미한다. 양방향(two-way) 커뮤니케이션은 송신자와 수신자

간에 메시지를 서로 주고 받는 것을 의미한다. 상호작용적 커뮤니케이션은 양방향 커뮤니케이션과 같이 송신자와 수신자가 메시지를 서로 주고받는 것은 동일하나 실시간 피드백 가능성이 추가된다.

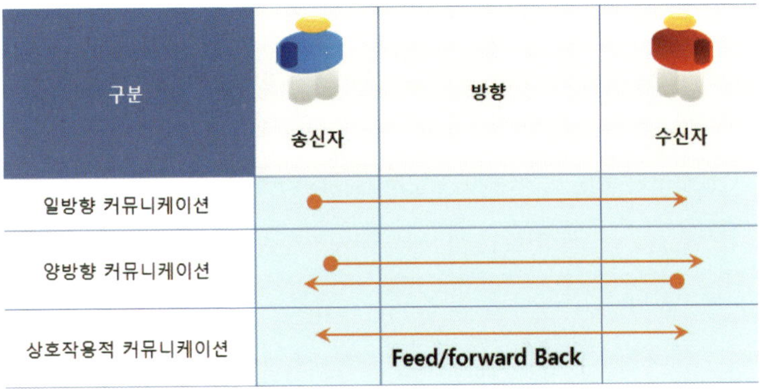

그림 4.2. 커뮤니케이션의 방향성에 따른 분류

2. 커뮤니케이션 모형

1) 라스웰의 모형

커뮤니케이션 과정을 설명하는 Lasswell(1948)의 5W 모델은 커뮤니케이션과 관련한 여러 연구에 근간이 된다. 5W 모델은 커뮤니케이션 과정을 누가(who)-무엇을(what message)-어떤 채널로(by which channel)-누구에게(to whom)-어떤 효과(with what effect)를 미치는지와 같이 5단계로 구분하다.

첫째, 커뮤니케이션 단계 중 누가와 누구에게는 송신자와 수신자고 할 수 있다. 커뮤니케이션은 내가 전달하고자 하는 내용을 상대방이 이해하거나 상대방이 전달하고자 하는 의미를 인식했을 때 일어났다고 할 수 있다.

둘째, 커뮤니케이션 단계 중 '무엇을'에 해당하는 메시지란 상대방에게 자산의 생각을 전달하기 위해 만들어 내는 신호라고 할 수 있다. 사람들은 메시지를 주고받으며 커뮤니케이션을 참여한다. 메시지는 목소리를 이용하는 언어적 메시지와 몸을 이용하는 비언어적 메시지가 있다. 언어적 메시지가 손쉽고 효과적으로 커뮤니케이션하는 방법이지만 손짓이나 발짓 그리고 표정 등 비언어 적 수단을 통해서도 상대에게 메시지를 만들어 전달할 수 있다. 문자나 그림 그리고 상징 등도 커뮤니케이션 수단이 될 수 있다.

셋째, 채널은 송신자와 수신자 간에 메시지에 도달하게 하는 수단이다. 면대면 커뮤니케이션 상황에서는 음성과 시각이 중요한 채널이다. TV나 신문은 잘 알려진 매스 커뮤니케이션 채널이라고 할 수 있다. 기술의 발달로 모바일 기기가 확산하며 모바일 미디어 채널의 중요성이 나날이 커지고 있다.

마지막으로 커뮤니케이션 과정 중 어떤 효과는 피드백이라고 할 수 있다. 피드백이란 송·수신자가 채널을 통해 전달된 메시지에 반응하는 것을 말한다. 피드백은 커뮤니케이션의 상호작용을 확인할 수 있다는 점에서 중요하다. 피드백을 통해 상대방에게 메시지가 도달되었음을 확인하고 자신의 의견이나 감정을 공유했음을 느낄 수 있기 때문이다.

2) 섀논과 위버의 모형

섀논과 위버의 모형에 따르면, 커뮤니케이션은 발신자와 수신자 간의 공통성을 만들어가려는 목적지향적 노력으로 정의된다. 섀논과 위버는 커뮤니케이션에 경험영역(field of experience)의 개념을 도입하였다. 공통의 경험영역은 공통의 언어, 배경, 문화 등 메시지가 발신자의 의도대로 수신자에게 전달될 수 있는지에 관한 것으로 잡음의 문제를 해결하는 방편으로서의 메시지가 어떻게 해석되었는지를 나타내는 것인 피드백의 중요성이 강조된다.

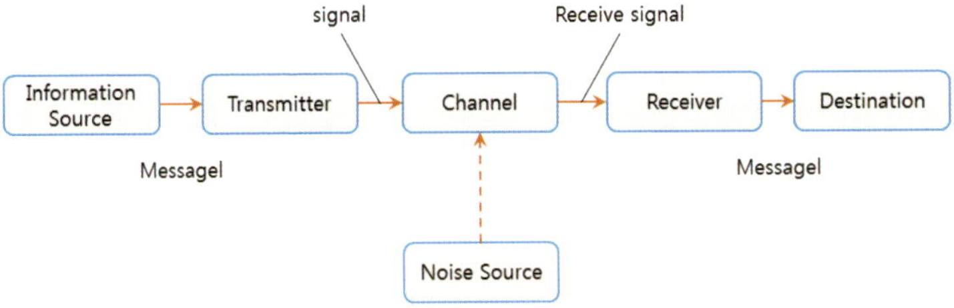

그림 4.2. 섀논과 위버의 커뮤니케이션 모형

3. 커뮤니케이션의 효과 이론[1]

커뮤니케이션이론의 한 유형으로 매스 커뮤니케이션효과와 관련된 여러 가지 변인들간의 관계를 기술·설명·예측해 주는 개념·명제 또는 법칙들의 집합체계로서의 보편·타당한 진술(陳述). 즉 매스 커뮤니케이션 효과라는 현상을 논리적·과학적으로 기술·설명하여 이를 근거로 주어진 현상을 미리 예측하고, 나아가서는 그 현상을 통제할 수 있는 보편·타당한 지식체계를 말한다. 이러한 이론들에는 보편·타당성이 실증적으로 완전히 입증된 것들도 있지만 아직 그렇지 않은 것들도 있는데 완전히 입증되지 않은 것들도 넓은 의미로는 이론에 포함한다. 아직 완전히 입증되지 않은 것을 포함하여 지금까지 매스 커뮤니케이션 효과에 관한 여러 가지 이론들이 여러 학자들에 의해 제시되어 왔는데, 우선 매스 커뮤니케이션의 총체적 효과의 크기에 관한 대표적 이론들로는 그 효과가 대단히 크다는 기본가정의 탄환이론(the bullet theory), 미디어의존이론(the dependency theory), 모델링이론(the modeling theory), 의미이론(the meaning theory), 침묵의 나선이론(the spiral of silence theory), 문화계발효과이론(the cultivation theory) 등의 소위 대효과 또는 강효과 이론들과 이들 이론과는 반대로 매스 커뮤니케이션 효과는 일반적으로 생각하는 것과는 달리 실제로는 그리 크지 않다는 주장의 선별효과

---

1 자료출처: 강문정. 방송과 수용자(http://snowwiki.fuzewire.com/wiki/social_sciences/media/paper_media/historyDoc.html?psno=*C905D419F29621D3A851E5293D671E4FD969F78F)

이론(the selective influence theory), 2단계유통이론(the two-step flow of communication theory) 등의 소위 소효과 이론들 및 매스 커뮤니케이션 효과는 아주 크지도 않고, 그렇다고 해서 적지도 않다는 주장의 이용과 충족이론(the use and gratification theory), 의제설정기능이론(the agenda-setting function theory) 등의 소위 중효과 이론 등의 있다. 한편 매스 커뮤니케이션효과이론에는 여러 유형의 매스 커뮤니케이션 효과에 관한 구체적 이론들도 있다. 매스 커뮤니케이션이 정치·경제·사회 등에 미치는 효과에 관해서도 여러 이론들, 즉 감정정화이론(the catharsis theory), 자극효과이론(the stimulating theory), 관찰학습이론(the observational learning theory), 강화이론(the reinforcement theory) 등 여러 가지가 있는데, 이들도 모두 매스 커뮤니케이션효과이론에 포함된다.

1) 탄환 이론(the bullet theory)

매스 커뮤니케이션효과에 관한 초기 이론으로, 매스 미디어는 수용자에게 강력한 영향을 즉각적이고 획일적으로 미치고 있다는 이론이다. 탄환 이론은 매스 미디어의 영향력이 탄환과 같이 강력하다는 뜻의 이름이다. 이는 같은 의미에서 피하주사이론 또는 기계적 S-R이론(기계적 자극 반응 이론)이라고도 불린다. 탄환이론은 1920-40년대에 영화와 라디오의 대중화와 제1차 세계대전 당시 나치의 선전활동을 통하여 미디어의 강력한 효과를 바탕으로 대두되었다. 탄환이론의 기본 가정은 대중사회의 대중은 전통적인 사회적 유대와 규범의 제약을 받지 않는 원자화되고 고립화된 존재로서 매스 미디어의 획일적인 메시지에 획일적으로 반응하기 때문에 미디어의 효과는 직접적이고 즉각적이며 강력하다는 것이다. 탄환 이론의 수용자 개념은 고립적이며 비이성적이고 수동적인 존재이다.

같은 의미의 피하주사이론(the hypodermic needle theory)은 미디어가 수동적이고 원자화된 수용자에게 직접적으로 강력한 효과를 발생시킨다고 보는 관점을 비유적으로 표현한 것. 이 이론의 기본 가정은 미디어가 정보를 대중의 의식 속으로 '주사'함으로써 수용자에게 직접적이고 즉각적이며 강력한 효과를 갖는다는 것이다. 흔히 탄환이론 또는 기계적 자극-반응이론으로 부르기도 한다. 매스 커뮤니케이션 과정을 주사기와 같은 작용으로 단순화시키고 미디어 메시지가 주사기 속의 약물처럼 수용자 대중의 정신에 직접적으로 흡수된다고 본 이 이론은 매스미디어 효과에 대한 1930년대 전후의 인식을 반영한 것으로 나중에 많은 도전과 비판에 직면했다. 미디어의 강력한 힘을 나타내는 공포의 표징이 되기도 한 피하주사이론은 오늘날에도 매스 미디어와 폭력의 관계에 대한 논쟁에서 보듯 미디어 메시지가 시청자의 '건강'을 해치는 '질병'으로 묘사되는 의학적 비유들과 연계되어 있다.

2) 제한 효과 이론(limited effects theory)

미디어의 효과는 제한적이고 선별적이며 그리 강력하지 않다는 주장의 이론이다. 탄환 이론이 전쟁 시기에 대두된 반면 제한 효과이론은 전쟁이 끝난 사회적 안정기에 탄환이론에 대한 반성으로 대두되었다. 제한 효과 이론의 주장은 매스 미디어의 설득적 메시지가 정보 인지에는 어느 정도 효과가 있지만, 기존의 태도 변화에는 효과가 없다는 데 근거한다. 미디어의 효과는 수용자 개인의 심리적 상태와 사회적 위치에 따라 다르다고 주장한다. 이는 탄환이론이 미디어의 수용자를 획일적이고 비이성적으로 여긴 것과 달리, 수용자를 각각의 개인의 특성을 지닌 존재로 인식했다. 그리고 대중 매체와 수용자 사이에 의견 지도자라는 인물을 넣어 개인에게 특별한 영향을 줄 수 있는 대인 접촉이 대중 매체의 영향도가 크다고 한다. 의견 지도자의 역할을 Two step flow 모형을 통해 알아보자.

예일대학의 사회심리학자 칼 호블랜드(Carl Hovland)의 태도변화연구와 컬럼비아 대학의 사회학자 폴 라자스펠드(Paul Lazarsfeld)의 연구는 핵심적이다. 호블랜드와 그의 동료들은 수많은 실험연구를 통해 커뮤니케이션 메시지의 효과는 메시지의 구성방식, 수용자의 개인적 특성, 공신력과 같은 정보원의 속성 등에 따라 얼마든지 다를 수 있음을 실증적으로 밝혀냈다. 한편 라자스펠드를 중심으로 하는 컬럼비아 그룹은 수용자들이 매스 미디어의 메시지를 선택적으로 노출·지각·기억하며, 매스 커뮤니케이션의 유통 과정이 종래에 생각하던 것과는 달리 미디어로부터 의견지도자를 통해 수용자 대중에게 전달되는 2단계 유통임을 밝혀내었다. 초기 매스컴이론은 개인의 행동이나 의견의 기초가 되는 지식이나 정보는 매스 미디어를 통해 각 개인에게 직접 도달한다고 생각되었다. 그 후 인간의 투표행동, 구매행동, 유행선택, 여가활동 등 사회행동의 연구가 진전됨에 따라서 중간에 개재하는 소집단의 역할이 크게 중시되게 되었다. 즉 TV, 라디오, 신문, 잡지 등의 매스 미디어를 통한 메시지는 개개인의 성원에게 직접적으로 전달되는 과정이 아니라, 소집단의 그룹리더(group leader)를 통해 다른 성원에게 확산되어 간다는 것이다. 이런 현상을 매스 커뮤니케이션의 2단계 흐름이라고 한다. 그런데 소집단에서도 항상 같은 인물이 리더 역할을 하는 것이 아니다. 예를 들면 직장에서 패션의 리더와 독서의 리더는 다르고, 또 같은 독서라해도 학습참고서의 리더와 대중문화의 리더는 명백히 다르며, 또 관여하는 집단 자체도 달라진다. 단지 리더에게는 특정 문제에 대해 그룹내에서 지도적인 역할을 수행하기 위해서 성원에게 정확한 정보를 제공하고 성원의 기대에 부응하는 것이 필요하므로, 리더는 정보수용을 위하여 자세하고 한층 더 적극적인 자세를 취하게 된다. 그래서 리더는 신문, 잡지, 라디오, TV 등의 매스 미디어에 접하는 경우가 일반적으로 많아진다.

미국의 대통령 선거 때 라자스펠드의 <국민의 선택>이라는 연구보고서에서 '커뮤니케이션의 2단계 유통가설'이라는 이름으로 처음 제시하였는데 이 연구는 매스미디어가 유권자의 투표행위에 지배적인 영향을 미치지 않는다고 밝혀냈다. 또한 사람들은 기존의 태도나 가치관에 부합하는 메시지만을 선별적으로 수용하며, 사람들의 정치적 태도를 변화시키는 데에는 매스미디어보다 대인접촉이 더욱 효과적임을 밝혔다. 라자스펠드와 그 동료들의 에리 카운티 연구(Erie County Study)로 입증하였다. 이 연구는 미국 오하이오주 에리(Erie)군을 그 조사대상지역으로 하였기 때문에 일반적으로 Erie 연구라고 불리고 있다. 그러나 그 뒤 이 이론에 대한 여러 가지 비판들이 제기되기도 했다. 그리하여 1단계유통이론, 다단계유통이론 등이 제시되기도 했다.

3) 중효과 이론

가. 이용과 충족이론

이용과 충족이론은 미디어 중효과 이론 중 하나로 미디어의 이용

욕구에 따라 효과가 달라진다고 한다. 이 연구의 중요한 점은 미디어가 사람들에게 무엇을 하느냐에서 사람들이 매스미디어를 가지고 무엇을 하느냐로 연구관점이 전환되었다는 것이다. 이용과 충족의 접근 방법은 매스 커뮤니 케이션의 수용자가 능동적이고 목적지향적인 존재임을 가정하고, 따라서 수용자들은 자신의 욕구를 충족시키기 위한 방법으로 여러 가지 이용 가능한 소시 가운데 미디어를 선택해 이용한다고 본다. 이 이론은 수용자를 욕구를 충족하는 능동적인 존재로 보고, 기존의 이론의 수동적인 수용자관에서 탈피하였다고 볼 수 있다.

이런 입장에서 이루어진 이용과 충족연구는 매스 미디어가 수용자들의 기분전환, 인간관계, 개인적 정체성, 환경감시 등과 같은 욕구를 충족시키기 위해 다양한 방식으로 기능한다고 말한다. 요컨대 이용과 충족의 접근방법은 개인적 욕구의 사회적·심리적 기원과 역학에 초점을 맞추는 것이며, 바로 이것이 다양한 미디어의 다양한 이용으로 유도하고, 그 결과 수용자 개개인에게 각기 다른 수준의 충족을 얻게 해 준다는 것을 전제하고 있다. 따라서 이 접근방법은 각기 다른 미디어 수용자들이 미디어 내용을 매우 다르게 해석하고 이용하는 방식에 접근할 수 있는 독특한 이론과 방법론을 제공한다. 그러나 그러한 장점은 이 접근방법에 쏟아졌던 갖가지 비판의 맥락 속에서 평가하는 것이 중요하다. 이용과 충족의 접근방법은 지나치게 개인적이고 심리적인 부분만을 강조함으로써 사회적으로 구조화된 여러가지 특성을 충분히 고려하지 못하고 있다는 비판이 많이 제기되었다. 말하자면 이 접근방법의 기능주의적 성격을 지적하는 것인데, 최근의 연구 가운데에는 구조화된 사회적 변인들을 분석에 포함함으로써 이러한 비판에 대응하는 시도도 나타났다. 한편, 이용과 충족 연구의 개인적 심리학적 편향에 대한 비판과 아울러, 수용자의 행위는 그들 자신의 욕구에 의해서만 아니라 미디어 텍스트 자체의 구조에 의해서도 제한된다는 것을 이 접근방법은 간과하고 있다는 비판도 제기되었다.

나. 의제 설정 이론

미디어가 특정한 이슈들을 중요한 것으로 강조하여 부각시킬 경우 수용자들도 그러한 이슈들을 중요한 것으로 인식하도록 하는 효과를 말한다. 1950-1960년대에 매스 미디어가 수용자의 태도변화에 거의 효과가 없다는 제한효과이론(limited-effect theory)이 지배적인 상황에서 매스 미디어가 태도 변화에는 효과가 적지만 인지적 측면에는 효과가 있다는 주장의 일환으로 제기되었다. 매스 미디어의 이러한 기능은 물론 그 이전부터 알려져 왔으나 1972년 미국의 커뮤니케니션 학자 매콤과 쇼(Maxwell E. McCombs and Donald L. Shaw)에 의해 실증적으로 확인됐다. 이들은 어떤 사회적 문제들에 대해 매스 미디어가 할애하는 보도의 양(신문·잡지의 경우는 지면의 크기, 방송의 경우는 시간)과 그 문제들에 대하여 수용자 대중들이 얼마나 중요시하고 있느냐의 정도를 알아 보았더니 이들 간에 아주 높은 상관관계가 있음을 발견했다. 따라서 이들은 매스 미디어가 위와 같은 의제설정기능을 수행하고 있으며, 그 결과 매스 미디어는 사회에 중요한 영향을 미치고 있다는 요지의 의제설정기능이론(agenda-setting function theory)을 내세웠다.

다. 지식 격차 이론(knowledge-gap theory)

미디어를 많이 이용하는 사람과 그렇지 않은 사람 간에는 공공문제에 대한 지식의 양의 차이가 있다고 본다. 미디어가 사회계층 간의 지식

격차(knowledge-gap)를 축소하기보다는 확대할 가능성이 많다고 보는 이론. 티처너와 그의 동료들(Tichenor, Donohue, & Olien, 1970)에 의해 처음 제기된 이론으로서, 지식격차가 계층간의 영속적인 불평등에 어떤 역할을 하며 또 지식격차를 극복할 수 있는 조건은 무엇인지에 관심을 갖는다. 이 이론에 따르면 사회경제적으로 우위에 있는 계층이 열악한 계층보다 미디어를 더 많이, 더 쉽게 이용하며 따라서 정보습득의 양도 더 많다. 정보의 습득량 또는 지식의 수준이 높은 만큼 사회경제적으로 우월한 위치에 오를 가능성도 더 많다. 이 과정은 순환적 성격을 띠고 있기 때문에 시간이 지남에 따라 계층간의 지식격차는 줄어드는 것이 아니라 오히려 확대된다. 이러한 지식격차의 확대는 사회계층간의 불평등이 영속화되는 중요한 요인이 될 수 있다. 오늘날 지식격차이론이 특히 주목받고 있는 이유는 커뮤니케이션 테크놀로지의 발전에 따라 끊임없이 새로운 미디어가 출현하고 있기 때문이다. 기술혁신으로 출현하는 뉴 미디어는 보급 초기에는 대개 고가로 판매된다. 따라서 일부 전문집단을 제외하면 경제적으로 여유가 있는 계층이 뉴 미디어를 구입하게 되며, 그들은 그만큼 정보의 이용과 습득에서 유리한 위치에 놓일 수 있다. 이와 같은 현상은 새로운 뉴 미디어가 출현할 때마다 되풀이되며 따라서 사회계층간의 정보격차 또는 지식격차는 줄어 들지 않고 오히려 확대될 수 있는 것이다. 이러한 계층간의 지식격차를 줄이기 위한 방법으로는 정부나 공공기관 또는 미디어산업의 재정지원과 공공교육 활성화가 제시되고 있다.

라. 문화계발효과

미국의 커뮤니케이션 학자인 거브너 등이 제창한 이론으로 강효과

이론에 속한다. TV를 과다하게 시청하는 사람들의 경우, 그들이 머릿속에 담고 있는 사회의 모습이 TV의 세계와 일치한다는 이론. 중시청자가 경시청자보다 텔레비전이 제공하는 현실세계의 이미지에 더 많이 영향을 받는 경향이 있음을 보여주었다. [12]그 기본적 가정들을 간단히 소개하면, 문화 또는 이데올로기는 매스커뮤니케이션과 불가분의 관계에 있는데, 오늘날의 문화나 이데올로기는 매스 미디어, 특히 텔레비전에 의해 주로 계발된다는 것이다. 왜냐하면 오늘날 특히 상업 텔레비전들의 메시지는 그 내용이 거의 획일적이며, 또한 텔레비전 시청자들은 텔레비전을 거의 습관적이고 비선별적으로 시청하고 있기 때문이라는 것이다. 따라서 현대사회에서 텔레비전은 가장 강력한 문화적 도구로 현실세계에 대한 수용자 대중들의 상이나 관념을 형성시켜 주며, 나아가서는 현실세계 그 자체를 구성해 주는 문화적 계발효과를 지니고 있다는 것이다. 거브너에 의하면, 매스 미디어 특히 텔레비전은 가장 강력한 문화적 무기로서 현실세계에 대한 상징적 환경을 조성하는 기능이 있다. 이러한 상징적 기능을 통해 텔레비전은 현실세계에 대한 사람들의 생각과 그림을 구성해 주는 효과를 갖게 된다. 말하자면 사람들은 텔레비전이 제공하는 상징세계의 문화에 길들여진다는 것이다.

4) 강효과 이론

가. 침묵의 나선이론(the spiral of silence theory)

여론형성의 사회심리학적 메커니즘을 설명하기 위해 독일의 여성 커뮤니케이션학자 엘리자베스 노엘레-노이만(Noelle-Neumann, 1974)이 제시한 이론으로 침묵의 나선이론 또는 와선 이론이라고도 한다. 매스 커뮤니케이션효과에 관한 소위 강효과 이론(the powerful effects theories)의 하나로, 이 학설에 의하면, 인간들은 자신의 의견이 사회적으로 우세하고 지배적인 여론과 일치되면 그것을 적극적으로 표현하며 그렇지 않으면 침묵을 지키는 성향이 있다는 것이다. 따라서 매스 미디어는 지배적인 여론을 형성하고 전파시키는 데 강력한 영향력을 행사하고 있다는 것이 곧 이론의 요지이다. 노엘레-노이만은 이와 같은 이론을 내세우면서 매스 커뮤니케이션 효과에 관한 논의는 다시 초기의 탄환이론과 같은 강효과 이론으로 돌아가야 한다고 까지 주장했다. 그러나 이 이론은 아직 실증적으로 충분히 입증되지 않고 있을 뿐만 아니라, 특히 매스 미디어가 사회적인 여론형성과정에 미치는 영향에 관한 구체적인 설명이 부족하다. 따라서 이 이론은 아직은 하나의 학설에 불과할 뿐이다. 노엘레-노이만에 의하면 여론의 개념은 크게 두 가지 방식으로 정의될 수 있다. 하나는 '양식 있고 책임 있는 시민의 판단'이란 의미로서 이성적 토론에 근거하는 것이다. 다른 하나는 이보다 오랜 전통을 지닌 것으로 '따라야 할 압력'이라는 의미이다.

나. 사회 학습 이론(social learning theory)

학습에 관한 실험으로부터 도출한 여러 가지 원칙에 근거해 각종 인간행동과 성격을 설명하고자 하는 사회심리학의 이론이다. 사회학습에 대한 최초의 체계적 연구는 1940년 전후에 존 달라드(John Dollard)와 닐 밀러(Neal Miller)를 중심으로 한 예일대학 심리학자들에 의해 이루어졌다. 이들은 정상적 또는 비정상적인 인간행동의 발달을 설명하기 위해 역시 예일대학 교수였던 헐(Clark Hull)의 학습이론을 이용했다. 두 사람 모두 유럽에서 정신분석학 연구경력을 가지고 있었고, 특히 달라드의 경우 1930년대에 사회학과 인류학을 가르친 경력이 있는데, 그들의 목적은 '인간행동과학을 위한 심리학적 기초'를 만드는 것이었다. 이 목적을 위해 그들은 프로이트의 이론과 임상요법, 실험 심리학, 그리고 '사회과학'이라는 '세가지 위대한 전통'의 통합을 시도했다. 달라드와 밀러의 주요 관심은 프로이트가 지적한 현상을 헐이 제시한 메커니즘으로 설명하는 것이었다. 말하자면 인간에게는 성욕, 배고픔, 고통과 같은 선천적인 1차 충동(primary drive)과 후천적인 2차 충동(secondary drive)이 있는데, 2차 충동은 조건적 자극이고 그것의 원동력은 1차 충동과의 관계로부터 비롯된다고 본다. 예컨대 불안 또는 공포는 2차 충동인데 그것은 고통이라는 1차 충동으로부터 학습된 것이다. 이 관계의 메커니즘과 2차 충동의 힘이 바로 복잡하기 짝이 없는 행동과 동기를 구성하는 요소이다. 여기서 강화(reinforcement), 즉 보상과 처벌은 중요한 역할을 한다. 인간을 포함해서 모든 동물은 기쁨을 추구하고 고통은 회피한다. 보상과 처벌은 바로 기쁨과 고통으로 작용하며, 이를 통해 인간행동은 점차적으로 형성되어 나간다는 것이다.

4. 커뮤니케이션 효과의 패러다임 변화[2]

커뮤니케이션의 효과는 시대에 따라 변화되어 왔다. 1920~1940년대 중반까지는 매스 미디어의 효과는 직접적이고, 즉각적이고, 강력하다는 입장의 대효과 이론이 주를 이루었다. 커뮤니케이션의 효과는 제1차, 제2차 세계대전에 따른 지도층의 선전를 위해 연구되어 왔다. 이 시기에는 자극-반응 이론(S-R theory), 마법의 탄환이론(magic bullet theory), 피하주사효과 이론(hyperdermic needle effect theory)이 자리를 잡고 있었으며 대표적인 연구사례로는 Payne Fund Study, The Invasion from Mars, 국채판매운동이 있다.

1940년대 중반에서 1960년대는 제한효과이론이 등장하였다. 매스 미디어의 효과는 제한적이고 선별적이므로 그 영향력은 크지 않다는 입장의 이 이론은 사회적 안정, 대중사회 비판, 소집단(small group)의 재발견 등의 사회적 배경 하에 자리잡게 되었다. 대표적이 연구사례로는 Hovland 장병들에 대한 영화효과 연구, Lazarsfeld 등 People's Choice,이 있으며 이론으로는 E.M.Rogers 확산이론(diffusion theory), 2단계 유통(two-step flow)이론이 있다.

1960년대에서 1970년대 중반에는 중효과이론으로 패러다임이 변화되었다. 대표적인 이론으로는 이용과 충족연구(uses and gratification),

---

2 구글검색, http://prince.natoo.net/online/mass04.htm

의제설정 기능이론(agenda-setting theory), 문화적 규범이론(cultural norms theory), 문화계발 효과이론(Cultivation theory), 지식 격차 이론(knowledge gap theory) 등이 있다.

1970년대 중반 부터는 매스 커뮤니케이션으 효과가 매우 강하다는 강효과 이론이 사회적으로 지지를 받았다. 대표적인 이론으로는 침묵의 와선이론(Spiral of silence)과 제3자 효과이론(third-person effect), 점화 효과(priming effect), 틀짓기 효과(framing effect) 등이 있다.

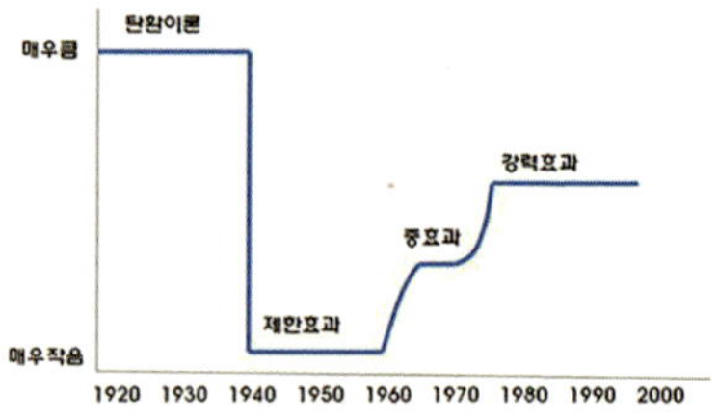

그림 4.3. 매스커뮤니케이션 효과이론의 발전

5. 매스 커뮤니케이션의 기능과 특징[3]

Harold Lasswel을 매스 커뮤니케이션의 3대 기능으로 환경감시 기능, 상관조정 기능, 사회유산 전수기능을 제시하였다. Charles Wright는 Harold Lasswel의 3대 기능에 오락제공 기능 추가하였으며, P.F.Lazarsfeld, R.K.Merton는 규범강화 기능, 지위부여 기능이 있다고 하였다.

1) 매스 커뮤니케이션의 기능

가. 환경감시 기능

사회에서 일어나는 여러 가지 사건에 대한 정보를 수집, 정리, 분배하는 활동을 말한다. 순기능으로는 주변환경에 대한 정보전달, 위험에 대한 대비, 일상생활의 정보 제공하는 기능이 있으며 역기능으로는 위협적 보도, 공포유발, 마약중독 기능(narcotizing dysfunction)이 있다.

나. 상관조정 기능

환경에 관한 정보의 의미를 해석하고 대응책을 제시함으로써 태도 형성에 영향을 준다. 순기능으로는 사건의 의미를 해석하고 평가, 사건

3 구글검색, http://prince.natoo.net/online/mass03.htm

의 중요성 규정하는 반면 역기능은 주관적 해석, 해석의 다양성 제한, 불공정 보도, 비판적 사고능력 마비시킬 수 있다는 것이다.

다. 사회유산 전수기능

사회의 가치, 규범, 각종 정보를 다음 세대에 전달하는 사회화 기능으로 순기능은 사회통합 결속, 교육적 효과, 사회규범의 윤리화 기능이 있는 반면 역기능은 문화의 규격화 획일화, 기존체제의 가치규범 확대 재생산할 수 있다.

표 4.1 매스커뮤니케이션의 기능

구분	내용	
환경감시 기능	기능	• 사회에서 일어나는 여러 가지 사건에 대한 정보를 수집, 정리, 분배하는 활동
	순기능	• 주변환경에 대한 정보전달, 위험에 대한 대비, 일상생활의 정보 제공하는 기능
	역기능	• 위협적 보도, 공환경에 관한 정보의 의미를 해석하고 대응책을 제시함으로써 태도형성에 영향을 준다포유발, 마약중독 기능사건의 의미를 해석하고 평가, 사건의 중요성 규정하는 반면
사회유산 전수기능	기능	• 환경에 관한 정보의 의미를 해석하고 대응책을 제시함으로써 태도형성에 영향
	순기능	• 사건의 의미를 해석하고 평가, 사건의 중요성 규정
	역기능	• 주관적 해석, 해석의 다양성 제한, 불공정 보도, 비판적 사고능력 마비

구분	내용	
상관조정 기능	기능	• 사회의 가치, 규범, 각종 정보를 다음 세대에 전달하는 사회화 기능
	순기능	• 사회통합 결속, 교육적 효과, 사회규범의 윤리화
	역기능	• 문화의 규격화 획일화, 기존체제의 가치규범 확대재생산
오락제공 기능	기능	• 흥미 위주의 내용으로 기분전환과 휴식을 제공하는 기능
	순기능	• 오락적 욕구의 충족시킬 수 있는 기능
	역기능	• 사회적 정치적 무관심 증가, 문화적 순응주의, 선정적 저질문화 양산

라. 오락 제공 기능

흥미 위주의 내용으로 기분전환과 휴식을 제공하는 기능으로 순기능은 오락적 욕구의 충족시킬 수 있는 기능이 있으며, 역기능으로는 사회적 정치적 무관심 증가, 문화적 순응주의, 선정적 저질문화 양산할 수 있다.

2) 매스 커뮤니케이션의 특징

매스 커뮤니케이션은 수용자의 수가 많고, 익명성의 특징을 갖는다. 또한 커뮤니케이션의 경험 상황이 공개적이고, 신속하고, 일시적이며 매스 커뮤니케이션에 종사하는 커뮤니케이터가 조직적이고 막대한 비용을 사용한다는 특징이 있다.

매스 커뮤니케이션의 송신자는 대규모 조직의 전문가 집단, 영향력이 크며, 수신자는 익명으로 존재하는 원자화된 집단이고 지리적으로 분산되어 있어 유대감이 약하다.

매스 미디어는 외부 세상을 거울처럼 객관적으로 반영하기보다는 어떤 가치, 이념적 틀(frame), 문화적 원칙 등에 따라 세상의 성격을 구성하고 해석하는 데 중심적인 역할을 담당한다.

매스 커뮤니케이션은 호소 유형이나 도달범위에 따라 다음과 같은 특성을 갖는다. 첫째, 호소 유형에 다른 특성은 인쇄매체는 시각에 호소하는 특성, 라디오는 청각에 호소하는 특성, 전통적 영향 매체인 텔레비전이나 영화 등은 시각과 청각에 모두 호소하는 특성이 있다. 인터넷은 시각과 청각은 물론 실시간으로 피드백이 가능한 특성을 지닌다. 둘째, 도달범위에 따른 특성으로 는 전통적 매스 미디어인 지상파tv나 라디오, 신문, 책, 영화 등은 전국 대중에게 도달되는 반면 지방신문은 지역주민에게만 도달된다. 케이블tv는 세분화와 전문화된 대중에게 메시지가 도달되며, 인터넷은 글로벌 시민에게까지 도달될 수 있다.

한편 모든 매스 미디어는 공통적으로 시간 혹은 지면을 판매하여 수익을 내는데 tv는 광고주에게 광고 시간을 파냄하고, 신문이나 잡지는 광고주에게 지면을 판매한다. 포털사이트나 기타 인터넷은 인터넷 화면상의 공간을 판매하는 등 기본적으로 매스 미디어는 비즈니스를 계속하기 위해 광고주에게 수용자를 전달한다.

6. 매스 커뮤니케이션 환경의 변화[4]

1900년대 말부터 매스 커뮤니케이션의 환경에 많은 변화의 바람이 불고 있다. 바란[Baran]의 견해에 따라 매스 커뮤니케이션 환경의 변화를 다음과 같이 정리하였다.

1) 다국적 기업에 의한 미디어 소유 집중

1990년대 초반부터 불어 닥치기 시작한 미디어 회사들의 인수와 합병은 결과적으로 거대한 초국적 혹은 다국적 복합기업들에 의한 소유 집중 현상 초래하였다. 복합기업에 의한 과점 현상은 수익 증진에 더 많은 관심을 두면서 매스 커뮤니케이션의 의견과 관점의 다양성이 제한됨으로써 민주주의 발전에 도움을 주지 못할 위험성이 대두되고 있다.

2) 이익창출의 극대화를 위한 시계화

소수의 거대 초국적 복합기업들이 경쟁적 환경에서 최대한의 이익을 창출하기 위해 전 세계를 단일 시장으로 개방시키고 있다. 초국적 기

4 커뮤니케이션북스(주). 2012년 9월. 현대사회와 미디어(2011년 개정판) 1강 매스미디어의 정의와 특성(http://www.slideshare.net/JinseobEom/2011-1-13920221)

업들이 수익을 위해 지역별이나 국가별로 고유한 문화, 사회적 가치와 관습들 을 존속하는 데 노력할 것이라는 의견이 있는 반면, 경제적 종속과 함께 문화식민지에 대한 심각한 우려의 목소리도 나오고 있다.

3) 지나친 경쟁에서 촉발된 과다 상업주의화

최근 신문이나 방송에서 광고량이 증가추세에 있다는 사실은 지나친 상업주의화를 단적으로 보여주고 있다. 방송의 간접광고처럼 프로그램 속에 상업적 내용의 혼재가 늘어나고 있는 현상은 많은 사람들에게 고통을 주기도 하며, 특히 지각능력이 떨어지는 청소년들에 유해한 영향을 미칠 수 있다. 다양한 미디어 분배망들의 출현과 더욱 세분화되는 수용자에 도달하는데 소요되는 비용은 상업주의화의 심화를 초래하기도 한다.

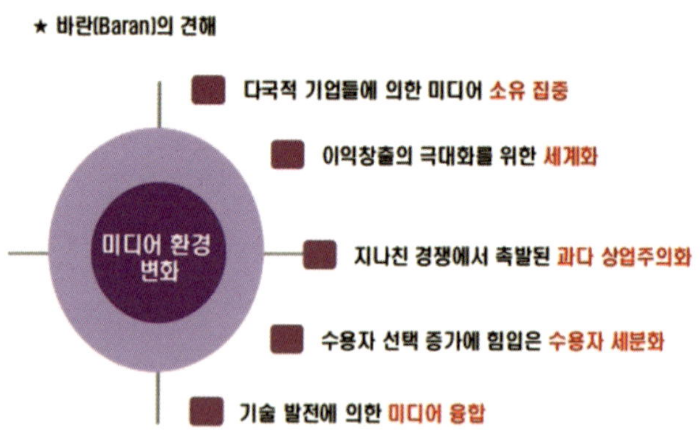

그림 4.4. 바란[Baran]의 매스 커뮤니케이션 환경의 변화

4) 수용자 선택 증가에 힘입어 수용자 세분화

기술의 발달에 따라 특정 계층에 호소하려는 수많은 매체와 채널이 등장하면서 수용자는 과거와 비교할 수 없을 만큼 많은 선택권을 가지게 되었다. 수용자가 세분화되면서 광고주들을 끌어들이기 위해 각 매체와 채널은 보다 특정 집단 소비자들을 겨냥하면서 협송, 틈새 마케팅, 혹은 표적화 집단을 세분화하게 되었다. 또한 수용자가 취향 공중으로 변해갈수록, 통일되고 획일적이었던 대중문화에는 많은 변화가 일어날 것으로 전망된다.

5) 기술발전에 의한 미디어 융합

기술적 융합을 통해 미디어 간의 경계가 무너지고 있다. 가능한 많은 전송채널을 이용함으로써 동일한 제작물을 최대한 활용하여 최고의 수익을 창출하려는 강한 동기를 가지게 되며 단일 수신자가 제공하는 메시지를 다양한 수신자가 받아들이게 되었다(one-source, multi-use). 미디어 간 경쟁이 날로 심화되고 있는 현실에서 거대한 전체 수용자에게 도달하기가 점차 어렵다는 사실을 알고 있는 기업들은 여러 미디어를 통해 세분화된 수용자들에게 도달하려고 하고 있다.

이러한 미디어 환경의 변화는 수용자에게 정보와 엔터테인먼트를 개별적으로 결합하는 힘, 선택하는 힘, 거부하는 힘 등을 더 많은 힘을 가질 수도 있으나 반대로 소수 복합기업들의 소유 집중과 미디어의 혼합은 매스 커뮤니케이션 과정에서 힘의 균형을 기업 쪽으로 기울게 하면서 수용자 구성원에게 불리하게 작용할 수 있는 문제점이 남아 있다.

생각해 보기 : 게이트 키핑과 의제설정이론

신문이나 방송 등 미디어에서 두고 있는 일종의 장치로, 편집자나 기자 등 뉴스 결정권자에 의해 뉴스가 취사선택되는 과정을 말한다. 이 과정에서 어떤 메시지는 선택되고, 어느 메시지는 사라지게 된다. 뉴스가 선택되는 기준과 그 기준에 따라 선택된 메시지가 어떻게 보도되느냐가 중요한 과제다. 뉴스 선택 과정에서 결정권자에 의해 내용이 수정·왜곡될 수 있으며, 사회문화적 압력과 각종 외부적 요인들에 의해 공정성을 잃게 될 수도 있기 때문이다(네이버 지식백과).

다음은 EBS 지식채널e에서는 '무엇이 뉴스가 되는가?(2006년 3월 20일 방영)편'을 통해 게이트 키핑에 대한 의제를 던졌다. 해당 영상을 보고 게이트키핑과 의제설정이론에 대해 생각해 보는 시간을 갖는 것을 어떨까?

5장

소비자 유형별 미디어의 사용

1. 디지털 미디어와 소비자

1) 미디어 소비자의 변화(이시훈 외, 2008)[5]

디지털미디어 시대의 소비자는 정보에 대한 접근성 증대되면서 점점 똑똑한 소비자로 거듭나고 있다. 기업보다 많은 정보 보유하여 다른 소비자들에게 정보를 배포하기도 하고 때로는 정보를 활용하여 새로운 정보를 생산해 내기도 한다.

정보통신과 디지털 혁명으로 이하여 이제 소비자들은 시공간 제약이 없어지고, 선택가능한 상황과 서비스가 증가하여 과거에 비해 다양한 욕구를 충족시키는 것이 가능하다. 이에 따라 멀티테스커(Multi-Tasker), 얼리어답터(Early-adapter)등이 증가하였다.

최근 소비자들은 mp3로 음악을 감상하고, rss리더로 뉴스를 검색하며, 커뮤니티에서 그들이 궁금한 사항을 질문한다. 블로그를 통해 안면이 없는 사람들과 상호 교류하기도 하며, 위젯을 이용하여 개인화 서비스를 누리기도 한다. mash-up으로 구직활동을 하

그림 5.1. 현대사회의 미디어 소비자의 모습[6]

5 이시훈 등(2008). 디지털 시대의 소비자 특성

6 사진출처: 중앙일보, 보행 중 이어폰, DMB 보며 운전하는 것 만큼 위험(http://news.joins.com/article/8078650)

고, 콘텐츠 소비는 tv보다 개인단말기 이용하며, sns에서 사회, 경제활동 참여하기도 하는 등 과거 아날로그형 미디어 소비자에서 디지털형 소비자의 모습으로 변모해가고 있다. 이와 같이 디지털 시대의 도래와 함께 디지털 노마드족, 프로슈머, 유티즌, 크로스오버족 등 다양한 미디어 소비자의 유형이 등장하고 있다.

다음으로 디지털시대의 대표적인 소비자유형인 디지털 노마드족과 프로슈머에 대해 살펴보자. 먼저 디지털 노마드족은 휴대폰과 노트북, 디지털카메라 등과 같은 첨단 디지털 장비를 갖추고 장소에 구애받지 않은 채 일하는 사람으로 정보기술의 발달로 등장한 21세기형 신인류를 뜻한다. 노마드(nomad)는 '유목민, 정착하지 않고 떠돌아다니는 사람'을 뜻하는 말로 최첨단 정보통신기기를 가지고 시공간을 넘나드는 사람들을 디지털 노마드족이라고 한다. 프랑스의 사회학자 자크 아탈리는 그의 저서 <21세기 사전>에서 21세기형 신인류의 모습으로 '디지털 노마드'를 소개했는데, 정보기술의 발달을 통해서 이제 인류는 한 곳에 정착할 필요가 없어졌다는 것으로 시간적, 공간적 제약으로부터 자유로울 수 있는 인터넷, 모바일 컴퓨터, 휴대용 통신기기 등 디지털 시스템 하에서의 인간의 삶은 '정착'을 거부하고 '유목'으로 변모해간다는 것이다. 예전의 유목민은 먹고 살기 위해 떠돌아다니는 생활을 했지만 21세기의 유목민은 자신의 삶의 질을 극대화시키기 위해 떠돌이 생활을 한다. 아탈리에 따르면, 이는 계급에 따라 다르게 이루어진다. 부유한 계급은 상상할 수 있는 모든 종류의 디지털 '유목' 물품으로 무장하고서 여유로운 삶을 즐기기 위해, 또 보다 생산적인 곳을 선점하기 위해 유목의 길을 나설 것이고, 가난한 사람은 '살아남기 위해' 이동해야 하므로 결국은 누구나 유목민이 된다고 하였다(네이버 지식백과).

표 5.1 디지털 미디어 시대의 소비자 유형

구분	내용
디지털 노마드족 (Digital Nomad)	• 휴대폰과 노트북, 디지털카메라 등과 같은 첨단 디지털 장비를 갖추고 장소에 구애받지 않은 채 일하는 사람
프로슈머 (Prosumer)	• 문화, 정보, 예술, 오락 등 인간이 향유하는 모든 것에 있어 생산자가 곧 소비자이며 생산자로써 전문가적 콘텐츠 생산
유티즌 (Utizen)	• Ubiquitous는 정보화가 현실공간과 결합하는 새로운 패러다임으로 유비쿼터스 환경에 적용된 신인류의 등장
Fusion 혹은 Crossover족	• 디지털화가 촉발한 컨버전스 트렌드가 서로 다른 분야들 속에서 융합, 교차 할 수 있는 공통점을 찾아내고 있음

자료출처: 이시훈 외(2008), 미디어, 소비자, 광고의 변화

둘째 프로슈머는 문화, 정보, 예술, 오락 등 인간이 향유하는 모든 것에 있어 생산자가 곧 소비자이며 생산자로서 전문가적 콘텐츠를 생산하는 소비자를 말한다. '생산자'를 뜻하는 영어 'producer'와 '소비자'를 뜻하는 영어 'consumer'의 합성어로, 생산에 참여하는 소비자를 의미한다. 이 말은 1980년 미래학자 앨빈 토플러가 그의 저서《제3의 물결》에서, 21세기에는 생산자와 소비자의 경계가 허물어질 것이라 예견하면서 처음 사용하였으며, 프로슈머 소비자는 소비는 물론 제품 생산과 판매에도 직접 관여하여 해당 제품의 생산 단계부터 유통에 이르기까지 소비자의 권리를 행사한다. 시장에 나온 물건을 선택하여 소비하는 수동적인 소비자가 아니라 자신의 취향에 맞는 물건을 스스로 창조해나가는 능동적 소비자의 개념에 가깝다고 할 수 있다. 문학계에서도 독자가 감상자에 머물지 않고 직접 작품을 생산하는 문예의 프로슈머 현상이 나타나고 있다. 한편 프로슈머를 '전문적인'을 의미하는

'professional'과 '소비자'를 뜻하는 영어 'consumer'의 합성어로 이해하자는 의견도 있다. 이 경우 프로슈머는 전문적 지식을 바탕으로 구매하는 소비자들이라는 의미로 쓰인다. 디지털 카메라를 구입한다고 할 때 프로슈머들은 디지털 카메라의 기종과 성능, 가격 등을 전문적으로 검토하여 최적의 조건과 가격에 물품을 구입한다(네이버 지식백과).

2) 스마트시대의 미디어 소비[7]

전통적인 미디어 이용은 인터넷 이용의 보편화, DMB, IPTV 등 새로운 플랫폼의 도입, 스마트폰과 태블릿 PC 등과 같은 모바일 미디어의 등장, 페이스북, 트위터와 같은 소셜미디어의 확산 등으로 인해 많은 변화를 겪고 있는 중이다. 가까운 미래에 미디어 이용과 관련하여 우리가 겪게 될 변화는 지금까지의 변화와는 근본적으로 다른, 가히 혁명적인 변화일 수 있다. 그리고 이미 일부 세대나 계층, 일부 미디어에서 그러한 혁명적인 변화의 징후들을 발견하게 된다. TV 시청률의 하락, 신문 구독률의 하락과 같은 전통적인 미디어 이용의 감소라는 가시적인 변화들은 오래 전부터 시작되었다. OECD 산하 정보·컴퓨터·커뮤니케이션 정책위원회 보고서에 따르면, 우리나라의 인터넷 뉴스 이용률은 2008년에 이미 77%로 전체 회원국 중 1위를 차지했다. 보고서는 이 같은 인터넷 뉴스 이용률 증가 추세가 실생활에서 인터넷이 전통 매체를 빠르게 대체하고 있음을 반한 것이라고 분석했다. 신문과 TV는 여전히 중요

---

7 김영주, 이은주(2012). 스마트시대의 미디어 소비. 한국언론진흥재단 연구서

한 뉴스 공급원임에 분명하지만, 뉴스 유통과 확산의 중심에는 이제 TV나 신문이 아닌 인터넷이 자리를 잡고 있고 한국에서 인터넷은 이미 다른 뉴스 양식을 압도했다고 보고서는 분석하고 있다. 특히 젊은 세대에게 인터넷은 TV와 신문과 같은 전통적인 미디어를 압도하는 미디어로서의 위치를 다진 지 오래다. 그리고 스마트폰의 확산으로 모바일 인터넷 이용이 활성화되면서 스마트폰 역시 단순한 전화기가 아니라 미디어로서의 다양한 기능을 수행하며, 새로운 미디어의 역사를 쓰기 시작했다. 스마트폰이 우리 사회에 도입된 이후, 미디어 이용행태와 관련하여 발생하고 있는 변화들, 혹은 변화의 징후들을 정리해 보면 다음과 같다.

가. 디지털 잡식동물, 디지털 숙련자의 증가

디지털 기술의 발전과 미디어 융합은 다양한 플랫폼의 등장을 가져왔고, 새로운 내용과 차별화된 형식의 서비스와 콘텐츠가 장착된 진화된 단말기를 빠르게 우리 사회에 쏟아내고 있다. 간편하고 휴대성과 이동성을 갖춘 스마트 디바이스를 통해 언제 어디서나 끊임없이 콘텐츠와 서비스를 이용하는 멀티 디바이스 소비자들도 증가하고 있다. 사람들은 이제 하나의 디지털 기기로 다양한 서비스를 이용하는 것이 아니라, 다수의 디지털 기기로 다양한 서비스와 콘텐츠를 다양한 방법으로 이용하기 시작했다. 또한 자기가 소유한 모든 디지털 기기들을 능숙하게 이용하는 디지털 숙련자들도 증가하고 있다. 이들은 자기가 소유한 모든 디지털 디바이스를 중복적으로 이용하여 뉴스와 정보를 얻는 사람들이다. 사람들은 이제 전통적인 미디어 이외에도 다양한 스마트 미디어를 이용해 언제 어디서든 원하는 정보를 얻고 있다.

나. 다양한 디바이스를 통한 콘텐츠 소비

인터넷 이용의 확산이 이미 전통미디어 이용에 변화를 가져왔지만, 스마트 미디어의 등장은 이러한 변화를 더욱 가속화시키고 있다. TV 프로그램을 이용하는 주된 단말기는 아직은 TV가 지배적임에도 불구하고, TV 수상기를 통해 지상파방송이나 케이블방송, 화 등을 시청하는 사람들이 감소하고 있다. 파일 다운로드, 인터넷 VOD, 유료방송 VOD, 인터넷 실시간 이용, 푹(pooq)과 같은 TV 전용 앱, 티빙, 호핀과 같은 N스크린 서비스 등 TV 프로그램을 이용하는 방식들이 다양해지고 있다. 집에서 TV가 아닌 스마트폰이나 태블릿 PC로 DMB나 TV전용 앱을 이용하는 이들도 증가하고 있다. 이러한 경향은 특히 스마트폰 이용자 집단, 10대와 20대 등 젊은 계층에서 더 빠르게 나타나고 있다. 스마트폰 이용자는 비이용자에 비해 TV 프로그램을 TV 수상기를 통해 실시간으로 이용하는 비율이 낮았다. 반면 인터넷으로 실시간 시청, 인터넷 다시 보기(VOD), 인터넷 다운로드 등 인터넷을 매개로 한 이용비율은 높았다. 10대와 20대의 경우 인터넷을 통한 TV 프로그램 이용은 다른 연령대에 비해 더 높은 것으로 나타났다. 사람들은 다양한 디바이스를 통해 언제 어디서나 온라인에 접속하고 이를 통해 언제 어디서나 원하는 콘텐츠를 자유롭게 이용할 수 있는 환경을 갖추게 되었다.

다. 뉴스 소비방식과 기기의 다변화

뉴스 소비에서 나타나는 두드러지는 변화는 뉴스 이용 방식과 기기가 다변화되고 있다는 점이다. 동일한 뉴스라도 이제는 전통적인 뉴스 미디어뿐 아니라 다양한 기기와 경로를 통해서 이용 가능하다. 포털, 트위터나 페이스북, 구글, 이메일 등 다양한 플랫폼을 통해 뉴스를 이용하는 새로운 소비 행태가 확산되고 있다. 특히 뉴스 소비에 모바일 디바이스 이용이 점점 증가하고 있다. 집, 직장, 이동 중에 모두 인터넷 접속이 가능해지면서 모바일 뉴스 이용이 전 세대에 걸쳐 증가하고 있다. 모바일 뉴스 이용의 중심에는 데스크톱 PC를 통한 인터넷 뉴스 이용과 마찬가지로 '포털' 뉴스가 자리 잡고 있다. 사람들이 신문기사를 접하는 주된 방식은 집이나 직장으로 배달되는 종이신문을 통해서가 아니라 데스크톱 PC로 연결되는 포털 뉴스, 스마트폰이 제공하는 포털 뉴스를 통해서이고 이러한 경향은 젊은 세대에서 전 세대로 확산되고 있다. 한편, 소셜미디어를 매개로 한 뉴스 소비는 아직은 일부 이용자에게 국한된 현상으로 보인다. 특히 소셜미디어를 경유한 뉴스 이용은 대학재학 이상의 고학력층에서의 이용이 두드러졌다. 다수의 사람들에게 아직은 뉴스 이용의 촉매제로 기능하고 있지 않다. 스마트폰 이용자 10명 중 4명은 뉴스 앱을 전혀 이용하지 않는 것으로 조사되었는데, 뉴스 애플리케이션을 통한 뉴스 소비도 아직은 보편화되지는 않았다.

TV 뉴스

모바일 폰 뉴스

태블릿 뉴스

컴퓨터 뉴스

그림 5.2. 다양한 뉴스 소비방식[8]

라. 전통적인 뉴스 미디어의 역할 위축

주된 뉴스원, 정보원, 정보를 접하는 창구로서 전통 뉴스 미디어의 역할은 위축되고 있다. 최초의 정보, 뉴스의 생산자가 누구인가와 무관하게 사람들이 다양한 주제의 정보와 뉴스를 접하는 주된 창구는 신문이나 TV가 아닌 인터넷으로 나타났다. 과거 주로 오락이나 스포츠 등의 연성 뉴스는 인터넷을 통해, 정치·사회·경제 등 경성뉴스들을 신문과 TV같은 전통 뉴스 미디어를 통해 이용하는 경향이 있었으나, 이번 조사에서 나타난 변화 중 하나는 문화·예술·오락·생활 등 가벼운 뉴스뿐 아니라 전통 뉴스 미디어 고유의 영역이라고 여겨져 오던 정치·경제·사회 등의 뉴스도 TV보다 인터넷을 통해 더 많이 얻고 있다는 점이다.

---

8 사진출처(좌상-우하순): 국내산업정보(http://www.kocca.kr/knowledge/internal/insu/1249182_4393.html) 연합뉴스(http://img.yonhapnews.co.kr/basic/svc/00_ko/home/2016/img_mobilesvc_app03.jpg) 연합뉴스(http://img.yonhapnews.co.kr/basic/svc/00_ko/home/2016/img_mobilesvc_app03.jpg) 데일리안(http://www.dailian.co.kr/news/view/178553)

일상에서 없으면 가장 견디기 힘들 것 같은 미디어는 TV나 신문이 아닌 인터넷이고, 단말기는 스마트폰으로 나타났다. 스마트폰 이용자는 비이용자에 비해 인터넷이나 스마트폰을 이용할 수 없을 경우 비이용자보다 더 힘들 것이라고 했다. 가장 만족감이 높은 미디어도 역시 인터넷, 단말기는 스마트폰이었다. 이제 우리에게 가장 일상적인 미디어, 없어서는 안 될 미디어는 인터넷이고, 디바이스는 스마트폰이 되었다.

마. 이동 중 미디어 이용 확산

이동 중 미디어 이용은 스마트폰으로 통합되고 있다. 과거에도 사람들은 이동 중에 다양한 미디어를 이용해 왔다. 신문이나 잡지, 책과 같은 인쇄미디어에서부터, 휴대전화로 DMB 시청, PMP로 화 보기, MP3 플레이어로 음악 듣기, 포터블 게임기로 게임하기 등 대중교통을 이용하면서 이동 중에 할 수 있는 다양한 미디어 소비행위가 있었다. 스마트폰 이용이 보편화되면서, 이런 모든 미디어 이용행위의 대부분은 스마트폰으로 통합되었다. 사람들이 이동 중에 가장 많이 하는 행동은 스마트폰을 이용하는 것이다. 사람들은 스마트폰으로 웹서핑을 하고, 음악감상을 하고, 메신저나 채팅을 하고, 뉴스를 본다. 스마트폰 이용자의 이동 중 TV 이용 비율은 스마트폰 비이용자보다 더 높다. 음악을 듣거나 게임을 하거나 뉴스를 이용하는 행위도 이제 스마트폰을 통해서 하고 있다. 스마트폰은 이제 단순한 커뮤니케이션의 도구가 아닌 통합적인 미디어로서 기능하고 있는 것이다. 그리고 이러한 스마트폰 이용은 전통적인 미디어 이용에 크고 작은 변화를 이미 가져오고 있다.

바. 모바일과 소셜의 만남: 소셜 시청과 동시 소비 행동

스마트폰과 같은 스마트 디바이스를 통한 소셜 네트워크 서비스 이용과 실시간 온라인 인터랙션이 증가하고 있다. TV 시청 행위는 점차 개인화되고 있는 반면, 온라인상으로 연결되어 시청 중엔 프로그램과 관련한 대화나 채팅을 한다거나, 프로그램 관련 검색을 하는 소셜 시청과 동시 행동 현상이 나타나고 있다. 아직은 일부 세대, 계층에 국한되어 있기는 하나, 티빙이나 호핀, 푹과 같은 다양한 N 스크린 서비스들이 이러한 현상을 더욱 증가시키는 데 일조하고 있다.

개인방송 + 실시간 채팅 장면 게임 + 전화통화 동시화면 모습

그림 5.3. 다양한 뉴스 소비방식[9]

사. 스마트폰 이용자와 비이용자 간 미디어 이용행태의 차이

스마트폰 이용자는 신문이나 TV 등 전통미디어 이용의 일부, 고정형 인터넷 이용의 일부를 스마트폰으로 대체하고 있다. 스마트폰 이용자의 경우, 인터넷 이용이 고정형 인터넷뿐 아니라 모바일 인터넷으로

---

9 사진출처(좌우순): 유투브(https://www.youtube.com/watch?v=8ddWt4wdwo0)itdonga(http://it.donga.com/24175/)

분산되면서 전체적인 인터넷 이용은 비이용자보다 높았지만, 고정형 인터넷만을 놓고 볼 때 스마트폰 비이용자가 더 높은 것으로 나타났다. 스마트폰으로 미디어 이용의 상당 부분이 옮겨 오고 있음을 보여 주는 결과다. 또한 국내외에서 이루어진 다른 연구 결과들과 동일하게 이 연구에서도 스마트폰 이용자의 전통미디어 이용은 비이용자에 비해 적은 것으로 나타났다. 특히 인쇄매체에서 그러한 현상은 더욱 두드러지게 나타나고 있다. 스마트폰 이용자는 비이용자에 비해 신문은 적게 이용하는 반면, 인터넷을 매개로 한 뉴스-포털 뉴스, 언론사 닷컴, 인터넷신문, 소셜미디어 경유 뉴스는 더 많이 이용하는 것으로 나타났다. 무선인터넷과 다양한 애플리케이션의 이용이 가능한 스마트폰의 이용은 새로운 유형의 디지털 디바이드를 초래할 것으로 보인다. 기존의 디지털 디바이드와 구분하여 모바일 디바이드로 칭할 수 있는데, 디지털 디바이드가 컴퓨터와 인터넷에의 접근·이용·활용 격차다면, 모바일 디바이드는 스마트폰과 같은 모바일 미디어에의 접근·이용·활용이 가져오는 격차로 기존의 세대 간 격차와는 또 다른 격차들을 초래할 수 있다.

아. 스마트폰 이외의 다른 스마트 기기의 확산

한국의 경우 스마트폰은 도입 3년 만에 3천만 명 이상의 가입자를 확보하고 매우 빠르게 확산되고 있다. 그러나 태블릿 PC나 스마트 TV의 보급과 이용 확산은 스마트폰만큼 빠른 속도로 이루어지지는 않을 것 같다. 태블릿 PC의 경우, 스마트폰이나 기존의 데스크톱 PC와 거의 기능이 중복되는데다가 스마트폰처럼 완벽한 개인형 디바이스로 선택되기 어려운 속성이 있기 때문이다. 스마트 TV의 경우 아직은 3D 콘텐츠, 스마트 TV전용 앱 등은 소수의 초기 이용자들에 의해 실험적으로 소비되고 있는 단계다.

자. 스마트 소비에 대한 장기 지속 연구의 필요성

미디어 소비 역에서 나타나는 새로운 변화 양상들은 소비의 스마트화, 개인화, 이동성의 증대, 참여적 소비 등으로 대별할 수 있다. 과거 일방적이고 공급자 중심적이며, 수동적인 소비행태와는 확연히 다른 새로운 현상들이라고 할 수 있다. 과거에는 존재하지 않았던 새로운 소비행태의 등장이나, 급진적으로 혹은 완만하게 변하고 있는 미디어 이용행태에 대해서 좀 더 세밀하고 장기지속적인 연구가 필요하다. FGI와 같은 심층적이고 질적인 연구와 서베이와 같은 양적 연구를 결합함으로써 다양한 변화 양상과 현재의 트렌드를 보다 체계적이고 구체적으로 파악할 수 있을 것이다.

2. 세대와 미디어

1) 세대의 개념

세대에 대한 정의는 학자들에 따라 다양한데 일반적으로 생물학적 관점에서 보면, 아이가 성장하여 부모의 일을 계승할 때까지의 기간으로서, 약 15~30년간을 표준으로 한다. 그러나 여기에는 이론(異論)이 있는데, G.뤼멜린은 '유럽의 1세대는 32~39년을 의미한다'고 하였고, O.로렌츠는 '3세대 1세기의 법칙'을 주장하였다. 또 사회학의 시조인 A.콩트는 세대를 자연적인 연속과정으로 보았다. 세대가 가지는 역사적 의미에 처음으로 주목한 사람은 독일 역사주의·정신과학의 확립자 W.딜타이였다. 그에 의하면 감수성이 예민한 청년기에 어떤 큰 사건을 만나 그 사건의 강력한 영향을 받은 같은 시대의 사람들이 곧 같은 세대에 속하는 사람들이며, 그들은 생각하고 느끼는 방식에서 다소 공통적인 데가 있고, 또 행동양식도 공통적이라는 것이다.

한편 사회학자 K.만하임은 세대를 사회학적 의미에서 해석하였다. 그는《세대의 문제》(1928)에서, ① 세대의 상황, ② 세대의 관련, ③ 세대의 통합이라는 세 가지 측면에서 고찰하였다. ①은 세대가 태어나는 사회적 기반을 말하는 것으로, 곧 역사적·사회적 통합의 가능성을 가진 일정한 사람들이 일정한 사회에 존재하고 있는 상태를 뜻한다. ②는 이와 같은 상황 아래에서의 인간이 역사적·사회적으로 공통되는 일정한 문제에 관계를 가짐으로써 생기는 것을 말한다. ③은 세대가 집단생활 속에서 서로 결합되고 서로 작용함으로써 일정한 힘이 된다는 것을 의미하며, 이에 따라 세대는 역사적·사회적으로 중요한 의미를 가진다고 주장하였다.

G.뤼멜린은 '유럽의 1세대는 32~39년을 의미한다'고 하였고, O.로렌츠는 '3세대 1세기의 법칙'을 주장하였다. 또 사회학의 시조인 A.콩트는 세대를 자연적인 연속과정으로 보았다. 세대의 어원(語源)을 나쉬(Nash,1978)는 그리스어 "genos"에서 유래했다고 한다. 그리스어, 라틴어 계통에서는 '세대'가 출생과 재생산의 의미와 역사상의 어떤 시대, 인생의 어떤 시절, 생애주기 단계, 어떤 가족이나 인종 등 다양한 의미로 사용되었다고 한다. 세대라는 용어는 어떤 존재를 전제로 하여 그와 다른 새로운 존재의 출현이라는 상대적인 의미로 사용되었다. 그 용어에는 자신이 속한 '어느 집단과의 공통점과 그 밖의 다른 집단과의 차이점'이라는 의미가 내포되어 있다(Nash,1978; 함인희, 2007, 재인용[10]).

함인희(2000)은 세대란 개인의 생물학적 성숙 과정과 사회 구조적 변화가 상호작용하는 지점에서 형성되는 사회 현상으로서, 사회 구조와 개인 행위를 연결하는 지점인 동시에 미적인 관계와 거시적 구조가 동시에 작동하는 장이라고 할 수 있다고 정의하였다.

이윤희(2007)이 정리한 세대의 개념을 살펴보면 다음과 같다. 세대에 관한 체계적인 사회학적 연구는 칼 만하임(Mannheim,1952)이 처음으로 시도했다고 볼 수 있다. 물론 19세기에도 꽁트(A.Comte), 밀(J.S.Mill), 드롬멜(J.Dromel)등의 학자들이 세대문제에 관심을 보이기도 하였고 스페인의 사상가 오르테가(Jose Ortega Gasset)는 1910년대부터 세대문제에

---

10 함인희(2007), 현대사회의 세대 유형에 따른 외식소비 행동의 차이에 관한 연구, 세종대학교 대학원 석사학위논문.

관한 저술 활동을 활발하게 펼치기도 하였지만, 연구의 체계성면에서나 사회학적 의미에서 볼 때 만하임의 연구를 최초의 체계적인 사회학적 연구로 보아도 큰 무리가 없다(박재홍,2001). 만하임이후 세대에 관한 연구가 미국과 유럽의 여러 사회과학자들에 의해 다시 집중적으로 이루어지기 시작하였는데, 세대에 관한 연구가 활기를 띠면서 다양한 의미로 사용된 세대개념의 혼란을 없애기 위해 세대개념에 대한 논의 역시 본격적으로 제시되기도 했다.

2) 우리나라의 세대구분과 세대별 특성

세대의 구분은 목적에 따라 다양한 방법으로 구분이 가능하다. 본 장에서는 연령, 사회문화적 배경, 발생배경 등에 따른 세대 구분과 세대의 특성을 알아보도록 하자.

가. 연령에 따른 세대구분

우리나라에서 가장 일반적으로 사용되는 연령에 따른 세분화는 인구통계학적 분류 방식에 기초한 것인데 이에 따르면 연령대는 10대, 20대, 30대, 40대, 50대, 60대 등으로 나누어진다. 연령대별의 분류 방식은 단순히 나이만을 놓고 분류된 기준이 아니라 학력, 결혼, 직업 등의 다양한 요인을 같이 적용해서 만들어진 분류 기준이므로 가장 많이 사용된다.

김희재 (2004)[11]는 각 연령대에 따라 세대를 구분했다. 같은 시기 태어난 이들을 한 세대로 묶고 있었기 때문에 '연령'이 세대 분류의 주요 기준이었지만, 동일시기 태어나 같은 생애 주기에 같은 맥락에서 같은 사회적 경험을 한다는 점(코호트)에서 같은 세대로 분류되었다. 이들은 같은 사회적 맥락을 경험할 뿐만 아니라 사회변화를 자신들의 성장과 함께 체험한다. 반면에 순순히 연령층으로만 분류한 세대 구분은 남녀노소 모두가 그들의 생애 주기 안에서 겪게 되는 시기로 나눠진 것이다. 김희재(2004)가 정리한 연령에 따른 세대를 살펴보면 다음과 같다.

① 1318 세대

13세부터 18세까지의 청소년을 지칭하며, 키워드는 "Mouse & Hip Hop"이다. 이들은 PC 및 인터넷 의존적인 세대로, 자기주장이 강하고 개성을 중요시하는 동시에 트렌드와 유행에 민감하다. 아이러니하게도 이러한 점 때문에 대중문화에 쉽게 빠져드는 몰개성적인 측면도 가지고 있다.

② 1925 세대

19세부터 25세까지의 20대 초반을 지칭하며, 키워드는 "Mobile Phone & Fantasy"이다. 2001년 당시 세대 중 가장 높은 휴대폰 보유율(응답자 중 86%가 휴대폰 보유)을 보이며, 성형수술이나 남성의 액세서리 착용 등에 대해 개방적인 태도를 가진다. 유명 상표 등에대한 관심이 높고

---

11 김희재 (2004). 『한국 사회변화와 세대별 문화코드』, 신지서원.

자기계발에 있어서는 시간과 노력을 아끼지 않는다. 성인이 되어 처음으로 자유를 맞이하는 시기이다 보니, 자신을 표현하고자 하는 욕망이 강하여, 개인주의적인 동시에 새로운 것들, 독특한 것들을 추구하려는 성향이 강하다.

③ 2632 세대

26세부터 32세까지의 사회 초년기를 지칭하며, 키워드는 "My Car & Job"이다. 이 시기는 대학을 졸업하고 직장과 가정으로의 새로운 출발을 하는 시기이다 보니, 미래에 대해 긍정적인 경향을 가진다. 이혼 금기나 아들 선호사상과 같은 기존의 사고방식에서 벗어나려 하는 성향 역시 보인다. 실속 있는 쇼핑을 즐기며, 차에 대한 애착이 크다 또한 본격적으로 경제 활동을 시작하는 시기이기 때문에 재테크에 대한 관심도 역시 크다.

④ 3342 세대

33세부터 42세까지의 안정기를 지칭하며, 키워드는 "Family & Career"이다.

자녀가 성장함에 따라, 자녀교육과 건강 및 노후 준비에 가장 큰 관심을 보인다. 재테크에 있어서는 수익성보다 안정성을 중시하여 보험가입률이 가장 높은 세대이며, 인터넷의 중요성은 인식하고 있으나 어린 세대만큼 컴퓨터나 인터넷에 대한 의존도가 높지는 않고, TV 뉴스와 신문을 여전히 즐겨 보는 세대이다. 역사적 굴곡에 놓여 있던 세대인 만큼 역사적 의식을 가지고 있으며, 정치적으로는 진보적 성향을 갖는 경우가 많다.

⑤ 4355 세대

43세부터 55세까지의 장년기를 지칭하며, 키워드는 “Rice & Health”이다. 2001년 당시 43세부터 55세까지 장년층은 고속 성장의 주역이었으나, IMF의 여파로 기업 구조조정의 칼날 위에 올려진 세대라 할 수 있다. 이들은 건강이나 질병에 대한 관심이 높고 자신의 건강에 대해 신경을 많이 쓴다. 식생활에 있어 밥을 먹어야 식사를 했다고 생각하는 경향이 크고, 취미활동으로 등산을 하는 비중이 높은 편이다

나. 사회문화적 맥락에서의 세대구분

이호영 외(2012)[12]는 사회문화적 맥락에서 다음과 같이 세대를 구분하였다.

세대론이 제기될 때마다 사회 문화적 특성에 따라 각 시기의 젊은 이들은 X, Y, N, P, R세대 등으로 명명되어 왔다. 이들 세대 이름은 상업적 목적에서 젊은이들이 어떻게 문화를 소비하고 있는가에 초점을 두거나 당시 사회적으로 주목할만한 현상의 주역들을 정의하기 위해 주로 언론이 이용한 용어이다. 이 세대 이름은 모두 문화적 특성과 밀접한 관련을 맺고 있다. 따라서 각 세대의 특성들을 살펴봄으로 해서 각 세대론에서 드러난 당시 젊은이들의 사회문화적 특징을 분명히 하고, 특히 스마트 시대의 디지털 세대를 이해하기위한 특징들을 찾아내고자 한다.

---

12 이호영, 조성은, 오주현, 김석호, 이윤석(2012), 디지털세대와 기성세대의 사고 및 행동 양식 비교연구, 방송통신정책연구.

① X 세대

Generation X라는 용어는 매그넘의 사진작가 로버트 카파가 1950년대 초에 사용하여 처음 알려졌다. 이후 카파는 2차대전 이후 자라나는 젊은 남녀의 모습들을 담은 포토에세이의 제목으로 사용하였고, 1953년에 "Picture Post"(UK), "Holiday"(US)에 프로젝트로 등장했다. 카파는 '알려지지 않은 세대'라는 의미로 Generation X라 명명했다 밝혔다(John McAllister Ulrich, Andrea L. Harris, 2003).이후 캐나다 작가 더글라스 커플랜드의 소설 『제네레이션 X』로부터 용어는 유명세를 띠게 되었다.

한국의 경우, 90년대 초반에 대학을 다녔거나 대학을 졸업한 세대를 지칭하는데, 일반적으로는 1970년대 생이 이에 해당된다고 본다. 제일기획의 리포트(2003)[13]는 X세대를 주위의 눈치를 보지 않는 개성파였으며 경제적 풍요 속에 성장했던 세대로 경제적으로 원하는 것은 무엇이든 얻을 수 있었던 세대라 정의 하였다.

이후 패션시계, 주류, 의류에 X세대라는 용어를 사용하게 되면서 고가의 패션브랜드를 선호하는 성공한 20대를 일컫는 기표로 활용되게 되었다. 기성세대나 부모세대와의 구별짓기를 위한 포괄적 의미로 사용되는 경우가 많으며, '신세대'와 함께 사용되는 경향이 있다.

② Y 세대(N 세대)

Y세대라는 이름은 1993년, Ad age2)에서 당시 향후 십년간 십대가

13 제일기획 마케팅 보고서 (2003). "P세대 보고서: 대한민국 변화의 태풍-그들을 말한다", Cheil Communications, 6월호.

될 세대들을 X세대와 구분지어 지칭하기 위해 처음 사용했다(Generation Y" Ad Age August 30, 1993:16). 우리나라에서는 1990년 대 말 당시 13~20살 연령층을 가리키기 위해 언론이 사용하면서 널리 알려지게 되었다(예지은, 진현, 2009).[14] 이들은 여러 개의 세대 이름을 가지고 있는데, 미국 프루덴셜사는 청소년들의 지역봉사활동 보고서에서 미래의 주역이 될 이 세대를 'Y 2000세대'라고 명명했고, 역사적 시기별 구분한 세대 유형 관점에서는 밀레니엄 세대 혹은 전후 베이비붐 세대의 자녀 세대를 일컫는 에코(echo)세대로 불리기도 했으며, Net generation(N세대)과 동의어로 보기도 한다.

미국 사회를 배경으로 이들의 세대적 특징을 보면, 인터넷 문화에 익숙하며, 노동에 비해 놀이를 선호하는 것으로 정의된다. 또한 종교에 대해 회의주의적 입장을 갖는다고 평가되기도 한다(Gibbs, 2010)[15] 또한, 아버지 세대(전후 베이비붐)에 이 있다. 이들의 정치경제적 측면에 초점을 두어 "피터 팬 세대"라고 부르기도 한다. 이들이 "피터 팬 세대"라는 이름으로 불리는 이유는 다음과 같다. 첫째, 높은 주거비용과 고등 교육 확산에 따른 높은 교육비 지출과 같은 경제적 여건들의 악화이다. 이러한 생계비용의 증대는 그들로 하여금 이전 세대에 비해 경제적인 관점에서 어른이라는 용어를 받아들이게 만들었고, 스스로를 '어른'이라 규정하는 데에 있어 위와 같은 경제적 여건들의 성취 여부가 중요하기 때문이다. 둘째로, 이와 같은 경향은 예전처럼 '성인'이 되는 것을 시간

14 예지은, 진현 (2009). 신세대 직장인의 특성에 관한 연구. 『인적자원개발연구』, 12(2): 67-86.

15 Gibbs, N. (2010). "How Millennials Perceive a New Generation Gap". TIME. Retrievedfrom (http://www.time.com/time/magazine/article/0,9171,1971433,00.html.)

의 흐름에 따라 정해지는 삶의 한 단계로 받아들이는 것이 아니라, 개인의 능력이나 특성이 합치되어야 성립하는 일종의 지위로 받아들이는 모습을 보이기 때문이다(Lusk, 2007).[16]

이 세대는 급속한 발전을 이룬 커뮤니케이션 테크놀로지의 변화와 함께 성장한 덕분에 변화하는 환경에 대한 뛰어난 적응력과 다양한 커뮤니케이션 테크놀로지를 이용한 폭넓은 사회 네트워크를 갖춘 사회인이 되었다. 다른 한편으로 신자유주의 시대 치열해진 경쟁을 거쳐 오는 동안 경쟁에서 뒤처진다는 데 대한 불안감을 항상적으로 지닌 세대가 되었으며, 또래와의 치열한 경쟁과는 별도로 부모의 철저한 보호 아래 있었던 성장기 때문에 직장 상사의 사소한 말 한마디에 쉽게 상처받는 세대적 특성을 갖게 되었다. 2012년 현재 이 Y세대는 이미 성장기의 10대가 아닌 한편, 아직 기성세대가 되지는 못한 사회인의 위치에 있다.

X세대 대표적 모습

그림 5.4. X세대의 모습[17]

Y세대 대표적 모습

그림 5.5. Y세대의 모습[18]

---

16 Lusk, B (2007). "Study Finds Kids Take Longer to Reach Adulthood." Provo Daily Herald. Retrieved from Heraldextra.com.(http://www.heraldextra.com/news/article_3db6743c-35bc-5e6a-a737-938b93f57ac3.html.)

③ R 세대 (2002)/ P 세대 (2003)

참여세대로 일컬어지는 R세대는 Y세대 특성의 연장선상에 있다고 볼 수 있다. R은 Reds의 약자이며 Reds는 월드컵 당시 응원 열기를 주도한 붉은 악마의 영어 표현이다. R의 의미에서 엿볼 수 있듯이 R세대는 2002년 월드컵의 자율적 참여에 의거하여 논의되었기에 월드컵 세대라고도 불린다. 이 세대는 월드컵과 대선을 거치면서 우리 사회의 자율적 변화와 참여를 주도하였기에, 특정 연령 혹은 출생년도에 따라 구분되지는 않는다. P세대는 2003년 6월 9일, 제일기획에서 『P세대 보고서』 발표함으로써 생겨난 용어로, 사회적 세대의 논의 변화를 주도하는 세대로 정의한다 (최평길, 2006[19], 이호연 외, 2012; 재인용). 제일기획의 보고서는 P세대를 다음과 같이 분석했다.

“월드컵, 대선, 촛불시위 등을 거치면서 나타난 세대로 사회전반에 걸친 적극적인 참여(participation) 속에서, 열정(passion)과 힘(power)을 바탕으로 사회 패러다임의 변화를 일으키는 세대(paradigm-shifter)” (제일기획 마케팅 보고서, 2003)이 세대는 “자유정부”(자유화, 유목성, 정보화, 부유함)로 이야기되는 배경 하에 성장했다. 이들은 “CHIEF” 라는 키워드로 평가되는데, ① 도전 정신을 가진(Challenge), ②인간 네트워크를 형성하는 (Humannetwork), ③ 개인화된 개인으로 (Individual), ④ 다양한 경험을 통해 (Experience), ⑤ 오락하고 느끼는 (Fun/Feel) 특성을 지녔다.

---

17 사진출처: 부산일보 (http://news20.busan.com/controller/newsController.jsp?newsId=20130703000117)

18 사진출처: 뉴스엔 (http://www.newsen.com/news_view.php?uid=200906301625331002)

19 최평길 (2006). 『P세대: 대학생 진화론, 실용파 세대의 코드를 읽는다』, 연세대학교 출판부.

다. 발생 배경에 따른 현대 사회의 세대별 유형

이윤희(2007)의 현대사회의 세대를 발생배경에 따라 다음과 같이 구분하고 그 내용을 정리하였다.

① 취업시장의 불안에 따른 유형

2005년부터 더욱 심화된 취업시장의 세태를 반영하는 유형이 등장하였다. 직장인들의 한숨과 그런 한숨마저도 부러운 예비직장인들의 눈물이 서린 말들이다. 취업시장에 공시족(公試族)이 떴다. 공시족은 7급 또는 9급'공'무원 채용 '시'험에 도전하는 사람들을 가리킨다. 졸업을 늦춘 채 구직활동을 벌이고 있는 '대학 5학년생'이나 대학원을 도피처로 삼은 일부 학생들은 '대학 둥지족'이라 일컫는다. 취직난이나 과잉보호로 나이 들어서도 부모 품에서 살아야 하는 캥거루족, 취업이 힘들자 아르바이트로 살아가는 프리터족(Free arbeiter), 지방에서 상경해서 서울에서 자취를 하며 구직을 하는 나홀로 서울족, 편입학을 거듭하며 몸값을 올리려는 에스컬레이터(or 계단)족, 졸업하고도 취업재수생으로 남는 모라토리엄족이 되고 있다(전병역,2003; 이윤희, 2007, 재인용).

② 평생 직장이 사라짐으로 나타난 유형

직장인들 사이에 이제 평생 직장이라는 단어는 없어졌다. 고용과 노후에 대한 불안이 커지고 있는 가운데 보다 더 좋은 직장을 얻기 위한 새로운 유형들이 많이 생겨나고 있다.

30대들은 더 나은 경제적 여유를 위해 두 개의 직업을 소유한 '투잡스족'이 되거나, 전문직을 얻기 위해 다시 학교로 돌아가는 유턴족(리턴족) 생활을 선택하기도 한다. 전문직을 얻으려고 뒤늦게 지방에 있는 의

대·약대·한의대 등에 진학, 가족과 떨어져 생활하는 사람이 늘고 있다. 이들이 '신(新)기러기족'이다(장연주,2005).

취업난에 시달리던 20대들이 자신의 적성에 맞지 않는 직장에 취업한 뒤 적응을 못해 마치 골프장의 '구경꾼'처럼 회사생활을 하는 경우를 일컫는 '갤러리족'이 있으며 이른 정년이나 만약의 실업을 대비하여 직장에 다니면서도 자기계발을 게을리 하지 않는 샐러던트족(Saladent; salaryman student), 자격증 취득에 매달리는 라이센스족도 늘어나고 있다. 또한 명예퇴직 등으로 일찌감치 직장 생활을 그만둔 40~50대들로, 인생의 재기를 꿈꾸며 다시 도약하기 위해 재취업이나 창업 등에 관심을 기울이는 리바운드(rebound)족 도 있다(서일윤, 2005[20], 이윤희, 2007, 재인용).

③ 여성의 활발한 사회 진출로 나타난 유형

1990년대 후반기부터 경제적으로 큰 변화를 겪으면서 소비자의 라이프스타일 변화에 대한 체계적인 분석이 요구되기 시작했다. 구매의 80%이상이 여성들에 의해 이루어지며, 이들 여성은 과거와는 상당히 다른 모습으로 변화하고 있기 때문이다. 여성들의 사회활동이 늘어나고, 여성 소비자는 매우 까다로운 요구와 잣대를 가진 소비자 층으로 부상하며, 고감도 감성 소비를 이끌고 있다. 여성의 사회진출이 활발해지면서 '줌마렐라족'라는 말도 생겨났다. 줌마렐라는 '아줌마'와 '신데렐라'의 합성어로, 신데렐라처럼 아름답고 적극적인 성향을 지닌

20 서일윤(2003). 종족을 찾아라, (주)생각의 나무

30·40대 기혼 여성을 일컫는다. 상향적이고 활동적인 젊은 어머니(Young Upwardly Mobile Mummy)를 뜻하는 유미족(Yummy)도 있다. 이들은 자기 자신의 계발, 즉 가사노동 외에 가능한 풀타임이나 파트타임으로 직장생활을 한다든지 여가시간을 에어로빅과 같은 몸매를 다듬는 운동을 하는 일 외에도 가족, 특히 자녀의 출산, 육아, 교육문제에 많은 노력을 기울인다. 이들의 최대 목표는 아이들을 영재(英才)아동으로 키우는 것이다.

④ 건강 관심 증대로 나타난 유형

2000년 이후, 육체적 · 정신적 건강의 유기적인 결함을 통해 풍요로우면서도 행복한 삶을 추구하려는 사람들이 많아지고 있다. 여기서 육체적 · 정신적으로 건강하다는 것은 육체적인 질병뿐 아니라 정신적 · 사회적으로도 불안을 느끼지 않고 편안하고 행복한 삶을 영위한다는 것을 뜻한다. 웰빙의 사전적 의미는 행복, 안녕, 복지 등이다. '삶의 질'을 강조하는 용어 로 여기에서 파생된 신조어 웰빙족은 물질적 가치나 명예만을 위해 앞만 보고 달려가는 삶보다 육체적·정신적 건강의 조화를 통해 행복하고 아름다운 삶을 추구하는 사람들을 일컫는다.

웰빙의 대표적인 문화적 코드인 요가 붐이나 명상은 60년대와 70년대초 미국의 히피들에 의해 크게 유행했고 80년대 여피(yuppie)족과 90년대 보보스족의 라이프스타일에도 웰빙은 중요한 요소였다. 웰빙족의 또 다른 변형은 다운시프트족과 슬로비족이다. '웰빙족'이 삶의 목표를 규정한 분류라면 '다운시프트족' 과 '슬로비족' 은 그 삶의 목표를 달성하기 위한 삶의 방식을 규정한 종족 개념이다. 다운시프트란 치열한 생존경쟁을 탈피해 수입과 사회적 지위에 연연하지 않고 삶을 여유

있게 즐기려는 사람들을 지칭하는 용어로서, 저속 변속(downshift)에 빗대어 삶의 속도를 늦추고 속도를 우선시 하는 삶에 브레이크를 밟는다는 뜻을 갖는다(이정훈,2006).

이보다 먼저 생긴, 같은 종류의 종족인 '슬로비(Slobbie)족'은 '천천히, 그러나 더 훌륭하게 일하는 사람(Slow But Better Working People)'을 뜻하는 말로, 여피족 이후 1990년대 등장한 세대를 일컫는다(윤태석,2007).

⑤ 젊음 중시에 따른 유형

페이스 팝콘은 "클릭 미래속으로"라는 자신의 서적에서 미래의 트렌드들을 정리해 당당한 미래 예측서로서 인정받고 있다. 그녀가 정리한 트렌드 중의 하나가 바로 이 젊어지기(Down-Aging) 트렌드이다. 사람들은 점점 행복하고, 천진난만하던 어린 시절을 그리워하며, 성인으로서의 생활에 따르는 치열함을 상쇄시키기 위해 젊음의 상징을 추구한다는 것이다. 이에 노령의 결혼이나 연애가 급증하고, 젊어 보이는 데 초점을 맞춘 의류, 건강 및 뷰티 관련 산업이 인기를 끌 것이라고 했다. 그녀의 이러한 예언은 적중하여 2006년 현재를 살고 있는 우리의 자화상을 그대로 설명하고 있다. 최근 매스컴이나 각종 컨테스트의 가장 인기 아이템이 바로"동안" 열풍인 것만 봐도 알 수 있다. 이와 관련하여 현대사회의 세대별 유형이 등장했는데, 나오미족, 나우족, 노무족이 바로 그들이다. 나오미족이 있다.

⑥ 인터넷, 디지털화로 생겨난 나타난 유형

인간의 역사란 변화를 수용하는 자와 거부하는 자의 싸움이라 표현해도 될 것이다. 디지털화는 터전 위에 또 하나의 터전에서 미래로 살아가는모습을 요구한다. 디지털의 영향이 인간의 성향을 통과하면서 수많은 종족들을 만들어내고 있다. 'netist'라 하여 인터넷을 통해 예술 활동을 하는 사람들도 있고, 'recomm'족이라 하여 '리뷰(review)하다.' 라는 의미와 공동체 커뮤니티의 합성어로 컴퓨터 안에서 삶의 지혜를 구하는 사람들도 있다. 반면, 디지털 시대 악의적 고발자들 폭로족들도 등장하고 있다(서일윤,2005[21], 이윤희, 2007; 재인용).

2000년대 이후 인터넷과 벤처의 발달 등장한 보보스족은 부르조아(bourgeois)와 보헤미안(bohemian)의 합성어로, 이들은 정신적으로는 히피의 자유를 지향하면서 현실에서는 여피의 실리를 추구하는 디지털 시대의 엘리트를 등장하였으며, 정보기술에 대한 높은 적응력과 높은 경제력을 바탕으로 자신에게 필요한 제품을 적극적으로 구매하는 소비패턴을 보인다.

신제품을 남들보다 미리 수용하는 얼리어답터족(Early Adopter)과 잘 갖추어진 정보통신 기계 속에서 칩거형태로 살아가는 코쿤족(Cocoon)은 정보통신이 낳은 신세대 인간형에 속한다(기동취재팀,2007;류근원,2006). 21세기형 유목민인 '디지털 노매드(nomad)족'은 IT발달에 따라 정보 통신 기기로 무장하고 시 · 공간을 넘나드는 종족이기도 하다.

⑦ 가족 형태 변화로 나타난 유형

딩크족(Dink) 은 'Double Income, No Kids'의 약어로 여피 다음 세대를 지칭하는 말이다. 이들은 정상적인 부부 생활을 영위하면서도

---

21 서일윤(2003). 종족을 찾아라, (주)생각의 나무

의도적으로 자녀를 두지 않고 맞벌이를 하며, 돈과 출세를 인생의 목표로 삼는 세대의 대표적인 유형이다.

반면 정반대의 부류의 듀크족은 '듀크(DEWK)'는 'Dual Employed With Kids'의 약자로 아이가 있는 맞벌이 부부를 일컫는 말로 딩크족 대신 이제는 맞벌이 하면서도 아이들을 낳고 잘 살 수 있다는 가족단위를 말한다.

한편 주 5일제로 인한 여가 활동이 활성화되면서 새로운 라이프스타일을 창조해가는 사람들로 '네스팅족(nesting族)'이 있다. 네스팅족은 가족의 단란한 관계를 무엇보다 중요히 여기는 사람들을 일컫는 말이다. 주말에 아이들에게 많은 경험을 쌓게 해주고, 평일에도 일찍 퇴근해 집에서 가족들과 시간을 보내는 사람들이 대표적인 예라고 할 수 있겠다.

3) 세대에 따른 미디어 사용 현황[22]

가. 미국의 세대별 미디어 사용 현황

Pew Internet & American Life Project에서는 지난 1월 말, 주요 세대별 인터넷 활용 특징을 분석한 "Generations Online in 2009" 보고서를 발표하였다. 그 결과 2005 년도 조사에 비해 모든 세대에서 인터넷 활용 인구가 증가하는 공통점을 보였지만, 세대별로 주된 활용 목적은 다르게 나타났다. Pew Internet & American Life Project의

---

22 권성미(2009). 세대별 인터넷 활용 특징 및 시사점

설문조사에서 활용된 세대 구분 및 세대 별 인터넷 활용 비율은 다음과 같다.

표 5.2. 미국의 세대에 따른 인터넷 활용 비율

구분	출생년도	연령	인구 구성비	인터넷 활용 인구 비율
Y세대 (밀레니엄스)	1977~1990	18~32세	26%	30%
X세대	1965~1976	33~44세	20%	23%
후기 베이비붐 세대	1955~1964	45~54세	20%	22%
전기 베이비분 세대	1946~1954	55~64세	13%	13%
사일런트 세대	1937~1945	65~72세	9%	7%
G.I세대	1936 이전	73세이상	9%	4%

자료출처: Pew Internet & American Life Project의 2008년 조사 결과

우선, 인터넷 활용 인구 비율을 살펴보면 Y세대와 X세대로 구분되는 18세~44세 사이의 인구 비율이 절반이 넘는 것을 알 수 있다. 그리고 연령대가 높아질수록 인구 구성비 대비 낮은 인터넷 활용률을 보여주고 있다. 구체적인 온라인 활동별로 세대별 참여율을 살펴보면, 온라인 게임, 동영상, 문자메시지, SNS사이트, 음악 다운로드, 블로그 활동 등은 세대간 참여율 격차가 가장 높게 나타났다. 즉, 이들 서비스에 있어서는 Y세대의 참여율이 월등히 높게 나타난 반면, 사일런트 세대 및 G.I. 세대의 참여율은 상대적으로 매우 낮게 나타났다([그림 5.2] 참조). '밀레니

얼스'라고도 불리는 Y세대는 게임, 동영상, 음악 등 엔터테인먼트를 위한 온라인 활동 참여율도 높지만, 온라인상에 구축된 가상공간에 자신의 생활을 담아내어 타인과 공유하는 것은 물론, 이를 커뮤니케이션을 위한 도구로 활용하는 데에도 익숙하다고 할 수 있다. 반면 건강정보, 온라인 쇼핑, 인터넷 뱅킹, 정부 사이트 활동 등에 있어서는 상대적으로 Y세대보다 높은 연령대의 참여율이 높은 것으로 나타났다([그림 5.3] 참조). X세 대 및 베이비붐 세대는 쇼핑, 은행업무, 정부 서비스 등 자신들에게 필요한 오프라인 상의 서비스를 온라인 공간에서 해결하는 데에 익숙한 것으로 보인다. 그러나 건강정보와 관련해서는 높은 연령대의 참여율이 Y세대보다 높게 나타났다. 특히, 인터넷 뱅 킹 서비스 및 정부 사이트 활용에 있어서 상대적으로 낮은 비율을 나타낸 G.I. 세대의 참여율도 Y세대와 동일한 것으로 나타났다. 이로 인해 건강정보 검색은 이메일과 온 라인 검색에 이어 세번째로 활발한 참여율을 보이는 온라인 활동으로 조사되었다

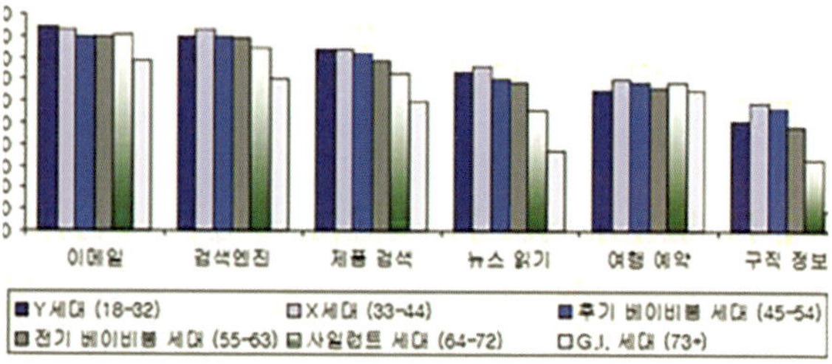

그림 5.3. 미국의 세대별 온라인 참여율[23]

---

23 자료출처: Pew Internet & American Life Project(2009)

한편, 이메일, 검색엔진, 제품검색, 뉴스 읽기, 여행 예약, 구직 정보 등은 상대적으로 모든 세대가 공통적으로 활발히 참여하고 있는 보편적인 서비스들로 조사되었다 ([그림 5.4] 참조). 특히, 문자메세지, 소셜 네트워킹 사이트, 블로그 등의 커뮤니케이션 활동들은 상대적으로 젊은 세대가 많이 활용하는 것으로 나타났으나, 이메일은 연령대 가 높아져도 활발히 활용하고 있는 보편적인 커뮤니케이션 수단인 것으로 조사되었다.

나. 우리나라의 세대별 미디어 사용 현황

우리나라의 세대별 인터넷 활용 현황도 미국과 유사한 점이 많다. 한국인터넷진흥원이 실시한 "2008년 인터넷이용실태조사" 결과, 전반적으로 인터넷 이용률이 증가 하였으며, 이는 50대 및 60세 이상의 고연령대에서도 마찬가지인 것으로 나타났다.

또한 온라인 활동별로 연령대별 참여율을 나타내면 다음의 [그림 6]과 같다. 인스 턴트 메신저, 커뮤니티, 블로그 이용 및 운영 등에 있어서는 20대의 참여율이 월등히 높고, 연령대에 비례하여 참여율이 감소하는 경향을 나타냈다. 또한 온라인쇼핑 및 인 터넷뱅킹 서비스의 경우에도 여전히 20대의 참여율이 가장 높게 나타나지만, 30대와 의 격차가 크지 않았다. 그리고 이메일 및 인터넷신문 등은 상대적으로 모든 연령대가 고르게 참여하는 보편적인 서비스인 것으로 조사되었다. 이처럼 우리나라의 경우에도 절대적인 참여율의 차이는 있지만, 연령대별 참여 격차가 미국과 거의 비슷한 것으로 나타났다.

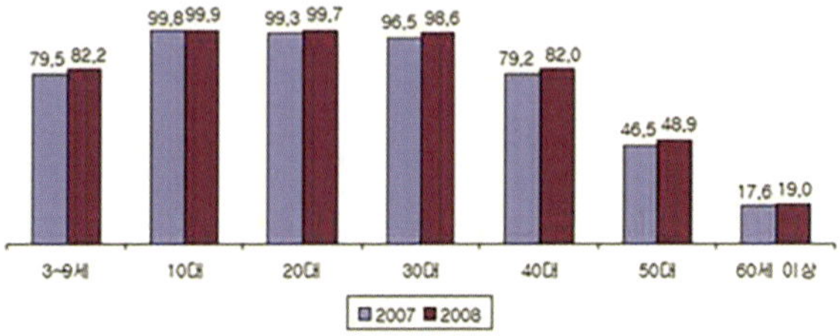

그림 5.4. 우리나라의 연령대별 인터넷 사용 현황[24]

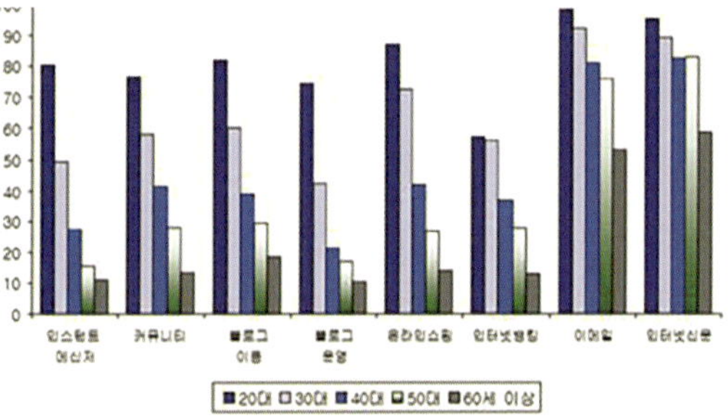

그림 5.4. 우리나라의 연령대별 온라인 활동 참여율[25]

4) 세대에 따른 미디어 이용 사례

가. 1인 미디어 사용[26]

① 1인 미디어의 탄생

전파미디어인 TV의 등장은 매스미디어의 또 다른 시대를 알렸다.

---

24 자료출처: 한국인터넷진흥원(2008), 2008년 인터넷이용실태조사

25 자료출처: 한국인터넷진흥원(2008), 2008년 인터넷이용실태조사

26 출처: LG CNS(2015.05.18.). 나도 방송인! 1인 미디어로 트렌드를 이끈다 http://blog.lgcns.com/786

기존과 다른 양방향성, 멀티미디어, 하이퍼텍스트의 특징을 가지는 인터넷의 등장으로 기존 매스미디어에 큰 변화가 일어나게 되었다. 인터넷의 등장 이후로 PC를 통해 인터넷 상에서 전 세계 각 국의 뉴스를 한눈에 보고, 또 의견을 표출하는 등 입체적으로 정보를 수용하기 시작하였고, 스마트폰이라는 새로운 개인용 전자기기의 보급을 통해 이 모든 것을 손 안에서 할 수 있게 되었다. 스마트폰이라는 새로운 개인용 전자기기의 보급은 PC와 MP3, 카메라 등의 각종 전자기기들의 기능을 통합적으로 활용할 수 있는 디지털 컨버젼스의 시대가 도래하였다.

이러한 미디어의 발전과 인터넷의 확산으로 사회 곳곳에서 영향력을 키워왔던 개인들이 이제는 미디어 영역에서도 목소리를 높일 수 있게 되었다. 특히 웹 2.0은 사용자 참여 중심의 인터넷 환경으로 참여, 개방, 공유, 협업이라는 특징을 가지고 있는데요. 다양한 프로그램과 데이터를 활용해서 사용자가 새로운 데이터와 각종 콘텐츠를 자유롭게 올리고 서비스를 제공할 수 있는 사용자의 적극적인 참여가 가능한 인터넷 환경이 조성되되면서 참여, 개방, 공유, 협업의 "쌍방향 인터넷 환경"과 미디어의 접근을 쉽고 빠르게 해주는 "디지털 기기의 보급"이라는 소프트웨어와 하드웨어의 교집합이 1인 미디어의 탄생과 발달을 이끌었다.

소프트웨어와 하드웨어의 총체적인 집합으로서 등장하게 된 1인 미디어는 개인이 네트워크 상에서 직접 꾸미고, 참여하여 자신만의 트렌드를 만들 수 있는 서비스를 말한다. 대표적으로 과거 유행했던 싸이월드 미니홈피에서부터 블로그, 그리고 각종 SNS가 여기에 해당한다. 이제는 유투브, 아프리카TV, 판도라TV, 팟캐스트 등의 방송채널에 이르기까지 다양하게 발전하며 확대되고 있다.

여기서는 콘텐츠를 생산하고 소비하는 사람의 경계가 없으며 자발적으로 참여하여 콘텐츠를 이용하고 만들어낸다. 과거에는 소수의 생산자가 다수의 이용자에게 일방적으로 콘텐츠를 보내는 방식이었다면, 이제는 누구나 콘텐츠를 이용하고 만들어내는 쌍방향적 관계가 되었다. 즉 1인 미디어는 수평적, 개방적인 커뮤니케이션을 토대로 인간관계를 넓히는 사적공간이면서 동시에 적극적으로 정보교류를 꾀하는 공적공간이라고 할 수 있다. 이용자가 주체적으로 메시지를 생산하고 배포하는 체계를 의미한다고 볼 수 있다.

그림 5.5. 1인 미디어 예시

② 1인 미디어 사례

1인 미디어의 대표적인 예로는 아프리카 TV와 팟캐스트가 있다. 먼저 아프리카 TV는 2006년 시작한 SNS 미디어 플랫폼으로 특별한 기술, 장비 없이 누구나 PC, 모바일 기기를 통해 실시간 생방송을 할 수 있는 인터넷 개인 방송 서비스로 웹 캠 또는 PC모니터 상의 화면을 바로 방송할 수 있고, 채팅을 통해 방송인과 시청자 사이의 실시간 소통이 가능한 것이 특징이다. 방송의 종류로는 사연과 글을 읽어주는 톡방, 그리고 다양한 음식을 먹는 모습을 실시간으로 보여주는 먹방, 음악을 연주하거나 들려주는 음방, 게임을 하는 모습을 보여주거나 중계하는 겜방, 또 시사, 정치 관련 토크를 하는 방송까지 아주 다양한 방송이 존재한다. 아프리카 TV는 현재 한 달에 활동하고 있는 BJ(Broadcast

Jacky, 개인방송자) 수만 해도 30만명에 달하며, 최고 동시 시청자 수도 50만명에 이르는 인기 케이블TV 프로그램 못지않은 시청률을 자랑하고 있는데요. 아프리카 TV 의 영향력을 인지하고 있는 유명 연예인들은 자신이 먼저 출연을 제의하기도 한다고 합니다. 또 자신의 이름으로 직접 방송을 개설하기도 한다고 하니 인터넷 방송의 영향력과 파급력을 짐작해 볼 수 있다.

다음으로 팟캐스트는 개인이 인터넷 망을 통해 오디오나 비디오 파일 형태의 뉴스, 드라마, 영화 등 다양한 콘텐츠를 제공할 수 있는 팟캐스트가 있는데요. 팟캐스트는 기존 라디오 방송처럼 방송시간에 맞춰서 들을 필요가 없다. 구독 등록을 해 놓으면 자동으로 업데이트 되는 프로그램을 시간에 구애받지 않고 다운받아 볼 수 있다. 따라서 누구나 팟캐스트를 통해 자신이 촬영한 영상이나 녹음한 음원 파일을 올려 사람들이 다운받아 볼 수 있게 할 수 있다.

③ 1인 미디어의 확산 이유

1인 미디어는 단지 자신을 표현하고 타인과 교류하는 것뿐만 아니라 파워블로거, BJ같은 새로운 직업과 새로운 산업을 만들어내기에 이르렀다. 1인 미디어가 급속도로 확산된 이유는 다음과 같다. 첫째, 1인 미디어는 누구나 쉽게 자신의 생각을 대중에게 전달하고 그에 대한 공감을 얻어낼 수 있는 매체로써의 역할을 수행하며 쌍방향 소통이 가능하다. 즉 시청자가 직접 방송에 참여할 수 있고 출연자와 소통할 수 있다. 둘째, 새로운 직업과 수익원을 창출한다. 셋째, 다양한 방송 프로그램으로 댜양한 시청자의 성향이나 관심에 부합하는 방송을 진행하는 등 지금까지의 지상파 방송에서 볼 수 없었던 다양함을 전달해 준다.

④ 1인 미디어의 부작용

기존의 매스미디어들은 언론사나 기업의 신뢰도를 고려하여 정확한 사실을 신속하게 보도하는 것이 핵심이었다. 그러나 1인 미디어에서는 개인 미디어인 만큼 통제수단이나 전문성이 부족한 실정이다. 또한 수신자를 자극하는 선정적이거나 폭력적인 이미지를 제공함으로써 사회적인 문제가 되기도 하고 있다.

나. 노인세대의 TV[27]

① 노인과 미디어

사람들은 자신의 삶의 많은 부분을 미디어와 함께 할 뿐 아니라 미디어를 통해 자신이 살아가는 사회를 바라보고 이해한다. 생활 속에서 미디어를 이용하는 시간은 전반적으로 증가하는 추세이고, 일상적으로 이용할 수 있는 미디어의 종류와 채널 수, 콘텐츠들은 점점 더 다양해지고 있다. 이제 특정 세대나 특정 계층을 이해하고 새로운 문화를 인식하는데 있어 미디어의 영향력을 벗어나 생각할 수 없게 되었다.

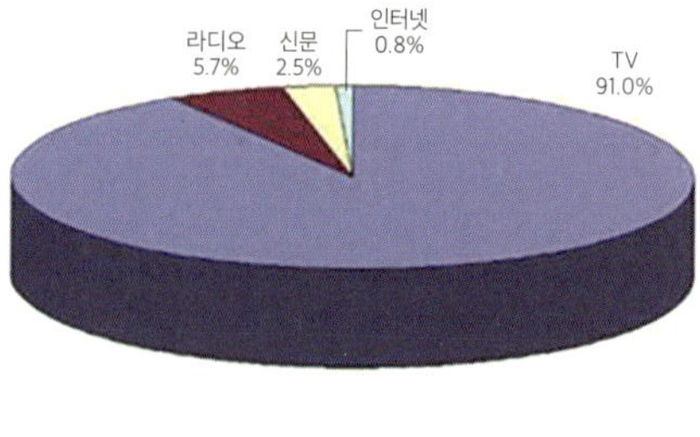

그림 5.6. 노인들이 가장 많이 이용하는 매체

---

27 김영주, 정재민(2006), 노인과 미디어: 노인들의 미디어 이용과 복지, 한국언론재단

노년층에게 있어 미디어는 좀 더 각별한 의미를 지닌다. 보통 나이를 먹어감에 따라 인생의 시기를 유년기, 사춘기, 청년기, 중년기, 장년기, 노년기로 나누는데 각 시기별 경계를 명확한 나이로 구분하여 규정하기는 어렵지만 각 시기마다 보편 적으로 발생하는 성향들이 있다. 노년기에는 신체적 쇠약이나 심리적 위축, 사회적 역할상실 등을 경험하게 된다. 은퇴 또는 노화로 인하여 활발한 사회적 활동보다 가정에서 보내는 시간과 여가시간이 절대적으로 많아지는 노년층에 있어서 미디어는 다른 어느 세대보다도 일상에서 더욱 중요한 위치를 차지하고 있다고 할 수 있다. 일반적으로 여가활동은 자아 존중감을 높여주고, 심리적 복리를 향상 시켜 주며, 사회적 통합을 제고시켜 주고, 전반적인 생활의 질을 향상시켜 주는 적극적이고 투자적인 노력이라 할 수 있다. 하지만 노인들의 여가활동은 시간 채우기, 또는 시간 보내기의 성격이 많으며, 투자 의도가 거의 없는 자원의 투여 또는 시간 배분 노력이라고도 볼 수 있다. 그러나 노년기의 여가는 일하고 잠시 쉬는 여가가 아니라 생활 그 자체이기 때문에, 여생을 즐겁고 보람있게 보내기 위해서 여가활동을 어떻게 생활화하느냐 하는 것은 어떠한 인생의 주기보다도 중요하다고 할 수 있다(김애련·한내창, 1997; 박미석, 2002; 홍성희, 1998, 박미석·이유리 2003 재인용).

② 노인과 미디어 소외

노인들은 현실사회에서 소외되고 있을 뿐 아니라, 사회를 반영하고 사회적 현실을 재구성하는 미디어에서 역시 소외되고 있으며 미디어로부터의 배제 또한 일상적으로 이루어지고 있다. 노인들에 대한 정치적, 경제적 배제와 사회·문화적인 소외가 결합되면서 노인들은 언제부터

인 가 미디어를 통해 '사회적 취약계층'이나 '소외계층'의 대표 이미지로 각인되고 삶의 주체로서보다는 보호받아야 할 대상으로서의 이미지가 더 욱 고착되고 있다. 그리고 이러한 노인 이미지의 고착은 다른 사회구성 원들에게 뿐만이 아니라 노인들 스스로조차도 자신들을 소외의 대상으로 바라보게 만든다.

국민 전체의 평균 수명이 길어지고 있고, 은퇴 후 노인들이 정규 직장이나 정기적인 일거리 없이 지내야 할 시간이 물리적으로 많아지면서 어떻게 노년의 시기를 인간답게 살 수 있을까 혹은 사회적으로 노인의 삶의 질을 보장해 줄 수 있을까 하는 개인적, 사회적 차원의 고민들이 시작되기는 했으나 가시적인 성과들이 나오기에는 갈 길이 아직 먼 상태 이다. 여전히 노인들의 삶이나 노인문제에 대한 사회적 관심은 일천한 수준이고, 노인과 관련된 연구들도 양적으로든 질적으로든 절대적으로 부족하다. 특히 미디어 영역에서 노인을 위한 컨텐츠나 프로그램은 절대 적으로 부족하고 노인과 관련된 미디어 연구는 거의 이루어지지 않고 있다. 노인 관련 미디어 연구가 거의 없는 것과는 대조적으로 노인들의 삶에 있어 미디어는 거의 절대적인 위치를 차지하고 있는 것이 현실이다.

대다수의 노인들은 사회 활동을 그만두거나 강제로 퇴출당하면서 더 불어 경제능력을 잃게 되고 생활 전반에 걸쳐 소외가 발생하는데, 소외는 여가 활용, 미디어 영역에서도 두드러지게 나타나고 있다. 단적인 예로 인터넷 이용인구가 늘어나 전 국민의 70% 이상이 이용하고 있지만, 50대 이상의 이용률은 그 절반인 35%가 채 되지 않는다. 노인들은 여가시간의 대부분을 TV 시청을 하고 지내며, TV시청시간도 다른 연령대보다 월등 히 많은 것으로 조사되고 있으나 정작 TV 프로그램 중에 노인들을 위한, 혹은 노인을 대상으로 하는 프로그램은 많지 않다.

게다가 디지털 기술의 발전과 함께 뉴미디어가 지속적으로 등장하고 있는 상황에서 노인들은 새로운 기술 발전이 가져다주는 혜택과 편익으로부터 상당부분 소외되고 있다. 현재 우리 사회는 매우 급격하게 변하 고 있고, 그 변화의 속도보다 더 빠른 속도로 미디어가 변하고 있다. 과거 와 비교할 수 없을 정도의 다양한 매체가 생겨났고 채널 수는 증가하고 있다. 이제 매스 미디어는 더 이상 불특정 다수의 수용자들을 대상으로 콘텐츠를 생산하여 전달하는 것이 아니라 세대와 계층을 구분하고, 구매 력 있는 소비자, 이용료를 지불하는 가입자, 매우 정교하게 계산된 타겟 수용자를 대상으로 콘텐츠를 만들어 제공한다. 콘텐츠 역시 장르별로 세대별로 세분화하고 있다. 주로 젊은 층들의 이해와 요구를 반영하는 현재의 미디어 산업 구조와 관행들은 노인들을 위한 미디어, 노인들을 위한 컨텐츠를 따로 개발하여 제공하지 않는다. 학문적인 영역에서도 노인의 미디어 이용 현황이나 이용 패턴에 대해서도 집중적인 관심을 가진 연구는 거의 이루어진 바 없다. 미디어 수용자 연구에서조차 노인 들은 소외되어 왔다고 할 수 있다.

다. 종합편성채널 및 케이블 방송 선호경향

① TV 채널 환경의 변화

'종편 전성시대'라 불리울 정도로 최근 국내 방송계 이슈 대부분을 종합편성채널이 휩쓸고 있다. 사회 현상화된 히트 프로그램 탄생, 저명한 방송상 수상 소식, 기자 및 아나운서 이적 이슈, 유명 예능인 출연 화제 등 방송계 거의 전 범주에서 종합편성채널이 강세를 띄고 있다.

1990년대 중반 등장한 케이블TV가 최근 3인 가구 기준으로 보면

3000만 명 수준으로 지난해 6월 기준으론 1483만4605단자까지 늘어났고 현재는 지상파 채널들도 모두 케이블 단자를 통해 유선으로 시청하는 시대가 되었다. 이와 같이 종합편성채널과 케이블TV는 기존의 미디어 환경의 변화를 가져왔다. 개개 방송사의 스테이션 파워는 실질적으로 크게 약화되었고, 지상파건 케이블이건 같은 단자를 통해 공급된 수많은 채널들 중 번호만 눌러 고르는 구조가 되면서 지상파와 케이블의 선택 조건이 동등해졌다.

2009년에 시작된 IPTV는 2014년 8월 1000만 가입자를 넘어섰으며 2015년에는 케이블TV 가입자 수를 추월하였다. 이로써 인터넷을 통해 TV 방송을 원하는 시간에 시청하는 것이 일상적이 되었다.

② 채널다양화가 불러온 부작용

방송채널이 다양해 지면서 많은 부작용도 나타나고 있다. 다양한 채널에서 시청자들의 관심을 끌기 위하여 많은 프로그램들이 선정적인 예능과 자극적인 드라마들을 편성했고, 그 결과 방송통신심의위 경고를 월례행사처럼 받았다. 심지어 나체로 누워 있는 여성의 몸에 생선초밥을 올려놓고 시식하는 프로그램까지 등장하면서 많은 사회적 지탄을 받기도 했다.

3. 성과 미디어

1) 성에 대한 인식변화와 트렌드

현대사회에서 대중매체가 가지는 사회화의 효과는 가히 상상을 넘어설 정도이다. 아이는 출생한 지 몇 개월만 지나면 비디오나 TV 같은 영상매체를 반복적이고 지속적으로 접하게 된다. 아이를 돌봐주는 비디오나 상품화된 육아 비디오, 그리고 TV의 어린이 프로그램, 심지어는 성인용 프로그램에 이르기까지 아이들은 다양한 장르의 영상매체들을 통해서 부모의 의지와 상관없이 사회화되고 있다. 따라서 각 대중매체의 내용 중에 나타나는 성차별적인 성문화를 자연스럽게 받아들이고 내면화하게 된다. 이러한 성역할 사회화는 단지 아이들에게서만 나타나는 것은 아니다. 청년 전기나 성인에 이르기까지 이미 대중문화에 중독현상을 보이는 현대사회의 경향으로 보아 대중매체는 전생애적인 사회화 기관으로서 역할을 하고 있는 것으로 보인다.

표 5.3. 매스미디어에 나타난 여성상과 남성상

여성상[28]	남성상[29]
• 연약하고 수동적이며 경박함	• 현실적이고 용감하며 신중함
• 수동적, 의존적, 순종적	• 적극적, 독립적, 명령적
• 추종자형	• 지도자형
• 예쁘고 아름다움	• 건강하고 품위 있는 모습
• 20~30대의 젊은 연령층 집중 분포	• 20~50대에 걸쳐 각 연령층 고루 분포
• 간호사, 비서, 연예인, 가사노동자	• 의사, 변호사, 사업가, 군인, 경찰관
• 가정, 가족, 애정문제, 개인적	• 국가, 사회, 직업적 활동, 사회적

2) 새로운 성역할 : 양성성

가. 양성성의 개념

성역할이라는 개념은 한 마디로 정의하기는 어려우나, 일반적으로 한 개인이 그가 속해 있는 사회에서 남자 또는 여자로 특징지어질 수 있는 여러 특성, 이를테면 행동양식, 태도, 가치관 및 인성 특성을 의미한다. 대부분의 사회와 문화권에서 전통적으로 남자는 남성적인 것이 그리고 여자는 여성적인 것이 건강한 것으로 인식되어 왔다. 그러나 최근에 와서 이러한 전통적인 성역할 구분은 현대사회에 더 이상 적합하지 않을 뿐만 아니라 인간의 잠재력을 충분히 발휘하는 데에 장애가 될 수 있다는 주장이 제기되고 있다.

지금까지 여러 사회에서는 전통적인 성역할을 이상적인 것으로 보

---

28 사진출처: KBS홈페이지(http://smart.kbs.co.kr/tv/drama/produca/behind/gallery/2368052_101022.html)

29 사진출처: 조선pub(http://pub.chosun.com/client/news/viw.asp?cate=C03&mcate=M1004&nNewsNumb=20160319851&nidx=19852)

고 성역할 고정관념을 고수해 왔다. 따라서 성역할에 관한 대부분의 연구가 이와 같은 전통적인 견해를 바탕으로 하여 이루어졌으며, 성역할의 개념은 남성성, 여성성을 단일 차원으로 보고 남성성, 여성성이 각기 양극을 대표한다고 보는 양극개념으로 이해되었다. 그러나 최근에 와서 여성의 사회적 진출과 성의 해방, 여성해방운동 등의 영향으로 이제까지 엄격하게 지켜져 온 전통적인 성역할 개념이 약화되기에 이르러 성역할을 생리적, 해부학적 성과는 독립적인 것으로 보아야 한다는 의견이 대두되었다. 이와 같은 맥락에서 심리학자들은 현대사회에서 인간의 잠재력을 최대한으로 발휘하게 하고, 또 효과적인 기능을 수행하도록 하기 위해서는 성역할의 재구조화가 불가피하다고 주장한다. 그러면서 성역할의 이상적인 모델로서 양성성의 개념을 제시하였다. 양성성이란 하나의 유기체 내에 남성적 특성과 여성적 특성이 공존하는 것을 의미한다. 이것은 한 개인이 남성성과 여성성을 동시에 가질 수 있기 때문에 상황에 따라서는 남성적 역할과 여성적 역할을 융통성 있게 적절히 수행할 수 있다고 인식하는 성역할 개념이라고 할 수 있다. 대부분의 남성과 여성들은 이성의 성역할을 동시에 포함하고 있다. 개인의 성역할 정체성 속에 남성적 역할과 여성적 역할을 조합해서 지니고 있는 사람들을 양성성 소유자라고 한다.

Bem(1974)은 남성성과 여성성에 대한 전통적인 개념의 대안으로 양성성을 제안하고 양성성의 사회가 전통적인 성역할에 의해 지배되는 사회보다 훨씬 더 기능적이라고 주장했다. 양성성(androgyny)이란 그리스어로 남성을 일컫는 'andro'와 여성을 일컫는 'gyn'으로 구성된 용어이며, 하나의 유기체 내에 여성적 특성과 남성적 특성이 공존하는 것을 의미한다. 심리적 양성성의 개념은 한 사람이 남성성과 여성을 동시에 가질 수 있기 때문에 상황에 따라서 도구적 역할과 표현적 역할을 수행할 수 있는 보다 효율적인 성역할 개념이다.

나. 양성성 소유자의 속성

양성성을 소유한 사람들은 자기주장적이고 독립적이면서도 동정심이 많고 온화하기도 하다. 또 다른 사람들은 이 두 가지 속성을 혼합된 형태로 소유하고 있다. 이들은 지나치게 자기주장적이 강하거나 경쟁적이라기보다는 자기를 주장하나 타인의 입장도 존중하고 수용한다. 또 자신의 의존욕구를 부정한다기보다는 솔직히 인식하고 그 욕구를 충족시키기 위해 직접적으로 행동한다. 일반적으로 양성성의 소유자는 성 고정관념에 근거하여 행동하는 사람보다 더 건강하고 적응적이며 행복한 삶의 모델일 것이라고 가정되고 있다.

그 이유는 이들은 어떤 상황에 처했을 때 반응할 수 있는 행동목록이 다양하며, 상황의 요구에 융통성 있게 반응하고 환경에 효과적으로 대처할 수 있는 능력이 있기 때문이다. 즉 남성의 경우 자신의 감정을 자연스럽게 인정하고 표현할 수 있으며 남을 지배하려고 애쓰기보다는 돌봐줄 수 있다. 또한 여성의 경우, 나약하지 않고 자기주장이 뚜렷하며 사회에서 성실히 성취해 나가고 남에게 의존하지 않을 수도 있다. 강한 남성의 소유자나 강한 여성성의 소유자보다는 양성적인 사람이 심리적 스트레스와 긴장감을 덜 느끼고 적응력이 더욱 뛰어날'것이다.

많은 여성들이 의존을 혐오하면서도 자립을 두려워하는, 자립과 의존의 이중적인 감정의 멍에 속에서 아무런 노력도 없이 운 좋게 신데렐라가 되고 싶어 하는 '신데렐라 콤플렉스를 가지고 있다. 그러나 우리 사회에서는 많은 성공적인 취업 여성들이 '슈퍼우먼 신드롬'을 경험한다. 아직 우리 사회에서는 여성들이 가정과 일, 두 가지 분야에서 성취하기란 그렇게 쉬운 일이 아니기 때문이다.

3) 성역할의 고정관념

가. 미디어 속 여성

성역할의 고정관념은 남성과 여성 모두에게 성역할과 관련한 스트레스의 원인이 된다. 고정화된 성역할과 사회적 기대에 따라 여성들이 경험하게 되는 구체적인 심리적 문제로 일곱 가지 콤플렉스를 살펴보면 다음 표와 같다.[30]

표 5.4. 고정된 성역할에 따른 콤플렉스

구분	특성
착한 여자 콤플렉스	• 인내와 희생은 미덕이다 • 성을 밝히지 않는다 • 여자는 가정의 수호자 • 독립은 위험하다. • 규범과 전통은 반드시 지켜야 한다. • 여자 운명은 남자 손에 달려있다.
신데렐라 콤플렉스	• '신데렐라' '들장미 소녀 캔디' '키다리 아저씨' • 낭만적 사랑과 결혼의 신화

30 『일곱 가지 여성 콤플렉스』 여성을 위한 모임 엮음, 현암사, 1992.

구분	특성
성 콤플렉스	• 성, 사랑, 결혼이 하나다 • 순결의 상징-처녀막의 숭배 • 성적 관심, 호기심, 욕구는 부끄럽다 • 성은 두렵고 고통스러운 것이다 • 소극적이며 수동적이다.
외모 콤플렉스	• 화장, 성형 • 뭐니 뭐니 해도 여자는 예뻐야 한다 • 사회 활동을 하는 데서 여자는 실력보다 외모이다 • 시집을 잘 가는 데 필요하다.
지적 콤플렉스	• 무재주가 상팔자 • 똑똑하면 시집 못 간다.
맏딸 콤플렉스	• 첫딸은 살림밑천
슈퍼우먼 콤플렉스	• 현모양처와 직장인 모두 완벽하게 역할을 완수해야 한다

쉬어가기 : 착한 여자 콤플렉스 측정 검사

※ 다음 각 문항에 해당하는 점수를 기록하여 '착한 여자 콤플렉스'수준을 측정해 봅시다.

전혀 그렇지 않다	별로 그렇지 않다	보통이다	약간 그렇다	정말 그렇다
1점	2점	3점	4점	5점

01. 기분 나쁜 일이 있어도 사람들이 보는 앞에서는 싫은 내색을 하지 않는다.
02. 여자답다는 칭찬을 듣기 위해 의식적으로 얌전하고 조용하게 행동한다.
03. 텔레비전 드라마에서 적극적이고 자기주장이 강한 여성이 남편과 갈등을 빚어 불행해지는 내용을 볼 때 당연한 결과로 받아들인다.
04. 남자들과 잘 어울리고 자기 의견을 분명히 밝히는 여자는 불쾌하다.
05. 여성이 먼저 남성에게 데이트 신청을 하거나 전화를 거는 건 여자답지 않다.
06. 여성은 가정에서 가족을 돌보고 남성은 바깥일을 하는 것이 당연하다.
07. 여자의 가장 좋은 목표는 현모양처가 되는 것이다.
08. 미팅을 하거나 남성을 만날 때 여성답게 보이기 위해 바지보다는 치마를 입을 때가 많다.
09. 규칙이란 무조건 따라야 하며, 지키지 않았을 경우에는 벌을 받아야 한다.
10. 학교나 단체에서 남자는 회장, 여자는 부회장을 맡는 것이 자연스럽다.
11. 진학, 결혼, 취직 문제와 같은 중요한 결정은 주위 사람(부모, 남편, 남자 친구)의 판단에 따르는 것이 좋다.
12. 토론할 때 나와 다른 의견이 있을지라도 문제를 일으키지 않기 위해 침묵하는 경우가 있다.
13. 하고 싶지 않은 일도 자수가 결정한 경우에는 할 수 없이 그대로 따르는 편이다.
14. 지하철 같은 공공장소에서 성과 관련된 이야기나 잡지를 보고 싶어도 주위의 시선을 의식해서 참는 경우가 있다.
15. 여자가 남자에게 먼저 성 관계를 요구해서는 안 된다고 생각한다.

16. 결혼 전까지 여자는 육체적으로 순결해야 한다.
17. 속담에 '여자 팔자 뒤웅박 팔자'라는 말이 있는데, 정말 맞는 말이라는 생각이 든다.
18. 여자는 결혼 잘 하는 것이 사회에서 성공하는 것보다 좋다.
19. 결혼할 상대자는 나보다 뛰어나고 키가 크며 연상이기를 원한다.
20. 칭찬받는 것을 좋아하지만 막상 칭찬을 듣게 되면 마음에도 없는 가식적인 말로 느껴져 기분이 나쁘다.

※ 각 문항에 해당하는 점수를 합산한 결과를 통해 자신의 착한여자 콤플렉스 수준을 해석해 봅시다.

점수	해석
60점 이하	착한 여자 콤플렉스가 그다지 나타나지 않으면 자신의 능력과 가능성을 발휘하여 자립적인 삶을 추구하는 여성이다.
60점대	정도의 차이는 있으나 알게 모르게 착한 여자 콤플렉스에 빠져있다
70점대	사회에서 요구하는 여성이 전통적인 부덕을 갖춘 순종적인 여성이라는 것을 알고 있으나 속마음은 끝없이 자립하려는 마음이 있다. 따라서 상황에 따라 겉으로는 착한 여자형을 따르며 갈등하는 여성이다.
80점 이상	착한 여자 콤플렉스에 사로잡혀 있다는 사실을 거의 깨닫지 못한다. 이들은 '착한 여자'라거나 '상냥하고 관대한 여자'라는 말을 듣는 여성으로서 헌신적으로 타인을 위해 주변사람 마음대로 좌우되면서 그냥 참는 형이다.

나. 미디어 속 남성

성역할 고정관념은 여성뿐 아니라 남성에게도 스트레스를 준다. 성역할 고정관념으로 인해 여성들이 받는 스트레스를 흔히 '억압' 혹은 '불평등'으로 표현한다면, 남성들이 받는 스트레스도 일종의 '구속'이라고 표현할 수 있다. 남성 역시 단지 남성으로 태어났다는 사실 때문에 가사와 양육이외의 모든 사회적 책임을 떠맡는 남성역할을 수행해야 하며 이러한 역할을 수행하지 못했을 경우 상당한 사회적 제약과 스트레스를 받게 된다. '남성다움의 덫'에 빠져 있는 남성들이 경험하고 있는 심리적 어려움을 조사한 결과를 토대로 이들이 경험하고 있는 일곱 가지의 콤플렉스가 밝혀졌다.[31]

표 5.5. 고정된 성역할에 따른 콤플렉스

구분	특성
사내대장부 콤플렉스	• 나는 일에서 성공하는 것을 생의 목표로 삼고 있다 • 성공과 자부심에 산다 • 남자는 가족의 존경을 받아야 한다 • 나는 약해 보이는 것이 싫다 • 박력 있고 야성적이며 주먹도 정당하다 • 감정은 금물, 이성적이어야 한다 • 남자는 간호사, 보모 일을 해서는 안 된다.
온달 콤플렉스	• 양반은 어려서는 외가덕, 젊어서는 처가덕, 늙어서는 사돈 덕으로 산다 • 모든 성공의 배경은 자랑스러운 아내와 놀라운 장모이다 • 아내의 성공이 곧 나의 성공 • 직업적으로 성공한 아내는 나의 사회적 지위를 높여 줄 수 있다

31 『일곱 가지 남성 콤플렉스』 여성을 위한 모임 엮음, 현암사, 1994.

구분	특성
성 콤플렉스	• 성관계는 남자가 주도하는 것이 자연스럽다 • 남자는 성관계 때 상대방을 만족시켜야 한다.
지적 콤플렉스	• 여자 상사 밑에서 일하는 것은 자존심 상하는 일이다 • 똑똑한 여자는 좋으나 나보다 유능한 아내는 싫다 • 결혼할 여자의 학력은 나보다 높지 않는 것이 좋다.
외모 콤플렉스	• 나보다 키 큰 여자를 만나면 부담스럽다 • 나는 신체적으로 강한 람보형의 체격을 갖고 싶다 • 남자는 육체미 운동을 해서라도 근육을 키울 필요가 있다.
장남 콤플렉스	• 권리와 보상을 누리는 장남 • 희생과 의무를 다하는 장남 • 부모님이 무능력할 때 경제적인 책임을 장남이 지는 것이 마땅하다 • 장남은 자신의 욕구를 앞세우기보다 집안을 더 우선시해야 한다 • 장남은 집안의 대를 이을 아들을 낳아야 한다.
만능인 콤플렉스	• 휴일 쉬고 싶어도 가족이 원하면 외출하는 것이 가장의 책임이다 • 나는 모든 면에서 최고의 능력을 발휘하는 사람이 되고 싶다 • 유능한 사람이라는 평가를 받고 싶다.

쉬어가기 : 남성 성역할 스트레스 측정 검사

※ 다음 각 문항에 해당하는 점수를 기록하여 '남성 성역할 스트레스'를 측정해 봅시다.

나는 다음 문항의 경우 스트레스를

전혀 느끼지 않는다			중간이다			대단히 많이 느낀다
←						→
0점	1점	2점	**3점**	4점	5점	**6점**

01. 폭력 앞에서 무기력
02. 의지가 약할 경우
03 흔히 여성적이라고 여겨지는 전공이나 직업을 가지고 있는 경우
04. 여자 형제보다 능력이 없을 경우
05. 아픈 아이를 돌보느라 낮에 집에 있는 경우
06. 실직자가 되었을 경우
07. 스포츠를 못하는 경우
08. 여성 상관 아래에서 근무하는 경우
09. 성행위에서 상대방을 만족시키지 못하는 경우
10. 어떤 상황을 여성이 주도하도록 할 경우
11. 자기보다 키가 큰 여성을 만날 경우
12. 다른 남성보다 능력이 떨어지는 것으로 평가
13. 승진의 기회를 놓친 경우
14. 돈을 잘 벌지 못하는 경우
15. 직장에서 여성 동료보다 일을 잘 못하는 경우
16. 슬픈 감정을 억제하지 못하는 경우
17. 직장에서 부하에 대한 지도력이 부족할 경우
18. 가족들이 원하는 것을 충분히 해주지 못함
19. 학력 등 자신의 개인적 배경이 출세에 장애될 때

20. 빨래, 식사준비 등 자취생활을 해야 하는 경우
21. 여성들이 흔히 하는 취미생활을 하고 싶은 경우
22. 소극적인 성격을 갖고 있을 경우
23. 일을 처리할 때 주위 사람에게 의존하는 경우
24. 토론에서 남에게 기선을 제압당하는 경우
25. 돈이 없어 술이나 담배를 못하는 경우
26. 수줍음을 많이 타는 경우
27. 말이 너무 많아서 지적을 받는 경우
28. 가문을 빛내고 부모님을 기쁘게 해 드려야 하는데 여의치 않을 경우
29. 두려움이나 겁이 많을 경우
30. 여자와 데이트를 할 때 돈이 없을 경우
31. 가정문제와 직장문제가 동시에 있을 때 그 우선순위로 아내와 다툴 경우
32. 아프거나 피곤해도 남성이기 때문에 힘든 일을 해야 하는 경우
33. 아내에게 인정받지 못할 경우
34. 자기보다 아내의 사회적 지위가 더 높을 경우
35. 가장으로서의 권위가 떨어질 경우
36. 처가의 도움으로 살아갈 경우
37. 가장으로서 능력이 없다는 평을 들을 경우
38. 아내가 당신을 다른 남성과 비교하여 불평
39. 군입대 및 병역의무를 수행해야 할 경우
40. 자기보다 아내의 학력이 높을 경우

※ 우리나라 남성들의 성스트레스 수준은 평균 5.67로 매우 높은 수준으로 나타났다.

다. 미디어와 성 상품화

성 상품화에 대한 이야기는 어제 오늘의 이야기가 아니다. 현실세계에서 사고파는 성은 불법으로 법적 처벌을 받지만 미디어 속의 성 상품화는 만연할지라도 직접적인 피해가 없다는 인식 때문인지, 또 오랫동안 누적된 노출의 효과인지 사람들은 점점 무감각해져 가고 있다. 미디어의 성 상품화에 대해 무감각해지는 이유로 몸과 성에 대한 담론이 증가하고, 이에 따른 성 상품화가 일상적으로 일어나고, 또 성윤리가 과거보다 많이 느슨해졌기 때문이라 할 수도 있다. 한편 여성과 남성을 가리지 않고 성 상품화가 되고 있는 현재의 상황을 볼 때 성적 착취라는 측면에서 젠더 간 격차가 줄어들고 있다는 인식이 있기 때문이기도 하다.

또한 성 상품화가 타의에 의해서만 일어나는 것이 아니라 대중문화계에서 또는 우리 주변에서 적극적으로 자신의 성을 상품화하는 사람들을 심심치 않게 발견할 수 있기 때문이다. 인지도가 낮은 여배우들은 카메라가 많이 대기하고 있는 영화제의 레드 카펫에서 보기 민망한 드레스를 입고 나타나 자신의 존재를 알리기에 안간힘을 쓴다. 취재 카메라들은 앞 다투어 여배우의 사진을 찍고 여배우는 자신의 연기보다도 노출을 통해 대중들에게 자신을 각인시킨다.

일부에서는 성 상품화를 성에 대한 당당한 표현이며 그 표현의 자유를 지켜주어야 한다는 주장을 하기도 한다. 얼마 전 숙명여대 축제에서 여성의 성 상품화를 상기시키는 포스터가 등장했는데 이를 두고 성 상품화라는 비난과 표현의 자유라는 의견이 대립되었다. 자신의 성을 적극적으로 노출시키고 상품화하는 사람들도 존재하고 또 이를 자신을 드러내는 표현이라고 주장하는 사람들도 있지만 대부분의 성 상품화의 경우 사람들은 자신의 성에 대해 소극적이고 수동적인 태도를 취하며 성적 착취를 당하는 경우가 많다. 성 상품화가 성매매, 성폭력, 성희롱 을 직접 경험하는 당사자들이 당하는 피해보다 적을지 모르지만 사회 전반에 걸쳐 광범위하게 일어나는 성 상품화는 성관련 범죄와 연루될 가능성이 크고 무엇보다도 인권을 보장 받아야 할 사람들을 성적 상품으로 전락시키기에 결코 그 피해가 적다고 할 수 없다.

미디어의 성 상품화는 어제 오늘의 일도 아니고 또 일어나지 않는 곳을 찾아보기도 힘들 정도로 만연한 사회적 현상이다. 상품을 팔아야 하는 광고에서 특히 성 상품화가 많이 일어나고 있다 는 것은 잘 알려진 사실이다. 특히 남성이 주 소비자인 술, 자동차, 컴퓨터 등의 광고에 여성의 성은 상품을 팔기 위한 미끼로 등장한다. 여성의 가슴과 엉덩이를 강조한 사진과 남성 소비자를 유혹적으로 쳐다보는 여성 모델의 눈길은 남성 소비자에게 술이나 자동차를 사라는 것이 아니라 자기 자신을 구매하라는 것으로 보인다. 광고 속에서 종종 여성의 육체는 파편화되고 물신화된다. 광고 속에서 유혹적인 눈길과 자태를 보이는 여성은 성적 수치심을 억누르며 자신의 은밀한 부분까지 내보이도록 그녀를 고용하고 있는 광고주나 광고에이전트에 의해서 강요당하고 있었을 지도 모른다.

광고뿐만 아니라 뉴스에서도 성 상품화는 종종 목격된다. 일반적으로 우리나라 텔레비전 뉴스에 남녀 앵커가 동시에 진행을 하는 것이 상식처럼 되었다. 남성앵커는 보도국 소속으로 취재 경험이 많은 기자 출신이 맡지만 여성앵커는 아나운서실 소속으로 미모와 젊음을 지닌 여성이 맡는다. 이러한 불균형한 조합에서 여성앵커는 뉴스의 꽃이라는 별명으로 불리는데 뉴스의 장식적인 기능을 할 뿐만 아니라 남성시청자들을 유인하는 요인으로 작용한다. 여성앵커가 누구냐에 따라 9시

뉴스 시청률이 변한다는 사실이 이를 증명해준다. 또한 앉아서 진행하는 뉴스 앵커와 달리 서서 진행하는 기상캐스터들은 전신을 내보이게 되는데 지나치게 달라붙는 옷을 입은 경우가 많아 비난의 대상이 되기도 한다.

뉴스뿐만 아니라 드라마의 성 상품화는 젠더의 경계를 이미 초월한 것으로 보인다. 예전에는 시청률을 높이기 위해서 여성 출연자의 신체를 보여주는 일이 많았다면 요즘은 남성 출연자의 누드나 잘 조각된 초콜릿 복근 등을 보여 주는 일이 늘어나고 있다. 드라마의 전개와 별로 상관이 없이 남자 주인공이 샤워하는 씬이 들어가 있거나 드라마 <추노>에서처럼 남성 출연자들이 웃옷을 거의 벗다시피 하고 연기를 하여 화제가 되기도 하였다. 남성연예인들도 자신들의 완벽한 신체를 대중들에게 보이기 위해서 몸만들기에 엄청 공을 들이고 또 그 과정이 결코 쉽지 않음을 토로하기도 한다. 자신의 육체를 매력적인 상품으로 만들어야하는 지난한 과정을 거쳐야 하는 것이다. 이처럼 수익이 나는 것이면 무엇이든지 이용하는 자본주의의 논리 앞에서 남녀의 구분은 점차 그 의미가 탈색되어 가고 있다.

인기 있는 오락프로그램인 <1박2일>에서 성 상품화를 조장하는 내용이 방송을 타 논란이 된 적도 있다. 이긴 팀은 비키니를 입은 여성들과 진 팀은 개그우먼들과 시간을 보내도록 한 것이다. 많은 시청자들이 이와 같은 게임방식이 여성을 외모로만 판단하는 외모지상주의를 부추기고 여성이 상품으로 제공되며 또 비키니를 입은 여성출연진들을 과도하게 비춤으로 성 상품화를 조장한다고 비난하였다. 담당 PD가 계획적인 의도였다기보다는 웃음을 주기 위한 설정이었다고 사과를 하는 것으로 일단락이 되었다. 하지만 계획된 의도가 아니었다는 사실이 우리 사회의 성에 관한 의식구조가 아주 위험한 수위에 있음을 보여준다. 그런 설정이 단순히 웃음을 유발하기 위한 것으로 아무렇지도 않게 생각되는 사고방식은 여성의 성적 대상화가 아주 뿌리 깊게 자리 잡고 있음을 보여준다. 지금은 종영하였지만 한때 인기를 끌었던 <미녀들의 수다>는 세계 여러 국가출신 의 여성출연자의 다리나 치마 등을 로우 앵글(low angle)로 찍어 여러 번 방송하였고 이에 대한 비난도 많이 받았다. 이에 비해 <비정상회담>에서는 다국적 남성 출연자들이 항상 양복을 입고 나오는 모습을 보여주어 비슷한 유형의 토크쇼일지라도 남성 출연자와 여성 출연자에 대한 접근 방식이 다름을 보여주고 있다.

사이버세계에서 성(특히 여성의 성)은 사고파는 소비재로 전환된지 오래이다. 조주현(2006)은 사이버 포르노가 성폭력 유발요인에서 소비 상품으로 전환되고 있는 것은 아닌지 묻고 있다. 사이버 포르노는 각종 포르노 동영상을 모아놓은 성인 사이트, 에로영화 전문 디지털 상영관, 인터넷 성인 방송국, 누드화상 채팅, 섹스샵, 야설동호회, 개인이 운영하는 셀프 누드사이트 등등 그 종류도 다양하다(최은정, 2003). 무엇보다도 정부가 2002년에는 사이버 포르노업에 종사하는 사단법인 한국 인터넷 성인문화협회장에게 정보통신 분야에서의 노력을 인정하여 대통령 포상을 하였다는 사실(조주현, 2006, p.17~18)은 국가가 여성의 성을 경제적인 가치로 치환하기 쉬운 재화로 인식하고 있다는 것을 보여준다. 이러한 상황에서 사이버세계에서 일어나고 있는 여성의 성 상품화에 저항한다는 것이 과연 어떤 효과가 있는지 의문이 들기도 한다.

그림 5.7. 미디어의 성 상품화 사례[32]

이렇게 일상적이고 반복적으로 일어나는 성인들의 성 상품화는 무방비상태인 어린이들에게까지 무차별적으로 전달된다. 서울지방경찰청 사이버범죄 수사대가 아동 청소년 음란물을 게시, 유포, 소지한 117명을 적발하였는데 그중 초등학생이 28%, 중고등학생이 23%라는 2011년 11월 7일자 여성신문의 보도는 최근 들어 스마트폰의 대중화로 청소년들의 음란물 노출과 유통이 급작스럽게 증가하고 있음을 지적하고 있다. 청소년들이 SNS를 통해 자신의 신체를 찍어 올리거나 교환하

32 사진출처(좌상-우하순): NEWSPIM(http://www.newspim.com/news/view/20150130000366) 충청일보(http://www.ccdailynews.com/news/articleView.html?idxno=222651) 뉴데일리(http://www.newdaily.co.kr/news/article.html?no=38851) 포모스(http://www.fomos.kr/talk/article_view?indexno=63818&bbs_id=5)

는 일을 하면서 자신도 모르게 성 관련 범죄에 가담하는 일이 늘어나고 있다고 한다. 이러한 행동은 여성의 몸을 상품화하는 성문화가 잘못되었다는 인식이 부족하고 또 흔히 주변에서 일어나는 익숙한 일이라는 인식 때문에 일어나는 것이라고 전문가들은 진단하고 있다. 청소년들이 SNS에 자신의 신체를 찍어 올리는 일은 성매매로 이어질 위험성이 도사리고 있으며 실제로 성매매를 하는 학생들도 보고되고 있다(김미숙, 2011). 또한 휴대폰 등을 통해 음란물을 접하는 청소년들이 늘어나고 있지만 이를 통제하는 것은 쉬운 일이 아니다. 제대로 된 성교육을 받지 못한 청소년들은 미디어의 재현이 현실과 다르다는 것을 쉽게 간파하지 못하고 음란물을 따라 하면서 그릇된 성의식을 가질 수도 있다. 1990년대 성교육 강사로 이름을 떨쳤던 구성애는 성범죄를 저지른 청소년들을 상담하면서 이들 청소년들이 음란물에서처럼 여성에게 성행위를 강제하더라도 상대여성이 좋아할 줄 알았다는 그릇된 성의식을 가지고 있었다는 것을 알게 되었다고 하였다. 즉 포르노는 이론이고 강간은 실제라는 여성운동가들의 슬로건이 과장이 아니고 현실이라는 것을 그 청소년들이 증명하였던 것이다. 사이버 포르노의 담론이 성폭력에서 소비로 전환되고 있는지는 모르겠지만 현실에서는 성폭력과 연결되어질 확률이 적지 않다.

결론적으로 미디어 속의 성 상품화는 성매매, 성폭력, 성희롱과 같은 불법적이고 인권을 침해하는 사건들을 유발하고 이를 시정하기 위한 사회적 비용이 증가하게 만든다. 하나의 이미지, 볼거리로 전락한 여성 의 몸은 인격을 제거당한 채 파편화되고, 쉽게 사고파는 상품으로 둔갑하며 남성의 시선에 무기력하게 노출되어 공격에 취약한 몸이 된다. 성 상품화, 성희롱, 성폭력, 성매매로 인해 여성은 성적 열등감과 무력감, 굴욕감을 느끼며, 지워지지 않는 사회적 낙인과 개인적인 트라우마를 안고 살아가게 된다. 이와 같은 현상을 예방하고 치유하기 위한 사회적 비용 또한 만만하지 않다.

메트로섹슈얼

메트로섹슈얼은 패션이나 헤어스타일을 가꾸는 것에 관심을 두며, 내면의 여성성을 긍정적으로 즐기는 현대 남성을 뜻한다. 1994년 영국의 문화비평가 마크 심슨(Mark Simpson)이 인디펜던트(Independent)지 칼럼에서 여성적 취향의 남성들을 이 용어로 표현한 것이 시초다. 외모를 중시하는 젊은 남자들의 새로운 변화를 빗대어 표현했는데, 메트로섹슈얼 족은 도시(Metro)에 살면서 패션, 미용, 인테리어, 요리 등 여성적(Sexual) 라이프 스타일에 적극적으로 관심을 기울이고 예쁜 얼굴에 운동으로 다져진 탄탄한 몸을 가졌다. 주로 경제력 있는 20~40대이며, 고급 쇼핑을 즐기면서 명예보다는 가족과 우정을 우선시한다. 메트로섹슈얼은 남성과 여성의 역할 경계가 점차 모호해지는 변화된 사회상을 반영하고 있으며, 외모지상주의 문화에 자유롭지 못한 현 세태와 웰빙 트렌드와도 연관성이 있는 것으로 해석할 수 있다(위키백과).

사진출처: http://news.khan.co.kr/kh_news/khan_art_view.html?art_id=201305172209005

그루밍족[33]

그루밍 족이란 외모를 경쟁력으로 생각하며 자신의 패션과 미용에 아낌없이 시간과 비용을 투자하는 남성들을 지칭하는 신조어이다. 여기서 'Grooming'이란 마부가 말을 빗질하고 목욕시켜 주는 것을 가리키는 단어인 groom에서 유래된 말로, 여성들의 'Beauty'에 해당하는 남성의 미용용어이다. 그루밍족은 미국에서 처음 시작된 트렌드이며 현재는 세계적인 트렌드로 확산되었다. 대부분 20-30대의 남성들로 구성되어 있으며, 주로 다양한 문화를 접할 수 있는 대도시에 집중되어 있다. 이들은 꾸준한 다이어트를 하고 화장품을 꼼꼼히 사용하며 수시로 쇼핑을 하고 잡지나 TV등을 통하여 최신 유행정보를 얻는 등 전통적으로 여성들의 행동 양식으로 여겨지는 행동들을 보인다. 그루밍족의 영향으로 국내 및 국외 남성 뷰티시장의 급격한 성장하였으며, 그루밍족의 출현으로 인해서 최근 몇 년 동안 국내 및 국외의 남성 뷰티시장은 꾸준히 성장세를 이어가고 있다. 국내 남성 화장품 시장의 규모는 전년 대비 10% 이상의 성장률을 꾸준히 기록하고 있으며 그에 발맞추어 많은 화장품 브랜드들이 남성전용라인 출시 및 남서 화장품을 세분화 해나가고 있다. 또한 남성뷰티도서의 발행, 남성 전용 미용실, 남성 전용 피부관리실 등이 국내 및 해외에 생겨나고 있다.

뉴포티족[34]

자신의 외모나 몸매를 가꾸는데 적극적이고 개성과 최신유행을 추구하는 멋쟁이 40대를 말한다. 다른 말로는 노무족(아저씨라 불리길 원치 않는 사람), 로열댄디족(나이에 관계없이 유행을 수용하고 고급 안목을 지난 사람)이라고도 한다. 국내에선 확고한 입지를 다지고 있는 앤드지 바이 지오지아 (ANDZ by ZIOZIA)가 35-45 세대를 위한 새로운 브랜드 "EDITON ANDZ(에디션 앤드지)"를 런칭했다. 과하지 않으면서도 간결한 스타일을 추구하는

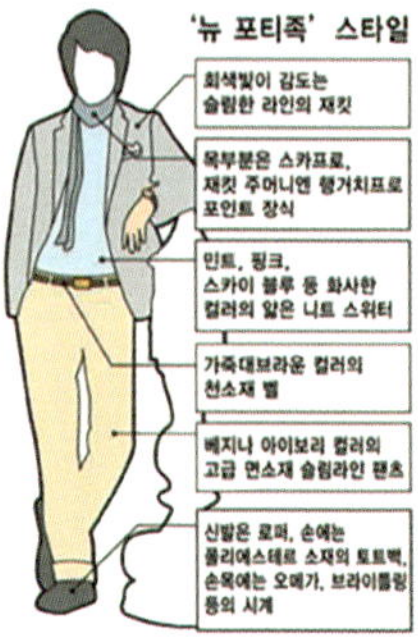

---

33 자료출처: https://namu.wiki/w/%EA%B7%B8%EB%A3%A8%EB%B0%8D%EC%A1%B1

34 자료출처: 센스있는 40대 뉴포티족을 꿈꾼다면, 앤드지바이지오지아의 에디션 캠페인을 주목! (http://25___8.blog.me/220298259446), 뉴포티족 (http://blog.naver.com/PostView.nhn?blogId=anackne&logNo=110167190373)

현대 남성들에게 추천할 수 있는 스타일로, 합리적인 가격 그리고 실용적인 트렌드를 추구하고 있다. 그리고 누구나 즐길 수 있는 편안한 아이템들을 선보여 현대 남성들의 편안한 안식처가 될 수 있는 브랜드로 기대를 모으고 있다.

6장

미디어 소비실태와 소비자문제

1. 매체별 이용실태

1) 미디어 이용 행태

최근 뉴미디어의 등장으로 미디어 이용형태가 변화하고 있다. 1993년에서 2014년의 미디어 이용률 추이를 살펴보면 전체 응답자(5,061명)의 미디어(종이신문, 텔레비전, 라디오, 종이잡지, 인터넷) 이용률을 보면, 텔레비전이 전반적으로 가장 높은 이용율을 보이고 있다. 그러나 1993년 이후로 텔레비전의 이용률은 점점 하강하는 구면에 들어서고 있다. 또한 1993년에 각각 87.7의 이용률을 보이던 종이신문은 2016년 21.9%로 급감하였으며 잡지와 라디오의 이용율 역시 급격히 감소하고 있다. 반면 인터넷과 모바일의 이용율은 2010년을 기점으로 급격히 상승하고 있다.

(단위: 이용했다, %)

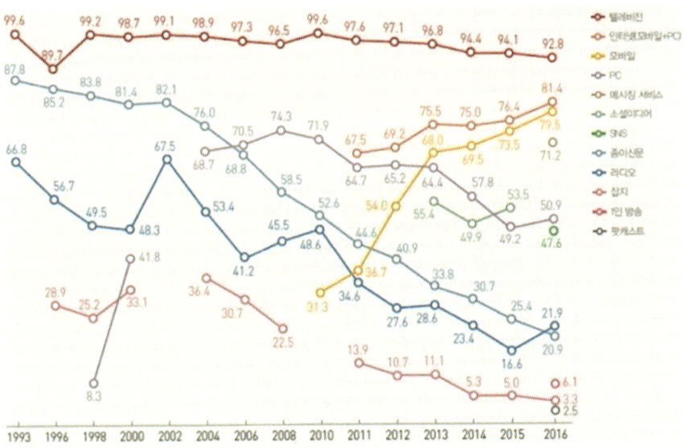

그림 6.1. 미디어 이용률 추이(1993년~2016년)35

35 자료출처: 언론진흥재단(2016), 2016 언론수용자의식조사

미디어별 뉴스 이용률을 살펴보면, 텔레비전을 통해 뉴스를 시청하는 소비자가 가장 많은 것으로 나타났다. 그러나 2011년을 기준으로 텔레비전을 통해 뉴스를 시청하는 소비자가 점점 감소하는 추세에 있다. 그러나 인터넷과 모바일을 통해 뉴스를 시청하는 소비자는 2011년을 기점으로 급속히 상승하고 있는 것으로 확인된다.

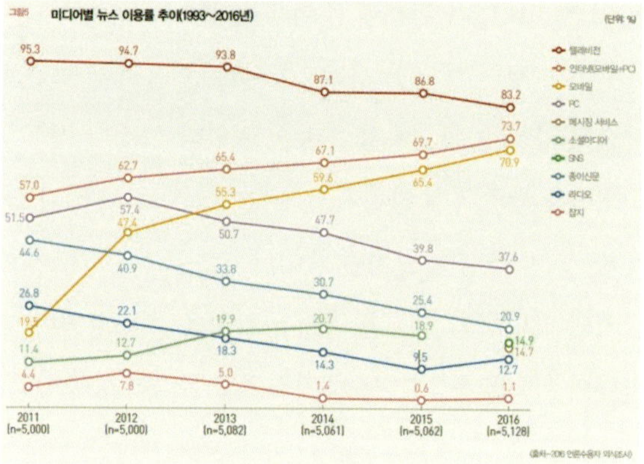

그림 6.1. 미디어별 뉴스 이용률 추이(2011년~2014년)36

연령대별로 뉴스 이용률을 살펴보면, 젊은층은 인터넷으로 뉴스를 접하는 반면, 40~60대 이상은 주로 텔레비전으로 뉴스를 이용하는 것으로 나타났다. 특히 20대의 소셜미디어를 통한 뉴스 이용률이 2013년 35.8%에서 2014년 40.3%로 5%p 가까이 상승하였다. 지상파 뉴스의 이용률이 2013년 대비 9.1%p 하락하였다. 모든 연령대에서 이용률이

36 자료출처: 언론진흥재단(2016), 2016 언론수용자의식조사

하락했으며, 특히 50대에선 98.0%에서 90.6%로 7.4%p로 하락해 하락폭이 상대적으로 컸다. 반면 이동형 인터넷 뉴스의 이용률은 2013년 55.3%에서 59.6%로 4.3%p 상승하였으며, 50대에선 5.8%p 상승해, 평균 상승폭을 웃돌았다. 이동형 인터넷 뉴스 이용이 젊은 층에서 중장년층으로 확산되는 모습을 엿볼 수 있다.

신문 이용 형태를 살펴보면, 종이신문 열독률 하락, 온라인 이용 합산한 '결합열독률'은 증가하고 있다. 2014년 종이신문 열독률은 30.7%로 2013년의 33.8%에 비해 3.1%p 하락했다. 종이신문 구독률[37]은 20.2%로 2013년과 비슷한 수준이었다.

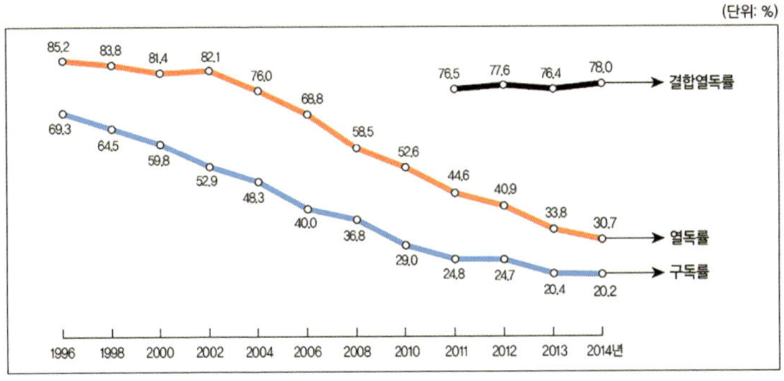

그림 6.3. 신문 열독률, 구독률, 결합열독률 추이(1996년~2014년)

종이신문의 열독률이 하락세를 보이는 반면, 지난 1주일간 종이신문 및 고정형· 이동형 인터넷 등 다양한 경로를 통해 신문을 이용한 '결

37 여기서 구독률은 '가구구독률'을 의미한다. 사업체, 공공기관, 도서관 등의 구독은 포함하지 않는다.

합 열독률'은 78.0%로 2013년 76.4% 대비 1.6%p 상승했다. 우리나라 성인 10명 중 7~8명은 어떤 경로로든 신문을 읽는 것으로 나타난 것이다.

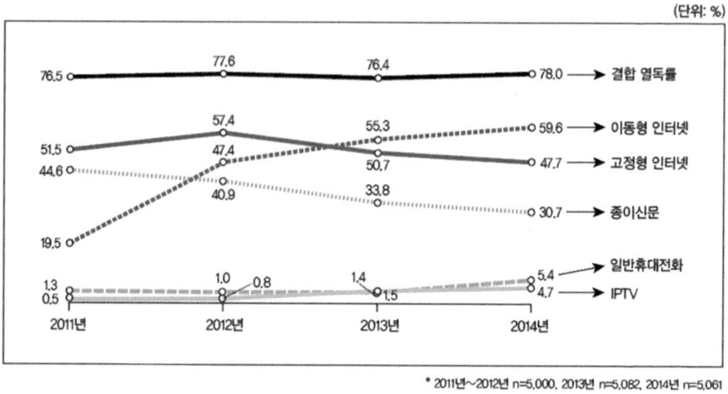

그림 6.4. 신문 이용 경로 및 결합 열독률 추이(2011년~2014년)

2~30대 청년층의 결합 열독률은 20대 94.3%, 30대 95.0%로 나타났다. 젊은 구독자의 종이신문 이탈 현상이 심화되고 있는 시점에서도 100명 중 약 95명은 신문기사를 읽고 있다는 것이다.

2. 미디어에 대한 평가

1) 미디어 신뢰도

소비자들의 미디어에 대한 신뢰도는 하락하고 있는 추세이다. 언론에서 제공하는 뉴스에 대한 신뢰도를 5점 척도(전혀 신뢰하지 않음 1점, 별로 신뢰하지 않음 2점, 보통 3점, 대체로 신뢰함 4점 매우 신뢰함 5점)로 조사한 결과, 2013년 대비 모든 미디어가 하락했다.

표 6.1. 뉴스 미디어 신뢰도 추이

(단위: 점, 5점 척도 평균)

	2010	2011	2012	2013	2014	2013 대비
지상파 텔레비전 방송	4.04	3.83	3.76	4.13	3.90	-0.23
보도전문채널	3.90	3.69	3.61	3.84	3.70	-0.14
종합편성채널	-	-	3.43	3.72	3.60	-0.12
포털 뉴스	-	-	-	3.58	3.50	-0.08
뉴스통신사	-	-	-	3.61	3.47	-0.14
경제신문 및 전문신문	-	-	-	3.48	3.45	-0.03
전국종합신문	3.79	3.44	3.37	3.65	3.43	-0.22
라디오 방송	3.60	3.54	3.41	3.47	3.42	-0.05
지역종합일간신문	3.55	3.31	3.23	3.34	3.27	-0.07
지역종합주간신문	3.36	3.23	3.13	3.21	3.19	-0.02
시사잡지	3.48	3.28	3.14	3.17	3.16	-0.01
언론사닷컴	3.49	3.28	3.16	3.23	3.14	-0.09

	2010	2011	2012	2013	2014	2013 대비
인터넷신문	3.46	3.28	3.18	3.23	3.14	-0.09
소셜미디어	-	-	-	3.15	3.10	-0.05
언론 전반	-	-	3.26	3.40	3.28	-0.12

언론인 신뢰도도 하락세에 있다. 언론인에 대한 신뢰도를 5점 척도(매우 낮다 1점, 대체로 낮다 2점, 중간이다 3점, 대체로 높다 4점, 매우 높다 5점)로 물어본 결과, 신뢰도는 2.68점이었다. 2010년 이후 언론인에 대한 신뢰도는 하락 추세를 보이고 있다.

(단위: 점, 5점 척도 평균)

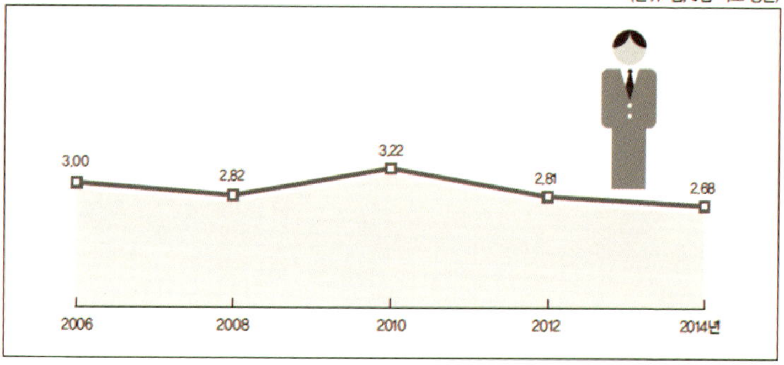

* 5점 척도: 1점 '매우 낮다'~5점 '매우 높다'
** 2006년 n=1,200, 2008~2012년 n=5,000, 2014년 n=5,061

그림. 6.5. 언론인 신뢰도 추이(2006년~2014년)

2) 국내 SNS 이용 현황

스마트폰 이용의 증가와 다양한 유형의 서비스 등장으로 SNS 이용자 수도 기하급수적으로 증가하고 있다. 페이스북의 2014년 1분기 실적에 따르면 전 세계적으로 이용자수가 12억 7천만 명을 넘어섰고, 일 이용자도 8억 명을 돌파하였다. 트위터 역시 월간 활동이용자 수가 2억 명을 훌쩍 넘었다. 국내의 경우, 2014년 3월을 기준으로 페이스북 월간 이용자수가 1천3백만 명에 이르며 이중 92%는 모바일로 한 달에 한번 이상 사용하고 있다. 모바일 메신저 카카오톡과 연동한 카카오스토리는 국내 최대 SNS로 2013년 4월 기준으로 4천만여 명이 사용하고 있다. 연령별, 성별에 따른 이용 현황 및 이용 행태는 여러 기관에서 수행한 SNS 이용실태 조사 결과를 통해 알 수 있다. 먼저 KISA의 2013년 인터넷이용실태조사에 따르면, 만6세 이상의 인터넷 이용자중 55.1%가 SNS를 이용하고 있는 것으로 나타났다. SNS 이용률은 여성(56.2%)이 남성(54.1%) 보다 다소 높았으며, 연령별로는 20대(87.5%), 30대(74.0%), 만6-19세(52%) 순으로 나타났다. 또한 대부분의 SNS 이용자(94.4%)가 페이스북 등 프로필 기반의 서비스를 이용하고 있는 것으로 조사되었다. 주된 SNS 이용 목적은 친교 및 교제(79.5%), 취미 및 여가 활동(51.3%), 일상생활의 기록(49.6%), 개인적 관심사 공유(43.6%), 전문정보 및 지식 공유(35.0%)로 조사되었다. 모바일 기기를 통한 SNS 이용률도 50.4%로 나타났으며, 이중 절반 이상(55.9%)이 하루에 한번 이상 모바일 SNS를 이용하고 있다고 응답하였다. SNS를 통한 활동은 자신이 직접 게시물을 작성하는(49.4%) 활동 보다는 타인의 게시물을 읽거나(83.8%) 반응하고(64.1%) 공유하는(25.9%) 활동이 더 빈번한 것으로 나타났다(한국인터넷진흥원, 2013). 또한 SNS 이용자의 67.3%는 SNS를 통해 자신의 의견을 자유롭게 말할 수 있으며, 62.3%의 이용자가 SNS을 통해 얻는 정보를 신뢰할 수 있다고 생각했다.

또 다른 SNS 서비스별 이용률 조사에 따르면, 카카오스토리, 페이스북, 트위터, 싸이월드가 국내 SNS 이용률의 90% 이상을 점유하고 있는 것으로 나타났다(정보통신정책연구원, 2013). 1순위 응답을 기준으로 하면 카카오스토리의 이용률이 31.5%로 가장 높았으며, 3순위까지의 응답을 합한 결과는 페이스북이 26.4%로 이용률이 가장 높게 나타났다. 연령대별로 선호하는 SNS가 다르며, 10대, 30대, 40대에서 가장 많이 이용하는 SNS는 카카오스토리, 20대는 페이스북을 가장 많이 이용하는 것으로 조사되었다.

표 6.2. 세대별 주요 SNS 이용 현황[38]

순위	10대	20대	30대	40대
1	카카오스토리	페이스북	카카오스토리	카카오스토리
2	페이스북	트위터	싸이월드	페이스북
3	싸이월드	카카오스토리	페이스북	트위터
4	트위터	싸이월드	트위터	싸이월드
5	기타	기타	기타	기타

38 사진출처: (왼쪽부터) http://m.fnnews.com/news/201807250646172836
https://developers.kakao.com/buttons
http://m.etnews.com/20171108000479

2. 미디어 소비자 문제

1) 자기표현과 사생활 침해[39]

가. 프라이버시 침해

SNS 이용자들은 자신의 생년월일, 학교, 직업, 이메일 주소 등 개인 정보는 물론, 먹고 마시고, 생각하고 잠자는 소소한 일상생활까지 SNS에 기록하고 공유한다. SNS 공간에서는 이 모든 것이 '친구'는 물론 '친구'의 친구로 이어지는 네트워크를 통해 거의 무한대로 전달되며, 이는 사생활 노출에 대한 부담과 동시에, 사생활 엿보기 문제를 함께 제기한다(오영미, 2013). 실제로 페이스북과 트위터 등 국내 SNS 사용자 절반 정도가 이름과 학력만으로 식별이 가능할 정도로 SNS에서의 개인정보 노출이 심각한 것으로 조사되었다(ETRI, 2013). 페이스북의 경우, 성별(92%), 고등학교(47%), 혈액형(40%), 관심사(19%), 좋아하는 음악(14%) 순으로 개인 신상 정보가 노출되었으며, 이름과 고등학교 정보의 조합만으로 사용자가 식별되는 경우는 226만명(34%), 여기에 대학교 정보를 추가하면 297만명(45%)까지 식별이 가능한 것으로 나타났다. 트위터의 경우도 이름(69%), 지역(45%), 직업(33%) 순으로 노출된 정보가 많았으며, 전체 조사 대상 277만개 계정 중에서 2개 이상의 개인정보가 노출된 계정 수는 134만개, 3개 이상 노출된 경우도 21만개로 조사됐다. 결과적

39 이윤희(2014). 국내 SNS의 이용 현황과 주요 이슈 분석. 한국인터넷진흥원

으로 SNS 계정에 올라 온 개인정보들을 조합하면 누구나 타인의 사생활을 훔쳐보는 신상털기가 가능하다는 것이다. 이처럼 특정인을 대상으로 한 신상털기는 SNS 기술과 결합하면서 훨씬 심각한 사생활 침해 사례를 낳고 있으며, 그 대상은 유명인에서부터 일반인까지 무한하다.

뿐만 아니라, 최근 기업들이 직원 채용 시 면접만으로 파악하기 힘든 구직자 인성검증을 위해 입사지원자의 SNS를 조회하거나 직원의 SNS를 모니터링 하는 사례가 늘면서 새로운 사생활 침해 논란을 불러오고 있다. SNS에 무심코 올렸던 선동적 표현이나 사회생활에서의 단점을 드러낼 수 있는 내용, 재미삼아 올려놓은 욕설과 악성댓글 등 때문에 면접에 탈락했다거나, 상사에 대한 불평이나 회사의 비리를 SNS에 올렸다는 이유로 사회생활에서 불이익을 당하기도 한다. 이에 보여주기식 SNS 계정을 따로 생성하여, 가공되고 정제된 모습만을 보여주는 사용자도 늘고 있다.

나. 개인정보자기결정권의 보장

배영 등(2009)은 SNS의 확산의 가속화로 사용층이 더욱 대중화되고, 검색 등을 통해 콘텐츠의 공유가 본격적으로 이루어지면 개인의 프라이버시가 노출되거나 타인의 프라이버시 및 인격권을 침해하는 사례가 발생할 우려가 크다고 지적했다. SNS에서 프라이버시 침해 문제가 제기되는 것은 서비스의 특성이 노출에 기반을 두고 있기 때문이다. SNS를 이용하기 위해서는 먼저 회원가입을 하고 일정 수준의 개인정보를 공개해야 하며, 공개된 정보는 회원뿐만 아니라 일반 인터넷 이용자나, 휴대전화 이용자도 검색엔진을 통해 언제든 검색할 수 있도록 설정되어 있다. 물론 이용자는 서비스제공자가 임의로 공개 설정해 놓은 개인정보 공개 범위를 확대하거나 축소할 수 있지만, 이용자가 스스로 개인정보의 공개범위를 조정하지 않으면 서비스이용자가 임의로 구분한 기준에 따라 개인정보가 공개되어 사생활 침해 위험이 매우 높다(국가인권위원회, 2013). 프라이버시 침해 논란의 가운데에 있던 페이스북은 개인정보를 제공하지 않고도 자사 계정으로 다른 앱이나 서비스에 로그인할 수 있는 '익명 로그인 기능(Log in Anonymously)'을 도입을 고려중이다. 이는 서비스 이용에 따른 개인정보 유출에 대한 사용자들의 불안감을 해소하기 위한 조치로, 이 기능이 도입되면 페이스북 사용자들은 다른 앱에 로그인할 때 실명 로그인과 익명 로그인 가운데 원하는 방식을 선택할 수 있게 된다. 또한 페이스북은 이용자의 사생활 보호를 위해 게시물 공개 범위의 기본 설정 '친구만으로' 변경하였다. 기존에는 페이스북 이용자가 처음 올리는 게시물은 공개범위 기본 설정이 '전체 공개'로 되어있어, 이용자가 공개범위 설정을 따로 하지 않으면 모든 사람에게 자신의 글들이 공개되었다. 이러한 변화는 자신이 쓰는 글이 낯선 사람들에게까지 공개된다는 사실을 생각하지 못하고 글을 썼다가 뒤늦게 이를 깨달아 곤란을 겪는 경우가 많다는 회원들의 요구에 따른 것이다.

페이스북 이외에도 SNS에서의 프라이버시 침해 문제를 해결하기 위한 서비스들이 도입되고 있다. 사전적 예방방법으로 인터넷상에서 정보를 공유하거나 전송하기 전에 정보주체 스스로 유통될 정보의 유통기간을 정하는 기술적 방법에 대한 고민도 시작되고 있다. 최근 몇몇 SNS에서 일정 시간이 지나면 SNS는 물론 서버에서까지 자신이 쓴 글을 삭제해주는 '휘발성 메시지 기능'을 제공하고 있다. 휘발성 메시지 서비스의 원조는 미국의 사진공유 메신저 '스냅챗'이며, 최근 네이버 모바일 메신저 라인도 발송자가 설정한 시간 이후에 메시지가 대화방에서 사라지는 기능인 '타이머 챗' 서비스를 개시했으며, SK플래닛의 '프랭클리 메신저', 브라이니클의 '돈톡', 다음커뮤니케이션의 '마이피플'도 이러한 기능을 제공하고 있다.

사후적으로는 SNS에 남긴 그동안의 흔적을 삭제해주는 서비스, 일명 '디지털 세탁업(Digital footprint Cleaning)'까지 등장하고 있다. 일례로 '웹2.0자살기계(www.suicidemachine.org)'는 트위터, 페이스북 등 자신의 SNS 계정과 비밀번호를 입력하면 해당 SNS에 올라온 글과 사진을 모두 삭제하고 계정을 없애주는 서비스를 제공하고 있다. 국내에서도 산타크루즈캐스팅컴퍼니, 맥신코리아 등 10여 곳 정도에서 SNS상의 흔적을 지워주는 서비스를 제공하고 있다. 이들 업체의 상담분석 결과에 따르면, 대부분의 삭제 요청 정보는 유출된 개인의 사진 및 동영상(40%), 사생활 침해와 관련 있는 글(20%), 정치적인 발언 글(20%) 등으로 개인의 사생활 침해와 밀접한 정보들로 나타났다(한국경제, 2014). SNS 이용 확산은 개인정보의 공유·확산·재생산을 촉발하여 정보주체 스스로 개인정보를 통제하기는 갈수록 어려운 실정이다. 이에 개인이 SNS상에 개인정보나 자신과 관련한 글이나 사진을 올리는 것이 어떠한 의미를 지니는지 고민하는 인식의 전환과 함께 자기정보통제권을 강화하는 기술적 방안 마련이 계속되어야 한다. 기술적 방안과 함께 SNS의 개인정보 보호기준 마련도 필수적이다. 불특정 다수 및 특정 다수에 대한 개인정보의 공개 또는 공유 기준을 마련해야 한다. 서비스제공자가 임의로 개인정보를 공개로 설정해 놓는 행위를 금지하고, 이용자가 언제든지 공개할 개인 정보의 범위와 항목을 조정할 수 있는 권한을 부여해야 한다. 또한 미국, EU 등에서는 온라인 맞춤형 광고에 대한 규제수단으로 제도화 하고 있는 추적 차단기능(Do-Not-Track) 도입을 의무화해 이용자가 언제든지 SNS 이용으로 발생하는 자신의 정보에 대한 온라인 추적을 차단할 수 있어야 한다.

그림 6.6. 디지털 세탁업40

2) 사이버폭력[41]

청소년의 스마트폰 이용의 증가와 SNS를 통한 소통의 일상화는 새로운 학교폭력을 양산하고 있다. 이에 '학교폭력예방 및 대책에 관한 법률'에서도 사이버따돌림을 "인터넷, 휴대전화 등 정보통신기기를 이용하여 학생들이 특정 학생들을 대상으로 지속적, 반복적으로 심리적 공격을 가하거나, 특정 학생과 관련된 개인정보 또는 허위사실을 유포하여 상대방이 고통을 느끼도록 하는 일체의 행위"라 정의하고 엄격히 규제하고 있다. 그러나 SNS를 중심으로 보다 은밀하고 집단적으로 가해

---

40 중앙일보(http://news.naver.com/main/read.nhn?mode=LSD&mid=sec&sid1=105&oid=025&aid=0002567193) 서울일보(http://news.naver.com/main/read.nhn?mode=LSD&mid=sec&sid1=105&oid=011&aid=0002510189)

41 이윤희(2014). 국내 SNS의 이용 현황과 주요 이슈 분석. 한국인터넷진흥원

지는 사이버따돌림은 적발이 어려워 그 피해가 더 커지고 있다. 형사정책연구원의 조사(2013, 2014)에 따르면, 중·고생의 17.5%가 SNS를 통해 사이버불링을 당한 적이 있으며, 14.9%가 SNS를 통해 사이버불링을 해 본 경험이 있는 것으로 조사되었다. 구체적인 피해유형으로는 '허락 없는 비밀 공개'가 10.5%로 가장 많았으며, 그 외에도 '한사람만 모르게 정보 공유(7.9%)', '원치 않는 글이나 사진 공개(7.0%)', '나쁜 별명을 만들어 놀림(6.1%)', '안 좋은 소문을 퍼트림(5.3%)' 순으로 나타났다. SNS를 통한 사이버불링 피해 현황을 성별과 학교급별로 나누어 분석한 결과, 중학교 여학생 그룹에서 상대적으로 자주 발생하고 있음이 확인되었다. 그리고 청소년들이 주로 사용하는 SNS 유형에 따라 분석한 결과, 10대들이 가장 많이 사용하는 카카오스토리 이용자일수록 피해(19.7%)나 가해(16.4%) 경험이 타서비스에 비해 상대적으로 높게 나타났다. 또한 SNS를 통한 사이버불링의 피해와 가해를 동시에 경험한 비율이 11.4%로 나타나, SNS에서의 행동이나 말을 재미나 장난으로 가볍게 생각하고 피해를 당하면 곧바로 가해로 이어지는 행위가 반복되고 있다. SNS에서 사이버폭력 행위를 최소화하기 위해서는 사전적 예방과, 폭력 발생 후 빠른 대응이 필요할 것이다. 최근 구글 사이언스 페어(Google's global Science Fair)에 출품된 14세 학생의 프로젝트는 인터넷에서의 악성댓글이나 사이버불링을 예방하는 한 가지 대안이 될 수 있다. 이용자가 인터넷 게시판이나 SNS상에서 타인을 비방하는 게시물을 올릴 경우, 게시 버튼을 누르기 전에 '다시 생각해 보기(Re-think mechanism)" 경고 메시지창이 나타나는 방식이다. 실제로 실험에 참여한 93.43%의 청소년이 "당신의 글로 상처를 받는 사람이 있을지 모릅니다. 게시 전에 다시 생각해보면 어떨까요?"라는 경고 메시지에 타인을 비방하는 게시물을 올리는 것을 제고하였다(Huffington post, 2014). 기술적으로 SNS에서 게시물을 올리거나, 공유할 때 이용자 스스로 한 번 더 숙고할 수 있는 시간을 주는 일종의 자동 고지 기술의 경우, 사용자의 편리성을 제한하지 않는 범위에서 적용을 검토해 볼 수 있을 것이다. 또한 SNS에서 폭력 행위를 조기에 발견하는 것도 그 피해를 최소화하는 데 중요하다. 일본의 경우 '인터넷 집단 괴롭힘', 'SNS 왕따'가 사회적 문제가 되고 있는 가운데, 자국 내 1위 SNS인 '라인(LINE)'의 메시지를 부모가 감시할 수 있는 서비스까지 등장했다. 이는 인터넷 사이트 등을 감시하는 '필리(Filii)'라는 기존 서비스에 라인의 메시지를 감시하는 새 기능이 추가된 것으로 자녀가 집단괴롭힘이나 성범죄 등에 휘말리는 것을 조기에 발견하기 위함이다. 이 서비스는 자녀가 라인으로 받은 문자 중에 '숨기다(남의 물건을 숨기다)', '응원(원조교제 등을 암시)' 등 괴롭힘이나 범죄와 관련될 수 있는 2만개의 의심단어 중 일부가 연속적으로 사용되는 것을 감지하면, 부모가 열람하는 인터넷 페이지에 "괴롭힘과 범죄의 가능성이 있다"는 경고 문구를 발송한다(헤럴드 경제, 2014). 국내에서도 이와 유사한 '학교폭력지킴이' 서비스가 이미 상용되고 있다. 주요 SNS 사업자들도 SNS에서의 괴롭힘이나 악의적인 게시물에 대한 신고기능을 강화하고 있다. 트위터는 버튼만 누르면 부적절한 콘텐츠를 담은 계정을 차단할 수 있는 '욕설 신고 기능(report abuse)'을 추가했다. 과거엔 욕설이나 음란물로 피해를 보더라도 사용자가 이를 입증할 증거를 찾아 트위터 본사에 신고해야 했지만, 이제는 피해자뿐 아니라 다른 사용자들도 신고 버튼만 누르면 이 같은 피해를 예방할 수 있게 됐다. 신고가 접수되면 트위터는 해당 트윗 링크를 포함하여 신고된 계정을 검토하고, 해당 계정이 위반행위를 했다고 평가된 경우에는 간단한 경고부터 계정 영구 정지까지 다양한 조치를 취할 수 있다.

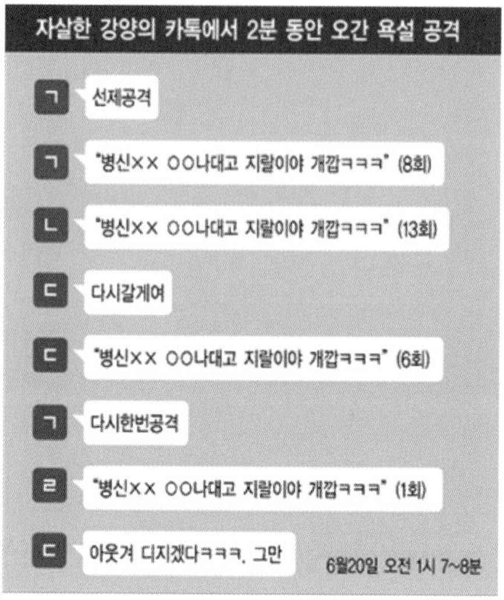

그림 6.7. 사이버 폭력 사례[42]

3) 미디어 선정성[43]

미디어의 선정성은 넓은 의미 에서 미디어의 내용이 특정 의미를 극도로 강조하고 도덕적, 심미적 감성을 자극하여 실제의 사실 보다 흥미롭고 중한 것처럼 윤색하고 과장하는 일련의 선정주의 (sensationalism)

---

42 사진출처: 뉴스줌, [죽음 부르는 '카톡 왕따'](1) 스마트폰 알림음이 무서워요(2012.08.19) (http://news.zum.com/articles/3439874?t=t)

43 권혜미기자(2015.07.09.). 1인 방송의 '상업성', 누가 어떻게 판단할까 (http://www.bloter.net/archives/231970)

를 지칭하는 개념이다(이은택, 2000). 선정주의는 전율과 긴장감을 제공하고 불건전하면서 유해한 감정을 불러일으킬 뿐 아니라, 공포, 범죄, 재난, 성추문에 해 듣고 싶어 하는 인간의 탐욕에 호소하려는 속성을 지닌다(Tannenbaum & Lynch, 1960, p. 382). 이런 속성은 소위 황색 언론(yellow journalism)에 서 찾아볼 수 있다. 황색언론이란 19세기 말 경쟁적이고 침투력이 강한 상업적인 매스미디어가 등장하면서 생겨난 현상으로서, 판매부수를 늘리기 위해 중의 원 시적 본능과 호기심을 자극하여 흥미 본위의 보도를 하는 저널리즘을 뜻한다. 이것은 자본주의 시 장경쟁의 논리가 심화됨에 따라 신문이 스스로 상품화됨으로써 중에 합하여 취재하는 행위로서, 미디어의 내용을 선정적인 사건으로 채우고 이를 과도한 비중으로 다루는 현상을 일컫는다 (성동규, 2002). 그러나 좁은 의미에서의 선정성은 성적인 상상을 불러일으키는 동작이나 언어, 과도한 노출, 성적인 신체 접촉 등 성(sex)과 관련된 표현을 의미하는 것으로 통용되고 있다. 통상적으로 우리 방송에서도 저속한 성표현물과 같은 의미에서 도가 지나친 성적 표현의 속성을 선정성이란 용어로 신하여 표현하고 있으며, 선정성의 기준으로 선정적 동작, 신체 노 출, 이성간의 신체 접촉을 주로 사용한다(유의선, 조연하, 2000, p. 92). 성표현물은 인간의 성에 관한 행위와 행동을 문자나 상 또는 기타의 방법으로 표현한 것이다. 이것은 개인의 개별적인 입장 또는 시와 사회의 가치관이나 도덕적 기준에 따라 다르게 작용하는 규범적인 성질을 가지 기 때문에, 그 시의 문화관에 따라 판단할 수밖에 없는 상적 인 개념이다. 이러한 성표현물은 어느 문화에서든, 공공연한 긴장을 불러일으키거나 터부시되는 경향이 있어서 법적 문제보다는 윤리적인 이슈를 야기시키는 속성이 있다. 이에 미디어에서 자 주 등장하는 여성에 한 성적 표현은 끊임

없는 논란의 상이 되고 있기도 하다. 특히 보도에 서의 선정적인 양태는 소재의 부 도덕성과 표현의 자극성 등으로 수용자의 현실인식에 왜곡을 가져올 위험을 내포하고 있다(유홍 식, 2003). 하지만 선정주의에 해 언론 보다는 언론이 반하는 사회제도의 탓이라고 보는 관점에 해 서도 주목할 만하다. 언론은 기본 적으로 수용자에게 봉사하기 위 해 존재하는 것이며 선정주의가 독자가 원하는 것이라면 언론은 그것을 제공해야 한다는 것이다 (Tannenbaum & Lynch, 1960, p. 381). 같은 맥락에서 언론의 선정주의는 우리 사회의 집단 관음증 이 그 원인이라고도 볼 수 있는데, 문화일보의 누드사진 게재 소식이 퍼지자, 한때 문화일보 홈페이지 서버가 다운되었고 각종 포털사이트에서 인기 검색어 1위로 올랐던 사실이 이를 뒷받침해준 다. 한편 넓은 의미이든 좁은 의미 이든 언론보도의 선정성에 관한 논의에서는“무엇을 다루었는가”와“어떻게 다루었는가”가 핵심 논제가 되어야 한다. 이는 언론보도의 선정성 판단기준과 연결되는 문제이다. 전자는 기사의 내용 과 그 내용의 주요 구성요소들을 보는 것으로, 여기에는 취재원의 사용, 제목과 본문의 일치도, 취재원 표시방식 등의 세부기준을 적용시켜볼 수 있다. 그리고 후자 는 기사가 어떻게 포장되어서 독자에게 전달되는가와 같은 형식 적인 차원이다(성동규, 2002). 사 실 그동안 미디어의 선정적인 보도에 관한 문제제기는 많았어도 그에 관한 학문적 연구가 많지 않았던 주원인은 선정성의 개념 을 정의하려는 시도가 거의 없었 고, 따라서 선정성을 판단하는 적절한 도구가 없었기 때문이라고 볼 수 있다. 언론보도의 선정성 문제를 해결하기 위해서는 무엇보다도 언론보도의 형식과 내용 을 토로 객관적인 선정성 판단 기준을 마련하고, 아울러 선정성의 수준을 측정하는 구체적인 척도를 개발하는 것이 필요하다.

그림 6.8. 선정적인 미디어 광고/프로그램 사례[44]

4) 정보 확산과 허위사실 유포[45]

국내의 트위터 네트워크 구조를 살펴보면, 한국인 트위터 이용자들은 평균 3.8명 정도만 거치면 모두 연결되는 초(超)연결 네트워크를 이루고 있다(장덕진, 2011). 이러한 네트워크에서의 정보 확산 속도는 기존의 어떤 네트워크에서도 볼 수 없었던 빠른 전파성을 갖는다. 트위터에서 개인의 의견이 게시되고 확산되는 시간을 조사한 결과, 약 55%의 리트

---

44 사진출처(좌상-우하순): 머니투데이(http://www.mt.co.kr/view/mtview.php?type=1&no=2010040216310540204&outlink=1) CCTV뉴스(http://www.cctvnews.co.kr/news/articleView.html?idxno=27005) 스타투데이(http://star.mk.co.kr/new/view.php?mc=ST&no=488587&year=2015) 한국일보(http://www.hankookilbo.com/v/5967e8b00e8c4891ab595a97856ff136)

45 이윤희(2014). 국내 SNS의 이용 현황과 주요 이슈 분석. 한국인터넷진흥원

윗이 1시간 이내에 이루어졌으며(곽혜원, 2010), 또 다른 연구에서는 트윗 메시지의 50%가 30분 이내에 확산되었다(한상기, 2011). 또한 손쉽게 게시글을 리트윗하거나 혹은 공유하는 기능은 강력한 네트워크에서의 빠른 정보 확산을 더욱 촉진시킨다. 언론정보학에서는 SNS가 이제 하나의 뉴스플랫폼이 되었으며 뉴스 생산의 관행과 뉴스 이용패턴을 변화시키는 동인으로 보고 있다. 이에 SNS이용자는 뉴스생산자이며, 재송신자이며, 뉴스중개자로서 뉴스 유통에 개입한다고 본다. 이에 SNS 뉴스 소통은 "SNS라는 뉴스플랫폼을 통해 뉴스가 유통되고 소비되는 과정을 포괄하며, SNS에 뉴스를 올리고, 다양한 콘텐츠를 자신의 관점에서 선택하여 전달하며, 특정 사안에 대해 토론을 벌이는 등 사교적으로 혹은 사회적으로 뉴스를 공유하는 경험(shared social experience)"을 말한다(박선희, 2012). 그러나 SNS에서 유통되는 정보들은 다수의 생산자들에 의해 생산되고, 사실 확인이나 검증단계 없이 직접 전달되며, 전파 속도가 빨라 잘못된 정보가 신속히 유포될 가능성이 매우 높다(오택섭 외, 2012). 뿐만 아니라 국가 안보나 국민의 안전과 관련한 정보가 잘못 확산이 되면, 사회적인 불안감 조성 및 경제적 손실을 야기할 수 있다.

최근 사례로 2014년 4월 '여객선 세월호 침몰 사고'는 SNS 이용의 상반된 모습을 보여주는 의미 있는 사례이다. 여객선 침몰사고가 발생한 직후부터 한쪽에서는 온라인 희생자 추모를 비롯하여, 트위터와 페이스북 등 SNS 강력한 네트워크를 활용해 실종자들의 무사귀환을 기원하는 '노란 리본 캠페인'을 벌이는 등 범국민적 동참 분위기를 조성했다. 반면, 또 다른 한쪽에서는 각종 유언비어를 끊임없이 확대하고 재생산하면서 피해 가족들을 더욱 아프게 만든 것은 물론 수색과 구조작업에도 혼선을 가져왔다. 특히 일부 언론들이 사실 확인도 하지 않은 채

SNS상의 정보를 기사화해 2차, 3차의 피해를 일으켰다. 경찰의 조사 결과, 온라인상에서 세월호와 관련한 악성 유언비어를 유포하거나 사망자 및 유가족을 모욕하여 검거된 18명 중 10대가 8명(44%)으로 가장 많았으며, 10대 학생들이 별다른 죄의식 없이 장난과 호기심으로 온라인상에서 주목받기 위해 이러한 행위를 한 것으로 조사됐다(경찰청, 2014). 이처럼 SNS라는 강력한 네트워크를 바탕으로 한 수많은 정보의 실시간 전파는 사실관계의 확인 없이 섣불리 정보를 퍼 나르는 부작용도 초래하며, 차후 정보의 사실 여부를 확인하는 추가적인 사회적 비용을 발생시키고 있다.

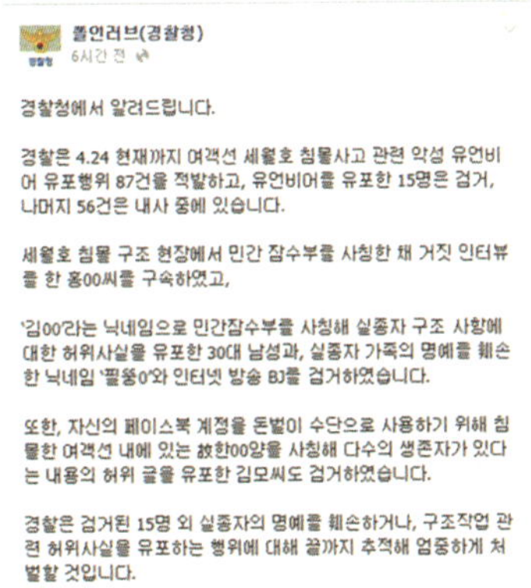
폴인러브(경찰청)
6시간 전

경찰청에서 알려드립니다.

경찰은 4.24 현재까지 여객선 세월호 침몰사고 관련 악성 유언비어 유포행위 87건을 적발하고, 유언비어를 유포한 15명은 검거, 나머지 56건은 내사 중에 있습니다.

세월호 침몰 구조 현장에서 민간 잠수부를 사칭한 채 거짓 인터뷰를 한 홍00씨를 구속하였고,

'김00'라는 닉네임으로 민간잠수부를 사칭해 실종자 구조 사항에 대한 허위사실을 유포한 30대 남성과, 실종자 가족의 명예를 훼손한 닉네임 '필쏭0'와 인터넷 방송 BJ를 검거하였습니다.

또한, 자신의 페이스북 계정을 돈벌이 수단으로 사용하기 위해 침몰한 여객선 내에 있는 故한00양을 사칭해 다수의 생존자가 있다는 내용의 허위 글을 유포한 김모씨도 검거하였습니다.

경찰은 검거된 15명 외 실종자의 명예를 훼손하거나, 구조작업 관련 허위사실을 유포하는 행위에 대해 끝까지 추적해 엄중하게 처벌할 것입니다.

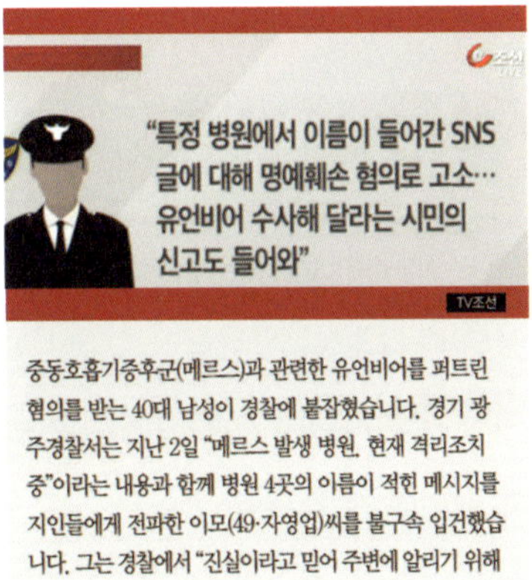

그림 6.8. 허위사실 유포 사례[46]

거짓정보가 퍼져나가는 현상을 여러 차례 경험한 사용자들은 신뢰

---

46 사진출처(좌우순): 스포츠투데이, '세월호 참사' 경찰청, 유언비어 등의 범죄 상황 공개(2014.04.24) (http://stoo.asiae.co.kr/news/view.htm?idxno=2014042416072371132)
이투데이, 메르스 유언비어 유포자 붙잡혀… "유언비어 알고도 보냈다"(2015.06.04.) (http://www.etoday.co.kr/issue/newsview.php?idxno=1137001)

할 수 없는 뉴스와 루머에 조금씩 신중해 질 것이다. SNS상에서의 합리적 참여자들이 대화를 통해 거짓된 정보를 자율적으로 가려내는 '협업적 필터링(Collaborative Filtering)'도 허위정보의 확산을 막는 대안이 될 수 있다. 또한 SNS 소문의 사실 여부를 판정해주는 새로운 형태의 사회적 검증 시스템도 SNS 상의 무분별한 허위사실을 진정시킬 대안이 될 수 있다. 이미 미국에는 언론이나 대학 등 독립된 전문기관에서 진실 검증 시스템을 독자적으로 운영하고 있다. 가장 유명한 예로는 탐파베이 타임즈의 워싱턴 지국이 운영하는 언론사 내부 독립기구 모델인 'Politifact.com', 펜실베니아 대학 애넌버그 공공정책센터(Annenberg Public Policy Center)에 기반한 진실 검증 시스템 'Factcheck.org', 그리고 유력 신문사 워싱턴 포스트가 언론사 내부에 검증자를 두고 정기적으로 주요 정치 발언을 검증하는 'The Fact Checker' 다. 최근의 예로는 2010년 설립된 SNS 기반 통신사 '스토리풀(Storyful.com)'로, SNS에서 돌아다니는 각종 사진과 영상을 발굴하고 진위를 판정한다. 전직 기자와 여러 분야의 전문가로 구성된 기자들이 사실 확인 작업 후, 사실이면 '통과(cleared)', 사실 확인이 되지 않으면 '보류(pending)' 표시를 해당 저작물에 붙인다. 이런 과정을 통해 사실관계가 확인된 저작물들은 뉴욕타임스, 워싱턴포스트, BBC 등 주요 언론사에서 언론 보도에 이용되고 있다. 최근 페이스북은 향후 사용자들이 진짜 뉴스가 아닌 풍자 또는 패러디 뉴스를 올릴 때에는 링크 앞에 'Satire(풍자)'라는 단어를 넣기로 결정했다고 발표했다. 이는 그동안 페이스북에 링크된 풍자 기사들이 마치 실제 기사인 것처럼 뉴스에 인용되며 혼란을 야기하는 경우가 생하여, 진짜 뉴스와 풍자 또는 패러디 뉴스를 구별을 원하는 사용자들을 의견을 반영하게 된 것이다. 무엇보다 SNS상에 거짓정보 확산을 막는데 가장 중요한 것은 SNS 사용자들이 현명하게 정보를 다룰 수 있는 능력, 즉 디지털 리터러시(Digital Literacy)의 제고이다. SNS 사용자들은 온라인에서 범람하는 정보들을 스스로 검증하고 확인하는 능력을 함양해야 하며, 건강한 정보 유통에 대한 계속적인 요구를 제시해야 한다. 이용자의 건강한 정보 유통에 대한 요구가 있다면, 서비스 사업자들도 SNS에서의 거짓 정보의 확산에서 자유로울 수 없을 것이다. 그리고 거짓 정보의 확산으로 피해가 발생한 경우, 사실관계에 근거한 오류 및 정정 내용을 신속하게 공개하고 거짓 정보를 확산시켜 피해를 입힌 자에게 합당한 책임을 묻는 제도적 장치 마련도 필요하다.

5) 정보공유와 정보 과부하

SNS를 통해 기록되고 유통되는 정보의 양이 기하급수적으로 증가하면서, 정보 과부하도 'SNS 피로감(fatigue)'을 가중시키는 주요 요인이 되고 있다. 2013년 3월 국내 트위터 가입자 수는 600만여 명이며, 이들이 한 달간 국내에서 작성된 트윗 수는 약 1억4천만 개이다. 그러나 이들 정보가 얼마나 가치 있는 정보인가에 대해서는 의문이며, 일방적으로 자신의 상황이나 의견을 배설하는 내용이나 광고나 홍보 목적의 낚시성 트윗도 상당하다. 트위터 이용자들은 네트워크를 확장할수록 자신의 타임라인에 실시간으로 쏟아지는 트윗을 감내해야만 한다. 특히 한국 특유의 '맞팔 문화(나를 팔로잉하는 사람을 팔로해주는 것)'는 관심사가 다른 사람의 정보까지 자신의 타임라인을 오염시키는 현상을 가중시키고 있다. 불필요하게 이루어지는 정보 공유뿐만 아니라 같은 정보의 반복된 전달 등은 이용자의 피로감을 가중시킨다. 이러한 트위터 피로감은

월 실사용자의 타임라인 열람 횟수가 계속적으로 감소하는 등 서비스 이용 빈도를 감소시키고,국내 트위터 가입자 성장세를 지속적으로 둔화시키는 주요 원인이 되고 있다.

이에 이용자 스스로 광고나 홍보 목적으로 과도하게 노출되는 낚시성 기사를 선별해 사용자에게 이들 리스트와 내용을 제공하기도 한다. '클릭해봤더니(twitter.com/alreadyclicked)'라는 트위터는 자극적인 제목과 달리 별 내용이 없거나 혹은 아예 제목과는 무관한 내용이 담긴 낚시성 기사를 골라 소개하고 있다. 개인 사용자가 개설한 이 트위터는 개설된 지 2주도 지나지 않아 6천700여명의 팔로워를 거느리는 등 사용자들 사이에 높은 호응을 얻고 있다. 또한 트위터는 상대방의 글을 감출 수 있는 '뮤트(Mute)' 기능을 일부 사용자를 대상으로 시범 운영 중이다. 뮤트 기능은 자신이 팔로우(메시지 구독)중인 특정인에게 언팔로우(메시지 구독 중지)를 하지 않더라도 자동으로 공개되는 상대방의 메시지를 차단하는 기능으로, 보기 싫은 상대방 글이 자기 계정에 노출되는 것을 차단하고, 보다 자유롭게 상대방의 글을 구독할 수 있는 선택권을 부여하고 있다. 또한 SNS에서의 불필요한 정보 과부하에 피로를 느낀 이용자들은 원하는 정보만 골라 보도록 하는 네트워크 서비스인 `소셜큐레이션`에 관심을 쏟고 있다. 소셜큐레이션은 개인 맞춤형 콘텐츠를 제공하는 걸 의미하는 `버티컬`이란 단어를 이용해 `버티컬SNS`로도 불리며, 대표적으로 사진 공유 SNS 인스타그램(Instagram)과 핀터레스트(Pinterest)가 있다. 이용자들은 정보 과부하의 스트레스에서 벗어나, 한두 가지 관심영역을 중심으로 관련 정보를 취사선택해 모아볼 수 있다.

6) 과도한 상업성 문제

상업주의란 자본주의 사회에서 물질적인 사용가치뿐만 아니라 교육, 예술, 사상, 이데올로기, 도덕 및 인간존재 그 자체가 최대한의 이윤 실현 수단이 된다. 본래 이윤추구의 장이 될 수 없는 의료나 복지 및 종교 등의 영역으로까지 도의적 한계를 넘어 자본의 논리가 침투해 들어가는데, 이를 상업주의라고 한다. 현대에는 이것이 거대화한 매스미디어와 결합하여 사회 및 인간행동과 문화적 측면까지도 영향을 미친다.

상업주의에는 스포츠상업주의와 미디어상업주의 인터넷상업주의 등이 존재하는데 그에 대해 살펴보면 다음과 같다.

가. 스포츠 상업주의

스포츠도 기업이 투자 방식에 프로화가 되며 관중유치 시청자를 많이 하는 것으로 눈이 돌아간다. 이에 시장은 대중들이 원하는 좀 더 자극 적이며 성전적인 것을 대두로 내세우고 있다. 예로는 치어리더, 배트걸 등을 예로들 수 있다.

축구에서의 상업주의는 우리가 예상하지 못한 곳에서 발견되는데 한국 프로축구K-리그는 인프라 부족 및 기타 여러 이유로 흥행을 부진하고 있는 반면 국가대표 경기는 엄청난 시청률을 자랑하는 기형적 관심에 스포츠이다. 문제는 A매치 경기에 관심을 이상하게 악용한 모 방송사 S본부는 2010년 남아공 월드컵 중계권을 독점 계약을 함으로써 국민들로 하여금 해설 및 캐스터 등 스포츠중계에 핵심적인 재미를 앗아 갔다.

베트걸

레이싱걸

가상광고 1

가상광고 2

그림 6.9. 스포츠 상업주의 사례[47]

F-1 지구상 가장 빠른 사나이를 겨루는 대회이다. 문제는 F-1은 카레이싱이다 카레이싱이라면 머신과 선수 등 경기장 인프라 관중 편리성을 생각 하여야 한다. 하지만 전 세계인의 이목이 집중되는 대회는 상업성에 물들기 마련인가보다. 기업들의 스폰서 경쟁부터 왜 스포츠는 선정적이 여야만 하는가? 레이싱걸이라는 아무도 알지 못하던 새로운 직

47 사진출처(좌상-우하순): JTBC(http://news.jtbc.joins.com/article/article.aspx?news_id=NB10302908) 한국경제(http://www.hankyung.com/news/app/newsview.php?aid=2011051077107) 기자협회보(http://news.naver.com/main/read.nhn?mode=LSD&mid=sec&sid1=102&oid=127&aid=0000009875) 이데일리(http://news.naver.com/main/read.nhn?mode=LSD&mid=sec&sid1=102&oid=018&aid=0003318985)

업 또한 이곳에서 나오게 되었다.

또한 스포츠 중계를 보다 보면 중간 광고 시간이 있다. 문제는 광고 시간이 아니니다. 방송사라면 광고 수입이 수입원이 될 수도 있다. 문제는 광고가 같은 제품이여도 다른 방송국과는 다른 더 자극적인 문구와 남성들에 마초본능을 자극하는 문구 및 선정적인 장면을 나타낸다.

나. 엔터테인먼트 상업주의

스포츠 분야 외에 예능 등 엔터테인먼트를 중심으로 상업주의가 퍼져가고 있다. 인기리에 방영된 슈퍼스타K는 오디션프로그램이라는 첫 예능을 선보이며 시청자로 하여금 다양한 볼거리를 제공 함으로써 신선함을 불러왔으나 상업주의적인 편집과 출연자 평가로 세간에 눈살을 찌푸리게 하였다. 그 예로 예리밴드라는 밴드는 상업성과 대중성에서 떨어진다는 이유로 자진 하차식 하차를 시켰으며 준결승 후보도 외모라는 한 기준점을 극적으로 보여주며 뽑았다.

k-pop스타나 슈퍼스타K는 시청자들의 이목을 집중시킬 수 있는 자극적인 장면과 드라마틱한 연출, 노출이 심한 의상을 통해 선정적인 장면을 연출하여 시청자들의 불평을 듣기도 하였다.

그림 6.10. 엔터테인먼즈 상업주의 사례[48]

다. 언어의 상업화

요즘 스마트폰에 보급의 증가로 인하여 대한민국 전역 어디에서나 작은 휴대전화기 하나면 누구나 인터넷으로 글, 동영상, 사진 등을 마음껏 올리고 볼 수 있는 시대에 도달하였다.

그러나 시민 의식이 그에 걸맞게 성장하지는 못하였다. 자신의 게시물을 더 많은 사람이 보도록 제목부터 자극적이다. 지하철 막말녀, 지하철 문신남, 지하철 피곤녀, 지하철 속옷녀 등 신조어를 만들어 내고 있으며 어떤 경우에는 앞뒤내용을 짜르고 자극적인 제목을 달아 동영상을 계시하는 일도 비일비재 하다.

---

48 사진출처:(왼쪽부터)http://www.cj.net/cj_now/view.asp?bs_seq=7891&callTp=&schPgSize=10&schBsTp=1, https://en.wikipedia.org/wiki/K-pop_Star

생각해 보기 : 영화 속에 나타난 미디어

연합뉴스TV(2015년 3월 3일자)[49]

최근 인터넷과 SNS, 언론을 다룬 영화들이 늘고 있다. 대중의 흥미를 끌 소재를 찾다 살해 사건 용의자의 정황과 인터뷰를 자극적으로 편집해 방송하는 이야기를 담은 영화 '백설공주 살인사건'은 언론의 마녀사냥과 SNS의 병폐를 정확히 겨냥하고 있다.

자극적 뉴스에 집착하는 '나이트 크롤러' 역시 뉴스의 진실성에 대한 의문을 솜씨 있게 그려내고 있다. '팩트' 보다는 '임팩트'를 원하는 대중과 이를 위해 윤리를 거스른 주인공의 이야기는 마치 관객에게도 그 책임을 묻는 듯하다. 개봉을 앞둔 '소셜포비아'는 온라인 마녀사냥의 과정을 생중계하듯 보여주며 SNS로 맺어진 인간관계의 공허함과 병리적 문제를 적나라하게 보여준다. 증권가 소식지의 최초 유포자를 찾아 나서는 영화 '찌라시:위험한 소문'과 한강 폭탄테러를 생중계하는 '더 테러 라이브' 등 선정성에 목마른 언론에 대한 경고는 이미 수차례 영화 속에서 다뤄져 왔다. 미디어와 소셜미디어의 지나친 집착이 가져온 인간 존엄성의 상실은 무서운 장면 없이도 공포 영화보다 더 섬뜩하게 관객의 시선을 사로잡고 있다.

---

49 http://news.naver.com/main/read.nhn?mode=LPOD&mid=tvh&oid=422&aid=0000105751

제3부

광고의 이해

7장

광고의 심리학

소비자와 미디어

1. 광고의 학습과정

학습(learning)은 경험이나 정보에의 노출로 나타나는 행동의 변화로 개인이 처한 환경에서 목표 지향적인 행동을 할 수 있게 하는 적응과정이다. 소비자의 학습은 시장 상황에서 제품의 구매, 소비, 처분과 관련된 외현적(外現)인 행동의 학습뿐 아니라 새로운 태도나 신념의 획득을 모두 포함한다. 다시 말해 학습은 지각과 기억 과정을 통해 제품과 관련된 지식을 형성하는 과정이며, 특히 학습에서 광고는 소비자로 하여금 상표에 관한 지식을 습득하게 하는 정보 메시지로서 매우 중요한 역할을 한다.

심리학에서는 학습을 설명하는 원리로 연합 혹은 행동 학습, 인지 학습, 그리고 연합 학습과 인지 학습의 원리를 결합한 이론인 사회 학습 이론을 제시하고 있다. 연합 학습은 자극과 반응 또는 방응과 강화 간의 연합에 의한 행동 변화를 말하며, 인지 학습은 행동 변화의 선행 요인으로 인지의 역할을 강조한다. 인지 학습은 소비자가 여러 가지 대안에 관한 정보를 취득, 처리하여 이 정보를 자신이 가지고 있는 기존의 신념과 통합하는 적극적 과정이다. 인지 학습에서는 제품과 서비스를 직접 경험하거나, 다른 사람이 사용하는 것을 관찰하거나 매체나 인적 정보원으로부터 제품 관련 정보를 처리한 경과로 학습이 나타난다고 제안한다. 연합 학습과 인지 학습을 결합한 사회 학습 이론에서는 관찰을 통한 모방(모델링) 학습을 강조한다.

1) 행동학습

학습의 가장 기본적인 형태인 연합 또는 행동 학습은 학습이 외부 자극에 대한 반응의 결과로 나타난다고 가정한다. 행동 학습 이론은 소비자의 내적인 인지 과정 없이도 어떤 반응이 생성된다고 본다, 연합 학습은 고전 조건화와 조작 조건화를 통해 이루어진다.

고전 조건화는 특정 반응을 일으키는 무조건 자극이 중성적인 자극과 반복적으로 연합되어 제시된 후에 중성적인 자극만 제시되어도 전과 동일한 반응을 일으킬 때 발생한다. 이는 중성 자극이 무조건 자극과 반족 연합되어 무조건 자극의 효력을 획득했기 때문인데, 고전 조건화에 따르면 소비자는 좋은 반응을 일으키는 모델, 음악 등과 여러 번에 걸쳐 형성한 학습된 연합에 의해 브랜드에 대해 긍정적인 반응을 한다.

조작 조건화는 유기체가 환경에 대해 조작 또는 행동을 하는데, 이 중에 긍정적인 결과를 유발한 행동이 강화되어 나타난다. 조작 조건화에 따르면, 소비자는 어떤 소비 행동이 보상이나 처벌을 가져오는 지를 학습하며 학습을 통해 얻은 피드백이 향후 소비 행동의 발생에 영향을 준다. 특정 제품을 사용한 후에 만족을 느낀 소비자는 향후에도 그 제품을 계속 구매할 것이고 구매 후에 고장을 경험한 소비자는 다시는 그 제품을 구매하지 않을 것이다.

(1) 고전 조건화

고전 조건화(classical conditioning)는 1924년 파플로프의 개 실험에서 처음으로 밝혀졌다. 이 실험의 1단계에서 개에게 무조건 자극인 음식을 보여주면 개는 침을 흘리는 무조건 반응을 타나낸다. 한편 개에게 종소리를 들려주면 소리가 나는 쪽으로 고개를 돌리는데 이는 조건화와 무관한 중성 자극이다. 2단계에서는 음식을 줄 때마다 중성적인 자극인 종소리를 결합하여 반복적으로 제시하게 되는데, 이는 타액 분비를 유발한다. 종소리와 음식이 함께 제시되면서 종소리와 타액 분비가 관련을 가지게 되고, 이후 종소리는 타액 분비를 일으키는 조건 자극의 속성을 가지게 된다. 3단계에서 이제는 개에게 종소리만 들려주어도 타액 분비가 유발되어 조건 형성이 이루어진다. 여기서 음식은 무조건 자극(unconditioned stimulus:UCS)으로 타액 분비라는 무조건 반응(unconditioned response:UCR)을 일으킨다. 음식과 연합된 종소리는 조건 자극(conditioned stimulus:CS)인데 처음에는 중성적인 자극이었다가 음식과 연합되어 조건 반응(conditioned response:CR)인 타액 분비를 유발하게 된다.

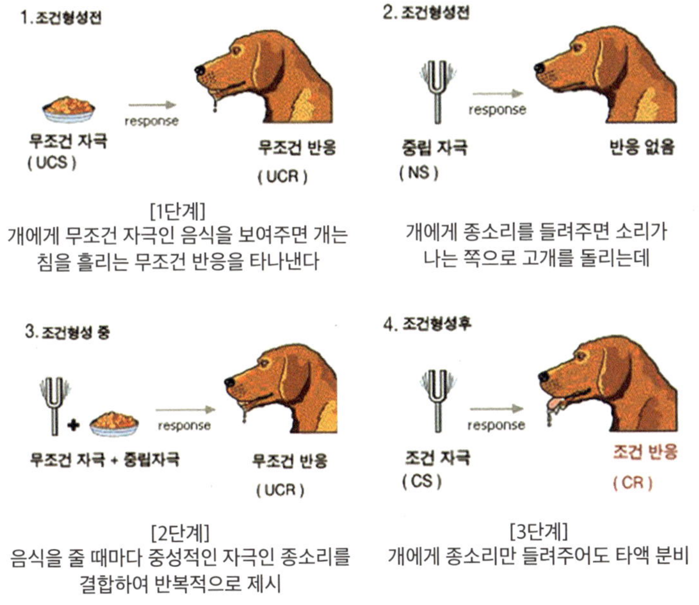

그림 7.1 고전 조건화와 파블로프의 개실험

고전 조건화의 원리는 광고에도 적용할 수 있는데, 호의적인 평가를 일으키는 광고 모델, 배경음악, 배경자극(무조건자극)과 상표, 로고, 슬로건, 상점(중립적인조건자극)을 결합하여 반복적으로 제시한 후에 상표만 제시해도 소비자에게 호의적인 정서 반응을 유발 할 수 있다.

예를 들어, 최근 응답하라 1988로 많은 인기를 얻은 박보검과 최근 인기리에 방영된 태양의 후예와 영화 늑대소년, 군함도 등으로 인기를 얻은 송중기는 많은 사람들로부터 호감을 불러 일으켰다. 소비자들은 박보검과 송중기가 특정 제품을 사용하는 장면을 보면 자연스레 박보검과 송중기의 호감이 제품에 이전되어 그 제품에 좋은 감정을 가지게 된다.

[1단계] 박보검과 송중기에 대한 호감 형성[1/2]

[2단계] 박보검과 송중기가 광고에서 즐겁게 도미노피자를 먹는 모습 보여줌[3]

[3단계] 소비자가 도미노 피자를 떠올렸을 때 호감을 불러 일으킴[4]

그림 7.2 고전 조건화와 광고예시

그림의 아웃백 광고를 보면 한 여자가 연필을 보면서 아웃백의 한 메뉴인 '오지 치즈 후라이즈'를 생각하고, 사무실에서 길쭉하고 하얀 종이를 보면서 '투움바 파스타'를 떠올리며, 자신의 망사 스타킹을 보면서 '립스 온더 바비'를 생각한다. 여기서 오지 치즈 후라이즈, 투움바 파스타, 립스 온더 바비는 무조건 자극으로 먹고 싶다는 무조건 반응을 일으킨다. 한편, 연필, 종이, 망사 스타킹은 아웃백의 각 메뉴들을 떠올리게 만드는 조건 자극으로 무조건 자극과의 연합을 통해 먹고 싶다는 조건화된 반응을 일으키게 된다. 광고에서 각 사물과 음식이 차례대로 교차되어 제시되면서 각 사물(조건자극)과 아웃백의 음식들(무조건 자극)이 연합됨으로써 연필, 종이 망사 스타킹이 각각 아웃백의 메뉴를 떠올리는 조건화가 형성된다. 소비자들은 이제 아웃백의 음식을 보지 않더라도 연필을 보면 아웃백의 오지 치즈 후라이즈, 길쭉하고 하얀 종이를 보면 아웃백의 투움바 파스타, 망사 스타킹을 보면 아웃백의 립스 온더 바비를 연상하게 되고 이는'먹고 싶다, 아웃백에 가고 싶다, 아웃백이 생각난다'는 무조건 반응을 유발하게 된다는 것이다.

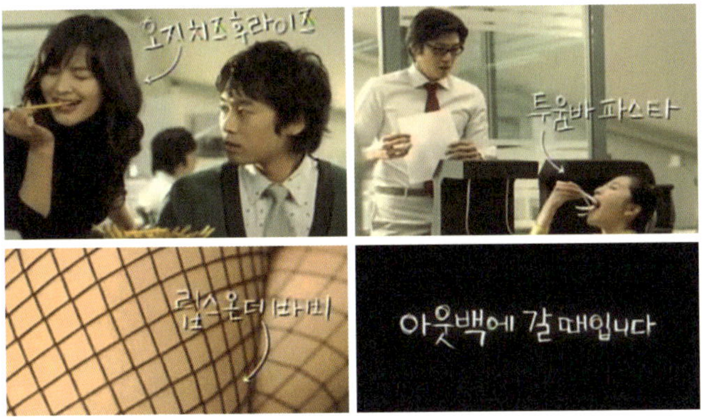

그림 7.3 고전 조건화와 광고예시5

가. 고전 조건화의 발생조건

고전 조건화의 발생하기 위해서는 자극과 소비자 특성이 다음과 같을 때 더욱 뚜렷하게 나타난다.

① 자극 특성

첫째, 무조건 자극이 강할수록 조건화가 더 성공적으로 나타난다. 많은 기업들이 유명스타들(무조건자극)에게 막대한 광고비를 투자하는 이유가 여기에 있다.

둘째, 무조건 자극과 조건 자극 간에 서로 관련성이 높을수록 조건화가 잘 일어난다. 서로 잘 연합되는 무조건 자극과 조건 자극 간의 결합 효과를 가르시아(Garcia)효과라고 한다. 무조건 자극과 조건 자극이 공통의 상징적인 속성을 가지도록 하는 것이 중요하다. 앞서 설명한 아웃백 광고에서 일상생활에서 찾을 수 있는 유사한 모양의 사물과 아웃백 메뉴는 모양이라는 공통된 속성으로 결합되어 있다.

셋째, 고전 조건 형성을 일으키기 위해서는 무수히 많은 반복이 필요하다. 반복적인 노출은 조건 자극과 무조건 자극의 연합 강도를 증가시킨다. 고전 조건화는 무조건 자극과 조건 자극이 더 반복해서 제시될수록 더 잘 형성된다. 많은 광고가 브랜드 슬로건을 빈번하게 제시함으로써 고전 조건화의 효과를 높일 수 있다. 그러나 반복 노출이 지나치게

---

1 사진출처 : http://cfile6.uf.tistory.com/image/2221DA44569019933FC006
2 사진출처 : http://cfile21.uf.tistory.com/image/241D2C4356C1F2B92C2F18
3 사진출처 : https://www.bing.com/th?id=OIP._k-dSNnHTe6iMWUqTh4scQHaHa&pid=Api
4 사진출처 : http://res.heraldm.com/content/image/2016/06/09/20160609000308_0.jpg
5 사진출처 : https://www.adic.or.kr/ad/tv/show.cjsp?ukey=55489

많아지면 광고에 싫증을 느끼게 된다는 점에 유의해야 한다. 이에 많은 광고들이 광고내용은 달리하면서도 동일한 시그널 배경음이나 CM송을 사용하는 이유가 여기에 있다.

넷째, 무조건 자극 없이 조건 자극을 접하는 경우에는 더 이상 조건화가 발생하지 않는 소거가 일어난다. 음악과 제품을 조건화한 경우 음악 없이 제품만 자주 보여주면 조건 형성의 효과가 점차 사라져서 음악에 의해 형성된 제품에 대한 긍정적인 평가가 더 이상 나타나지 않는다.

다섯째, 조건 자극과 무조건 자극의 제시 간격이 1초 이내로 짧을수록 조건 형성이 잘 일어난다. 무조건 자극과 조건 자극의 제시 순서도 조건 형성에 영향을 준다. 연구 경과 조건 자극 다음에 무조건 자극이 제시되는 순행 조건화가 동시 조건화와 역행 조건화보다 더 조건 형성에 용이하다. 킴과 동료들(1996)의 연구에서 한 피험자 집단에게는 피자 상표가 찍혀 있는 상자(조건자극)와 경주용 차 (무조건 자극:신속한 배달을 의미함)를 이 순서대로 보여주는 순행 조건화를 형성시켰고 다른 집단에게는 경주용 차와 피자상자를 보여주는 역행 조건화를 형성하게 했다. 두 집단에 대해 피자 상표에 대한 태도를 측정한 결과 역행 조건화보다 순행 조건화에서 더 긍정적인 태도 점수를 보였다. 이를 광고에 적용하면 상표명을 먼저 세기하고 모델 등의 무조건 자극을 제시하는 광고가 조건 형성에 더 효과적임을 시사한다.

여섯째, 제품에 대한 사전 경험이 많을수록 조건 형성이 잘 발생하지 않는다. 이는 잠재적 억제라고 부르는 현상이다. 한 연구에서 두 집단의 참가자 중 한 집단(노출 집단)에게는 조건 형성 전에 치약 브랜드를 미리 여러 번 보여준 후 조건 형성을 시키고 다른 집단(통제집단)에게는 곧바로 조건을 형성 시켰다. 실험 결과, 노출 집단의 치약 브랜드에 대한 선호도는 통제 집단의 선호도보다 낮았다. 이는 고전 조건화가 기존 제품보다는 신제품의 경우에 더 효과적으로 형성된다는 것을 보여준다.

② 소비자 특성

첫째, 소비자의 해결되지 않은 욕구를 무조건 자극으로 제시하였을 때 높은 효과를 얻는다. 파블로프의 개실험에서 이미 배가 부른 상태의 개에게 먹이를 준다면 개는 먹이를 피하거나 타액분비에 효과적이지 않을 것이다. 예를 들어 , 성인 소비자에게 성공한 CEO를 모델로 기용한 광고를 보여주는 것은 자아실현 욕구를 효과적으로 자극하지만 어린아이에게는 별로 효과적이지 않을 것이다.

둘째, 고전 조건화에서는 인지적인 과정의 개입이 없는 감정 조건화가 빈번하게 나타난다. 광고는 대부분 소비자의 의도와 상관없이 소비자의 기억 속에 모델, 배경음악 등과 상표를 연합시키는 조건 형성을 일으킨다.

셋째, 고전 조건화는 소비자 관여가 낮을 때 더 효과적으로 형성된다. 이는 앞서 살펴본 여섯 번째 자극 특성과도 연관되는데 소비자 관여가 높을 경우에는 이미 많은 정보탐색을 통해 제품에 대한 신념과 태도가 형성되어 있기 때문에 무조건 자극으로 소비자의 신념과 태도를 바꾸기 어렵다.

나. 고전 조건화의 주요 특징과 현상

고전 조건화는 일반화, 변별 , 태도와 감정의 조건화, 직접적 행동 변화와 같은 현상을 통해 마케팅과 광고 전략에 이용되고 있다 이를 살펴보면 다음과 같다.

① 일반화

본래의 조건 자극과 유사한 자극에 대해서 조건화 된 반응이 발생하는 현상을 일반화(generalization)라고 한다. 종소리에 반응하여 침을 흘리는 개가 종소리 와 유사한 트라이앵글 소리에 침을 흘리는 일반화 현상을 보인다. 시장에 새로 진입하는 소기업들이 이미 시장에서 인기를 얻은 기업의 광고나 브랜드를 따라하는 경우가 종종 있는데 이러한 광고전략이 일반화 전략에 따른 것이다. 예를 들 면 상표명을 만들 때 발음이나 시각적으로 유사한 모방 제품을 내놓는 경우가 이에 해당한다. 최근 비타민음료 비타 500이 나오자 비타 C, 비타 파워, 비타 1000 등 많은 유사 제품이 쏟아져 나왔으며, 이외에도 남양 불가리스와 매일 불가리아, 롯데제과 석류미인과 해태제과 석류美人, 롯데제과 자일리톨껌과 오리온 자일리톨껌, 롯데제과의 드림 카카오와 오리온의 카카오 케익, 해태제과의 카카오 브라우니 등 기업들 가이에서 상표 베끼기가 넘쳐 나고 있다. 이러한 모방 제품은 특히 불황기에 많이 나타나는데, 상표와 포장 디자인을 원래 제품과 유사하게 만들어서 소비자로 하여금 제품들을 변별하기 어렵게 만듦으로써 원래 제품의 이득을 손쉽게 취하려는 의도에서 나온 제품이다.

그림 7.4 고전조건화 일반화의 사례[6]

6 사진출처: http://m.chosun.com/svc/article.html?sname=news&contid=2004072470036#Redyho

자극 일반화는 현재의 상표와 기업에 대해 긍정적 인 연상과 태도를 가지고 있는 소비자에게 이용하면 효과적인데, 자극 일반화를 마케팅에 활용하는 방법은 제품 확장, 통일 상표화, 인가, 유사 포장 등 이 있다. 일반화를 활용한마케팅 전략을 살펴보면 다음과 같다.

• 제품 확장

제품 확장은 잘 알려진 기존 상표를 관련 제품들에 사용하는 것이다. 예를 들어, 과일 통조림 회사 인 돌(Dole)사는 과일 냉장 주스와 주스 바를 도입했고 건포도 제품 회사인 썬메이드(Sun Maid)는 건포도 빵을 생산하고 있다. GE는 처음에 전기 관련 회사였는데, 가전제품, 의료기기, 카메라, 항공 등 다양 한 분야로 제품을 확장시켜 나가서 성공했다. 일본 의 미쓰비시사는 자동차와 같은 최첨단 기술 제품에서 슈퍼마켓용 통조림까지 약 2만 5000개의 제품 을 동일한 상표와 로고를 이용하여 판매하고 있다.

가장 일반적안 제품 확장은 제품 계열 확장으로 기존 상표를 관련 계열 제품에 부착하는 것이다. 제품 형태 확장은 예를 들어, 고체 인삼비누의 상표명을 액체 인삼비누와 인삼 샤워 젤에도 사용하는 것이다. 제품 범주 확장은 예를 들어, 일회용 볼펜 제조 회사인 BIC에서 일회용 면도기를 만들어 동일한 상표를 부착한 경우다.

• 통일 상표화 (family branding)

한 회사의 다양한 제품들에 동일한 상표명을 적용 하는 것을 말한다. 이는 기존의 상표가 가지고 있는 긍정적 이미지를 다른 제품에 일반화하는 것이다. 예를 들어, 캠벨 수프(수프 제품 계열), 하인즈(Heinz)케첩,

랄프로렌(모든 유형의 옷) 같은 회사들은 같은 계열의 제품들에 같은 기업 상표를 이용한다.

• 인가(licensing)

잘 알려진 상표명을 다른 제조사의 제품들에 사용토록 허가해 주는 것을 말한다. 마케터들이 자신의 제품과 서비스에 유명 디자이너, 제조 회사, 연예인, 기관, 만화 주인공 등의 지명도와 호의적인 평가를 연결시키는 방법이다. 예를 들어, 머그컵이나 문구류 제조 회사가 캘빈 클라인, 크리스찬 디오르, 둘리 의 상표나 캐릭터를 자사 제품에 사용하는 경우다.

• 유사 포장

유사 포장은 후발업체나 유통업자들이 잘 알려진 제품의 포장을 모방하는 것을 말한다. 이는 유명 상표의 포장 디자인이 주는 긍정적 이미지를 이용하려는 것이다.

그림 7.5 고전조건화 일반화 중 유사포장 사례[7]

7 사진출처: http://www.wolyo.co.kr/news/articleView.html?idxno=20611

② 변별

변별(discrimination)은 조건 자극과 차이가 나는 자극에 대해서는 반응하지 않는 현상으로 유기체는 조건 자극 간의 차이를 식별하여 특정한 조건 자극에만 반응한다. 유명 상표의 기업은 자사 상표의 독특한 점을 강조함으로써 소비자로 하여금 유사 상표와의 변별을 독려한다. 예를 들어 , "유사 제품에 주의하십시오", "~마크를 꼭 확인하세요" 같은 말로 변별 자극에 주목하게끔 유도한다. "부채표가 없는 것은 활명수가 아닙니다"라는 카피로 유명한 동화약품의 까스활명수는 까스활명수의 로고인 부채표를 꼭 확인하라고 광고한 적이 있다. 오리온 의 초코파이도 유사 상품이 나오자 초코파이는 오리온임을 강조했다 변별은 포지셔닝 전략의 근거로 사용된다.

그림 7.5 고전조건화 변별의 사례[8]

8 사진출처: https://www.adic.or.kr/ad/tv/show.cjsp?ukey=1362928

③ 태도와 감정의 조건화

음식이나 제품과 같은 물리적 대상뿐 아니라 추상적인 개념이나 상징적 의미도 조건 자극이 될 수 있고 감정이나 태도 등의 심리적 반응의 조건화도 가능하다. 스타트와 스타트(Staat and Staat, 1957)는 피험자에게 무의미한 단어(예를 들어 B0K, SID)를 제시하고 외우도록 하는 시각 과제를 지시했다. 이와 동시에 헤드폰을 통해 평가적 단어를 들려주고 이를 따라 말하도록 하는 청각 과제를 실시했다. 청각적으로 제시된 단어에는 긍정적 의미의 단어(예를 들어 아름다움, 성공)나 부정적 의미의 단어(예를 들어 실패, 기만)가 포함되었다. 그 후에 무의미한 단어를 평가하도록 한 결과, 긍정적 단어를 들으며 외웠던 무의미한 단어는 좋게, 부정적 단어를 들으며 외웠던 무의미한 단어는 나쁘게 평가한 것으로 나타났다. 이는 청각적으로 제시된 단어의 평가적 의미(좋고 나쁨)가 무의미한 단어에 전이되어 조건 형성이 일어난 결과로 볼 수 있다.

④ 직접적인 행동 변화

선행 연구에서 마트나 음식점에서 트는 음악의 빠르기를 조정함으로써 소비자의 구매 행동에 직접적으로 영향을 줄 수 있음을 밝히고 있다. 밀리먼(1982)의 연구에서 마트의 음악이 빠른 경우 평균 매출액(12,112.85달러)이 느린 음악일 때의 평균 매출액(16,740.23달러)보다 적었다. 연구에서 실제로 느린 음악을 틀었을 때 소비자는 느리게 움직였으며, 이것이 소비자를 마트에 더 오래 머물게 함으로써 매출에 영향을 준 것으로 해석할 수 있다. 반대로 음식점의 경우 빠른 음악으로 고객 회전율을 높여 전체 매출액을 늘리는 전략을 쓰는 것이 가능할 것이다. 밀리먼(1986)의 연구에서는 음식점에서 빠른 음악 조건의 소비자는 평균

45분을 머물며 55.12 달러를 음식 값으로 지불한 반면, 느린 음악 조건의 소비자는 56분을 머물면서 55.81 달러를 지출한 것으로 나타났다. 이는 빠른 음악 조건에서 회전율이 높아 전체적으로는 더 높은 매출을 기대할 수 있음을 의미한다.

다. 고전 조건화의 적용

이는 소비자의 기억 속에 강한 긍정적 연상을 형성시킴으로써 브랜드 자산을 만들고 유지하려는 마케팅 전략에 의미하는 바가 매우 크다. 고전 조건화를 광고와 마케팅에 활용할 수 있는 전략은 다음과 같다

첫째, 고전 조건화는 기존의 다른 자극과 연합이 형성되지 않은 조건 자극이 조건화를 형성하기가 쉽다. 따라서 기존 제품보다는 신제품의 론칭 때 긍정적인 무조건 자극과 연합을 형성하는 것이 효과적 이다.

둘째, 고전 조건화는 관여가 낮은 제품이나 상황에서 더 효과적으로 형성된다. 또한 제품에 대한 정서적 반응의 개발이나 동기적 경향의 개발에 응용하기 쉽다. 이는 주변 경로를 통한 설득 과정을 잘 설명한다.

셋째, 브랜드 확장에 활용할 수 있다. 예를 들어, 볼보와 튼튼한 차가 강하게 연합되어 있으므로 볼보에서 공구 세트를 만들면 강하다는 연상 정보가 전이된다.

넷째, 애국심 마케팅이나 스타 마케팅과 같은 마케팅 전략은 고전 조건화의 원리를 응용한 예다.

다섯째, 긍정적 의미를 가진 단어나 단어의 조합을 브랜드명으로 사용함으로써 브랜드에 대 해 긍정적인 연상을 유발하고자 한다. 예를 들어, Qualcomm (quality + communication), Intel(intelligent electronics) 등이 있다.

(2) 조작 조건화

고전 조건화가 무조건 자극과 조건 자극 간의 연합 을 통해 학습을 설명하는 반면, 조작 조건화(operant conditioning)는 반응과 이에 대한 강화의 함수로 설명된다. 조작 조건화에서는 유기체가 어떤 결과를 얻기 위해 환경에 영향을 미치고 조작하는 행동을 하고 이에 대해 보상이 주어지면 그 행동이 지속 강화된다는 것이다. 즉, 유기체는 원하는 것을 취하기 위한 도구로서 특정한 행동을 취한다. 예를 들어, 아이가 좋은 성적을 받았을 때 부모로부터 칭찬을 들었다면 그 아이는 공부를 더 열심히 하게 되는데 이는 부모의 칭찬이 보상으로 작용하여 아이의 공부를 강화하는 조작 조건이 형성되었기 때문이다. 이 학습은 유기체가 어떤 결과를 얻기 위해서 환경에 조작을 가한다는 점에서 조작 조건화라고 하며, 유기체의 행동이 결과를 얻는 수단이 된다는 점에서 도구 조건화(instrumental conditioning)라고도 한다.

조작 조건화를 제안한 스키너(Skinner)의 실험에서 흰 쥐를 스키너 상자(Skinner Box)속에 가두어놓고 지렛대를 누르면 먹이가 나오도록 장치를 해놓았다 배고픈 흰쥐가 상자 속에서 여러 가지 행동(머리로 받기, 지렛대누르기 등)을 하는데 이때 지렛대를 누르면 먹이가 주어지게 된다. 여러 행동 중에 지렛대를 누르는 반응 후에 먹이가 주어지는 시행이 여러 번 반복 되면 흰쥐의 머리로 받기나 다른 행동은 점차 감소하게 되고 지렛대를 누르는 행동이 증가한다. 먹이는 지렛대 누르기 행동을 강화하는 보상으로 주어지며, 지렛대 누르기는 먹이를 얻기 위한 도구로 사용된다.

가. 조작조건화의 발생 조건

조작 조건화가 발생하기 위해서는 다음과 같은 요 건이 충족되어야 한다. 첫째, 여러 행동 반응 중 결과가 좋은 행동이 이후에 유사한 상황에서 나타날 가능성이 높은데 이를 효과의 법칙이라고 한다. 즉 행동의 결과로 보상을 받으면 그 행동은 더 많이 발생 하며 보상을 받지 않은 행동은 사라질 것이다. 예를 들어, 갈증이 날 때 게토레이를 마셔서 갈증이 해소 되고 만족감을 얻었다면 이후에 갈증을 느끼는 상황에서 다른 음료수보다 게토레이를 구매할 확률이 높을 것이다.

둘째, 마케팅 상황에서도 수많은 변별 단서가 소비자의 행동에 영향을 줄 수 있다. 흰쥐실험에서 빨간불과 파란불이 들어오게 하고 그중에 빨간 불 이 켜질 때에만 흰쥐가 지렛대를 누르면 먹이가 나오도록 장치를 해놓으면 흰쥐는 빨간불이 켜질 때 와 파란불이 켜질 때를 구별해야 한다. 이를 반복하면 흰쥐가 빨간불이 켜질 때 지렛대를 누르는 행동은 증가하고 파란불이 켜질 때 지렛대를 누르는 행동은 감소한다. 이 경우 빨간불이 지렛대 누르기라는 행동의 신호로 작용하는 변별 단서의 역할을 한다. 즉, 변별 단서(빨간불)가 있을 때 반응(지렛대 누르기)을 해야만 강화(먹이)가 주어지는 것이다. 예를 들어, 백화점의 세일을 알리는 광고나 현수막이 변별 단서로 제공될 때 소비자는 구매를 함으로써 만족감을 얻는다.

셋째, 소비자의 반응은 소비자의 욕구 충족을 위해 수행된다. 일반적으로 반응은 소비자의 제품 구매와 소비로 나타난다.

나. 강화의 유형

조작 조건화의 가장 중요한 특징은 소비자의 반응을 유발하거나 지속시키는 강화의 역할이다. 조작 조건화에서 소비자의 반응에 영향을 주는 강화의 방법에는 정적 강화, 부적 강화, 정적 처벌, 부적 처벌(소거)

의 네 가지가 있다.

① 정적 강화

정적 강화는 소비자의 특정 반응 후에 제공되는 보상으로 그 반응의 발생 확률을 높이는 것을 말한다. 정적 강화를 이용한 마케팅의 예로는 사은품, 쿠폰과 마일리지, 멤버십카드의 발행, 판매원의 환대 등이 있다. 제품 구매 후에 사은품을 받았다면 이후에도 그 제품을 구매할 가능성이 높다.

우리는 무료서비스를 받거나 기대하지 않았던 보상이 제공되었을 만족감을 얻게 되고 재구매 가능성이 높아진다. 또한 멤버십카드는 소비자게에 자사의 고객으로서 소속감을 부여하고 이후 다양한 혜택을 제공받아 반복적으로 구매를 유도하게 된다. 또한 판매원의 환대는 간접적인 정적 강화의 예라고 볼 수 있다. 제품 구매 시 소비자를 칭찬하거나 매장을 방문하고 나가는 고객을 환대하는 것은 소비자에게 긍정적인 강화로 작용하여 재 구매를 높일 수 있다.

그림 7.6 조작조건화 정적 강화 사례[9]

② 부적 강화

부적 강화는 소비자의 반응에 의해 부정적인 상태가 제거될 때 그 반응의 발생 확률을 높이는 것이다. 부적 강화는 일반적으로 '어떤 행동을 하지 않는다면 좋지 못한 결과를 얻을 것이다'라는 메시지를 통해 소비자들로부터 원하는 행동을 유도한다. 부적 강화를 이용한 사례로는 금연광고, 탈모 방지 샴푸, 생명보험 등이 있다. 폐암환자의 사례가 담긴 금연광고를 보면 흡연을 그만두는 반응이 발생할 확률이 높아지는데 이것이 부적 강화의 사례라 할 수 있겠다. 또한 두통약을 복용한 후 두통의 증상이 제거되면 이후에 두통이 있을 때 그 약을 구매할 가능성이 증가 할 것이다. 사망이나 질병의 불안을 해소하기 위해 생명보험에 가입하는 행동도 부적 강화에 속한다.

금연광고

보험광고

그림 7.7 조작조건화 부적 강화 사례[10]

---

9 사진출처: http://www.istarbucks.co.kr/msr/scard/scard_gallery.do
: http://www.istarbucks.co.kr/msr/msreward/level_benefit.do

10 사진출처: https://www.youtube.com/watch?v=U0mEagEcXMQ
: http://www.adic.co.kr/ads/list/showTvAd.do?ukey=288994

③ 처벌

처벌은 특정한 반응(주로 바람직하지 않은 행동)에 대해 제공됨으로써 그 반응의 발생 확률을 줄이는 것을 말한다. 거짓말에 대해 꾸중을 하거나 주차를 위반했을 때 주차 위반 벌금을 매기면 거짓말이나 주차 위반의 재발을 줄일 수 있다. 소비자 상황에서 판매원의 불친절은 그 판매점의 방문 가능성을 줄일 것이 다. 또한 제품의 고장은 그 제품에 대한 구매행동 의 감소를 가져올 것이다.

④ 소거

소거는 반응 후에 제시되던 긍정적 결과가 더 이상 제공되지 않을 때 그 반응의 발생 가능성을 줄이는 것이다. 예를 들어, 맛있어서 자주 찾던 음식점의 음식 맛이 떨어진 경우 더 이상 그 음식점을 찾지 않을 것이다.

다. 강화 계획

강화는 소비자의 반응 후에 제공됨으로써 소비자의 반응을 증가시킨다. 반응마다 강화를 주는 경우 학습이 효과적으로 형성된다. 그러나 어느 시점에서 강화를 더 이상 제공하지 않으면 반응이 즉각적으로 중단된다. 강화를 어떻게 제공할 것인가 하는 계획을 적절히 수립함으로써 소비자의 반응 형성과 유지에 효과적으로 이용할 수 있다. 학습 실험에서 는 강화의 제공 시간과 제공 비율을 조절함에 따라 소비자의 반응이 달라질 수 있다. 강화 계획은 제공 간격과 비율에 따라 고정 간격, 변동 간격, 고정 비율, 변동 비율의 네 가지 유형이 있다.

먼저 고정 간격(fixed interval)은 이전 반응이 나타나고 일정 한 시간이 경과한 후에 나타난 반응에 대해 강화를 주는 것을 말한다. 월급이나 정기 세일이 고정 간격 강화에 해당한다. 고정 간격에서는 강화 직전에 반응이 증가하고 강화가 끝나고 나면 반응이 급격히 감소한다. 예를 들어, 정기 세일 기간 후에 매출이 급격히 감소하는 것을 볼 수 있다. 대체로 백화점은 매년 봄, 가을에 약 2주일간 정기 세일에 나서는데 이 기간 에 매출이 급격히 증가하게 된다.

변동 간격(variable interval)은 반응과 반응 사이의 시간 간격에 의해 강화를 제공하는 것은 고정 간격과 같으나 강화와 강화 간의 시간이 가변적인 점이 다르다. 깜짝 세일은 세일 이전의 매출 감소를 방지하는 데 효과적이다.

고정 비율(fixed ratio)은 이전 강화 제시 후 일정 빈도의 반응이 나타난 뒤에 강화가 주어지는 것이다. 예를 들어 실적에 따른 성과급, 일정 개 수 이상의 쿠폰, 카드 이용 실적에 따른 혜택, 빈도 마케팅에서는 일정 빈도의 반응 후에 강화가 주어진다.

마지막으로 변동 비율(variable ratio)은 고정 비율과 유사하나 강화와 강화 간에 필요한 반응의 빈도가 가변적이다. 강화를 받은 다음에도 휴식이 없이 장시간 동안 높은 반응을 일으킬 수 있다. 변동 비율의 대표적인 예로는 광동 비타500의 캠페인이 있다. 광동 비타500 캔음료는 세븐나이츠라는 온라인 게임과 연동하여 특정 기간동안 캔따개 부분의 뒷부분에 온라인 게임 아이템을 획득할 수 있는 쿠폰 코드를 제공하였다. 여기서는 캔음료을 많이 마실수록 많은 아이템 쿠폰을 획득할 수 있기 때문에 단기간 구매를 높일 수 있다. 또한 광동 비타 500은 병뚜껑에 이벤트 당첨 결과를 제공하는 이벤트를 진행하기도 하였다.

그림 7.8 조작 조건화 강화의 변동비율 사례[11]

라. 조작 조건화의 한계와 적용

소비자의 반응에 따르는 강화에 의해 학습이 형성 된다고 보는 조작 조건화에는 다음과 같은 몇 가지 한계가 있다. 첫째, 강화의 제공에 지나치게 의존하다 보면 강화를 받지 못하면 쉽게 소비자 반응이 소거된다. 예를 들어, 쿠폰이나 사은품 등과 같은 강화가 제공되지 않는다면 소비자가 더는 그 제품을 구매하지 않을 가능성이 있다. 소비자의 긍정적 반응을 지속적으로 유지하기 위해 변동 간격, 변동 비율과 같은 강화 계획을 사용 하여 반응 경향성을 높이거나, 제품 품질이나 만족감을 높여줄 수 있는 제품의 내적 강화 요인을 보유 하는 것이 바람직할 것이다.

(3) 고전 조건화와 조작 조건화의 비교

고전 조건화는 소비자가 특정한 외부 자극에 반응을 한다고 간주한다. 마케터는 제품을 소비자의 긍정적 정서와 반응을 일으키는 자극

11 사진출처: http://picbear.online/tag/%EB%94%B0%EC%9E%90%EB%A7%88%EC%9E%90%EC%9D%B4%EB%B2%A4%ED%8A%B8

과 반복 연합시킴으로써 제품의 제시만으로도 긍정적 반응을 일으키고자 한다. 반면에 조작 조건화에서는 소비자가 특정한 행동을 했을 때 보상이 주어짐으로써 그 행동이 이후에도 유사한 상황 에서 나타나게 된다. 예를 들어, 도미노 피자광고에 등장하는 박보검과 송중기는 기존에 많은 소비자들이 호감을 표한 연예인이다. 도미노 피자는 박보검과 송중기를 광고에 등장시킴으로써 도미노피자에 대한 호감을 불러일으키고자 했다. 이는 고전 조건화에 해당한다. 반면 도미노피자는 방문포장시 할인 혜택을 제공하는데 소비자가 피자를 주문하고 직접 방문하여 피자를 포장해 가면 할인이라는 보상을 주는 것으로 이는 조작 조건화에 해당한다.

둘째, 고전 조건화는 조건 자극과 무조건 자극의 연합을 통해 학습이 형성되지만 조작 조건화에서는 반응과 강화의 반복적인 연합이 학습의 습득에 중요하다.

셋째, 고전 조건화에서는 소비자의 반응을 일으키는 자극이 매우 중요한 반면에 조작 조건화에서는 소비자의 반응 이후에 이를 강화시키는 보상이 중요한 요소이다.

2) 인지학습

연합 학습 이론이 고전 조건화와 조작 조건화에서 가각 자극과 반응, 반응과 강화의 연합을 통해 무엇을 획득하는가에 초점을 두고 있다면, 인지 학습 이론은 학습 과정에서 유기체의 내적인 인지 기제가 어떤 역할을 하는가를 강조한다. 인지 학습은 소비자가 제품 정보를 습득하고 처리해서 이를 자신이 가지고 있는 기존의 지식과 신념에 통합하는 능동적 학습 과정으로 소비자는 주어진 자극과 변별 단서에 반응하는 수동적인 존재가 아니라 환경을 지배하고 통제하기 위해 자신을 둘러싼 주변으로부터 정보를 찾고 활용하는 능동적인 학습자로 간주한다.

소비 상황에서 인지 학습은 주로 제품과 서비스를 직접 사용하거나 다른 사람이 사용하는 것을 관찰하거나 매체나 인적 정보원으로부터 제품 관련 정보를 처리한 결과로 형성된다. 소비자는 반응 후에 즉각적인 강화가 주어지지 않더라도 잠재적으로 강화에 대한 기대와 동기를 형성한다. 광고의 경우 대개 잠재 학습을 통해 효과가 나타나는데, 소비자가 장기적으로 꾸준히 광고에 노출되면 잠재적인 강화에 대한 학습을 형성한다. 이후 동기화 과정을 거쳐 구매 상황에서 행동으로 연결된다, 예를 들어, 어떤 사람이 유명 브랜드 옷을 입었을 때 칭찬을 듣거나 부러움을 사는 것을 보았다면 내가 그 브랜드의 옷을 입어도 이러한 보상이 있을 것이라는 기대감이 형성된다. 그래서 차후에 옷을 구매하는 상황에서 그 브랜드의 옷을 선택함으로써 사회적 인정을 얻으려 할 것이다.

3) 사회학습

사회학습은 다른 사람의 행동을 모방하거나 관찰함으로써 학습이 이루어지는 것으로 직접적인 경험보다는 대리적 경험의 결과로 나타난다. 사람들은 관찰 내용을 기억에 저장하고 나중에 유사한 상황에서 자신의 행동을 결정하는데 이 정보를 사용한다. 이 학습 이론은 관찰 학습, 대리 학습 또는 모델링 이라고도 한다. 아동이 TV에서 관찰한 폭력을 그대로 모방하여 폭력적인 행동을 하게 되는 것은 관찰 학습의 영향력을 보여준다. 사회심리학의 한 고전적인 연구에서 어른들이 인형을 때리고 고함치는 장면을 관찰한 아동들이 그 인형이 있는 방에 남겨졌을 때 어른들의 행동을 모방한 것으로 나타났다.

소비 상황에서 소비자들은 모방할 만한 가치가 있는 대상을 주목하고 그 행동을 기억에 저장하고 있다가 상황이 될 때 동기가 발생하여 관찰 대상의 행동을 따라 하게 된다.

(1) 관찰 학습 또는 대리 학습

반두라(1965)의 사회학습 이론은 연합 학습과 인지 학습을 통합한 것으로 모델링을 통한 관찰 학습이 일어나는 과정을 아래와 같이 제시하고 있다.

• 주의(attention)

첫째 단계인 주의는 관찰자가 모델의 주된 행동 특징에 주목하고 정보를 얻는 과정으로, 주로 모델의 매력, 개인적 특성, 성별, 연령, 신념, 태도, 자신과의 유사성을 관찰한다.

• 파지(retention)

주의의 결과로 관찰한 모델의 행동을 기억 속에 저장하고 지식을 형성하는 과정으로 내적 이미지나 언어로 표상된다.

• 재생(reproduction)

모델의 행동을 기억 속에서 재생하여 실제로 시도해 보거나 상상 속에서 재현하는 과정이다. 이는 기억에 파지한 인지적 표상 내용을 행동으로 변환시키는 것이며 다음 단계인 동기화 과정이 작동할 때 밖으로 드러난다.

• 동기화(motivation)

재생된 행동이 소비자에게 유용한 상황이 발생하면 외현적 행동으로 나타난다. 여기서는 재생된 행동의 결과를 판단해서 실제적, 상상적 보상이 크다고 판단되면 그 행동이 나타날 가능성이 커진다. 동기화 과정은 기대에 의해 결정되는데 기대에는 자기 효능감 기대와 결과 기대가 있다. 자기 효능감 기대는 자신이 원하는 행동을 해낼 수 있는가에 대한 지각이며, 결과 기대는 행동을 통해 원하는 결과를 얻을 가능성이 얼마나 되는가에 대한 지각이다. 컴퓨터와 같은 새로운 제품의 사용법을 모델이 시연해 보여줌으로써 소비자들이 사용에 대한 확신을 가지도록 하는 것은 자기 효능감 기대를 높여줄 수 있다. 또한 제품을 사용하면 모델이 얻는 것과 같은 결과가 있다는 것을 알려줌으로써 결과에 대한 긍정적인 기대감을 높여주는 것이 바람직하다.

최근 페이스북 등 SNS를 통해 많은 다이어트 식품 광고나 화장품 광고가 떠돌고 있는데 대부분의 광고들이 소비자가 직접 다이어트 식품을 섭취한 후 효과를 보여줌으로써 소비자에게 자신도 다이어트를 할 수 있다는 효능감과 결과에 대하 기대감을 제시해 주고 있다.

(2) 모델링의 기법

가. 모델링 기법의 유형

소비자는 다른 사람의 행동과 그 행동의 결과가 긍정적인 보상으로 나타났을 때 그 사람의 행동을 모방하게 되는데 이를 모델링이라 한다.

모델링은 다음과 같이 외현적 모델링, 내재적 모델링, 언어적 모델링의 세 가지 유형이 있다.

① 외현적 모델링

소비자가 모델이 하는 행동과 그 결과를 보고 긍정적 보상을 지각할 때 그 행동을 따라 할 가능성이 높아진다. 신제품의 경우 모델을 이용해 사용법이나 구매 방법을 보여주는 것은 외현적 모델링으로 소비자의 구매 가능성을 높여준다. 다음은 코카콜라에서 크리스마스 시즌에 출시한 리본 패키지로 코카콜라 포장의 끝을 뜯어 리본을 만드는 모습을 광고를 통해 보여주는 장면이다.

② 내재적 모델링

이는 소비자가 모델의 행동과 결과를 직접 관찰하는 것이 아니라 특정 상황에서 모델의 행동과 그 결과를 상상하도록 하는 방법이다. 이는 라디오 광고에서 효과적으로 이용되는데 음료수 광고의 경우 한여름의 더위를 나타내는 각종 소리, 병 따는 소리 , 물이 목구멍을 넘어가는 소리 등 을 이용해서 무더위로 인한 갈증과 이를 날리는 청량감을 통해 음료수의 구매를 유도하는 방법이다. 대표적으로 코카콜라광고로 코카콜라를 따를 때 탄산이 터지는 소리와 코카콜라를 마실 때 콜라가 목구멍으로 넘어가는 소리를 재현하여 청량감을 연상하게 한다. 또한 아래 그램과 같이 라면이 끓는 '보글보글' 소리와 면발 먹는 소리는 라면의 맛과 쫄깃한 면발을 연상하게 한다.

그림 7.9 외현적 모델링 사례[12]

그림 7.10 내재적 모델링 사례[13]

③ 언어 모델링

특정 상황에서 다른 소비자들이 어떻게 행동했는지, 그 행동의 결과가 무엇인지를 말해줌으로써 소비자의 반응을 유발하는 방법이다. 예를 들어, "주부들의 90%가 이 상표를 선택했다" 라는 식의 광고가 이에 속한다. 이는 사회적 증거의 법칙에 해당하는데 사회적 증거의 법칙이란 무엇이 옳고 그른가를 결정하기 위해서 다른 사람의 행동을 참조하는 것이다. 대개 다수 의 행동은 올바르다고 인정되며 사회적 증거에 따라 행동하면 실수할 확률이 줄어든다.

그림 7.12 언어적 모델링 사례[14]

12 사진출처: https://www.adic.or.kr/ad/tv/show.cjsp?ukey=1595657
13 사진출처: https://www.adic.or.kr/ad/tv/show.cjsp?ukey=1068626

나. 모델링 효과의 요인

관찰 학습이 성공적으로 일어나기 위해서는 관찰 대상이 되는 모델의 특성, 관찰자의 특성, 긍정적 강화와 보상을 수반하는 행동의 결과 특성을 모두 고려해야 한다.

① 모델의 특성

모델이 매력적이고 신뢰할 수 있거나 자신감이 있어 보이고 관찰자와 유사성이 높은 경우에 효과적이다. 모델이 자신의 행동을 수행하는 모습이나 모델의 구체적인 행동도 영향을 미친다. LG 전자에서 출시한 고화질 휴대폰 G2를 광고할 때 사진작과 김중만과 영화감독 박찬욱을 광고모델로 하여 전문가가 선택한 고화질 휴대폰이라는 점을 강조하였다.

그림 7.13 모델링 효과에 영향을 미치는 모델[15]

---

14 사진출처: https://post.naver.com/viewer/postView.nhn?volumeNo=2308755&memberNo=451351

15 사진출처: https://www.adic.or.kr/ad/tv/show.cjsp?ukey=972372
: https://www.adic.or.kr/ad/tv/show.cjsp?ukey=973908

② 관찰자의 특성

의존성이 높고, 자신감과 자존감이 낮은 소비자, 그리고 과거에 모델 행동을 모방함으로써 긍정적 보상을 받았던 경험이 있는 소비자일수록 모방 행동을 더 많이 한다. 예를 들어, 어린이나 제품 지식이 낮은 소비자일수록 모델의 행동을 더 모방하기 쉬운데 인터넷 장난감 방송 진행자 '캐리언니'가 많은 아동들에게 인기를 얻고 있는 이유가 여기에 있다.

③ 모델 행동의 결과

모델의 행동을 모방한 후에 정적인 강화를 받은 경우가 그렇지 않은 경우보다 그 행동이 나타날 가능성이 더 크다.

(3) 사회 학습의 적용

관찰 학습 또는 대리 학습은 마케팅과 광고에서 효과적으로 이용될 수 있다. 첫째, 제품의 특성과 편익을 직접적으로 제시하기보다는 간접적으로 표현함으로써 대리 학습의 효과를 활용할 수 있다. 경우에 따라 간접적인 표현 방식이 더 효과적인데 화장품, 의류 광고와 같은 이미지 광고의 경우가 그러하다.

둘째, 모델링은 광고 제작 시 제품에 적합한 모델을 선정하는 것이 중요하다는 것을 보여준다. 모델 효과는 신체적, 사회적 매력, 신뢰성(전문성, 신뢰 가능성), 관찰자와의 유사성 등이 복합적으로 작용한다. 우선 모델은 소비자의 바람직한 행동을 창출하는 데 이용된다. 예를 들어, 매력적인 모델을 신제품 의류 광고에 사용함으로써 긍정적 결과에 대한 기대감을 높일 수 있다. 한편, 모델은 바람직하지 않은 행동을 억제하는 데도 이용되는데 공익광고의 경우 음주 운전, 흡연 등 모델 행동의 부정적인 결과를 보여줌으로써 이를 줄이도록 유도한다.

셋째, 사회학습 이론은 이전에 학습한 행동이 다른 상황에서도 나타날 가능성이 있음을 보여주는 근거가 된다. 예를 들어, 운동 후에 게토레이를 마시는 소비자는 운동 이외의 상황에서도 게토레이를 마실 확률이 크다.

2. 광고의 기억과정

우리는 하루에도 수백 개 이상의 광고에 노출된다. 아침에 눈을 떠서 잠자리에 들 때까지 TV와 인터넷, 신문과 잡지, 빌딩의 옥상이나 버스 정류장, 심지어는 엘리베이터 내부에서도 광고를 만나게 되며, 최근에는 SNS가 발달하면서 광고 채널이 더욱 증가하였다. 그런데 우리는 수많은 광고를 모두 기억하지는 못한다. 노출된 광고 중에서 몇 개의 광고에 주의를 기울이고 기억하게 되는데 본 장에서는 소비자가 의도적 혹은 비의도적으로 노출되는 수많은 광고 정보를 어떻게 처리하고 이후 필요한 시점에 어떻게 회상하여 사용하는지 광고의 기억 과정 혹은 광고 정보의 인지적 처리 과정에 대해 살펴보고자 한다.

1) 감각기억

우리는 다양한 감각기관을 통하여 외부 정보들을 기억하게 된다. TV를 보던 중 광고에 노출되었을 때, 그 광고가 어떻게 소비자의 머릿속에 저장되는지 그 과정을 인지주의적 관점에서는 살펴보면 인간의 기억이 크게 세 개의 서로 다른 구조로 이루어져 있다고 가정한다. 세 개의 기억 구조는 감각기억, 단기기억, 장기기억이며, 이를 다중 기억 모형(multi-storage model)이라 한다.

소비자의 머릿속에 정보가 입력되는 첫 번째 과정은 외부 환경에 존재하는 정보를 각 기억 체계에 맞게 부호화(encoding)하는 것이다. 외부

정보가 처음으로 소비자의 머릿속으로 입력되어 들어가는 기억 구조는 감각기억 혹은 감각등록기(sensory register)다. 감각 기억은 시각, 청각, 미각 등 감각 정보가 1초 내 외의 짧은 시간 동안 일시적으로 기억되는 것이다. 감각 기억은 용량은 크지만 지속 시간이 0.5초에서 4초 정도로 지극히 짧아서 소비자는 자신이 그 어떤 정보를 기억하고 있다고 인식하지 못한다. 예를 들면 버스를 타고 지나갈 때 우리는 거리에 있는 상점들의 수많은 간판을 보게 되는데, 보고 지나가는 순간 대부분의 간판 이름을 잊어버리게 되고 그 순간 특별히 주의를 끌었던 한두 개만 기억하게 된다.

2) 선택적 주의

감각기억을 통해 노출된 정보를 모두 기억하지 못하고 잊어버리게 되는 현상이 일어나는 이유는 우리가 어떤 이유에서 특별히 그 정보에 대해서만 주의를 기울이고 나머지 정보들은 무시했기 때문이다. 이렇게 특별히 주의를 기울이는 현상을 선택적 주의(selective attention)라고 부르는데, 선택적 주의를 통해 감각 기억에 등록되었던 수많은 정보 중의 일부 정보만 단기기억으로 전이된다. 고차원적인 정보 처리를 위해 단기기억으로 이동하지 못한 감각기억 내의 정보는 곧 사라져버리게 되어 더 이상 우리의 의식 속에 남아 있지 않게 된다. 우리는 선택적 주의라는 여과 장치를 통해서 매 순간 환경으로부터 쏟아져 들어오는 무수한 정보로부터 효율적으로 자신에게 필요한 정보를 선별하여 처리할 수 있게 되는 것이다.

3) 단기기억

외부 정보가 감각등록기에서 단기기억(short-term memory)으로 전이되는가 여부는 특정 정보가 다른 정보보다 더 주의를 끌 만한 요건을 갖추고 있는가에 달려 있다고 하겠다. 예컨대 신제품의 브랜드 네임을 처음 보게 된 소비자를 가정해 보자. 소비자가 처음 본 낯선 제품을 보면서 그 제품에 관한 정보를 저장할 때에는 제품의 특징이나 제품의 내용 혹은 제품을 생산한 기업의 이미지 등 원래 소비자가 기억 속에 가지고 있는 기존 정보들과의 연관성 속에서 새롭게 본 제품에 대한 기억을 형성한다. 따라서 기억 속에 그 제품에 관한 정보가 전혀 없는 제품이라면 새로운 제품에 관해서 정보를 저장하는 것이 그 제품과 관련된 정보가 이미 저장된 경우보다 상대적으로 어려울 수 있다. 감각 기억에서 선택적 주의를 통해 여과된 정보는 단기기억 혹은 작업기억(working memory)이라 불리는 기억 장치에서 정보 처리가 계속 이루어진다.

가. 단기 기억의 특징

단기 기억 장치에서 정보가 부호화될 때에는 다른 감각 부호도 사용되지만 주로 청각 부호로 정보가 처리된다. 예를 들면, 우리가 새로운 전화번호를 기억하려고 할 때 전화번호를 입 속으로 중얼거리면 눈으로만 볼 때보다 더 잘 기억되는 것이 바로 단기 기억의 정보가 청각 코드로 처리되고 있다는 좋은 증거다. 영어 단어를 외울 때에도 눈으로만 보거나 손으로 반복해서 철자를 쓰는 것보다 입으로 중얼 거리며 발음을 외우려고 할 때 더 잘 기억되는 경험 을 해보았을 것이다.

단기 기억에서 정보가 살아남지 못하면 장기기억에 저장될 수 없으므로, 단기 기억에서 정보가 저장되도록 하는 것은 매우 중요하다. 광고에서 그 브랜드 만의 CM송이나 시그널 음악, 징글을 이용한 광고는 단기기억을 증진하는 좋은 방법이다. 예를 들어, "공공칠~공공!"이라는 청각 자극을 활용하는 국제전화 광고, "살균 세탁 하셨나요? 하우젠~", "S-Oil, S-Oil, S-Oil이니까" 등 징 글을 이용한 광고 등은 모두 청각 자극을 최대한 활용하여 소비자의 머릿속에 광고 혹은 제품명에 대한 기억을 정보 처리의 초기 단계(즉 단기 기억)에서 증진시키고자 하는 노력이다.

단기기억의 정보 저장 시간은 약 20~30초 정도로 알려져 있다. 예를 들면 전화번호를 안내받기 위해 114에 전화를 걸어 필요한 전화번호를 제공받았을 때, 우리는 그 전화번호를 얼마나 오랫동안 기억할 수 있는가? 전화번호를 안내받은 후 필요한 전화를 걸고 나면 방금 전까지 기억했던 전화번호를 잊어버리는 것이 일반적이다. 그러나 어떤 정보들은 사라 지지 않고 계속해서 기억하기도 하는데, 이렇게 오랫동안 정보를 저장할 수 있게 하려면 우리의 뇌가 특별한 노력을 해야 한다. 그 노력하는 과정을 시연(rehearsal)이라고 부른다.

단기기억은 저장할 수 있는 정보의 양이 제한적인 것으로 알려져 있다. 단기기억 내에 머무는 정보를 한 번에 처리할 수 있는 정보 처리 용량은 정보의 형태에 관계없이 약 5개에서 9개 정도(7±2)이다. 그래서 흔히 '신비의 숫자 7'이라 부르는데 여기서 주의해야 할 점은 정보의 저장 단위이다. 즉 7개 내외의 정보가 한꺼번에 저장될 때 1개의 단어, 혹은 1개의 숫자가 저장되는 것이 아니라, 청크(chunk) 라는 정보 단위의 개념으로 이해해야 한다. 청크는 덩어리라는 뜻으로 '의미를 형성하는 가장 작은 단위'라고 할 수 있다. 청크의 개념을 이해하기 위해 다음 예시를 살펴보자.

<예시 1>	<예시 2>
• 8,2,1,0,4,4,6,5,5,1,8,4	• 8210, 4465, 5184

먼저〈예 1〉에 제시된 숫자를 옆자리에 앉은 친구에게 읽어달라고 요청해 보고한 번 듣고 난 후에 과연 몇 개의 숫자를 기억할 수 있는지 테스트 해보자. 대부분의 사람들이 일곱 개 내외로 기억했을 것이다. 다음으로〈예 2>에 제시된 숫자 목록에 대한 기억력을 테스트 해보면 아마도 모든 숫자를 기억했을 것이다. <예 1〉에 제시된 숫자 목록과〈예 2〉에 제시된 숫자 목록은 숫자의 개수는 같지만 처리된 정보량은 다르다. 이러한 사례는 우리가 흔히 전화번호나 휴대폰 번호를 쉽게 기억하는 데서 알 수 있다. 휴대폰 번호는 총 11개 숫자로 이루어져 있지만 000-0000-0000의 형태로 3개의 청크로 구분되면서 보다 기억을 용이하게 한다.

단기 기억에는 약 다섯 개 에서 아홉 개 정도의 청크 단위 정보가 한 번에 처리되고 저장된다. 따라서 정해진 시간에 최대한 많은 광고 메시지를 전달하고자 하는 광고 전략은 적절하지 않을 수 있다. 특히 TV광고를 시청하는 것과 같이 소비자가 그 속도를 조절할 수 없는 수동적인 정보 처리자일 때 , TV광고에 처리할 수 있는 용량이 매직넘버(magic number) 7을 초과하여 너무 많은 메시지를 제공하게 되면, 소비자는 그 정보를 다 처리 하지 못하기 때문에 제공된 정보를 기억하지 못할 뿐 아니라 정보 과부하(information overload) 현상을 경험 하여 오히려 정보 처리를 회피하는 경향이 발생하게 된다. 이렇게 되면 광고에 노출되었더라도 그 정보를 더 이상 처리하지 않게 되므로 단기 기억에서 장기 기억으로 정보를 전이시킬 수 없다.

나. 단기기억 시연

단기 기억 내에 정보를 유지하게 하는 정신적 과정을 시연이라 한다. 시연은 정신적 노력과 정신적 자원이 필요하다. 흔히 '생각을 많이 하면 머리가 아프다'는 표현을 하는데, 바로 단기기억 내에서 많은 정보를 처리하게 되면 정신적 에너지가 많이 소모되므로 그 결과로 피로감을 느끼게 되는 것이다. 시연에는 단순히 정보를 암기하고 반복하는 유지형 시연(maintenance rehearsal)과 정보에 의미를 부여하여 저장하는 정교형 시연(elaborative rehearsal)이 있다.

유지형 시연은 단기 기억 내에서 입력된 정보를 그대로 반복해서 되뇌는 것을 말하는데 TV광고에서 제품명을 반복적으로 소리 내어 제시하는 것이 대표적인 유지형 시연 방법이다. 새로운 상표가 시장에 출시될 때, 광고량을 집중하여 소비자에게 노출 기회를 늘리는 것은 일단 소비자가 광고하는 상표에 대해 반복해서 노출되도록 함으로써 제품명을 쉽게 기억하게하기 위한 방법이다.

정교형 시연은 처리하고 있는 정보에 대해 단순히 소리나 모양을 반복적으로 노출시키는 것이 아니라, 정보의 내용을 인지적으로 분석하거나 해석 하는 과정을 통해 의미를 저장하는 것을 말한다. 즉, 입력된 정보를 그 자체로 반복하는 것이 아니라 입력된 정보에 자신이 가지고 있는 기존 지식이나 개인적인 정보를 더하여 입력된 정보에 나름대로의 의미를 부여하여 개인적인 정보로 만들어가는 과정을 정교형 시연이라 한다.

두 유형의 시연이 모두 단기 기억의 정보를 장기 기억으로 전이시키는 역할을 하지만, 보편적으로 의미를 부여한 정교형 시연이 유지형 시연보다 기억 효과가 우수하다.

다. 작업기억

단기 기억은 비교적 한정적인 양의 정보가 일정 시간 동안만 머무르고 그 시간이 지나면 정보는 사라져 버리는 특징이 있다. 단기기억은 정보를 영구히 저장하는 장기기억과 비교할 때, 상대적으로 저장 시간이 짧다는 점을 강조한 용어라고 볼 수 있다. 그런데 현대 심리학자들은 단기기억이라는 용어가 기억을 단순히 저장 시간을 토대로 구분한 개념이어서 인간의 기억 현상을 충분히 설명하기에는 약점이 많다고 판단하여 단기 기억이라는 용어 대신에 작업 기억이라는 개념을 더 선호하게 되었다.

작업기억(working memory)이란 단순히 입력된 정보를 일시적으로 저장하는 것이 아니라, 장기기억에 저장 된 정보를 인출해서 입력된 정보를 해석, 선별, 종합하는 정보처리 기능을 담당하는 것을 말한다. 즉, 인간의 모든 고등 정신 과정인 정보의 비교, 평가, 해석, 종합, 추론, 예측 등의 정신 활동이 정보가 입력되어 처리되는 초기 단계에서부터 이루어진 다는 것을 의미한다.

라. 단기 기억의 광고 활용

새로운 어떤 광고 정보가 쉽게 단기 기억 속에 저장되기 위해서는 그 정보가 용이하게 부호화하는 것이 중요하다. 짧게 지나가는 광고를 볼 때 소비자가 그 광고의 제품명을 빨리 저장하기 위해서는 광고의 정보를 보거나 듣는 순간 제품에 관한 정보(예컨대 상표명)가 쉽게 부호화되고, 또 의미를 형성하기 쉬워 빨리 저장할 수 있어야 한다.

① 감각적 부호화와 의미적 부호화

단기 기억의 부호화 과정에서 정보 저장이 쉽게 일어날 수 있도록 하는 방법은 감각적(물리적) 수준의 부호화 특성과 의미적 수준의 부호화 특성으로 나누어 생각해 볼 수 있다.

감각적 수준의 부호화란 정보 대상의 물리적 특성, 색깔이나 모양 등 기억해야 할 정보의 물리적 특징이 부호화되는 것을 말한다. 잇몸 치료제인 '이가탄' 은 청각적 특성('이가 탄탄해진다'의 앞부분 세 글자)과 의미적 특성(잇몸을 치료하면 이가 튼튼해진다)을 모두 활용하여 부호화하기 쉽게 만들었다. 또한 커피메이트(coffee-mate) 라는 이름의 커피 크림이 있다. '한 스푼'이라는 이름의 세제도 의미적 특성이 쉽게 부호화될 수 있는 특징을 가졌다. 이 제품은 세탁할 때 사용할 세제의 용량을 나타내는 구체적인 단어를 제품명으로 사용함으로써 소비자가 제품명 을 듣는 순간 제품의 특징을 쉽게 떠올리고 제품의 세탁력이 강력하고 경제적일 것이라는 의미를 쉽게 형성할 수 있다. 그래서 다른 세제들보다 쉽게 부호화되고 그 결과가 쉽게 저장될 수 있다. 이렇게 정보 가 쉽게 저장되기 위해서는 단기 기억의 정보 처리 초기 단계에서 이루어지는 부호화가 얼마나 쉽게 이루어질 수 있는가가 매우 중요하다.

② 이중부호화

정보를 있는 그대로가 아니라 어떤 의미로 변환 시켜 장기기억으로 편입시키는 방법이다. SHOW 광고를 보면 베이징 올림픽의 경기를 SHOW와 결합시키며, 여러 국가들이 출전하는 모습을 제시함과 동시에 145개국 자동 로밍을 이야기 한다. 이것은 기억의 저장에도 유효하지만, 나중에 정보(145개국 자동로밍-SHOW)를 인출할 경우에 더 크게 도움이 된다. 단어에 의미를 부여하고, 이를 구체적인 표현을 가지고 제시할 때 효과는 배가될 수 있다.

③ 반복 리허설

이는 광고 정보를 단기 기억에 유지시키면서 장기기억으로 보내기 위해 가장 쉽게 사용될 수 있는 방법으로 광고를 여러 번 반복하는 것이다. 소비자가 반복해서 그것을 접하게 하면 광고 정보가 기억으로 들어가기 쉽다. 또는 CM송과 같이 따라 부르기쉬운 것을 제공하여, 소비자 스스로 반복할 수 있는 기회를 제공하는 것도 바람직하다. 그림은 이슈가 되었던 '생각대로 T' 광고로서 반복적인 리듬에 소비자들이 직접 경험한 것을 가사로 만들어 참여를 유도했다. 소비자들이 CM송을 따라 부르며 자연스럽게 브랜드를 기억하게 된다.

④ 의미적 부호화

부호화는 소비자가 광고 정보를 리허설하기 쉽도록 재구성하는 것을 말한다. 예컨대, 번호가 길거나 외우기 어려운 번호에 의미를 붙이는 방법이다. 즉, 국제전화의 00700, 00365 등의 번호를 부호화한다면 영화 007, 혹은 1년은 365일 등과 같이 기존의 의미를 차용하여 3개의 번호를 한 덩어리의 의미 있는 번호로 전환시켜 쉽게 반복시키고 기억시키는 방법이다.

4) 장기기억

외부에서 유입된 정보는 우선 감각기억에서 감각 양식별로 부호화되고, 단기기억에서 그 정보가 일시적으로 사용되며, 단기기억에서 사용한 정보 중의 일부는 더 이상 정보 처리 과정을 거치지 않고 사라지지만 일부 정보는 장기 기억으로 전이되어 영구히 보관된다. 흔히 기억이라고 하면 장기 기억을 의미하며 장기기억에 저장된 정보를 지식이라고 한다. 장기 기억의 용량은 제한이 없는 것으로 알려져 있으며, 지속시간 또한 '영구히' 저장된다고 본다.

가. 장기기억의 정보 처리

① 의미기억

장기기억에 정보가 저장되는 방식은 다른 어떤 코드보다 의미적 코드로 부호화되는 것이 일반적이다. 예를 들어 우리가 영화나 드라마를 보는 장면을 떠올려 보자. 영화를 보는 그 시점에는 등장인물들 의 대화를 단기 기억(혹은 작업 기억) 내에서 정보 처리하므로 언어의 형태 그대로, 즉 대사에서 사용한 단어 그대로가 기억되고 처리되지만, 영화를 다 보고 난 후 시간이 지나면 구체적인 대사를 기억하지는 못하고 전체적인 줄거리(의미)를 기억하게 된다. 이것이 바로 장기 기억에서는 주로 의미적 코드로 정보가 처리된다는 증거다. 이렇게 장기 기억에 저장되는 정보는 정보가 입력될 때 제시받은 정보 그대로 저장되지 않으며, 그것을 개인이 의미적으로 해석 한 정보가 저장된다. 따라서 장기기억에 정보를 저장하기 위해서는 개인이 정보를 의미적으로 처리할 수 있어야 한다. 장기 기억 부호화의 이런 특징을 광고에 적용해 보면, 광고에 사용되는 다양한 시청각적 자극이 소비자에게 제공될 때 소비자가 그 정보를 의미적으로 처리할 수 있으면 더 잘 기억된 다는 것을 알 수 있다.

② 일화기억

하지만 장기기억이 물리적인 정보를 전혀 저장하지 않는 것은 아니다. 장기기억의 또 다른 유형으로, 특정 상황에 관한 내용 전체가 장기기억에 저장되기도 한다. 이런 기억을 일화 기억(episodic memory)이라 하는데, 과거의 특정 상황과 그때 했던 자신의 행동, 느낌, 시청각적 정보 등이 매우 구체적으로 저장되는 기억이다. 일화 기억은 대개 입력된 정보 자체가 세세하게 저장되어 있어서 특정 맥락이나 상황에 관련되어 있다. 그렇기 때문에 회상도 매우 구체적으로 정확히 이루어지는 특징이 있다. 예를 들어 애인과의 첫 데이트 때 갔던 장소와 그때 들었던 노래는 오랜 시간이 지나도 데이트 장면 전체가 떠오르면서 생생하게 기억되는 것과 같다. 자신의 경험 중 특정 맥락에서 일어났던 일화 기억은 잘 잊혀 지지 않는다.

③ 절차기억

절차기억 (procedural memory)은 주로 특정 행동을 어떻게 하는가에 대한 감각-운동 기억으로 행위를 이루는 과정에 관한 기억이다. 절차기억은 일단 습득되어 자동화되면 이후에는 의식적인 회상 노력 없이도 자동적으로 인출되는 기억으로, 자전거 타기나 걷기, 운전하기와 같이 오랜 연습을 통해 형성 되는데 일단 기억된 정보는 의식적인 통제 없이도 자동적으로 회상되어 작동되는 기억이다.

의미기억, 일화기억, 절차기억 중 광고와 가장 연관된 기억은 일화기억이다. 대체로 광고 정보들은 일화기억의 형태로 남기 쉽지만, 지속적으로 광고 캠페인을 한다거나 광고가 제시한 메시지나 이미지가 오랫동안 유지된다면 의미기억의 형태로 저장될 수도 있다. 특정 브랜드의 광고 즉 광고 자극이 의미기억의 형태로 저장되기 위해서는 광고가 제시하는 내용이 기존 지식과 관련되어 해석되어 소비자가 이해할 수 있는 지식 체계 속으로 들어가야 한다.

나. 장기기억의 구조: 의미망모델

심리학자들은 장기 기억 내에 저장된 정보들이 어떤 형태로 저장되어 있는지에 관해 이론화 하였는데 , 대표적인 이론으로는 의미망 모델(semantic network model)을 들 수 있다. 기억의 의미망 모델은 장기 기억에 저장된 정보들은 서로 관련성 있는 정보들이 인접하여 그 물처럼 촘촘히 연결(연합)되어 있어서 하나의 정보가 자극에 의해 활성화되면 그것과 인접해 있는 관련 정보는 자동적으로 활성화되어 머릿속에 떠오르게 된다고 설명한다. 즉, 기억의 의미망 모델은 장기 기억 정보의 구조를 나타내며, 장기 기억 정보들 간의 의미적 상호 의존성을 강조한다.

① 연합망의 구성

장기기억 속에 저장된 의미 정보는 하나하나를 개념(concept)이라고 하는데, 개념을 의미망 모델에서는 노드(node)라고 부른다. 노드 하나에는 하나의 개념이 들어 있다. 예를 들어 '사과', '빨강', '맛있다'가 각각 하나의 노드다. 그리고 노드는 서로 연결되어 있는데, 이렇게 노드 간의 연합을 링크(link)라고 부른다. 예를 들면, '빨강-사과-맛있다'와 같은 연합은 바로 의미적으로 관련된 개념들이 서로 가까이 연합되어 있는 것이다. 그리고 연결된 전체 구조는 마치 그물망처럼 촘촘히 연결되어 있어서 이를 의미의 연합망이라 부르며, 이것이 바로 지식의 구조다.

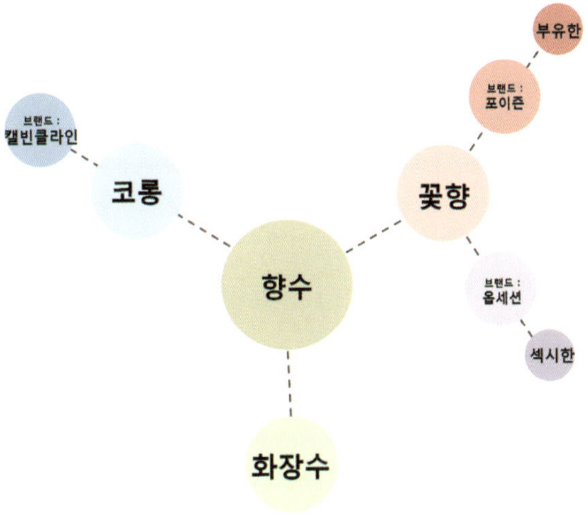

그림 7.14 향수의 연합망

위 그림에서 제시한 의미망 구조를 보면 향수라는 노드를 중심으로 여러 가지 정보가 형성되어 있는데, 우선 향수의 종류 가 코롱과 화장수로 나뉘어 구조를 이루고 있다. 코롱은 대표적인 향수 브랜드 캘빈클라인이 연결되어 있고 , 또한 향수 개념은 꽃향이라는 특징과도 가깝게 연결되어 있다. 따라서 이 사람은 '향수' 하면 대 표적인 향으로 '꽃향'을 생각할 것임을 알 수 있고 , 꽃향의 대표 브랜드로 포이즌(poison)과 옵세션(obsses-sion)을 각기 떠올릴 것이다. 그런데, 옵세션에 대해서 는 '부유한' 이미지를 연결하고 , 포이즌에 대해서는 '섹시한' 이미지를 연합하여 브랜드별로 형성하고 있는 지식 내용이 다르다. 따라서 만일 포이즌 광고 모델로 청순한 이미지의 여성을 기용한다면 이 사람 의 의미구조에서 본다면 '어울리지 않는다' 는 반응 을 형성할 가능성이 크다. 이처럼 의미망 모델은 개인이 대상과 사상에 대해 형성하고 있는 지식구조를 가정한다.

② 활성화의 확산

의미의 연합망 내에서 관련성이 높은 개념(노드, node)은 서로 가깝게 위치하고 있다. 이때 관계가 밀접한 개념일수록 연결고리(링크, link)가 짧고, 함께 이용되는 빈도가 높을수록 링크가 강하게 형성되어 있다. 또한 관련된 연합 개념이 많을수록 연결된 링크가 많다. 이렇게 하나의 노드와 인접한 노드가 많을수록, 노드 간의 링크가 강하게 연합될수록, 노드 간의 거리가 짧아 밀접한 의미일수록 노드가 활성화되었을 때 인접 노드가 활성화될 가능성이 높다. 그래서 어떤 자극을 받았을 때 어떤 노드는 간접적으로 활성화된다. 하나의 노드가 활성화되면 그것과 연합된 다른 노드는 자동적으로 활성화되기 때문이다. 이렇게 활성화된 정보는 소비자의 정보 처리 과정 혹은 소비자 행동을 결정하는 데 매우 중요하다.

앞서 향수에 대한 소비자의 가상적 지식 구조를 예로 들었다. 그 소비자가 만일 새로운 향수 광고를 보게 되었는데, 그 광고에서 '꽃향기'라는 점을 강조한다면 아마도 이 사람의 머릿속에는 새로운 향수 제품 광고를 보면서 기존의 저장된 의미 구조에 따라 정보를 처리하므로 꽃향과 가까이 연합되어 있는 포이즌 향수를 자동적으로 떠올리게 될 것이다. 그렇게 되면 새롭게 저장되어야 할 브랜드 네임이 자칫 저장되기 어려울 수도 있고, 혹은 포이즌과 유사 한 위치에 새로운 노드를 하나 구성하게 될 것이다. 의미망 이론 관점에서 보면, 광고란 자사의 상표를 소비자의 머릿속에 저장되어 있는 지식 구조 속의 특정 위치에 짧고 굵은 노드를 형성하는 것을 목표로 하는 정보 제공 과정이다. 또한 상표를 중심으로 가능한 한 많은 긍정적인 노드를 형성하려는 노력이기도 하다. 따라서 새로운 정보를 제공하고자 하는 광고는 항상 소비자 기억의 의미망이 어떤 정보들로 어떻게 구조를 이루고 있는지 즉, 소비자의 지식 구조를 제대로 파악하여 기존의 노드와 링크를 적절히 활용할 수 있는 방법을 찾아야 효율적으로 자사 제품의 정보를 기억하도록 만들 수 있다.

③ 노드를 형성하는 정보 내용

허친슨과 무어(HUTCHINSON & MOORE)에 따르면 소비자의 기억 구조 내에서 하나의 개념으로 형성되는 노드는 다음과 같은 것이 있다.

- 브랜드 관련 정보: 브랜드명 그 자체가 하나의 노드를 형성한다.
- 제품속성: 제품이 가진 속성이 하나의 노드를 형성하는데, 여기에는 그 상표가 가지고 있는 대표적 특징이 저장 된다.
- 브랜드 광고: 광고물도 하나의 노드를 형성할 수 있다.
- 상품 범주: 브랜드가 속한 제품군도 하나의 노드를 형성할 수 있다.
- 평가적 반응: 제품 혹은 광고에 대한소비자의 개인적 평가, 즉 좋고 나쁨과 같은 감정적 평가도 하나 의 노드를 형성하여 저장된다.

이 모든 정보들이 하나의 제품을 중심으로 가까이 인접하여 연합된 정보 구조를 형성하고 저장된다. 이렇게 다섯 가지 유형의 정보가 각기 소비자의 지식 체계에서 개념으로 노드를 이루면서 서로 한 덩어리로 연합되어 있기 때문에, 이들 중 하나의 노드가 활성화되면 나머지 노드들은 자동적으로 활성화되어 기억에 떠오르는데, 강력한 링크를 이룬 노드는 활성화가 보다 잘 이루어진다.

이렇게 다섯 가지 유형의 정보가 각기 소비자의 지식 체계에서 개념으로 노드를 이루면서 서로 한 덩어리로 연합되어 있기 때문에, 이들 중 하나의 노드가 활성화되면 나머지 노드들은 자동적으로 활성화되어 기억에 떠오르는 것이다. 그리고 강력한 링크를 이룬 노드는 보다 활성화가 잘 이루어진다. 그런데 소비자가 또 다른 경쟁브렌드에 노출되어 그 정보를 저장하게 되면, 둘 중 한 브랜드를 떠올릴 때 경쟁 브랜드도 자동적으로 함께 떠오른다.

④ 도식과 스크립트

하나의 노드가 활성화되면 관련성이 높은 인접 정 보는 자동적으로 활성화되는데, 이렇게 하나의 개념을 중심으로 함께 활성화되는 정보의 덩어리를 스키마(schema)혹은 도식이라고 부른다. 도식은 대상에 대해서 소비자가 장기 기억 속에 저장하고 있는 개념, 명제들이 연결된 지식의 덩어리다. 도식은 경험을 통해 발달되는 기억 구조로 기존 도식과 일치 하는 정보가 더 쉽게 저장된다. 많은 도식들이 체계적으로 잘 정리되어 있을수록 기억이 잘되는데, 그렇기 때문에 아이들은 어른에 비해 제품에 관한 정 보를 효율적으로 사용할 수 없다. 도식(지식 구조)은 반복적인 경험과 학습을 통해 정교화 된다.

도식 중에서 행동과 관련된 것을 스크립트(script)라고 한다. 앞서 장기 기억의 유형으로 절차지식을 설명하였는데, 바로 절차기억과 관련된 행동에 관한도식이 각본이다. 소비자의 머릿속에 저장된 각종 행동에 관한 각본은 정보 처리 과정뿐 아니라 소비 행동을 하는 과정에서도 중요하다 스크립트가 행동을 매우 신속하게 할 수 있는 길잡이 역할을 하 기 때문이다. 예를 들면 우리는 맥도날드에 가면 줄을 서고 메뉴를 정하고 자신의 차례가 되면 주문하고 계산한 후 줄을 서서 기다리다가 햄버거를 받아 서 먹게 된다. 이와 같은 일련의 과정을 맥도날드에 처음 간 사람이라면 어떻게 해야 할지 몰라 당황하게 된다. 도식과 스크립트는 모두 외부 정보를 처리 하고 기억하며, 행동하는 데 강력한 영향을 미친다. 소비자의 행동을 유도하는 데 있어 소비자가 형성 하고 있는 스크립트와 다른 서비스 상황을 제공하게 되면 소비자는 매우 불편하고 부자연스럽게 느끼게 된다. 예를 들면, 대형마트를 방문한 소비자의 스크립트를 생각해 보자. 자동차를 주차하고 매장 입구에 놓인 카트를 가지고 매장에 가서 물건을 고른다. 계산을 마친 후 구매한 물건을 카드에서 차로 옮긴 후 주차장을 나온다. 그런데 스크립트와 달리 매장 입구 주변에 카트가 비치되어 있지 않다면 소비자는 매우 불편하게 생각하게 되고 불만을 갖게 될 수도 있다. 이와 같이 소비자의 지식 구조에 맞게 정보를 제공하고 스크립트에 맞게 소비자의 동선을 파악하여 그것에 맞게 서비스를 제공할 때 소비자들은 정보를 보다 효율적으로 처리하고, 구매 행동이 더 편하게 이루어지게 된다.

다. 장기 기억의 광고 활용

광고 정보가 소비자의 장기기억 속에 잘 저장되도록 의미를 부여하는 방법은 제품에 대한 정보를 제시할 때에 소비자의 개인적 정보와 관련성을 높여 처리할 수 있도록 정보를 제공하는 것이다. 즉 기억해야 할 새로운 정보를 개인적으로 관련성이 높은 기존의 정보와 연관되도록 하는 것이다. 한 조미료 광고에서는 잘생긴 남자 배우가 소비자를 똑바로 쳐다보면서 '정원아~' 하고 이름을 부른다. 이런 광고 장면을 보면 '정원'이라는 이름을 가진 소비자들은 가슴이 설레게 될 것이고 혹은 정원이란 이름을 가진 사람이 아니더라도 자신을 사랑하는 사람의 눈빛을 떠올리게 되면 그 자체가 소비자 개인을 자극하는 자극이 된다.

또 다른 방법은 단순히 개념을 제시하기보다는 제품과 관련된 이야기를 제시하는 것이 좋다. 몇 년 전 청정원에서 건강한 프로포즈 편에서는 정우성을 모델로 하고 여성의 목소리로 남녀간의 사랑 이야기를 드라마 형식으로 제공하였다. 이러한 광고는 광고를 보는 소비자가 단순히 브랜드 네임이나 제품 특징만 기억하기보다 광고에 제시된 스토리를 기억하면서 자연스럽게 브랜드와 함께 그 에피소드 전체가 의미를 형성하며 쉽게 장기 기억 속에 저장된다.

그림 7.15 장기기억 광고 사례[16]

5) 기억의 인출과 인출실패

인간은 장기 기억에서 정보 처리한 모든 정보를 기억하지 못하는데, 그 이유는 정 보가 사라지거나 소멸된 것이 아니라 저장되어 있는 정보를 필요할 때에 효과적으로 기억해 내지 못하기 때문이다.

우리가 어떤 정보를 기억하고 있다는 것은 그 정보 가 필요할 때 머리에서 떠올라 사용할 수 있다는 것 을 의미한다. 즉, 광고에서 본 제품을 구매하려고 마음먹은 소비자가 그 제품을 구매하려는 시점에 매 장에서 브랜드 네임이 떠오르지 않는다면 우리는 그 제품을 기억했다고 말할 수 없다. 이처럼 기억 속 에 저장된 정보를 필요한 시점에 꺼내어 쓰는 현상을 인출(retrieval)이라고 하는데, 정보를 잘 기억한 다는 것은 다시 말하면 저장된 정보를 잘 인출하는 것이다.

(1) 인출단서

소비자가 저장된 정보를 쉽게 인출하는데 도움을 주는 요인으로 인출 단서(re-trieval cue)가 있다. 인출 단서란 저장된 정보를 인출해야 하는 시점에 그 정보와 함께 저장된 정보 혹은 목표 정보와 가까이 연합되어 있는 정보를 말 하는데, 이 정보가 인출할 시점에 단서로 제공되면 인출이 잘 일어난다. 앞서 의미망 모델에서 연합된 정보들끼리는 하나의 정보가 활성화되면 인접한 정 보가 자동적으로 활성화된다고 설명한 것에서 알 수 있는 바와 같이, 정보를 저장할 때 함께 저장된 정보가 인출하는 시점에 단서로 제공되면 기억해야 할 정보가 쉽게 인출된다.

---

16 사진출처: https://www.adic.or.kr/ad/tv/show.cjsp?ukey=57507
: https://www.adic.or.kr/ad/tv/show.cjsp?ukey=4559

이런 현상을 부호화 특수성 원리라고 한다. 이 원리에 따르면 인출이 잘 되기 위해서는 정보를 저장할 때 단 서를 잘 제공해야 한다. 즉, 정보를 기억장치에 입력 할 때 사용한 단서가 인출 시점에 제시되면 목표 정 보의 인출이 쉽다. 예를 들어 ,구매 시점 전시(point of purchase: POP) 광고는 제품에 대해 기억해야 하는 시점 에 광고에서 보았던 제품 광고의 특정 단서를 제공함으로써 제품에 관한 기억 인출을 돕는 것이 라고 볼 수 있다.

(2) 점화

인출 단서는 외부에서 정보로 제공되기도 하지만 정보처리자 스스로 인출 단서를 기억에서 찾아내기도 한다. 이런 현상은 점화(priming) 효과로 설명이 가능하다. 소비자가 어떤 정보를 기억해야 할 때 그 정보와 의미적으로 관련된 단서를 떠올리면 기억해 야 할 정보가 잘 인출된다. 이런 현상을 점화라고 부른다. 점화란 '노란색'이란 단어를 들을 때 'BC카드'가 떠오르기보다, '빨간색'이라는 단어를 들을 때 'BC카드'가 쉽게 떠오르는 현상을 가리킨다.

(3) 소비자의 정서

또한 소비자의 정서(기분)상태도 인출에 영향을 미친다. 기분 일치(mood congruency) 효과라고도 하는데 소비자가 특정 정보를 인출하는 현재 시점의 기 분 상태가 인출해야 하는 정보의 정서와 일치할 경 우보다 인출이 잘 된다는 것이다. 기억과 정서(기분) 의 관계를 연구하기 위해 최면을 이용하여 피험자 의 기분을 즐겁게 만든 조건에서는 슬픔과 관련된 정보보다는 기쁨과 관련된 정보의 회상이 많았는데, 피험자의 기분을 슬프게 만든 조건에서는 반대 결과가 나타났다.

또한 정보를 저장(부호화)할 때의 기분과 그 정보를 인출할 때의 기분이 일치되는 경우 일치되지 않는 경우보다 기억이 잘 된다. 이런 현상은 상태 의존 효과 라 한다. 즉 소비자가 어떤 광고에 노출되었을 때 유쾌한 기분이었다면 그 제품을 구매하는 매장에서도 유쾌한 기분을 경험할 때 그 브랜드를 인출할 가능성이 높다. 반대로 광고가 슬픈 음악을 배경으로 하여 광고 정보를 저장할 때 슬픈 기분 상태였다면 인출 상황에서도 슬픈 정서일 때 그 브랜드가 더 잘 회상된다.

(4) 정보특성

제품이나 광고에 관한 기억이 잘 되도록 하는 데 있어서 중요한 요인으로는 정보가 제시되는 방식과 정보의 물리적 특성, 그리고 광고가 제시되는 맥락 특성에서 찾을 수 있다.

첫째, 어떤 제품이든 그 제품이 속한 제품 범주에는 선두 브랜드가 있는데, 사람들은 그 선두 브랜드를 잘 인출한다. 예를 들어 김치냉장고 하면 '딤채'가 떠오르고, 에어컨 하면 '휘센'을 떠올린다. 이 브랜드들이 각각의 제품군에서 선두 브랜드이기 때문이다. 이것을 TOM 브랜드(top of mind brand)라고 하는데, 소비자의 기억 구조에서 제품군과 가장 강력한 링크를 맺고 있는 브랜드다. 이렇게 소비자의 기억 구조에서 가장 먼저 떠오르는 TOM 브랜드가 되면 큰 이점을 갖게 된다. 그 제품군에 대한 필요성을 느끼거나 구매를 결정할 때 제일 먼저 떠올린 브랜드를 중심으로 소비자가 의사 결정을 하게 될 가능성이 높기 때문이다. 이렇게 특정 제품군에서 선두 브랜드의 자리를 지키는 브랜드는 다른 브랜드보다 인출이 잘 된다.

두 번째 자극 특성으로서 소비자가 잘 기억하는 정보는 단순한 명제적 개념보다는 그 제품을 설명하는 구체적이고 서술적인 정보들이다. 예컨대, '00 치과'보다는 '이가 편한 치과', '미소가 아름다운 치과', 이런 식으로 치과의 특성과 관련하여 소비자가 기억하기 쉬운 서술적 정보는 의사의 이름이나 출신학교를 딴 '00 치과'보다 기억하기 쉽다. 그 이유는 제품의 특성과 어울리는 서술적 구조를 가지 고 있기 때문에, 이미 기억의 연상망 구조에서 서 로 관련 있는 정보들이 쉽게 연합되도록 제시하였기 때문이다.

셋째, 우리는 기본적으로 어떤 대상이 친숙한 것일 때 그 정보에 대한 인출이 잘 된다. 하지만 너무 친숙하면 오히려 주의를 기울이지 않기 때문에 기억 이 저조해지기도 한다. 따라서 때로는 매우 특출한 정보가 인출이 잘 되기도 한다. 예를 들어 생각해 보자. 새 학기가 되어 출석부에 기록된 수십 명의 학생 이름을 부른다고 할 때, 우리는 특이한 이름은 한번만 들어도 쉽게 기억하는 반면 흔한 이름의 경우에는 여러 번 들어도 어떤 학생의 이름인지 정확히 기억하지 못한다. 이처럼 정보의 친숙성은 회상 을 방해하는 요인이 되기도 하지만, 반대로 특출성 이 회상을 방해하기도 한다. 신제품이 출시되었을 때, 너무나 생소한 이름이라면 그 정보를 잘 인출할 만한 단서를 찾지 못한 채 정보를 저장하기 쉬운데 , 그렇게 되면 인출 시점에 정보를 회상하기 어렵게 된다. 따라서 브랜드 네임을 정할 때 기업은 기억 증진을 위해 여러 가지를 고려해야한다. 즉, 소비자에게 친숙한 느낌을 주면서도 너무 친숙해서 주의를 기울이지 않을 정도로 흔한 이름이어서는 안 된다. 또한 제품의 특징을 잘 담고 있어서 소비자가 그 브랜드의 이름을 들으면 제품 특성이 어떤 것인지를 분명히 떠올릴 수 있는 그런 종류의 이름을 짓는 것 이 중요하다.

넷째, 정보가 제시되는 형태에 따라서도 기억 성과는 달라진다. 일반적으로 언어보다 그림 정보가 기억하기 쉽다. 어린 아이들의 동화책을 보면 삽화가 많은데 ,이것은 어린아이들이 내용을 더 잘 기억하게 만들기 위해 쓰는 전략이다. 광고의 경우도 제시 되는 정보는 두 가지 유형으로 하나는 그림 정보 , 다른 하나는 언어 정보다. 이 두 가지 정보 중에 소비자가 더 잘 기억하는 것은 무엇인가? 당연히 광고 의 카피(언어 정보)보다는 제품이나 모델 등의 그림 정보다. 소비자가 그림과 언어 정보 중 어떤 정보에 더 쉽게 주목하는가를 안구운동 추적기(eye tracker)를 통 해 분석한 결과, 언어 정보보다 그림 정보를 더 먼 저, 더 많이 주의하는 것으로 밝혀졌다 따라서 정보 에 대한 기억을 도와주는 데는 그림 정보를 이용하는 것이 매우 유리한 방법이다.

(5) 맥락특성

광고가 제시되는 맥락적 요인에 따라서도 기억 정도에 차이가 있다. 예를 들어 10여 개의 광고물이 연속해서 방영될 때(광고1. 광고2...광고10. 광고11, 광고12) 소비자는 맨 처음에 본 한두 개의 광고(광고1,2)와 맨 마지막에 본 한두 개의 광고(11,12) 중간에 제시된 광고 (5,6,7,8)보다 더 잘 기억한다. 이것을 초두효과(처음본 광고)와 최신효과(마지막에 본 광고)라고 한다.

6) 광고 정보의 망각

소비자가 어떤 광고를 기억하고 있는지 확인하는 방법은 그 정보가 필요할 때 머릿속에서 회상되는지 여부를 통해서다 이를 인출이라 하는데, 인출이 제대로 일어나지 않아 필요한 정보를 회상할 수 없을 때 우리는 그 정보를 망각(forgetting)했다고 말한다.

(1) 망각의 원인: 간섭과 인출 실패

기억 구조에 저장된 정보가 망각되는 이유에 대해 초기 심리학자들은 저장된 정보는 시간이 지남 에 따라 자연적으로 쇠퇴된다고 보았다. 이런 설명 은 기억의 망각이 시간의 함수라고 보는 것이다. 하 지만 우리의 경험상 과거 오래 전의 일도 기억하는 것이 있지만, 최근에 습득한 정보도 잊어버리는 것 이 있다 이처럼 기억의 망각에 대한 쇠퇴이론(decay theory)은 너무 단순하다는 비판을 받았다.

망각현상에 대해 간섭이론은 입력된 정보들 간의 유사성 때문에 서로 간섭이 일어나서 적절 한 정보를 인출하지 못하는 것으로 설명한다. 우리는 하루에도 수만 가지의 정보를 계속 입력하는데, 새롭게 입력되는 추가 정보 때문에 원래 가지고 있는 정보와 경합이 일어나고, 그 결과 회상이 어렵게 된다. 유사한 정보를 많이 저장하게 되면 어느 것이 기억해야 하는 정보인지 식별하는 것이 혼란스럽기 때문이라고 설명할 수 있다.

간섭은 역행 간섭과 순행 간섭의 두 유형이 있다. 순행 간섭은 원래 저장되어 있던 정보(A)와 비슷한 종류의 정보(B)가 계속 유입될 때 원래 가지고 있던 기억 내용(A)이 새로운 정보(B)의 기억을 방해하는 현상이다. 예를 들면, 신제품이 출시되었을 때 원래 그 제품 범주에 있던 대표적인 브랜드 때문에 소비자 의 머릿속에 기억되기 어려운 현상을 말한다. 반면, 역행 간섭은 새로운 정보(B)의 유입으로 인해 과거 저장해 두었던 정보(A)를 기억하는 것이 방해받는 현상이다.

인출 실패는 분명히 어떤 정보를 기억하고 있다는 확신은 있지만, 그 정보가 정확히 떠오르지 않는 현상을 말한다. 예컨대 영화를 보고 나서 친구와 그 영화에 대해 이야기할 때, 그 영화의 주인공 이름이 갑자기 떠오르지 않는 경우를 누구나 경험해 보았을 것이다. 주인공의 이름이 입속에서 맴돌지만 그 것이 정확히 떠오르지 않아 끝내 말하지 못하는 현상을 '설단 현상(tip of the tongue phenomenon)',이라 하는데, 이것이 바로 인출 실패의 예다. 이때 옆에서 누가 그 주인공의 이름 첫 글자를 언급해 주면 머릿속에서 맴돌기만 하던 주인공의 이름이 갑자기 기억나는 현상을 통해 기억의 망각이 저장되어 있는 정보의 인출 실패라는 사실을 알 수 있다. 따라서 인출실패 는 적절한 단서가 제공되면 해결될 수 있다. 앞서 정보의 입력 과정에서 인출 단서 효과를 설명한 바와 같이 정보를 저장할 때 함께 입력했던 단서가 회상 시점에서 제공되면 인출 실패 현상이 감소되어 기억이 증진될 수 있다. 매장을 방문하면 POP 광고물이 많이 놓여 있는데, 이런 것들은 바로 소비자에게 그 브랜드에 관해 기억 단서를 구매 시점에 제시함으로 써 그 브랜드에 대한 인출을 촉진시키려는 마케팅 노력이다.

(2) 부분 목록단서 효과

광고나 마케팅 현장에서는 인출 실패 현상과 관련 하여 부분 목록 단서 효과(part-list cueing effect)를 이용하기도 한다. 부분 목록 단서 효과란 소비자가 어떤 제품군에 대해 여러 가지 정보를 저장하고 있을 때, 그 중 일부 브랜드만 일부러 제시하게 되면 나머지 브랜드는 오히려 기억에서 떠오르지 않는 현상이다. 예를 들어서 어떤 제품을 구매하고자 하는 소비자가 원래 a, b, c, d, e... 등 여러 개의 브랜드 정보를 가지고 있는데, 매장 직원이 두세 개의 브랜드(a,b,c) 만을 언급하며 제품에 대해 주로 설명하면, 소비자는 원래 알고 있던 브랜드(d,e,f...)는 잊고 매장 직원이 떠올려준 a, b, c 중에서 뭐가 더 좋은가를 생각하며 의사 결정을 하게 된다. 이렇게 일부 정보를 단서로 언급함으로써 원래 알고 있던 많은 정보가 기억에서 떠오르지 않는데, 이것이 바로 부분 목록 단서 효과다. 목록을 미리 제시해주면 그것이 인출 단서로 작용하므로, 제시되지 않은 브랜드들은 기억에 떠올리지 못하게 되는 현상이다. 광고에서도 특정 브랜드의 이름을 언급하면서 자사브랜드와 비교하는 비교 광고는 그 브랜드 외의 모든 다른 정보들에 대해선 기억하지 못하게 만드는 효과가 있다. 캐주얼 브랜드 헤지스(HAZZYS) 광고에는 경쟁 브랜드인 폴로(polo)의 브랜드 로고가 등장한다. 소비자는 이 광고를 보면서 두 브랜드에 대해서만 생각하게 되고 , 나머지 유사한 특징을 갖는 다른 브랜드에 대해서 는 아예 기억에서 떠올리지 않는다. 이렇게 되면 신규 브랜드인 헤지스가 소비자의 기억에서 나머지 잠재적 대안 브랜드들과 경쟁하지 않고 폴로와 경쟁하게 되므로, 상대적으로 선택될 확률을 높이는 효과를 가져 올 수 있다.

그림 7.16 부분목록단서 효과를 활용한 광고 사례17

3. 감정과 광고

광고는 메시지를 제시하는 방식에 따라 크게 이성 소구 광고와 감성 소구 광고로 나눌 수 있는데, 감성 소구 광고는 소비자에게 그 메시지를 통해서 감정을 느끼고 이를 통해 소비자 태도의 변화를 유발하는 광고를 말하고, 이성 소구 광고는 소비자의 합리적인 생각, 사고 기능을 자극하여 제품에 대한 신념을 형성하여 태도를 변화시키는 것을 말한다.

최근 광고들을 보면 제품에 대한 정보를 제공하여 소비자를 이성적으로 설득하기보다는 독특한 분위기를 자아내거나 이미지를 강조하여 소비자의 감정을 자극하는 광고들이 많아졌다. 이러한 광고 환경의 변화로 1980년대에 들어서면서 광고 효과 연구도 소비자의 인지적 반응을 위주로 접근하던 것에서 감정 반응을 중시하는 쪽으로 변화했는데, 여기에서는 먼저 감정의 특성과 기능, 그리고 광고 정보 처리에서 감정의 영향력에 대해 자세히 살펴보기로 한다.

1) 감정의 종류와 기능

소비자의 감정은 광고에 대한 태도 형성뿐 아니라 광고 기억에도 영

17 사진출처: http://egloos.zum.com/ultraking/v/10031906

향을 미치고, 소비 행동에도 직접 영향을 주는 등 감정과 인지, 행동은 밀접히 관련되어 있다. 감정이란 개인이 의식적으로 경험하고 주관적으로 느끼는 정신적 상태로서, 정서(emotion), 감정(affect), 느낌(feeling), 분위기(mood)등을 총칭하여 부르는 일반적 개념이다. 감정과 유사한 개념으로서 정서와 느낌 있다.

우리가 경험하는 감정은 주관적인 경험의 강도와 각성 수준에 따라 정서, 느낌, 분위기, 평가의 네 가지 유형으로 구분 할 수 있다.

정서(emotion)는 기쁨, 사랑, 공포, 분노 등 구체적으로 느끼는 주관적인 감정 상태로서 가장 강도가 세고 각성 수준도 높아 심장박동이나 땀 같은 생리적 반응이 수반되기도 한다. 예를 들어 공포영화를 보는 경우 무서운 감정과 함께 가슴이 뛰고 손에 땀이 나는 경험을 하는데 이런 상태의 감정을 정서라고 부른다. 소비자가 광고를 보면서 이렇게 강렬한 정서를 느끼는 경우는 많지 않지만 만약 강렬한 감정을 경험하게 되면 그대로 그 상표에 대한 평가로 쉽게 전이되어 구매와 같은 후속 행동에 상당한 영향을 미치게 된다.

느낌(feeling)은 정서보다 덜 강하며 다소 약한 생리적 반응을 수반하는 감정이다. 광고는 정서와 같은 강렬한 감정 반응을 유발하는 경우가 많지 않지만, 소비자로 하여금 여러 가지 느낌을 갖게 한다. 따뜻함, 만족감, 슬픔 등의 감정이 느낌 반응에 해당되는데, 만약 소비자가 광고를 보면서 이런 감정을 경험하게 되면 광고 자체에 대한 평가뿐만 아니라 상표(제품) 에 대한 평가에도 그대로 영향을 미치는 것으로 알려져 있다.

분위기는 감정의 강도가 낮으며 생리적 각성이 거의 수반되지 않는다. 소비자가 어떤 매장에 들어갔을 때 빠른 리듬의 음악을 듣게 되면 활기찬 분위 기 혹은 들뜬 분위기를 느끼고 반대로 느리고 조용한 음악이 흘러나오면 차분하고 온화한 분위기를 느낄 수 있다. 이런 매장의 분위기는 상점 선택뿐 아니라 매장 안에서의 소비자 행동에도 영향을 주게 된다. 빠른 음악이 나오는 식당에서 식사를 하면 조용하고 느린 음악이 나오는 식당에서보다 더 빠른 속도로 식사를 마친다는 실험 결과들은 분위기가 행동에 미치는 영향을 잘 보여준다.

마지막으로 평가(evaluation)는 가장 강도가 약한 감정으로 대상에 대한 태도, 즉 호의도(likability) 또는 선호도(preference)를 말한다. 선호도는 대상에 대해 구체적으로 좋고 싫음을 나타내는 것으로서, 주관적으로 느끼는 대상에 대한 전반적인 평가적 판단이다.

2) 감정의 3요소

심리학자들은 보통 감정의 요소를 세 가지로 본다. 첫째는 공포, 기쁨, 놀람 등의 특징적인 느낌 혹은 주관적 경험, 둘째는 주관적 경험에 따라 일어나는 생리적 흥분과 각성, 셋째는 이를 외부로 표현하는 것이다. 즉 감정이란 인간을 포함한 유기체의 고유 한 주관적 경험으로서 감정을 느낄 때에는 신체에 생리적인 변화가 일어나며 그때 느낀 주관적 경험은 외부로 표현하게 된다.

3) 감정의 특징과 기능

인간은 상대방의 표정과 몸짓, 자세, 행동 등에서 그 사람의 감정을 읽는다. 에크먼과 프리슨은 얼굴 표정에 대한 범문화적 연구를 통해 표정은 문화나 언어와 상관없이 보편적이라는 사실을 발견했다. 감정의 첫 번째 특징은 바로 인간이 선천적으로 감정의 원형 즉 기본 감정을 가지고 태어난다는 점으로 감정은 지역이나 인종, 언어, 문화를 뛰어넘는다.

감정의 두 번째 특징은 감정이 주관적인 경험 그 자체로 끝나는 것이 아니라 행동 경향성을 수반한다는 점이다. 모든 감정은 감정을 일으킨 자극에 대해 접근-회피라는 반응 경향성을 일으킨다. 접근 경향이란 유쾌한 감정을 일으킨 대상을 향하는 것이며, 회피 경향이란 불쾌한 감정을 일으킨 대상으로부터 멀어 지려는 것으로서, 감정은 대상과의 관계에서 개인이 느끼는 정신적 상태를 표현하는 기능뿐 아니라 행동을 일으키는 단서 정보로 작용한다. 예컨대, 광고에서 유쾌한 감정을 느낀 소비자는 광고한 제품에 대해 접근 동기를 느끼게 되어 그 제품이 꼭 필요하지 않은 상황이라 할지라도 접근(구매)행동으로 촉발 될 경향성을 갖게 되는 것이다. 감정의 세 번째 특징은 의도적인 계획이나 의식적인 통제가 어렵다는 점이다. 개인이 느끼는 감정은 외부나 개인 내부에서 어떤 자극에 의해 유발되는 반응이어서 의식적으로 억압하거나 의식적으로 통제 하는 것이 어렵다. 예컨대 밤길을 가고 있을 때, 뒤 에서 따라오는 발자국 소리를 들을 때 느끼는 무서움은 의식적으로 억제하기 어렵고 무서운 감정이 느껴지지 않도록 통제할 수도 없다.

넷째, 감정은 지속성이 약하며 쉽게 변한다. 우리가 느끼는 감정은 내·외부의 자극에 의해 발생하는 특성이 있어서 내·외부 환경의 변화에 따라 감정 반응도 쉽게 변하며 시간에 따른 가변성도 크다. 이와 같은 감정의 특성이 오랫동안 심리학을 비롯한 여러 학문 영역에서 감정을 학문적 연구 대상으로 생각하지 않도록 만든 원인이기도 하다.

다섯째, 감정은 선천적이지만 대상에 대한 감정반응은 대부분 학습되는 것이다. 아름다운 얼굴을 보면 기분이 좋아지고, 천둥소리와 같은 큰 소리에 대 해 공포감을 느끼는 것처럼 자극에 대해 선천적인 감정 반응도 있지만, 대부분의 감정 반응은 학습되는 것이다. 한국인이라면 보글보글 끓는 된장찌개 냄새에 기분이 좋아지지만, 된장찌개에 대해 경험이 없는 외국인은 그와 같은 기분 좋은 감정을 느끼지 않을 것이다. 이와 같은 감정의 특성은 제품에 대한 긍정적 감정을 멋진 광고 음악이나 매력적인 광고 모델을 통해 제품으로 연합시키는 고전적 조건화의 원리로 설명할 수 있다.

여섯째, 감정은 전반적으로 확산되는 성질이 있다. 개인이 긍정적인 자극 상황을 맞아 기분이 좋아지면 단지 그 대상에 대해서만 긍정적 감정을 갖는 것 이 아니라, 전반적인 행동에 모두 영향을 미치게 된다. 우리가 기분 좋은 상태에 있을 때에는 주변의 모 든 대상과 사람에 대해 호의적이고 긍정적으로 생각하고 반응하게 되지만, 반대로 불쾌한 감정 상태 에 있을 때에는 주변의 대상이나 상황에 대해서도 부정적이고 비호의적으로 생각하고 행동하는 경향이 있다. 따라서 기분 좋은 상태에서 광고를 보면 그 광고에 대해서도 긍정적 감정 반응이 형성되기 쉽고, 반면 불쾌한 기분이나 공포감을 느낀 상태에서 광고를 보게 된다면 부정적 감정 반응이 유발되기 쉽다.

3) 플루치의 기본정서

광고를 보면서 소비자가 느낄 수 있는 감정은 인간 이 경험할 수 있는 모든 감정의 종류만큼 다양할 것 인데, 이렇게 인간이 경험하는 모든 감정의 목록이 여러 학자들에 의해 정리되었다. 특히 정서심리학자 플루칙(1980)은 인간의 다양한 감정을 가장 기본적인 정서(primary emotion)로 분류했는데, 수용(acceptance), 두려움(fear), 놀라움(surprise), 슬픔(sadness), 거부(disgust), 분노(anger), 기대(anticipation), 기쁨(joy)의 여덟 가지다. 플루칙은 우리가 일상생활에서 경험하는 대부분의 감정 들은 이들 기본 정서가 두 개 이상 혼합된 혼합 정서라 하였다.

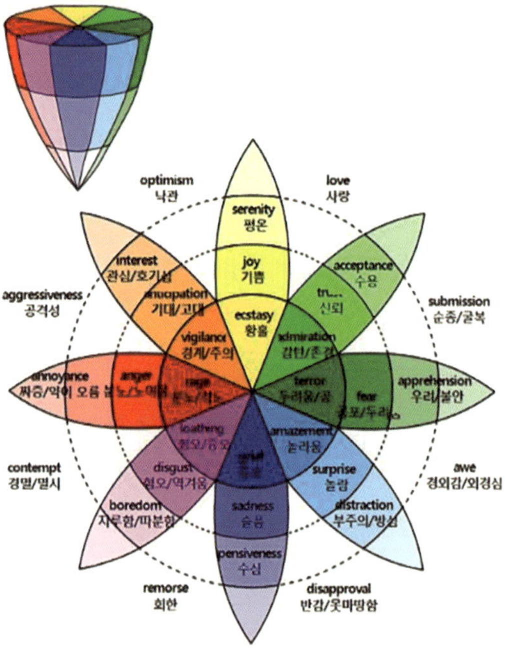

그림 7.17 플루칙의 감정수레바퀴[18]

18 사진출처: http://m.kosichki-spb.ru/cGx1dGNoaWsgcyB3aGVlbCBvZiBlbW90aW9ucw/

플루치(1980)에 따르면 감정은 강도, 유사성 및 양극성의 특징을 갖는 원추형의 3차원 구조로 개념화 할 수 있다. 수직 차원은 감정의 강도를 나타내고, 원주상에서 각 감정은 유사성에 따라 배열되며, 원형에서의 반대 위치는 감정의 양극성을 말한다. 정서의 강도, 유사성, 양극성이라고 하는 이 세 가지 특징을 구조화하면 팽이와 같은 간단한 기하학적 모형으로 조합할 수 있다. 수직 차원은 정서적 강도를, 횡단면은 정서의 유사성을 나타내고, 양극성은 원주의 반대편에 마주한 점으로 나타낼 수 있다. 정서를 나타내는 언어의 세 가지 특징과 일차적 정서에 관한 개념을 조합하면, 기본 정서는 여덟 조각으로 구성된 3차원 구조를 취하게 된다. 이 정서 팽이의 횡단면은 그림 왼쪽과 같이 정서 동그라미로 나타낼 수 있는데, 여덟 개 기본 정서가 유사성 순서로 배열되어 있다.

인간의 기본 정서는 여덟 가지에 불과하지만, 우리가 실제로 경험하는 정서는 수백 가지에 이른다. 플루치은 이와 같은 현상을 혼합 정서라는 개념으로 설명하고 있다. 예를 들어, '사랑'이라는 감정은 수용과 평온을 혼합한 감정이고, 수용과 불안이라는 감정을 섞으면 '순종'이나 '굴복'과 같은 정서가 된다. 이렇게 둘 이상 의 기본 정서들이 서로 다른 강도로 혼합되어 수백 개의 정서가 만들어진다.

4) 감정의 영향

감정과 인지는 각기 감정 체계와 인지 체계의 활동 에 의해 생성되는 반응인데, 인간의 정신 과정에서 이들 두 체계는 상호 관련성이 높아서 서로 영향을 미친다. 예컨대, 많은 사람들 앞에서 넘어져 부끄러움을 느끼면 피가 날 정도로 상처가 심해도 아픈 것 을 느끼지 못하다가(감정) ,상처 부위에서 피가 흐른 다는 것을 아는 순간(인지) 극심한 통증을 느끼게 되 는 것처럼 인지와 감정은 각각의 과정에서 서로 영향을 주고받으며 정보를 처리한다.

(1) 인지 과정에 대한 감정의 영향

감정과 인지는 서로 다른 심리적 반응이다. 감정은 대상에 대한 느낌이나 분위기처럼 자극에 대한 주관적인 경험 상태이며 대개 생리적인 신체 반응을 수반한다. 여기서 주관적이라는 의미는 동일한 자 극에 대해서도 사람에 따라 긍정적 감정을 느낄 수도, 부정적 감정을 느낄 수도 있다는 뜻이다. 이에 비해 인지는 대상에 대한 정신적인 반응으로서 지식의 습득이나 저장과 관련된 정신 과정이며, 신체적, 생리적 반응이 일어나지 않는다. '빨간 사과' 로고가 찍힌 카드사의 광고를 보면서, 소비자가 '사과를 브랜드 심벌로 삼았구나'라는 반응 을 하는 것은 인지의 역할이지만, 빨간 사과 로고를 보면서 '탐스럽다'거나 '맛있겠다' 같은 긍정적 기분을 느끼는 것은 감정의 역할이다.

오랫동안 심리학에서는 인간의 정신 과정을 인지 중심으로 바라보았고, 감정은 인지 과정을 촉진하거나 방해하는 것으로 설명해 왔다. 즉 감정과 인지를 동등하게 바라보기보다는 인지 과정에 감정이 라는 부수적인 과정이 작용하여 인지 과정에 긍정적 혹은 부정적 영향을 미치는 것으로 이해했는데, 그런 관점의 대표적인 이론으로 감정 일치 가설(mood congruency hypothesis)을 들 수 있다. 감정 일치 가설이란 입력 정보의 처리(부호화)나 저장, 저장된 정보의 인출, 대상에 대한 판단, 대상을 향한 접근-회피적 행동 모두가 유기체의 감정과 일치하는 방향으로 이루어진다는 것을 뜻한다. 즉, 긍정적인 감정 상태에서는 긍정적인 정보들이 더 잘 입력되고 정보 처리가 증가하며, 반대로 부정적인 감정 상태에서는 부정적인 정보들의 처리가 더 잘 일어난다. 따라서 특정 광고에 노출되기 이전의 소비자가 어떤 감정 상태인가는 해당 광고의 정보 처리 과정에 영향을 미치게 되는데, 매우 부정적인 감정을 유발하는 프로그램 바로 뒤에 나오는 광고는 광고 상표에 대한 부정적인 정보들이 더 잘 처리될 가능성이 있고, 유쾌한 기분을 유발한 프로그램에 이어서 나오는 광고에 대해서는 소비자가 그 제품에 관련된 긍정적 정보들을 더 잘 처리할 가능성이 있다. 그래서 소비자를 긍정적인 분위기로 유도하는 광고는 해당 브랜드에 대해 긍정적인 사고를 증가시키고, 부정적인 사고를 감소시킬 수 있으며, 이런 방식에 의하여 브랜드 태도를 호의적으로 만들 수 있다. 또한 특정 대상에 대해 어떤 감정을 느끼면 그 감정은 대상에 강하게 연합되기도 한다. 특정 광고를 보면서 소비자가 그 상표에 대해 긍정적 감정을 느꼈다면, 이후 그 상표를 볼 때 자동적으로 긍정적 감정이 활성화되어 호의적 평가나 판단이 유발될 수 있음을 시사한다.

한편, 감정적 점화(affective priming) 현상은 감정이 인지과정에 미치는 영향을 보여주는 또 다른 좋은 증거다. 감정적 점화란 사전에 형성된 감정이 대상에 대 한 후속 평가나 판단에 영향을 미치는 현상을 말한다. 감정적 점화에 따르면 사전에 유발된 긍정적인 감정은 후속 광고에 대해 긍정적인 평가를 유도 하고, 부정적인 감정이 유발되어 있을 때 광고에 노출되면 해당 광고에 대해 부정적으로 평가하게 된다. 감정적 점화 현상을 증명하는 전형적인 실험방법은 웃는 얼굴이나 찡그린 얼굴처럼 긍정적이거나 부정적인 감정을 유발하는 자극물을 아주 짧은 시간(예, 4ms) 동안 보여주고 나서 감정가를 갖지 않는 표적 자극에 대한 감정 반응을 측정하는 것인데, 긍정적 감정을 유발하는 자극에 점화된 조건에서는 부정적 감정을 유발한 자극에 점화된 조건보다 표적 자극을 더 긍정적으로 평가하는 것으로 나타난다. 이처럼 감정은 대상에 대한 평가와 판단을 감정과 일치하는 쪽으로 치우치게 만드는데, 소비자가 광고 에 노출되는 상황으로 연결시켜 생각해보면 프로그램이나 광고물 자체가 긍정적 혹은 부정적 감정을 유발하게 되면 해당 제품에 대해 특별히 긍정적인 속성 정보를 발견하지 않더라도 그 상표에 대해 긍정적 혹은 부정적 평가가 일어날 수 있다는 의미다. 따라서 광고가 어떤 감정을 유발하는 프로그램과 연계되어 소비자에게 노출되는가, 혹은 광고 내용이 소비자에게 어떤 감정을 유발하는가는 광고 제품에 대한 소비자의 반응을 특정한 방향으로 기울게 하는 데 중요한 영향을 미칠 수 있다.

(2) 행동에 대한 감정의 영향

감정의 중요한 특성은 감정이 적응적 기능을 갖는 다는 점이다. 이는 유기체가 느끼는 감정이 감정 그 자체로 끝나는 것이 아니라 행동 경향성으로 연결 된다는 것을 의미한다. 모든 감정은 감정을 일으킨 자극 상황에 대해 '쾌-불쾌' 차원의 평가를 전제로 하여 '접근-회피(approach avoidance)' 경향성을 일으킨다.

접근 경향이란 유쾌한 감정을 일으킨 대상을 향하는 것이고, 회피 경향이란 불쾌한 감정과 연합된 대상으로부터 멀어지려 하는 행동 경향성이다. 이렇게 감정은 행동 유발의 단서로 작용한다.

광고는 소비자를 목표로 하는 마케팅 활동의 대표적 분야로서, 기업이나 광고 관련 종사자들은 소비자의 욕구와 구매 행동 간의 관계에 관심을 갖고 광고를 통해 소비자의 구매 행동을 유발해 구매 욕구를 창출하려는 노력을 기울여왔다. 그런데, 감정은 소비자의 구매 욕구를 창출하는 강력한 요인이 될 수 있으며, 또한 행동을 직접 유발하는 단서로 작용하기도 한다. 예를 들어, 광고를 보고 긍정적 기분을 느낀 소비자는 광고 제품에 대해 접근 동기를 느끼고, 또한 긍정적 감정은 동기화된 행동에 대해 유인가(incentive)로 작용하여 소비자는 꼭 필요하지 않은 상황이라 할지라도 광고가 유발한 긍정적 감정을 유지하기 위해서 또는 부정적 감정 상태를 피하기 위해 구매 행동을 하게 된다. 감정이 우리의 행동에 영향을 미치는 현상은 일상생활에서도 쉽게 경험한다. 빠른 음악이 흐르는 매장에서는 소비자의 발걸음이 빨라지고 의사 결정 속도도 빨라질 수 있으며, 느린 음악일 때에는 반대 현상이 나타나게 된다.

5) 소비자 감정 반응과 광고 효과

광고에 대한 소비자의 태도 혹은 브랜드에 대한 태도를 정확히 이해하기 위해서는 소비자의 인지와 감정 모두를 잘 아는 것이 중요하다. 소비자는 같은 기능의 제품이라도 브랜드 이미지가 좋은 제품에 프리미엄 가격을 지불하는 경향이 있다. 그래서 각 기 업들은 자사 브랜드 이미지를 긍정적으로 만들기 위해 다양한 전략을 구사하며 노력하는데, 광고는 브랜드 이미지를 긍정적으로 만들기 위한 기업의 대표적 활동 중 하나다.

자욘츠(Zajonc,1980)가 '단순 노출 효과(mere exposure effect)'에 대한

연구 결과를 발표하면서 광고 분야의 연구자들 사이에서도 광고 정보 처리 과정에서 감정의 역할에 대한 관심이 본격화되기 시작했다. 하지만 대부분의 학자들은 감정을 인지적 정보 처리 과정의 한 요소로 생각하면서 감정과 인지의 관계에 대해 관심을 가졌을 뿐 감정 그 자체에 대해서는 그다지 주목하지 않았다. 그러던 것이 1980년대 이후 광고의 역할과 비중이 점차 커짐에 따라 광고물 그 자체의 효과에 관심을 갖는 학자들이 많아지게 되었고, 광고를 보면서 소비자가 느끼는 감정이 광고물의 효과를 결정하는 데 중요한 요소라는 점을 인식 하게 되면서 광고에 대한 태도(attitude toward advertising)라 는 새로운 개념을 제안하는 학자들이 등장했다.

(1) 감정적 정보 처리

광고로 인해 소비자가 경험하는 다양한 반응은 크게 인지적 반응과 감정적 반응으로 나눌 수 있다. 이는 소비자가 외부 자극에 반응하게 되는 내적인 심리적 반응이 크게 인지 체계와 감정 체계의 활동으로 생성되기 때문이다. 이들 두 체계의 관계에 대해서는 심리학에서도 완전히 합의가 이루어진 것은 아니지만 대체로 인지 체계와 감정 체계는 어느 정도 독립적이면서 서로 영향을 미치며 상호 관련성을 갖는 것으로 본다.

인지 체계와 감정체계는 환경에 대해 독립적으로 반응하며 유기체 내부로 유입되는 자극 정보를 처리하는데, 각 체계에 의한 반응은 다른 체계에 영향을 미친다. 새로운 에어컨 광고를 보면서 소비자가 머릿속으로 '저 에어컨은 기존의 제품보다 공기 정화 능력이 우수 해졌구나'라고 생각하는 인지 반응과 '저 제품이 마음에 든다'는 감정 반응이 생성될 수 있고, 또한 전자제품 매장의 판매원이 매우 친절해서 기분이 좋다'고 느끼는 감정 반응과 그 판매원이 권하는 대로 '가격은 비싸지만 공기 정화 능력이 업그레이드된 신제품 에어컨을 사는 것이 좋겠구나'라는 인지적 반응으로 판매원의 권유대로 그 제품을 구매할 의도를 형성하기도 한다. 이처럼 소비자의 인지 체계와 감정 체계는 서로 다른 요소에 대해 서로 다른 반응을 생성하지만 각기 영향을 주며 환경에 반응하고 행동한다.

(2) 광고가 유발하는 감정반응

광고에 대한 감정 반응이란 소비자가 광고를 보는 동안에 자연스럽게 발생되는 느낌(feelings)과 정서(emotions)말한다. 예를 들면, 광고를 보면서 흐뭇함을 느낄 수도 있고 빠른 비트의 광고 음악 때문에 활기를 느끼기도 하며, 유머 광고를 보면서 재미와 즐거움 을 경험하기도 한다.

광고는 소비자의 인지적 활동을 자극하자도 하지만 동시에 다양한 감정 경험을 유발한다. 최근의 광고 들은 소비자에게 기대감이나 흥분, 즐거움 등의 뚜렷한 감정 반응을 유발해 내고 이를 브랜드와 연합 시키는 것을 목표로 하는 경우가 많다. 광고를 통해 해당 제품에 대해 논리적으로 제품의 장점을 설득하거나 학습시키려 하지 않고, 그 제품이나 브랜드와 관련된 특정한 감정을 느끼도록 하는 것인데, 이는 소비자가 광고를 보면서 느끼는 감정과 해당 브랜드가 강하게 연합되는 것이 브랜드에 대한 긍정적 태도를 형성하는 데 효과적이라고 보기 때문이다.

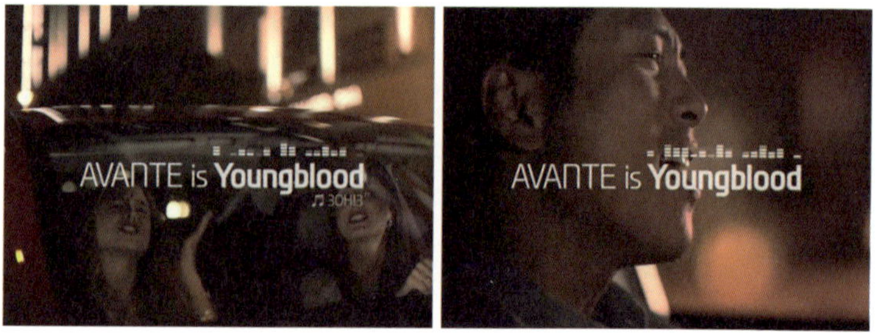

그림 7.18 긍정적 감정을 유발하는 광고 사례[19]

성영신과 박은아(1995)는 플루칙이 제안한 기본 감정 에 근거하여 소비자가 TV광고를 보면서 경험하는 감정 반응을 측정했는데, 여덟 가지 감정 중 실제로 소비자가 광고를 보면서 느끼는 감정은 대부분 수용(acceptance)과 즐거움(joy)에 해당하는 것으로 나타났다. 즉, 광고에 대해 신뢰가 간다, 따뜻하다, 편안하다, 믿음이 간다, 공감이 간다, 포근하다, 유쾌하다, 즐겁다, 재미있다 등의 수용 감정에 해당하는 반응이 많고, 혐오(disgust)에 해당하는 것으로는 마음에 안 든다, 믿을 수 없다, 징그럽다, 의심스럽다, 역겹다 등의 반응이 나타났다. 여기서 흥미로운 점은 소비자들의 이와 같은 감정 반응은 광고에 대한 호감도에 따라 뚜렷한 차이가 있어서 실험 참여자들이 마음에 들어 하는 광고의 경우에는 감정 반응의 양이 많고, 수용 감정과 즐거움 감정 외에도 혼합 감정에 해당하는 호기심, 그리움, 시원함, 공감각적 반응이 많은 데 비해, 마음에 들지 않는 광고에 대해서는 혐오(disgust)감정에 해당하는 반응 외에

19 사진출처: https://www.youtube.com/watch?v=HS3ddqjNo4w

는 감정 반응이 거의 나타나지 않았다. 이렇게 소비자가 광고를 보면서 실제로 느끼는 감정 반응은 광고에 대한 태도와 직접 연결되며, 소비자에게 호감을 일으키는 광고는 결국 소비자로 하여금 광고를 보면서 다양한 긍정적 감정을 많이 유발하는 광고라는 점을 알 수 있다. 여기서 광고에 대한 감정 반응의 효과와 관련해서 알아두어야 할 중요한 사실은 긍정적 감정은 긍정적 효과를 낳고, 부정적 감정은 부정적 효과를 발휘하지 않는다는 점이다.

읽어보기 : 광고의 불편한 진실

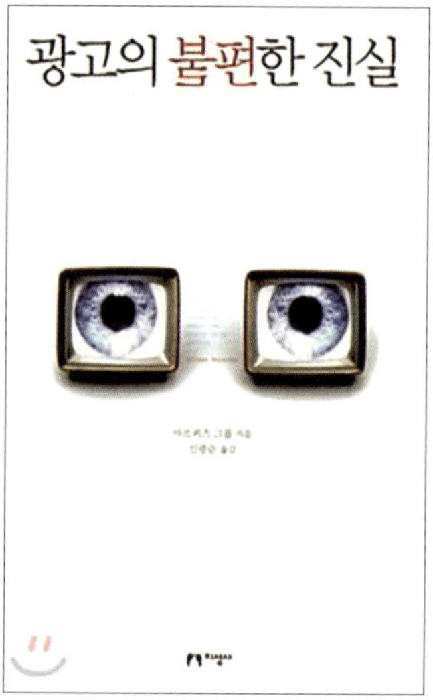

저자 마르퀴즈
역자 신광순
출판사 지성사

누구도 광고로부터 벗어날 수 없다!

이 책은 『광고의 불편한 진실』은 프랑스 광고 반대 시위의 과정에서부터 우리가 미처 의식하지 못하고 있는 광고의 폐해와 소비 사회에 대한 신랄한 비판을 담았다. 저자들은 문화와 정신을 상품화하며, 불필요한 소비를 부추기는 광고가 치밀한 계산으로 인간을 세뇌시키고 조종한다고 경고하고 있다. 우리는 광고를 이해함과 동시에 광고의 불편한 진실을 마주하고 보다 나은 광고미디어 환경을 위하여 어떠한 자세를 취해야하는 지 생각해 봐야 할 것이다.

8장

광고규제와 소비자문제

1. 광고산업

앞에서 살펴보았듯이 우리나라의 광고산업은 1970년대까지의 근·현대화기를 거쳐 1980년대 이후 급 성장기를 맞았다. 우선 경제성장에 힘입어 총 광고비 규모가 급속하게 성장했다. 이는 한 나라의 경제상황을 가장 민감하게 반영하는 것이 광고비 규모라는 점을 고려하면 당연한 일이라 할 수 있다. 1980년 이후 지속적인 경제성장으로 총 광고비는 1996년까지 높은 상승폭을 나타내지만, 1997년 외환위기로 인한 경제 침체로 총 광고비 규모도 감소했다. 그 후 외환위기의 극복에 따른 경기의 호전, 그리고 2002 한일 월드컵이라는 대형 국가 이벤트의 영향으로 광고계는 다시 활기를 되찾았다.

이러한 양적인 성장과 더불어 1980년대 후반부터는 광고산업의 구조 또한 대내외적으로 크게 변화해 왔다. 외적인 중요한 변화는 1989년부터 광고시장이 개방되기 시작하여 1991년에는 전면 개방됨에 따라 해외 광고대행사들이 우리나라 광고대행사와 합작하거나, 자본투자를 통한 적극적인 참여가 이루어졌다. 또한 대내적으로도 외국 광고 산업에 대한 진입규제가 완화됨으로써 전면적인 경쟁체제에 접어들게 되었다.

광고업계에 대한 분석을 살펴보면, 실질적인 광고활동과 관련해서 많은 사람들이 광고는 광고대행사만 수행하는 업무라고 생각하는데 사실은 그렇지 않다. 광고업무는 실제 광고의 주체인 광고주를 비롯하여 광고대행사 및 다양한 유관 기관들이 유기적으로 협력한 상태에서 이루어진다. 따라서 광고산업에 대한 정확한 분석을 위해서는 실제 광고업무와 관련 있는 기관들의 역할을 이해해야 한다.

1) 광고산업의 구조

흔히들 광고 산업을 이야기할 때 광고대행사만을 생각하는 사람들이 많다. 그러나 광고의 영역은 광고 캠페인 과정에서 일익을 담당하는 여러 조직들과 기관들이 상호작용하는 시스템으로 구성되어 있다. 이 시스템의 핵심에는 광고의 주체인 광고주를 중심으로 광고주의 광고활동에 도움을 주는 조성 기관들과 규제를 하는 통제기관들이 있다.

일반적으로 광고주의 전반적인 광고활동을 대행해 주는 광고대행사, 광고주에게 매체의 일부를 유료로 제공해 주는 매체사, 그리고 여러 광고의사결정에 도움을 주는 조사기관 등은 광고주 조직의 외부에 있는 지원기관 또는 조성기관들이다. 광고대행사와 조사기관은 시장기회를 분석하고, 광고아이디어를 만들어 이를 테스트하고, 그리고 매체시간과 공간의 구매 등을 통하여 광고주를 도와준다. 물론 매체는 광고할 수 있는 수단, 다시 말해 지면이나 시간을 제공한다.

그 외에도 방송광고 프로덕션과 같은 제작회사, 광고주와 대행사에게 과학적인 매체자료를 제공해 주는 미디어렙, 그리고 광고주 대신 매체기획과 구매를 해주는 미디어 에이전시도 광고주의 광고활동을 돕는 조성 기관이라 할 수 있다. 이 중에서도 광고의 주체인 광고주를 비롯하여 광고대행사와 매체사를 광고의 3주체라 한다.

그러나 광고 관련 기관에는 조성기관만 있는 것은 아니다. 실제로 다른 기관들은 여러 가지 방법으로 광고주의 광고활동들에 규제를 하는 통제기관의 역할을 하고 있다. 조성기관과는 달리 통제 또는 규제기관은 광고가 사회시스템의 하나로서 가져올 수 있는 여러 폐해를 감시하고 통제하는 기관이다.

대부분의 광고주들은 자신의 제품 및 서비스, 그리고 광고가 광범위한 정부규제에 의해서 영향을 받고 있다. 공정거래위원회, 방송광고심의위원회, 유선방송광고심의위원회, 한국방송광고공사, 소비자보호원, 한국광고자율심의기구, 한국방송협회 등의 정부기관 및 자율기구가 통제기관에 속한다. 그 외에 경실련이나 YWCA와 같은 시민, 소비자 단체도 통제기관이라 할 수 있다.

2) 광고대행사

(1) 광고대행사에 대한 이해

광고대행사는 광고주를 대신해 광고전략을 수립하고 집행하는 기관으로, 여러 광 고 유관기관 중 가장 중요한 역할을 한다. 대행사의 구조를 살펴보면 크게 세 가지 형태의 인력을 고용하고 있다.

첫 번째 집단은 어카운트 서비스 또는 광고기획 서비스와 관련된 집단인데, 이를 담당하는 전문가를 AE(account executive)라 한다. 새는 광고주와 광고대행 사간의 연결고리 역할을 한다. 즉 AE는 광고주의 상황 및 요구사항을 파악하여 전반적인광고 기획을 수립하고, 크리에이티브 및 매체팀과 세부적인 광고전략 및 전술을 수립한다. 그리고 대행사에서 수립한 기획안을 갖고 광고주를 만나 그들에게 설명하며 설득한다. 다시 말해 광고주에게는 광고대행사를 대표하며, 광고대행사에게는 광고주를 대표하는 역할을 한다.

두 번째는 크리에이티브 서비스 집단으로서, 여기에는 카피라이터, 아티스트, 그리고 광고제작과 관련된 사람들이 포함된다. 이 집단은 광고캠페인을 개발하고, 주제를 준비하고, 그리고 실제 광고물들을 제작한다. 여기서 광고제작의 총책임자를 크리에이티브 디렉터(creative director)라 하는데, 아트 부서와 카피 부서의 종합된 활동을 지휘하는 책임을 지고 있다.

카피라이터(copy writer)는 광고계획의 입안단계에서부터 크리에이티브 콘셉트를 만들고 표현기획서를 작성하는 등 광고표현 전술의 구상과 함께 판매 포인트(sellingpoint)를 명확히 하고, 제작 회의 시 자신이 생각한 아이디어를 글로 정리 하여 제시하는 역할을 한다. 또한 참석한 다른 사람들의 아이디어도 글로 정리하여 전체 스태프의 이해를 도와 합의를 이루게 하며 최종적인 원고 작성 등이 모두가 카피라이터의 주요 업무라 할 수 있다. 때에 따라PR지의 기사나 보도자료를 쓰고 , 나아가 광고 문구, 광고 배경음악의 작사까지 하는 경우도 있다.

광고 대행사에서 아트디렉터(art director)는 인쇄매체 광고에서의 일종의 비주얼 연출가다. 미술감독이라는 의미를 갖고 있는 아트 디렉터란 용어를 사용하고 있는 분야는 대단히 넓은데, 광고 디자인, 에디토리얼, 광고사진분야등각각의 분야 에서 일의 내용은 매우 다르다. 광고 디자인 분야에서 아트 디렉터가 되기 위해서는 영화 필름, 레이아웃, 사진, 타이포그래피, 인쇄까지 전문적인 지식을 갖춰야한다.

세 번째는 매체기획 서비스 집단이다. 광고에서 매체기획이란 제작된 광고물을 소비자에게 적절히 노출시키는 전략을 말한다. 아무리 잘 만들어진 광고라 할지라도 표적 소비자가 자주 접하는 매체를 선정하지 못한다면 광고는 아무런 영향도 발휘할 수 없다. 따라서 매체기획 서비스에는 전반적인 광고 노출량, 노출시기, 미디어 믹스 전략 및 실제 해당 매체의 특정 프로그램과 같은 비히클 구매도 포함된다.이러한 세 부문 외에도 대형 대행사 일수록 마케팅, 조사, PR, 판촉부서를 갖추고, 광고만이 아닌 다양한 수단을 모두 사용해 통합적인 서 비스를 제공하고 있다.

현재 국내 광고대행사의 현황을 살펴보면 취급액 기준 상위 10개 대행사가 전 체 광고비의 74.2%를 차지하고 있는데, 이는 2008년도 대비 약6% 성장한 것으로 해외 취급액의 증가가 주원인인 것으로 보인다. 취급액이란 광고대행사가 유치한 광고주의 광고비를 뜻하며 회사 규모를 가늠하는 지표로 사용되고 있다.

2009년 현재 취급액 1위를 차지한 제일기획(2조2000억 원)은 2008년에 이어 수위를 지 켰으며, 이노션이 새롭게 2위를 차지했다. 이노션은 2008년 12월 설립된 미국법인(IWA)의 취급액이 포함되면서 해외 취급액이 증가되었다. 그리고 SK마케팅앤컴퍼니는 신규 광고주의 영입과 온라인 취급액이 증가하면서 높은 성장률을 보였다. 이외에도 맥켄에릭슨&유니버설맥켄코리아가 10위권 안으로 진입했으며， JWT 애드벤처는 2008년 16위에서 11 위로 도약했다. 그 외에 HS애드(구 LG애드)와 대홍기획 등이 국내 취급액 10위권 안에 포함되는 대행사들이다.

(2) 광고대행사 형성 과정

가. 서구의 광고대행사 형성 과정

세계 광고의 역사에서 최초의 광고대행업자는 17C 프랑스의 의사이자 기자이면서 개 인 광고를 창시한 르노도(Renaudot)로 알려져 있다. 그는 파리에 온갖 종류의 취업정보 및 상품을 안내하는 '취업안내 및 광고사무소'를 설립했고, 1631년《라 가 제타<La Gazetta)》라는 제호의 신문을 발행하면서 광고를 취급했다. 영국 최초의 광고대행업자는 윌리엄 테일러(William Taylor)다. 그는 1786년 런던에 테일러 앤 드 뉴튼(Taylor & Newton)이라는 사무실을 내고, 당시 신문광고 판매대행 업무를 수행했다. 하지만 광고가 하나의 산업으로 성장하면서 광고대행사가 오늘날과 같은 형태를 띠게 된 것은 19C 미국에서부터다.

미국 최초의 광고대행사는 1842년 볼니 파머(Volney Palmer)에 의해 필라델피아에 세워졌다는 것이 정설이다. 이 광고대행사는 볼니 파머가 죽고 난후 조이 코 앤드 컴퍼니(Joy, Coe & Co)에 흡수되었고, 1877년에는 에이어(N. W. Ayer)에 합병됨으로써, 그는 오늘날 다국적 광고대행사인 에이어사의 선조가 되었다. 그 외에 존 후퍼(John Hooper), 사무엘 페튼길(Samuel Pettengill), 다니엘 로드(Daniel Loard), 조지 로웰(George Rowell), 에 이 어어. W. Ayer), 제임스 월터 톰슨(J. Walter Thompson) 와 같은 광고대행업자가 있었다.

당시 광고대행사는 직원 5명 내외로 영세한 사무실의 형태를 띠고 있었으며 현대적 의미의 AE, 마케터, 카피라이터, 디자이너는 거의 없었다. 초기 대행 업자들은 신문사의 광고지면을 구입한 후 그것을 광고주들에게 팔아 이윤을 창출하였기 때문에 광고대행업자라기보다는 지면 브로커(space broker)로써 역할을 했다고 볼 수 있다. 한편 J. 월터 톰슨은 신문보다 잡지광고가 더 수익성이 있음을 간파하고 잡지광고를 대행하는 JWT를 1864년 창립하여 오늘날 미국을 대표하는 광고대행사의 창설자가 되었다.

이렇듯 신문사의 광고지면 판매 대행에서 출발한 미국의 초기 광고대행사는 점차 광고주를 위해서 카피 및 디자인도 해주고 발행부수에 대한 조사 자료도 제공 하면서 오늘날과 같은 종합광고대행사의 면모를 갖추기 시작했다. 그리하여 1892 년 에이 어사는 최초로 카피라이터를 고용하는 등 오늘날과 같은 광고제작 서비스를 제공했다.

(2) 한국의 광고대행사 형성 과정

경제개발계획이 성공적으로 이루어진 1970년대에는 각종 소비재가 생산되어 시장에 유통되면서 광고가 꽃피기 시작한다. 이 시기에 광고 산업 발전의 핵심 축이라고 할 수 있는 광고대행사가 창립되면서 현대 한국 광고를 발전시킬 이정표를 세워나갔다.

현대적 의미에서의 본격적인 광고대행사라 할 수 있는 '합동통신사 광고기획 살이 1967년에 창립된 이후, 1969년 1월 동아일보와 OB그룹의 합작으로 '만보사(萬報社)'가 창립됨으로써 우리나라의 광고환경은 양적·질적 측면에서 괄목할 만한 성장을 이룩했다. 특히 만보사는 1968년 국내에 진출했던 코카콜라의 광고를 대행함으로써 광고 산업의 발전과 현대화의 첫발을 내디뎠다. 그 후 만보사는 1975년 합동통신사 광고기획실에 흡수·통합된 후 1979년 '오리콤'으로 발전했다.

그림 8.1 3대 광고대행사[20/21]

1970년대에 들어 광고대행업은 새 업종으로 각광을 받게 된다. 이는 1973년에 삼성그룹이 중앙일보와 동양방송의 후광을 바탕으로 '제일기획'을 창설하고, 1974년에는 MBC, 경향신문을 위시해 동아제약, 럭키그룹, 해태, 동아일보, 태평양 화학, 미원 등이 주주로 참여한 '연합광고'가 창립되었다. 이렇게 1970년대는 '오리콤', '제일기획', '연합광고' 3사의 과점 시대였다. 그 주된 이유는 매체의 광고대행사 인정 제도가 없었고, 이 3개사는 모두 언론사의 뒷받침이 있었기 때문이었다.

1970년대 말에서 1984년 사이에는 나라기획(1977), 진애드(1979), 대보(1979), 거손(1980), 서울광고(1980), 한덕광고(1981), 해태기획(코래드 전신, 1981), 삼우(1981), 대홍(1982), 동방기획(1982), 삼희기획(1983), 금강기획(1983), 엘지애드(1984) 같은 10여 개의 광고대행사가 창립되었다. 1981년 한국방송광고공사(KOBACO)가 설립된 이 후 창립된 대행사는 거의 그룹 계열인 계열광고대행사(in-house agency)였다.

(3)광고주들이 광고대행사를 이용하는 이유

많은 기업들이 마케팅 부서나 홍보부를 따로 두고 있고 있음에도 불구하고 자사내에서 광고를 직접 하지 않고 외부의 광고 대행사는 이용하는 이유는 무엇일까? 그 이유는 다음과 같다.

먼저, 광고대행사를 이용하는 첫 번째 이유는 전문성 때문이다. 광고대행사는 광고주 단독으로는 채용할 수 없는 고도로 숙련되고 값비

---

20 사진출처: http://map.naver.com/index.nhn?query=7Jik66as7L2k&enc=b64&tab=1

21 사진출처: https://namu.moe/w/%EC%A0%9C%EC%9D%BC%EA%B8%B0%ED%9A%8D

싼 전문가들을 다수 보유하고 있다. 일부 대행사의 경우 여러 광고 업무 중 한 가지 만을 특화시키기도 하지만, 대부분의 대행사는 광고주가 요구하는 다양한 전문서비스들을 제공하고 있다. 즉 대부분의 대행사는 경영자, 회계사, 마케팅 실무자, 조사원, 시장 및 매체분석가, 카피라이터, 아티스트 등 영업전문가와 크리에이티브 전문가가 결합된 형태로 구성되어 있는데, 광고주는 단독으로 이러한 전문성을 갖추기 어렵다. 따라서 광고주는 직접 광고를 하기 보다는 대행사를 이용한다.

두 번째 이유는 객관성 때문이다. 마케팅 및 광고 기획의 첫걸음은 상황분석 (situation analysis)이다. 광고주는 상황분석을 통해 자신의 비즈니스에 위협이나 기회가 될 외부요인을 찾아내고, 타사에 비해 갖는 내부적 인 강점과 약점을 찾아내야한다. 즉, 광고주는 상황분석을 통해 자사의 기회, 위협, 강점, 약점을 찾아내고 최적의 기획안을 수립한다. 그러므로 훌륭한 기획을 위해서는 현재 자신의 상황을 객관적이고 냉철하게 볼 수 있어야한다. 그러나 기업들은 그들 자신의 문제를 분석함에 있어 객관성을 견지하기 어렵다. 반면 대행사는 광고주 기업에 비해 상대적으로 객관적인 견해를 가질 수 있다.

세 번째 이유는 광고대행사를 이용할 경우에 광고 비용이 저렴성 때문이다. 광고대행사는 여러 광고를 대행해주기 때문에 매체의 지면이나 시간을 구입하는 비용이 일반 기업보다 훨씬 저렴하게 매체사와 타협할 수 있다. 매체사는 광고대행사에게 광고주가 지불한 매체비용의 일부(약 15%)를 커미션으로 지불하는데, 광고주는 이 비용으로 대행사이용료로 지불하기 때문에 광고주의 입장에서는 직접 광고를 할 때와 대행사를 이용할 때 발생하는 총 비용이 크게 차이가 나지 않거나 더 저렴하다.

(4) 광고대행사의 유형

가. 계열 광고대행사와 독립 광고대행사

광고대행사는 대기업의 계열사로서 주로 그룹의 광고를 의뢰받아 이를 대행해 주는 계열 광고대행사와 독립 된 기관으로서 독자적으로 광고수주를 받아 이를 집행하는 독립 광고대행사가 있다.

① 계열광고대행사

일부 기업들은 비용을 절약하고 광고를 철저히 통제하기 위해 자사의 계열 광고대행사(in-house agency)를 설립한다. 광고주들은 계열 대행사를 소유함으로써 일정 정도 경비를 줄이고, 매체 수수료를 직접 가질 수 있으며 외부업체에서 구매했을 때 주는 가산액(markup)을 감소시킬 수도 있다. 현재 우리나라의 경우 취급고가 큰 유력 대행사들은 계열 광고대행사가 많은 편이다.

현재 국내에서는 삼성그룹(제일기획), 현대기아차그룹(이노션), LG그룹(HS 애드/지투알), GS그룹(실버블렛), SK그룹(SK마케팅앤컴퍼니), 롯데그룹(대홍기획), 한화그룹(한컴), 두산그룹(오리콤), 보광그룹(휘닉스컴), 대상그룹(상암) 등이 계열 광고대행사를 두고 있다. 또한 중견기업인 일동제약(유니기획), 한국화장품 (대보기획), 일양약품(더화이팅콕스컴), 미래에셋(웰미디어), 종근당(벨커뮤니케이션), 코리아나(스위치코퍼레이션), 프라임산업(영컴) 등 대형 광고주가 자사 광고회사를 설립했다.

계열 광고 대행사가 한국 광고 대행업을 주도하게 된 이유 중 하나는 1981년 '광고대행사의 광고대행에 관한 규칙'에서 찾아볼 수 있는데, 이 규칙은 총 매출액 100억 원 이상, 연간 50억 원 이상의 방송광고 대행실적, 30개 이상의 광고주확보를 방송광고 대행사의 인정 기준으로 삼고 있었다. 따라서 광고대행사의 설립은 큰 광고주를 다수 확보할 수 있는 그룹사에 의해 주도될 수밖에 없었고 그 결과 1987년 까지는 11개사만이 대행 인정을 받을 수 있었다.

계열 광고대행사의 장점으로는 우선 특정한자기 업종에서 전문성이 높다는 점이다. 즉 계열 대행사는 모기업의 광고를 주로 취급하므로 모기업의 업종과 관련해서는 많은 정보를 갖고 있다. 예를 들어 전자제품 광고와 관련해서는 다른 대행사 보다 제일기획이나 HS애드(구LG 애드)가 더 전문적이고, 제과류 광고와 관련해서는 대홍기획이 더 전문적이라 할 수 있다. 또한 계열 광고대행사는 큰 변화가 없는 한 모기 업 의 광고를 독점 하는 양상을 띠 기 때문에 안정 적 인 매출을 올릴 수 있으며, 마케팅 및 광고 관련 정보의 보안유지가 용이하고 광고주와 협의가 잘 이루어진다.

반면 계열 광고대행사의 가장 큰 문제점은 객관성이 상실될 수 있다는 점이다. 내부정책의 영향, 정책 입안자의 선형적 사고, 경영층의 지나친 간섭이라는 그늘아래서는 광고가 고객에 대한 적절한 메시지가 될 수 없고, 기업 내부에서 활기 없이 묵상하는 모습으로 비춰지기가 쉽다. 또한 광고주 유치에 있어 경쟁을 거치지 않고 독점을 하기 때문에 타성에 젖을 수 있고 크리에이티브 능력이 독립 광고대행사에 비해 뒤떨어질 수도 있다. 즉 창의성이 조금 부족하더라도 광고주측에서 이해해주는 식의 풍토를 조성하기 때문에 광고산업 발전의 걸림돌이 되기도 한다.

② 독립 광고대행사

실질적으로 광고 산업이 활성화된 이후 계열 대행사가 주도해 온 국내 광고산업은 1989년 대행사에 대한 방송광고 인정조건이 대폭 완화되고 독립 광고대행사의 설립 이 용이해지면서 국내 광고대행업계는 질적 및 양적 성장기를 맞이하게 된다. 하지만 아직까지도 국내에서는 계열 광고대행사가 광고업계를 주도하고 있는데, 2002년에는 KOBACO가 인정하는 광고대행사 200개사 중 계열 광고대행사는 30개에 불과했다.

독립 광고대행사는 광고 크리에이티브를 주무기로 하여 전반적인 광고산업을 잘 이해하고 있으며, 새로운 광고주를 개발하기 위해 적극적, 경쟁적으로 임하며 적응력이 뛰어나다는 장점을 갖고 있다. 또한 계열 광고대행사에 비해 좀 더 객관성을 유지할 수 있고 생존을 위해 고객사에 전력을 다한다. 따라서 이들은 거대그룹의 광고주를 섭외하기는 어렵지만 계열 광고대행사를 거느리지 않는 중견 기업들과 외국기업의 광고를 수주함으로써 계열 광고대행사와 역할분담을 하고 있다. 그러나 광고물량의 절대부족과 대기업의 계열 광고대행사에 비해 자금, 인력, 예산 등의 부족으로 어려움을 겪기도 한다.

나. 종합 광고대행사와 한정 광고대행사

① 종합 광고대행사

광고대행사는 또한 제공하는 서비스의 범위에 따라 종합 광고대행사(full-service agency)와 한정 광고대행사(limited service agency)로 구분된다. 종합광고대행사는 광고물의 기획 및 제작, 조사, 매체선정과같은 광고서비스와포장, PR, 판촉물 제작, 연차보고서, 사보제작 등 비 광고서비스까지 모든 영역에서 광고주를 위해 일 하는 대행사를 말한다.

② 한정 광고대행사

종합 광고대행사와 달리 한정 광고대행사는 광고와 관련된 일부의 서 비스만 제공 하는 대행사를 말한다. 앞서 보았듯이 광고주에게 제공하는 광고대행사의 서비스는 크게 세 가지 ,어카운트 서비스, 크리에이티브 서비스, 그리고 매체기획 서비스로 나누어볼 수 있다. 이처럼 광고대행사의 서비스를 구분했을 때 종합 광고대행사는 모든 서비스를 제공하는 대행사를 말하고, 한정 광고대행사는 이 중 특정 서비스만을 제공하는 대행사를 말한다.

특히 광고표현 및 제작업무만 전문으로 하는 업체를 크리에이티브 부티크 (creative boutique)라 하는데 이들은 많은 경우 제작감독, 아티스트, 카피라이터가 공동으로 작업하고 있지만, 주로 광고표현, 광고제작 등 광고기술적인 제작 서비스 만 제공하는 경우도 있다.

다음으로 크리에이티브 서비스와는 관련 없이 광고주 대신 매체기획 및 구매 서비스만을 제공하는 한정 광고대행사를 미디어 에이전시 (media agency)라 한다.

(5) 광고대행사 보상제도

광고대행사는 광고주와는 별개의 독립된 기관이므로 광고주는 서비스 대행에 대한 비용 을 대행사에 지불해야 한다. 광고대행사 서비스에 대한 광고주의 보상제도는 크게 세 가지로 나누어 볼 수 있다. 첫째는 광고 매체비나 제작비 등 취급고의 일정 비율을 서비스에 대한 대가로 보상하는 커미션(commission) 제도이며 , 둘째는 광고주에게 서비스하는데 소요 되는 광고대행사의 비용과 시간에 의한 수수료(fee) 제도, 그리고 마지막으로 광고주가 광고대행사에게 사전에 합의한 목표가 초과 달성될 경우 장려금 등을 지급하는 성과급(incentive)을 포함한 결합 보상제도로 나누어 볼 수 있다.

가. 커미션 제도

이 제도는 미국 광고대행사 협회가 1917년 창설되고 3년 후인 1920년 미국에서 시작되어 전 세계로 파급된 가장 전통적인 대행사보상제도다. 최근에는 유럽이나 미국 등에서 그 사용 비율이 현저하게 줄어들었으나 오래도록 광고대행사 보상제도의 핵심을 이루어 왔으며, 아직 국내에서는 대부분의 광고대행사가 이 커미션제도를 이용하고 있다. 이 제도는 광고대행사 보상액은 매체비용이 나 광고물 제작비용 등 비용의 일정 비율을 지급받는 방식이라고 할 수 있다. 예를들어 광고매체비가 1 억 원인 경우 1 억 원의 15%인 1500만원을 커 미션으로 보상받는 제도다.

미국에서 광고대행사가 처음 등장했을 때는 지금과 같은 업무를 하는 대행사라 기보다는 신문의 지면브로커 혹은 대행업자였다. 그들은 매체사로 하여금 지면판매 와 광고주 모집에 드는 비용을상당량 절감시켜 주었기 때문에 매체사는 광고주를 대신해 이들에게 구매한 시간 및 지면 요금의 15%를 미디어 커미션(media commission) 으로 주었는데, 이렇게 정착된 보상제도가 바로 커미션 제도다.

국내의 상황은 인쇄매체의 경우 대부분 15%의 미디어 커미션 제도가 사용되고 있으며, 방송광고의 경우에는 라디오가 13%의 커미션 비율이 일률적으로 적용 되는 반면, TV는 최초 1 억 원 이하에는 11.5% , 1 억 원 초과~8억 원 이하는 11%, 그 리고 8억 원 초과분은 9%가 적용되고 있다. 또한 옥외광고의 경우에는 약 3~10% 정도의 커미션 제도를 사용하고 있다. 또한 뉴미디어인 인터넷 광고의 경우에는 약 20% 정도, 그리고 케이블 TV는 15% 정도의 커미션 제도가 주로 사용되고 있다.

대행사는 이러한 미디어 커미션 외에도 광고 제작과 관련해서도 제작 커미션을 지급받는다. 대행사는 광고를 제작하는 과정에서 외부 공급업자로부터 사진이나 일러스트레이션 등과 같은 다양한 서비스나 광고자료를 구매한다. 이때 대행사는 공급업자에게 비용을 지불하고 난 후 광고주에게 청구하는 계산서에 송장가의 약 17.65%에 해당하는 가산액(markup)을 부과한다. 예를 들어 사진 촬영으로 850 만원을 지불하면 이 비용에 대해 17.65%의 가산액을 적용해 약 150만원의 이윤이 남게 된다. 이때 광고 대행사는 광고주에게 850만 원에 150만 원을 더해 총 1000만 원을 청구하는 것이다.

이와 같은 취급고에 기초한 보상은 기본적으로 광고주와 대행사 모두에게 높은 위험이 따르는 제도다. 그 이유는 광고대행사의 이익이 서비스 제공을 위해들인 노력이나 시간, 그리고 제공된 서비스의 질(즉 서비스 결과 어떠한 결과를 유발했는지)과는직접 관련 없이 광고주의 지출액, 즉, 주로 매체비용이라는 변수에 의해서만 결정되기 때문이다.

예를 들어 A라는 대행사가 코카콜라라는 광고주를 위해 동일한 TV 광고를 한 국의 MBC 9시 뉴스데스크와 미국의 슈퍼볼에 각각 광고했을 때 보상받는 금액이 차이가 난다. 동일한 광고일지라도 9시 뉴스데스크의 경우는 15초 광고단가가 약 1100만원이므로 A가 보상받는 금액은 미디어 커미션을 15%라 가정했을때 165만 원이다. 그러나2004년 슈퍼볼의 경우 30초 광고단가가 약27억 원으로 A가받는 금액은 대략4억 원 정도가 된다. 다시 말해 대행사가 광고주를 위해 동일한 노력을 기울여 비슷한 서비스수준의 광고를 제작하더라도 어떤 매체, 어떤 프로그램을 구입 하느냐에 따라 보상금액이 차이가 나므로 문제의 소지가 있다.

또한 커미션은 매체와 관련 없는 분야에는 적용하기 힘들다. 즉 PR이나 광고 조사 또는 마케팅 컨설팅처럼 광고 매체와 직접관련이 없는 분야의 서비스는 적절한 대가를 지불하기 힘들다는 단점이 있다.

그럼에도 불구하고 커미션제도는 널리 사용되고 있는데, 가장 큰 이유는 광고주의 입장에서 관리가 쉽기 때문이다. 즉 커미션의 경우 광고주가 전 체적 인 매체예산과 광고물 제작예산 등을 결정하면 광고회사서 비스 요금은 일정 비율로 자동적으로 예측가능하기 때문에 별도의 보상예산이나 수정이 필요치 않다. 또한 이 제도는 광고회사의 수입 이 광고주가 지불하는 매체와광고물 제작에 대한 지출금액으로 결정되기 때문에 광고회사는 궁극적으로 광고주의 광고비 지출액의 증대를 유발하기 위해 가장 효과적인 광고물을 제작하게 된다고 가정할 수 있다.

나. 수수료 제도

광고주에게 서비스하는 데 소요되는 대행사의 비용과 시간에 대한 보상제도인 수수료(fee) 제도는 1990년대부터 등장하기 시작하여 전통적인 커미션 제도를 대체 하는 보상제도로 성장했다. 이 제도는 광고 대행사의 수입을 광고주에게 서비스하는데 사용된 비용에 일정 금액을 더한 것으로 정의할 수 있는데, 시간당요율 및 고정 수수료 등이 대행사 서비스에 대한 보상을 계산하기 위해 사용된다.

수수료 제도가 커미션과 다른 점은 대행사가 매체비 등이 아니라 그들이 수행한 업무에 의해서 보상 받는다는 것이며, 이는 광고 대행사

보상금액과 제공서비스 라는 기조적인 방정식으로 표시되기 때문에 더욱 정교하고 예측 가능한 기회를 제공한다. 이 제도는특별한 변용 없이 모든 광고회사의 서비스나 과업에 적용될 수 있으며, PR이나 DM 등에도 동일하게 청구될 수 있는 장점이 있다.

그러나 이 제도는 광고주나 광고대행사 양자에게 모두복잡하고 사용하기 힘든제도이며, 광고대행사 서비스에 대한광고주의 지급이 할당된 대행사 인력에 따라 달라지기 때문에 광고주가 대행사의 인력할당에 항상 의문을 갖게 된다. 또한 이러한 비용과 시간기준을 제대로 적용하기 위해서는 앞서 언급한 취급고에 기초한 커미션 제도보다 많은 관리상의 주위가 요구된다. 또한 커미션 제도와 마찬가지로 성과에 대한 보상이 이뤄지지 않는다는 단점이 있다.

다. 인센티브를 포함한 결합보상제도

인센티브(incentive)란 광고주가 대행사에 지불할 총 보상비용을 기준으로, 특정 업무에서 높은 성과가 나타났을 때 추가적으로 대행사에 지불하는 성과급이라 할 수 있다. 인센티브에 기초한 보상제도는 마케팅 믹스의 다른 여러 가지 요인으로부터 광고의 기여도를 분리하고 측정하는 것이 어렵기 때문에 한계를 가질 수도 있다. 하 지만 이러한 어려움에도 불구하고 광고주들은 보다 더 신뢰할 수 있는 보상협정을 고안하기 위한노력을 계속해 왔고 그에 따라 인센티브 제도를 사용하게 되었다. 인센티브 보상을 평가하는 기준은 판매액 , 시장 점유율 혹은 다른 양적인 요인들을 사용한다. 고려할 사항으로는 측정 기준과 누가 측정하는가, 인센티브 지급이 어떠한 영향을 미칠 것인가 등이다.

이 제도는 커미션이나 수수료 제도에서 발생했던 성과를 반영할 수 없다는 단점을 어느 정도 보완한 제도다. 따라서 광고대행사의 입장에서는 더 나은 성과를 거둬야 수입이 늘어나므로 광고 서비스에 더 많은 노력을 기울이게 될 것이다. 또한 광고주 입장에서도 성공 캠페인에만 보상을 하면 되기 때문에, 어느 정도 안전장치를 마련한 것이라 할 수 있다.

3) 매체

광고대행사 외에 주요 조성기관으로는 광고주의 광고활동에 중요한 영향을 미치는 매체사를 들 수 있다. 광고매체는 텔레비전, 라디오, 신문, 잡지 등과 같이 광고물을 직접 소비자들에게 전달해 주는 역할을 수행한다. 과거에는 방송매체와 인쇄매체 등4대매체가 중요한 비중을 차지했으나, 최근에는 인터넷과 뉴미디어의 중요성이 증가하고 있다.

광고산업에서 매체 분석은 크게 두 가지 측면에서 살펴볼 수 있다. 첫 번째는 총 광고비 규모다. 연간 총 광고비 규모 변화를 살펴보면 그 나라의 연간 경제성장 패턴을 알 수 있다. 대체로 광고비는 경제규모에 비례한다. 경제가 호황이면 광고비도 증가하지만, 불황이 면 광고비는 삭감된다. 한국은 광고비 순위로 볼 때 대략 세 계 10위권 정도다. 현재 연간 약 10조 원 정도가 한국에서는 광고비로 사용되고 있다. 세계 10위 정도의 경제규모를 갖고 있다고 해석할 수 있다.

두 번째는 매체별 총 광고비 규모다. 연간 총 광고비를 매체별로 세분화한 자료다. 이를 통해 현재 해당 국가에서 가장 각광받고 있는 매체는 무엇인지, 영향력이 감소하고 있는 매체는 무엇인지 알 수 있다. 2016년 제일기획 사보에 따르면, 2015년에 비해 지상파의 광고비는 2조원에서 1조6천억원으로 줄어든 반면 케이블TV와 종합편성채널의 광고비가 증가한 것으로 나타났다. 또한 모바일 광고가 2015년 1조 3천억원에서 2016년 1조 7천억원으로 크게 상승한 것으로 나타났으며, 매체별 광고 구성비 역시 2015년에 1위를 차지했던 지상파가 케이블TV와 모바일에 못 미치는 결과를 보이고 있다. 이러한 결과는 최근 케이블TV와 종합편성채널, 모바일이 가장 각광받고 있는 매체라는 점을 알 수 있다.

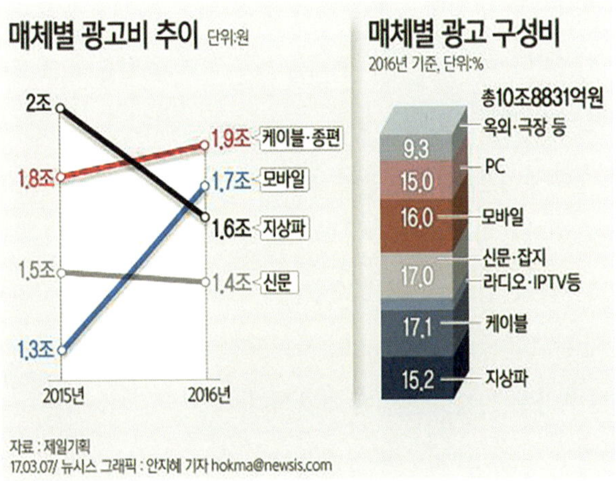

그림 8.2 매체별 광고비 규모

4) 규제기관

(1)정부와 공공기관

정부와 공공기관은 각종 법제정을 통해 사회질서를 올바른 방향으로 유지하려 노력하기 때문에 가장 큰 광고규제기관이라 할 수 있다. 예컨대 공정거래위원회는 '독점 규제 및 공정거래에 관한 법률' 등으로 기업 간의 공정한 경쟁을 보장하기 위하여 광고와 경품 등의 전반적인 마케팅 활동에 대해 감시하는 기능을 하고 있다. 특히 허위광고나 부당광고에 대해 시정명령을 내릴 수 있으며, 조치사항으로 사과광고를 게재하도록 요구하고 있다.

(2) 자율규제기관

광고 자율규제기관이란 광고의 주요 주체인 광고주, 대행사, 매체사 등이 자발적으로 구성한 규제기관을 말하는데, 정부나 소비자관련 단체 같은 외부기관이 아닌 광고 주체들 스스로가 동업종을 보호하기 위해 설립한 단체다.

우리나라에서 가장 활발한 활동을 벌였던 광고 관련 자율규제기관은 한국광고 자율심의기구이다. 한국광고자율심의기구는 1991년 3월 한국광고주협회, 한국광고업협회, 한국광고학회 등8개 광고관련단체가 연합해 광고활동이 기업윤리와 사회규범에 위배되지 않도록 자율적 책임을 다한다는 취지로 설립된 기관이다.

한국광고자율심의기구의 기본정신은 자율성 확보, 소비자 보호, 권익 신장, 광고 발전 등으로 볼 수 있다. 이 기구의 광고심의 및 심의세칙을 위반했을 때는 주의, 경고, 해명광고, 광고수정, 사과, 광고중지, 피해보상등과같은 제재를 가 할 수 있었다. 2000년 이후 한국광고자율심의기구는 국내 방송광고의 사전심의와 인쇄 광고의 사후심의 업무를 담당했으나, 2008년 헌재의 판결 이후 방송광고는 한국방송협회에서 심의를 하고 있다. 이외에도 한국신문윤리위원회가 신문 광고에 대해 심의하여 사후제재를 가하고 있으며, 한국간행물윤리위원회는 각종 도서와 잡지를 비롯한 정기간행물에 대해 광고심의를 실시하여 주의, 경고, 게재중지, 고발 등 사후제재를 하고 있다.

그림 8.3 자율규제기관[22]

22 사진출처: http://www.karb.or.kr/
: http://www.ikpec.or.kr/

2. 광고규제

1) 광고규제의 근거

광고규제의 근거는 바로 광고가 하나의 사회제도라는 인식에서 출발한다. 광고규제는 광고의 부정적인 측면을 축소·제거한다는 의미와 광고활동이나 표현의 범주를 정해 주는 의미도 동시에 지니고 있다. 결국 광고규제가 필요한 까닭은 광고가 사회에 미치는 영향이 증대되고 있음에도 불구하고 광고가 사회에서 기대하는 기능을 제대로 수행하지 못할 경우 사회제도로서 광고의 존립 자체가 위협을 받을 수 있기 때문이다. 이러한 이유에서 오늘날 광고규제는 전 세계적인 현상이 되어 가고 있다.

즉, 광고는 기업의 마케팅 활동에만 머무르는 것이 아니라 사회 시스템으로 존재하고 있는데, 이때 광고가 사회 시스템 내에서 역기능을 수행한다면 규제의 대상 이 되는 것이다. 광고가 역기능을 수행하면 마케팅 활동뿐 아니라 사회의 가치나문 화에도 부정적 영향을 미치므로, 규제를 가함으로써 광고는 공공성과 공익성을 담보할 수 있게 되는 것이다. 2장에서 광고의 기능에 대해 자세히 살펴보았는데, 다시 한번 정리해 보면 광고의 역기능은 크게 경제적 측면과 사회·문화적 측면으로 구분할 수 있다.

① 경제적 측면

광고의 역기능중 경제적 측면이란 불공정한광고가 광고주와 소비자의 경제적 이익을 해치는 것을 말한다. 이를 광고주 입장에서 살펴보면, 광고를 통해 시장에서의 판매가 증가 되면서 시장지배가 가능해지고 그 결과 독점이 형성된다는 점을 들 수 있다. 또한 광고는 비용을 증가시켜 제품의 소비자 가격을 상승시킨다. 비록 광고에 의해 규모의 경제가 실현되고 단위당 제조원가가 절감되더라도 광고비의 증가는 생산원가의 절약 부분보다 크므로 결국 가격이 인상된다. 또한 경쟁 기업에 대한 부당한 비방광고를 통해 공정한 경쟁을 방해하기도 한다.

그리고 소비자 입장에서 보면, 우선 광고는 때로 소비자의 지적 판단을 무시 하는 기능을 하기도 하고, 소비생활을 지나치게 강조한 나머지 물질만능주의적 경향을 가져올 수 있으며, 전략적이고 지속적인 광고 메시지의 전달로 인해 획일화된 소비형태를 유도하기도 한다. 또한 광고는 정보를 제공한다기보다는 설득적이기 때문에 소비자에게 필요하지 않는 수요를 자극하여 낭비를 촉진하게 된다.

광고규제의 초기 형태 역시 불공정한 경제 활동으로부터 공정한 경쟁자를 보호하려는 노력의 일환으로 불공정한 광고 활동을 규제하는 것에서부터 출발했고, 불공정한 광고로부터 소비자를 보호하려는 노력은 20세기 이후에 시작되었다.

② 사회·문화적 측면

사회·문화적 측면에서 광고의 역기능은 우선 허위, 과장 또는 오도되는 내용을 담은 광고로 인해 소비자가 잘못된 정보를 전달받아 특정 브랜드에 대한 불신감을 형성하기도 하고, 나아가 소비자 자신이 기만 당하기도 한다는 것이다.

또한 광고는 일시적 감각이나 자극에 초점을 맞춤으로써 대중문화를 저속화 시키는 역할을 한다는 점이다. 즉 광고규제는 사회의 규범과 가치관에 지나치게 어긋나는 광고로부터 생활문화의 건전성을 보호하기 위한 것이다. 광고의 사회적 영향력이 증대되고 광고에서 제시되는 가치관, 생활양식 등이 청소년은 물론 일반인의 생활문화에도 많은 영향을 미치기 때문이다.

2) 광고규제의 종류

광고규제의 종류는 크게 자율규제, 타율규제, 그리고 소비자규제로 나눌 수 있다. 자율규제는 광고주인 기업과 광고를 제작하는 광고대행사, 그리고 광고를 방영하거나 게재하는 광고매체사에 의한 자율적인 규제를 의미한다. 이외에도 광고주, 대 행사, 매체사에 의해 운영되는 광고자율심의기구 등에 의한 규제도 이에 해당한다. 타율규제는 관련법규에 의해 통제되는 광고규제다. 소비자규제는 소비자에 의해 행해지는 소비자보호운동과 시민운동이 포함된다.

또한 기본적인 세 가지 광고규제 기본모형에서 상호 중첩되는 부분에 발생하는 규제가 있는데, 그 첫 번째는 자율규제와 타율규제의 공통적인 부분에서 발생하는 타율적 자율규제다. 타율적 자율규제는 동일업종의 협회에 의해 주도되는 광고 자율심의위원회로서, 관련부처로부터 일부 권한을 위임받아 광고심의규칙을 만들 어 권한을 행사한다.

두 번째로 타율규제와 소비자규제의 중첩되는 부분에서는 타율적 소비자규제가 존재한다. 바로 한국소비자원이 여기에 속하는데, 한국소비자원은 소비자로부터의 불만과 고발을 접수받아 처리하는 소비자 중심의 행정기관이다.

세 번째로 소비자규제와 자율규제가 중첩되는 부분에서는 소비자규제적 자율규제가 있다. 여기에 부합하는 것이 기업의 '소비자과'이다. 기업의 소비자담당 부서는 소비자로부터 접수된 소비자 불만을 자체적으로 처리함으로써 광고규제의 일부분을 담당하고 있다.

(1) 타율규제

타율규제는 한마디로 법에 의한 규제다. 법적규제는 부당표시나 허위, 과장광고 등이 소비자 이익을 침해하기 때문에 소비자 보호의 관점에서 법의 강제력을 통해 광고의 폐해를 제거하려는 타율적인 규제형태다. 이러한 법적규제는 부당한 광고의 폐해가 두드러지게 나타나기 시작한 19세 기 말에서 20세기 초에 걸쳐 시작되었으며, 부당광고가 기업간 불공정 경쟁의 수단으로 이용되는 것을 막는 데 주안점을 두었다.

광고규제를 위한 입법이 가장 먼저 이루어지고, 가장 발달된 법체계를 가지고 있는 나라는 미국이다. 미국에서는FTC(연방거래위원회 : Federal Trade Commis-sion)가 1914년에 연방법으로 제정한 연방거래위원회 법으로 광고를 규제하고 있다. FTC에 의한 규제는 거의 모든 광고를 대상으로 하는데 ,특히 기만적이거나 허위적인 내용의 광고를 규제한다.

우리나라에서는 광고에 대한 법적규제는 1980년에 '독점규제 및 공정거래에 관한 법률' ,즉, '공정거래법'이 제정되면서라 할 수 있다. 이 법은 현행법상 최고 광고규제 기관인 공정거래위원회에서 운영된다. 그리고 역시 법적 기관인 방송위원회에서 1988년에 제정한 '방송심의에 관한규정'도 법적인 효력이 있다. 따라서 우리나라광고에 대한법적 규제기관은 공정거래위원회와 방송위원회(현 방송통신위원회)가 있다고 할 수 있다.

(2) 자율규제

광고의 자율규제란 기업의 행위나 통제를 정부나 시장에 맡기보다 업계에 맡기는 방식을 말한다. 광고에 대한 자율규제는 광고 활동에 대한 규제를 동종 업계의 경쟁동료들이 실시함으로써 정부 기구나 소비자단체 등의 타율적인 규제를 최소화하기 위한 활동으로 볼 수 있다.

즉 광고에 대한 광고단체들의 자율규제는 단순히 타율규제에 대한 소극적 인 대응방안으로서가 아니라 보다 높은 차원의 적극적인 규제로 기업의 사회적 책임과 사명감에 의한 실천행위라고 할 수 있다.

가. 자율규제 유형

자율규제는 크게 광고주에 의한 자율규제, 광고업계에 의한 자율규제, 그리고 매체사에 의한 자율규제로 나누어 볼 수 있다.

① 광고주에 의한 자율규제

광고주에 의한 자율규제는 각 업종별로 사업자 단체가 그 업계의 특수성을 고려하여 자율적으로 광고 활동의 기준을 마련하여 실시하는 것이다. 광고주에 의한 자율규제는 동종 업종에 종사하는 기업들끼리 과당 경쟁을 지양하고 상호 이익과 공정 경쟁을 확보하기 위해서 최소한의 기본원칙을 제시하는 것으로, 제약협회, 화장품협회, 은행협회, 증권협회 등 광고를 많이 실시하는 업종에서 활발히 진행되고 있다.

우리나라에서 광고의 자율심의에 관해 논의가 시작된 것은 1980년 '독점규제 및 공정거래에 관한 법률'과 '소비자기본법(구. 소비자보호법)'이 제정되면서부터다. 여러 시민운동단체들이 광고의 역기능에 대해 심하게 비판함에 따라 광고업 종사자들 스스로 자율적으로 광고를 규제하려는 움직임이 나타나게 되었고, 그로부터 광고에 대한 자율규제가 광고단체들에 의해 추진되어 왔다.

특히 광고주들의 모임인 한국광고주협회(KAA)에서 제정한 '광고주윤리강령'은 광고주에 의한 자율규제의 원칙을 제시하고 있다. 한국 광고주 협회는 1989년8월22일 이사회에서 광고에 있어 광고주의 책임과 의무를 다짐하는 '광고주윤리강령'을 채택했다. 이 윤리 강령은 협회 내의 자율규제위원회가 주축이 되어 광고주들의 의견을 모아 만들어진 것이다. 광고주 스스로 광고의 경제적 역할, 사회적 기능, 문화적 영향 등을 깊이 인식하며 광고의 공공적 책임을 자각하게 된 것이다. '광고주윤리강령'은 이런 인식과 자각을 토대로 광고활동의 기준을 마련하고 나아가 기업의 건전한 활동 및 소비자의 생활 향상을 실현하여 궁극적으로 국민 전체 경제발전에 이바지하고자 하는 의지의 천명이라고 할 수 있다. 즉 광고가 기업, 국가 발전과 소비자 생활에 도움을 주는 행위임은 물론 기업언론으로서 제 역할을 다하기 위하여 광고주 스스로 광고의 윤리와 책임을 다짐해 보는 것이다.

② 광고업계에 의한 자율규제

광고를 실시하는 주체인 광고주 외에도 광고와 관련한 여러 단체에서도 광고 집행 기준이나 윤리 강령을 자율적으로 설정하고 광고의 진실성, 창조성, 품위, 사회적 책임 등을 지킬 수 있도록 노력한다. 이것은 광고를 둘러싼 여러 광고규제법으로부터 업계를 보호하고, 광고업의 전문성과 윤리성 을 확보하여 공정 경쟁이 이루어지도록 하는 집단 활동의 일환으로 볼 수 있다.

예를 들면, 광고단체연합회의 광고윤리강령, 광고대행사협회의 광고윤리강령이 있으며, 이 밖에도 한국광고영상제작사협회 등에서도 광고윤리 강령을 설정하여 회원사들로 하여금 이를 준수하도록 독려하고 있다.

③ 매체사에 의한 자율규제

광고를 게재하는 각종 매체사도 나름대로 개별적인 자율규제를 하거나, 협의체를 구성하여 단체로서 통일된 광고윤리강령이나 광고게재 기준을 제정하고 있다. 매체사는 국민에 대한 알권리를 충족시키기 위해 적절한 제품정보를 제공하되, 언론사의 품위를 유지하고 사회적 책임을 다하기 위해 서 광고 관련 법규를 준수하고자 노력한다.

특히 매체사는 광고의 내용이 불특정 다수에게 전달되는 것을 감안하여, 게재될 광고가 부정확하거나 과장 표현을 담아 사회적 물의를 일으키고 미풍양속을 해 칠 위험이 있는 내용을 사전에 점검하여 광고 게재를 거부하기도 한다. 현재 자율규제를 실시하고 있는 매체사 단체로는 앞서 살펴본 한국방송협회 외에 한국신문편집 인협회 , 한국신문윤리위원회 , 한국도서잡지주간신문윤리위원회 등이 있다.

나. 자율규제의 장단점

광고의 자율규제와 심의는 사회적 책임과 윤리성을 제고하기 위해 광고주, 광고업계, 매체사 등의 단체가 총망라되어 설립한 광고의 자율적 여과장치라 할 수 있다. 이를 통해 광고인 스스로 자율적 책임을 다하도록 유도함으로써 선진적 인 광고산 업의 기반을 마련하는데 필수적인 역할을 한다. 광고의 자율규제는 다음과 같은 장점을 가지고 있다.

첫째, 자율규제는 시대적 변화에 신축성 있게 대처할 수 있다. 타율적·법적 규제는 시대적 조류에 대처하는 능력이 떨어진다. 법은 한번 제정되면 고치기가 쉽지 않고, 따라서 내용이 경직될 우려가 있으며, 적용 과정에도 엄격성을 요구하기 때 문이다. 이에 반해 자율규제는 업계 스스로 자신의 문제점과 개선점을 적시에 파악하고 시정함으로써 시대적 변화에 신속하고 효율적으로 대처할 수 있다.

둘째, 자율규제는 법적규제를 보완해 주는 기능을 한다. 특히 법률로 다루기 어려운 미풍양속, 품위, 선정적 표현 등의 문제에 보다 효율적 인 역할을 수행할 수 있다. 때로는 법률이 바람직하지 못한 잘못된 특정 관행에 대해 규제하기 어려운 사안의 경우에도 자율규제는 더욱 엄격한 규제를 행하기도 한다.

셋째, 관련 업계 회원들의 자발적인 참여로 마찰과 갈등을 줄일 수 있다. 자율 규제는 그 기준이 되는 광고심의규정과 가이드라인을 관련 업계 회원들이 자발적으로 만들뿐만 아니라 소비자단체까지 여기에 참여하고 있다. 따라서 문제가 발생 했을 때 설득, 중재, 협상 등을 통해서 기업과 소비자 또는 경쟁기업 간의 마찰을 줄이는데 보다 효율적으로 기능한다. 또한 21세기 선도 산업인 광고산업에 대한 정부의 법적규제에 완충작용을 수행하여 기업과 국가의 경쟁력을 높이는 역할을 한다.

물론 이러한 자율규제가 장점만 있는 것은 아니다. 즉 자율규제는 도덕적 기준에 의존하고 있고, 정부가 위법으로 규정하거나 그 기능을 간섭할 때는 자율규제의 자발적 특성이 사라지게 되는 약점이 있다. 또 이 자율규제는 법적 구속력을 갖는 것이 아니기 때문에 관련자들에 의해 자유롭게 수용 또는 거부될 수 있다.

(3) 소비자규제

소비자에 의한 광고규제의 개념은 광고에 대한 소비자 보호적 측면에서 실천적인 소비자보호 운동을 의미하는 것으로 부당한 광고에 대한 고발과 필요에 따라 소비자를 보호하기 위해 새로운 광고규제를 법제화하는 것을 의미한다. 광고의 올바른 소비자규제를 위한 활동에는 광고모니터 , 광고감시 , 광고교육 등이 포함된다고 할 수 있다.

소비자는 언론활동과 기업활동의 최종 참여자다. 그렇지만 소비자가 언론활동과 기업활동의 최종참여자로 인식되고, 소비자의 이익이 보호되어야 한다는 주장은 오래되지 않았다. 시장지향적 사회에서 소비자는 당연히 시장의 한축으로 존중되어야 하지만, 실제로는 재화의 공급자인 기업, 보도의 공급자인 언론이 시장에 서 주도권을 가지고, 소비자는 수동적인 존재로 취급받아왔다. 이러한 구조적 불균형을 지적하고 시장에서 소비자의 권리를 되찾자는 것이 바로 소비자운동이다.

즉 광고규제가 크게 보면 '공정거래'와'소비자보호'를 위한 것이므로, 광고의 소비자규제는 소비자 자신이 객체가 아닌 광고활동의 주체로서 역할을 하는 것을 의미한다. 이러한 소비자규제는 컨슈머리즘의 대두로 인해 그 중요성이 강조되었다.

컨슈머리즘(consumerism)이란용어는 1960년대 초기에 등장하여 1960년대 후반부터 널리 사용되었는데, 이는 기술혁신에 의한 신제품의 대규모개발과 이에 수반하는 대량소비 붐에 따라 일어난 소비자보호사상을 말한다. 코틀러(Kotler)는 컨슈머리즘을 판매자에 맞서서 구매자의 권리나 힘을 강화하는 것에 관심이 있는 시민과 정부의 조직화된 운동으로 정의했다.

특히 1960년대 후반부터 결합상품, 과대광고 등 많은 소비자문제가 세계적으로 눈에 띄게 증가하자 소비자들이 스스로 결집하여 기업을 대상으로 잘못된 정보나 광고를 시정하도록 요구하기도 하였다. 구체적인 단기적으로 불매운동으로 기업이미지나 이윤에 타격을 주는 불매운동을 할 수도 있고, 제품의 광고를 규제하는 법률을 제정을 공론화할 수도 있다. 최근에는 화장품 브랜드 마몽드가 명품가방을 가지려면 남자친구를 사귀어야 한다는 내용의 인터넷 광고를 제작했다가 소비자들의 비난에 공개 사과문을 올리기도 하였다.

마몽드 광고물 관련 논란에 대한 사과문

최근 온라인 상에 게재된 마몽드 광고물과 관련하여
많은 분께 심려를 끼친 점에 대해 진심으로
사과 드립니다.

해당 광고는 제품의 콘셉트를 경쾌하고 재미있게
보여주고자 하는 의도로 제작되었으나,
일부 적절하지 않은 내용을 담고 있었습니다.

고객 여러분의 애정 어린 말씀에 감사 드리며,
앞으로 더욱 신중하고 사려 깊게
고객님께 다가가도록 노력하겠습니다.

감사합니다.

(주)아모레퍼시픽 마케팅부문장 권 영 소

그림 8.4 기업의 광고물 논란에 대한 사과문[23]

---

23 사진출처: http://biz.khan.co.kr/khan_art_view.html?artid=201204261500181&code=920401
: https://news.joins.com/article/8003287

3) 광고규제의 사례

광고는 소비자에게 제품에 대한 정보를 알려 소비자의 구매결정에 도움을 주고, 기업에게는 제품판매 기회를 높여주는 역할을 한다. 그런데 만약 광고에서 제공하는 소비자정보가 진실 되지 못할 경우에 소비자는 올바른 제품선택을 방해 받고, 기업은 공정한 경쟁을 할 수 없게 된다. 따라서 건전한 경제체제를 악화시키는 허위광고 및 기만광고는 규제의 대상이 된다. 또한 문화적으로 사회의 가치를 훼손시킬 수 있는 품위손상광고 역시 규제의 대상이 된다.

(1) 허위광고

허위(falsity)는 표시 대상물과 표현된 내용을 비교하여 표현이 대상과 상이할 때 발생하는 개념이다. 따라서 허위광고란 광고에서 주장하는 내용이 실제와는 다른 광고를 말한다. 흔히 과장광고 또는 과대광고라 하는 경우도 허위광고의 한 유형이다. 예를 들어 편백나무로 만든 베개를 광고할 때 피톤치드가 더 이상 생성되지 않음에도 불구하고 피톤치드의 효능이 있다고 광고한다면 이는 허위광고가 된다.

그러나 광고표현의 허위성이 모두 제재의 대상이 되는 것은 아니다. 허위광고가 기만성을 가지지 않을 때에는 허위적 표현은 환상표현으로 인정되어 규제의 대상이 되지 않는다. 이는 일반적 소비자의 경우에는 이러한 표현을 전혀 믿지 않을 것이므로 이러한 표현방식은 합리적인 사람의 표준에 비추어 볼 때 기만적인 것이 아니라고 평가하기 때문이다.

세상에서 가장 작은 카페　　피부 속, 수분씨앗을 심다.　　그때, 캐나다가 나를 불렀다.

그림 8.5 환상표현의 카피를 사용한 광고[24]

허위광고는 크게 허위 표식(representation)과 중요한 사실을 알리는 것을 빠뜨리는 생략(omission)으로 나눌 수 있다. 먼저 허위표식은 광고 표현과 제품을 대조하여 사실 여부를 확인함으로써 판단할 수 있다. 다음으로 중요한 사실을 생략하는 경우에는 사실 전체를 전달하지 않았기 때문에 결국 기만이 발생한다고 본다.

한 예로, 어떤 주스가 '무가당'이라고 광고를 했다. 다이어트를 하려는 사람들은 당분이 없어 다이어트에 도움이 된다고 믿기 때문에 무가당이라는 표현에 현혹될 것이다. 그러나 그 주스에 설탕은 없지만 '이성화당'이라는 성분이 첨가되어 있는데 이를 밝히지 않았다고 가정하자. '이성화당'은 단맛이 조금 덜 하긴 하지만 인체에 들어가면 결국 설탕

---

24 사진출처: http://www.adic.co.kr/ads/list/showMagazineAd.do?ukey=257752
: http://www.adic.co.kr/ads/list/showMagazineAd.do?ukey=218084
: http://www.adic.co.kr/ads/list/showMagazineAd.do?ukey=261057

이 분해된 것과 같은 포도당이 된다. 따라서 무가당이지만 실제로는 무가당이 아닌 것이다. 그럼에도 불구하고 이처럼 중요한 정보를 누락시키면 허위광고에 해당된다.

현재 국내의 '방송광고심의에 관한 규정'을 보면, 제19조(진실성)에서 허위 및 기만광고와 관련된 규정을 명시해 놓고 있다. 또한 제18조에서는 입증책임을 규정 하고 있다. 즉, 소비자에게 중요한 영향을 끼치는 방송광고의 객관적 주장에 대해서는 광고주가 신뢰도와 타당성을 갖춘 조사나 자료로 입증해야 한다. 이로써 광고주가 광고에 제시된 주장의 진실성을 실증하도록 했다. 과학적인 실증이란 그 분야에서 숙련되거나 전문적인 지식을 갖고 있는 사람이 정확한 결과를 보장하거나, 전문가들 사이에서 일반적으로 승인된 검증절차를 이용하여 공정한 방법으로 그 결과를 실제로 평가하는 것을 의미한다.

대체로 개인 소비자는 광고주가 주장하는 제품에 대한 진실성 여부를 독자적으로 확인할 수 없으며, 특히 제품의 복잡화와 첨단화 등으로 인해 소비자가 제품을 구입하기 전에 광고 주장의 사실여부를 확인하는 것은 불가능하다. 따라서 이 규정은 제조업자에게 제품 효능의 주장에 대한 합리적 근거를 제시하도록 요구하는 것이 소비자의 경제적 손실을 최소화할 수 있는 공정한 방법이라는 사실에 근거한 것이다.

아시나뉴스통신(2017년 8월 8일자)에 따르면 2017년 8월 8일 보건복지부는 한국인터넷광고재단과 함께 인터넷상으로 과도한 환자유인 혹은 거짓·과장 의료광고를 한 의료기관 318곳을 적발했다. 두 기관은 지난 1월 한 달 간 성형·미용·비만, 라식·라섹, 치아교정 진료 분야를 중심으로 인터넷상에 게재된 광고를 모니터링 점검했다. 그 결과 총 4693건의 의료광고 중 의료법 위반은 1286건으로 조사됐다. 적발 내용은 환자 유인성이 과도한 의료광고는 1134건(88.2%), 거짓·과장광고 67건(5.2%), 유인성 과도 및 거짓·과장 문구 광고 85건(6.6%)이었다.

'수험생할인' '부모님무료'…허위·과장광고 의료기관 318곳 적발

(아시아뉴스통신= 박예원기자) 기사입력 : 2017년 08월 08일 16시 24분

불법 의료광고 적발 사례. 비급여 진료항목에 관한 과도한 가격 할인.(사진제공=보건복지부)

그림 8.6 허위·과정광고에 대한 뉴스기사[25]

(2)기만광고

광고규제에서 가장 핵심적인 대상이 되는 것은 기만광고(deceptive advertising) 다. 광고규제 빈도 면에서도 기만광고가 가장 많은 비중을 차지하고 있다. 기만광고란 사실을 은폐하거나 기만적인 방법으로 소비자를 속이거나 속일 우려 가 있는 광고를 말한다. 미국의 FTC는 부정확한 제시, 생략 또는 상당수의 이성적인 소비자들이 손해를 입도록 오

---

25 [출처] 아시아뉴스통신, 2017년 8월 8일 16시 24분, '수험생할인''부모님 무료'…허위·과장 의료기관 318곳 적발

도할 수 있는 행위를 포함하는 광고를 기만광고라고 규정하고 있다.

여기서 중요한 점은 오해와 기만을 구분해야 한다는 것이다. 오해로 인한 기만을 평가하기 위해선 광고 표현과 광고 대상의 전달된 의미를 살펴야한다. 여기서 오해가 기만을 결정하는 것이 아니라는 점에 유의할 필요가 있다. 즉, 오해에 의한 기만은 오해의 증명이 아니라 기만이 증명되어야 규제 대상이 된다. 그렇기 때문에 자코비(Jacoby) 등은 야기된 오해가 조금이라도 있으면 기만이라고 규제하는 것은 문제가 있다고 주장한다. 이들의 연구 결과를 요약하면 다음과 같다.

첫째, 정부가 소비자의 오해를 측정함으로써 광고의 기만을 유추하여 규제하고 있는데, 오해는 모든 커뮤니케이션에서 발생하고 있으므로 오해를 기만의 증거를 삼아서는 안 될 것이다. 둘째, 광고가 명확하지 않아 오해가 발생할 수도 있지만, 소비자가 광고 주장에 부주의하거나, 주장을 이해하는 데 필요한 관련 지식의 부족, 그리고 망각으로 인해서도 오해가 발생할 수도 있다. 셋째, 오해에 기초한 기만에 광고주가 전적으로 책임을 지는 것은 불합리하며, 기만을 결정할 때는 소비자가 지닌 오해의 일반적인 수준을 감안하여 그 이상으로 오해를 발생시키는 부분 에 대해서만 기만의 책임이 있다.

그러나 광고주의 의도와는 상관없이 소비자에게 해로운 메시지를 제공하는 것은 규제 대상이 되어 왔으며, 기만능력이 있는 메시지를 만들었다면 책임을 져야한다는 것이 다른 쪽의 주장이다.

한국방송통신위원회에서는 방송통신 결합판매 허위·과장 광고 가이드라인에 의하면 허위광고는 특정 구성상품의 이용요금을 '공짜', '무료' 등으로 광고, 객관적 실증이 불가능한 '최대', '최고', '제일' 등 배타성을 띤 절대적 표현의 용어를 사용하는 경우를 예시로 제시했다. 과장

광고는 기간·다량·결합할인 등의 구분 없이 전체 요금할인 금액만을 표시 하는 것과, 요금 할인을 경품에 포함해 경품 혜택으로 광고하는 경우가 해당되며, 기만광고는 이용자에게 제공하는 요금할인, 경품지급 등 혜택만 표시하고 중요한 이용조건을 표시하지 않는 행위 등을 사례로 제시했다.

(3)품위손상광고

광고에 대하여 흔히 제기되는 또 다른 비판(특히 소비자들에 의해 제기되는 비판)은 많은 광고들이 소비자의 감정을 상하게 하거나, 짜증을 유발하거나 저속하다는 것이다. 프라임타임 TV 광고에 대한 연구에 의하면, 소비자가 짜증스럽게 느끼는 광고유형이 특정 제품군들과 강한 관계가 있는 것으로 나타났다. 가장 짜증스럽게 만드는 광고는 여성 위생용품에 대한 광고였으며, 여성내의 광고가 그 뒤를 따랐다.

광고의 소구방법이나 이를 체시하는 방식도 광고를 보는 소비자의 기분을 상하게 할 수 있다. 예를들어 구강청정제, 비듬방지샴푸, 방취제와 같은 제품들에서 흔히 볼 수 있는 위협소구가 쓸데없는 근심을 유발하거나 광고제품을 사용하지 않아 사회적으로 창피를 당하는 광고실행 방법을 사용하는데 대해 비판이 제기된다.

그중에서도 가장 비판을 많이 받는 소구기법이 바로 성적소구(sex appeal)다. 성적소구는 소비자의 주의를 끌기 위해 흔히 사용되지만, 광고된 제품에 적절 하지 않을 수 있다. 또한 성적소구가 제품과 관련된다고 하더라도 이러한 소구방식 에 대해 소비자들은 기분이 상할 수 있다. 광고에서의 누드장면과 섹스를 연상시키는 광고에 대하여 우려가 끊임없이 표명되어 왔다. 많은 광고비판자들은 담배, 술, 맥주의 브랜드이미지를 강화하기 위해 혹은 이러한 제품의 소비가소비자의 매력을 더 높일 수 있음을 보이기 위해 성적소구를 사용하는 데 대해 특히 우려하고 있다. 성적소구를 이용한 광고는 특히 여성에 대한 고정관념(stereotype)을 창출하는 데 큰 영향을 미쳐왔다는 비판을 받고 있다. 현재 국내에서는'방송광고심의에 관한규정' 제5조에 의하면 방송광고는 시청자의 정서를 해치거나 방송의 품위를 손상하는 표현을 해서는 안 된다고 규정하고 있다. 그중에서 3~6항은 성적소구 광고와 관련된 규정이라 할 수 있다. 또한 방송광고뿐 아니라 인쇄광고 역시 '광고자율심의규정' 제18조(선정성 등)에 의하면 선정적 표현을 금하고 있다.

이처럼 광고와 관련된 심의 규정에는 품위 및 선정성에 대해 문제를 제기하고 있으나, 심의 대상이 주관적인 판단을 요할 뿐 아니라, 광고인들의 창작 능력을 제한할 수 있다는데 문제가 있다.

광고자율심의규정' 제18조(선정성 등)

① 광고는 사회통념상 용납될 수 없는 저속하고 선정적인 표현을 하여서는 아니 된다.

② 강제추행, 강간 등 성범죄 장면을 묘사하거나, 이를 정당화. 희화화하는 표현을 하여서는 아니 된다.

③ 불특정다수를 대상으로 하거나 청소년을 대상으로 하는 매체에서는 성적 충동을 유발할 수 있는 표현을 하여서는 아니 된다.

생각해 보기 : 베네통의 광고

빅뉴스를 만들어 내는 것만큼 효과적인 홍보수단은 없다. 의류브랜드 베네통은 다음과 같은 사회적 이슈를 일으키는 광고를 만드는 것으로 유명하다. 한편에서는 사회적 이슈를 예술적으로 풀어냈다는 호평을 받기도 하지만 반대로 사회적 물의를 일으킨다며 세간의 논란을 제공하고 있다. 여러분의 생각은 어떠한가?

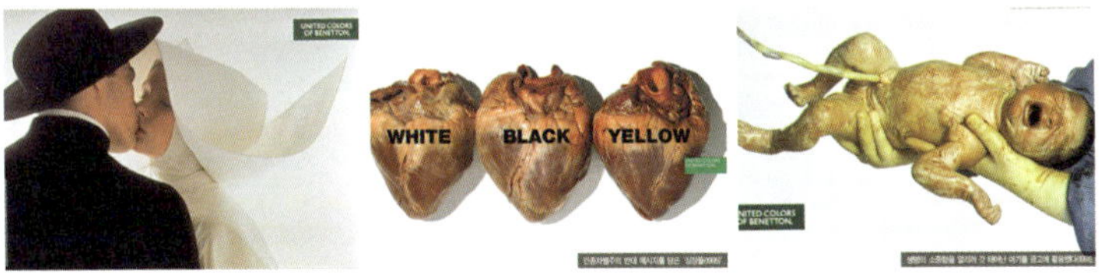

사진출처: http://www.kyongbuk.co.kr/?mod=news&act=articleView&idxno=714681
https://news.naver.com/main/read.nhn?oid=018&aid=0002521061
http://news.jtbc.joins.com/article/article.aspx?news_id=NB10237098

9장

미디어법과 광고 모니터링

1. 미디어법 개정의 쟁점

2008년 당시 한나라당의 미디어산업발전 특별위원회에서 '신문 등의 자유와 기능보장에 관한 법률(이하 신문법)' 개정안 등 7개 법률개정안을 제출하였고 이 중 신문법 방송법, 인터넷멀티미디어 방송사업법(IPTV미디어법) 개정안이 2009년 7월 22일 국회본회의를 통과하였다. 우리가 흔히 미디어법이라 하는 것이 바로 '방송법, 신문법, 인터넷 멀티미디어 방송사업법(이하 IPTV법)'을 의미한다.

표 9.1 미디어 관련법 개정안의 주요내용[26]

법안명	개정안의 주요내용
신문법	• 일간신문, 뉴스통신, 방송겸영 허용 • 시장지배적사업자 규정 삭제 • 인터넷 포털을 '인터넷뉴스서비스'로 정의하고, 준수사항을 법에 명시 • 언론재단, 신문발전위원회, 신문유통원을 통합한 '한국언론진흥재단' 신설

26 출처: 정보통신정책연구원(KISDI), "방송규제완화의 경제적 효과분석," 이슈리포트, 2009.

법안명	개정안의 주요내용
방송법	• 대기업, 신문 및 뉴스통신의 방송사 지분 소유허용 • 외국자본의 방송사 소유제한 완화 • 지상파, 종합편성·보도 채널 1인 최대주주 지분제한 완화 • 대기업의 위성방송 지분 제한 폐지 • 신문·통신의 케이블·위성방송 지분 완화 • 지상파방송, 케이블TV SO 겸영 허용 • 방송사업자 재허가 기간 5년 범위에서 7년으로 연장 • 방송 가상광고 및 간접광고 추가
IPTV법	• 대기업, 신문, 뉴스통신의 IPTV 종합편성 및 보도채널 소유제한 49% • IPTV 종합편성·보도채널에 외국자본 출자 또는 출연 20% 허용
디지털 전환법	• 디지털방송 전환 및 활성화 기본계획에 디지털방송 프로그램 제작지원 사항 포함 • 방통위가 방송광고규제 완화 등 디지털 전환 촉진방안 고시·시행 • 회수된 아날로그 주파수의 지정·할당으로 발생한 수익금 디지털 전환에 사용

미디어법 개정은 신문, 방송, 통신, 인터넷이 융합되는 새로운 미디어 환경 변화에 부응하고 국제적 시장개방 조류에의 대응을 그 목적으로 하고 있다. 방송산업의 경쟁력을 강화하고 미디어산업 발전에 적합한 환경을 조성하려는 판단에 따른 것이다. 그러나 미디어법은 시행이 되기도 전에 국회 의결절차의 위법성과 언론의 사적 소유라는 점에서 많은 비난과 우려가 쏟아져 나왔다. 그러나 헌법재판소는 일련의 의결절차에 대해 위법성을 인정하였으나, 미디어법이 무효라는 야당의 청구취지는 기각하였고, 결국 미디어법이 시행되기에 이르렀다.

여기서 미디어 법의 개정의 주요 쟁점은 (1) 소유 및 겸영규제 완화, (2) 여론의 다양성 확보, (3) 방송광고 제도의 변화 등이다. 지금부터는 미디어 법 개정의 주요 쟁점을 살펴보도록 하겠다.

표 3. 미디어법 개정 연혁

일자	사건 내용
'08.12.3	• 한나라당에서 신문방송 겸영금지 조항 삭제를 주요 내용으로 하는 신문법 개정안 등 미디어 관련 법률 개정안들을 발의.
'08.12.28	• 한나라당은 방송기본법 등 미디어 관련법과 휴대전화 감청을 허용하는 통신비밀보호법 등 모두 85개 법안을 국회에서 연내 처리하기로 확정하고 국회의장에게 직권상정
'09.1.6	• 2월 임시국회 중 쟁점법안의 처리시기와 방법 등에 관해 국회가 일괄 타결
'09.2.25	• '방송법과 신문법, IPTV법 등 미디어 관련법 개정안 6건을 이른 시일 내에 합의 처리하도록 노력한다'는 절충안에 합의 • 국회 문화체육관광통신위원회에서 미디어법 상정
'09.5.25	• 노무현 전대통령 서거로 6월 임시국회 상정 불투명해 짐
'09.6.25	• 20인으로 구성된 「미디어발전국민위원회」가 발족되어(3.13) 100일간 논의한 후 위원들이 최종보고서를 문방위에 제출함 • 야당이 국회에서 저지농성함에 따라 관련주 동반급락
'09.7.22	• 미디어법 국회통과
'09.10.29	• 미디어법에 대해 헌법재판소가 '절차하자' 의견

1) 소유 및 겸영규제 완화

미디어법은 미디어 산업의 글로벌화와 산업경쟁력 제고라는 목적하에 개정이 추진되었다. 즉, 미디어법 개정을 통해 기존의 방송산업에서의 엄격한 교차소유 및 겸영규제로 인해 위축되었던 투자를 활성화시켜 글로벌 경쟁력을 갖춘 미디어 기업을 육성하고자 하였다.

미디어법의 개정을 둘러싸고 다양한 이해관계자들의 의견이 대립되었는데, 개정의 찬성하는 측은 미디어 산업의 경쟁력 제고와 글로벌화를 근거로 미디어법 개정을 촉구하였다. 반면 반대하는 측은 대기업의 방송산업 진출로 미디어의 기업독점 문제와 여론의 다양성과 공정성이 훼손될 수 있다는 이유를 들어 미디어법 개정에 반대하였다.

표 9.2 소유겸영규제완화의 주요내용[27]

사업구분	1인지분		대기업		일간신문/뉴스통신		외국자본	
	구법	개정	구법	개정	구법	개정	구법	개정
지상파	30%	40%	금지	10%	금지	10%	금지	금지
종편 PP	30%	40%	금지	30%	금지	33%	금지	20%
보도 PP	30%	40%	금지	30%	금지	33%	금지	10%
위성방송	-	-	49%	폐지	33%	33%	33%	49%
종합유선	-	-	-	-	33%	49%	49%	49%
IPTV	-	-	-	-	49%	49%	49%	49%
종편보도 IPTV	-	-	금지	49%	금지	49%	금지	20%
일반 PP	-	-	-	-	-	-	49%	49%

지금까지의 신문법과 방송법에서 신문·방송 등 이종 매체간의 겸영금지 및 소유제한, 대기업 등의 소유제한의 근거는 미디어 집중을 막아 언론의 독과점 현상을 방지하고, 공공재적 성격을 가진 방송이 특정 개인이나 자본의 지배하에 예속되지 않도록 소유와 겸영을 규제해 왔다.

27 이철행, "미디어 관련법 개정안의 주요 쟁점과 현실," 전국경제인 연합회 입법설명자료, pp.1-24, 2009.

그러나 이러한 규제는 직접적으로 재산권이나 투자여부와 그 방향을 결정할 영업의 자유를 침해하는 것으로 볼 수 있다. 특히 변화하는 미디어 환경아래 대기업이나 신문자본이 방송산업에 진출하지 못한 결과 발생하는 방송산업의 경쟁력 저하를 재고해야한다고 주장하는 경우도 많았다. 그런데 대기업에게 지상파채널, 종편채널 및 보도채널의 지분 일부를 보유하도록 허용하는 것이 거대자본의 시장진입이 불러올 방송의 상업화와 특정기업의 이익을 대변할 수 있다는 점에서 우려의 목소리 또한 높았다.

분명한 것은 미디어 환경이 과거와 달라졌다는 것이다. 소비자는 신문이나 지상파방송뿐만 아니라 인터넷, 모바일 등의 다양한 신규 매체를 이용하는 빈도가 늘어나고 있으며, 방송시장 개방이 빠르게 진행되고 있어 미디어 산업의 경쟁이 치열해지고 있다는 점은 반박의 여지가 없을 것이다. 이러한 미디어 간의 경계가 허물어지고 이용자의 편익을 중심으로 미디어산업이 발전해 가면서 미디어 확장과 미디어 융합이 빈번하게 일어나고 있는 현대사회에서 어떠한 방식으로든 미디어 경쟁력 재고는 반드시 필요하겠지만 미디어가 특정 기업 또는 단체에 편향하여 보도하는 것 또한 경계해야 한다.

2) 여론의 다양성 확보

소유 및 겸영규제가 완화되면서 상대적으로 여론의 다양성을 확보하기 위한 보완책을 마련해야 할 필요성이 제기되었다. 조선일보, 동아일보, 중앙일보 등 대형 신문사가 채널을 장악할 경우 주요 미디어가 제공하는 정보만 화제가 되어 시청자의 눈과 귀를 가릴 수 있기 때문이다.

이에 따라 최종 개정안에서 대기업이나 일간신문의 방송사 지분률을 낮추었고, 동시에 여론의 다양성을 확보하기 위한 방법으로 미디어다양성위원회 설치와 시청점유율 제한 규정을 새롭게 신설하고 시청점유율을 제한하도록 하였다.

(1) 미디어다양성위원회

방송통신위원회에 미디어다양성위원회(방송법 제35조의4)를 설치하였다. 미디어다양성위원호는 시청점유율 제한(방송법 제69조의2)에 따라 방송사업자의 시청점유율 조사 및 산정, 매체간합산 영향력지수 개발, 여론 다양성 증진을 위한 조사·연구 등을 수행한다(동조 제3항). 특히 매체간 합산 영향력지수는 일간신문의 방송사업 진출로 인해 발생할 여론 독점의 우려를 해소하기 위한 장치이다. 요컨대 미디어다양성위원회는 신문、방송겸영, 대기업의 방송 소유 허가에 따라 발생할 우려가 있는 미디어의 다양성 침해 및 여론 독점을 방지하기 위해 새롭게 도입된 시청점유율 제한과 연계하여 구체적인 기준설정과 집행을 위한 기능을 담당하게 된다.[28]

(2) 시청점유율 제한

여론의 다양성 확보를 위한 또 다른 대안으로 시청점유율을 제한하였다. 방송법 (제69조의2)은 방송사업자의 시청점유율이 100분의 30을 초과할 수 없다고 규정하고 있다 이때 시청점유율은 전체 텔레비전 방

---

28 김태오 (2009). 미디어법의 주요 쟁점 및 내용. 경제규제와 법, 2(2), 182-186.

송에 대한 시청자의 총 시청시간중 특정 방송채널에 대한 시청시간이 차지하는 비율을 의미한다. 또한 동법 제35조의4 제3항에서는 매체간 합산 영향력 지수는 일간신문사가 방송사업을 겸영하거나 주식 또는 지분을 소유하는 경우에 신문 및 방송 매체간 영향력이 합산될 수 있도록 일간신문의 구독률을 대통령령이 정하는 바에 따라 일정한 비율의 시청점유율로 환산하여 해당 방송사업자의 시청점유율에 합산하도록 하고 있다

3) 방송광고 제도의 변화

(1) 방송광고 사전심의제도 폐지

한국광고자율심의기구의 사전심의를 받지 않은 광고물에 대해서 방송광고를 하지 못하도록 규정하고 있었던 방송광고의 사전심의제도를 폐지하였다. 이에 따라 시청자가 방송광고에서 오인하여 발생할 수 있는 문제를 예방하기 위하여 다음과 같은 제도를 마련하였다 먼저 방송법 제82조 제2항에서는 방송사업자 스스로가 허위, 과장 등 시청자가 오인할 수 있는 내용이 담긴 방송광고를 방송하지 못하도록 하는 의무를 부과하였으며, 이러한 의무이행을 위반하였을 때에는 3천만원 이하의 과태료가 부과될 수 있게 하였다(방송법 제108조 제20호). 또한 제작한 방송과고가 방송되기 전에 자체적으로 심의하건, 방송통신위원회에 신고한 방송 관련 기관 또는 단체에 위탁하여 심의할 수 있도록 하였으며, 방송광고 내용의 공정성、공익성에 관한 사항(방송법 제33조 제2항 제14호)"을 추가함으로써 방송광고로 인한 시청자의 피해를 사후적으로 방지할 수 있도록 하였다.

(2) 가상광고·간접광고의 허용

앞서 살펴본 것과 같이 방송사업자에 있어 광고는 수익을 창출하고, 사업을 지속적으로 수행하기 위한 주요 재원이다. 그러나 최근 광고 시장이 위축됨에 따라 새로운 광고방식을 도입하고자 하는 논의가 확산되면서 미디어법 개정과 함께 가상광고와 간접광고가 가능해졌다(방송법 제73조 제2항). 가상광고란 방송프로그램에 컴퓨터 그래픽을 이용하여 만든 가상의 이미지를 삽입하는 형태의 광고를 의미하고, 간접관고는 방송프로그램 안에서 상품을 소품으로 활용하여 그 상품을 노출시키는 형태의 광고라 정의한다.

방송사업자는 가상광고와 간접관고를 통해 광고시간을 확보할 수 있게 되면서 재원을 확보할 수 있는 기회가 늘어나나 반면 소비자는 방송내용이나 상품에 대한 오해의 소지가 더욱 커졌으며, 방송의 상업화를 가속화 시키고 프로그램의 내용을 질적으로 저하시킬 수 있다는 부작용에 대한 우려가 있다.

그림 9.1 가상광고사례29/30

드라마 도깨비[31]

드라마 미생[32]

드라마 상속자들[33]

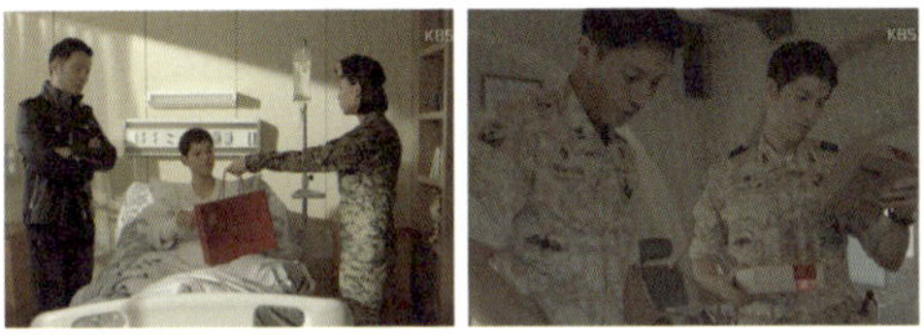

드라마 태양의 후예[34]

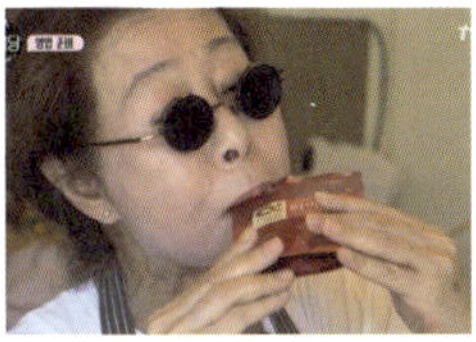

예능프로그램 윤식당[35]

그림 9.2 정관장 간접광고사례

29 사진출처: http://biz.heraldcorp.com/common_prog/newsprint.php?ud=20150424000261

30 사진출처: http://www.mediatoday.co.kr/?mod=news&act=articleView&idxno=88344

31 사진출처: http://www.dtnews24.com/news/articleView.html?idxno=411737

32 사진출처: http://www.dtnews24.com/news/articleView.html?idxno=411737

33 사진출처: http://samsamstory.tistory.com/2470

34 사진출처: http://m.news-ade.com/?c=news&m=newsview&idx=1000007708

35 사진출처: http://www.insight.co.kr/newsRead.php?ArtNo=56299

2. 방송법

방송법은 방송의 발전과 공공복리의 증진을 위하여 제정되었으며, 모든 방송에 관하여 다른 특별한 규정이 있는 경우를 제외하고는 이 법률에 따라야 한다(방송법 제7조). 성별과 세대를 불문하고 현대사회의 대부분의 소비자가 자의적 혹은 타의적으로 방송을 시청하는 상황에서 방송법이 어떠한 내용을 정하고 있는지 살펴보는 것은 매우 중요한 일이라 할 수 있겠다. 따라서 지금부터 방송소비자로써 알아봐야할 내용들을 중심으로 방송법을 살펴보도록 하겠다.

1) 목적

방송법은 방송의 자유와 독립을 보장하고 방송의 공적 책임을 높임으로써 시청자의 권익보호와 민주적 여론형성 및 국민문화의 향상을 도모하고 방송의 발전과 공공복리의 증진에 이바지함을 목적으로 제정되었다(방송법 제1조).

2) 용어의 정의

가. 방송

방송은 방송프로그램을 기획·편성 또는 제작하여 이를 공중(개별계약에 의한 수신자를 포함하며, 이하 "시청자"라 한다)에게 전기통신설비에 의하여

송신하는 것으로서 텔레비전방송, 라디오방성, 데이터방송, 이동멀티미디어방송이 방송에 속한다. 텔레비전방송은 정지 또는 이동하는 사물의 순간적 영상과 이에 따르는 음성·음향 등으로 이루어진 방송프로그램을 송신하는 방송을 말한다. 라디오방송은 음성·음향 등으로 이루어진 방송프로그램을 송신하는 방송을 말하며, 데이터방송은 방송사업자의 채널을 이용하여 데이터(문자·숫자·도형·도표·이미지 그 밖의 정보체계를 말한다)를 위주로 하여 이에 따르는 영상·음성·음향 및 이들의 조합으로 이루어진 방송프로그램을 송신하는 방송(인터넷 등 통신망을 통하여 제공하거나 매개하는 경우를 제외한다. 이하 같다)이다. 마지막으로 이동멀티미디어방송 : 이동중 수신을 주목적으로 다채널을 이용하여 텔레비전방송·라디오방송 및 데이터방송을 복합적으로 송신하는 방송을 말한다.

나. 방송사업과 방송사업자

방송사업이라 함은 방송을 행하는 다음 각목의 사업을 말한다. 첫째, 지상파방송사업은 방송을 목적으로 하는 지상의 무선국을 관리·운영하며 이를 이용하여 방송을 행하는 사업을 말한다. 둘째, 종합유선방송사업은 종합유선방송국(다채널방송을 행하기 위한 유선방송국설비와 그 종사자의 총체를 말한다. 이하 같다)을 관리·운영하며 전송·선로설비를 이용하여 방송을 행하는 사업이다. 셋째, 위성방송사업은 인공위성의 무선설비를 소유 또는 임차하여 무선국을 관리·운영하며 이를 이용하여 방송을 행하는 사업을 말한다. 넷째, 방송채널사용사업은 지상파방송사업자·종합유선방송사업자 또는 위성방송사업자와 특정채널의 전부 또는 일부시간에 대한 전용사용계약을 체결하여 그 채널을 사용하는 사업을 말한다. 다음으로 방송사업자는 지상파방송사업자, 종합유선방송사업자, 위성방송사업자, 고동체라디오방송사업자로 법률에서 규정에 의하여 각 방송사업을 허가 받은 자를 말한다.

이 법률에서는 방송유형에 따라 다음과 같이 방송을 정의하고 있다. 첫째, 중계유선방송이란 방송을 목적으로 하는 지상의 무선국을 이용하여 하는 지상파 방송을 수신하여 중계송신(방송편성을 변경하지 아니하는 녹음·녹화를 포함)하는 것을 말한다. 둘째, 음악유선방송은 「음악산업진흥에 관한 법률」에 따라 판매·배포되는 음반에 수록된 음악을 송신하는 것을 말한다. 셋째, 각 방송유형에 따라 방송을 행하는 사업을 해당방송사업(예, 중계유선방송사업, 음악유선방송사업)이라 하며, 법률의 규정에 의하여 등록한 자를 해당방송사업자(예, 중계유선방송사업자, 음악유선방송사업자)라 한다.

MBC플러스는 문화방송(MBC)의 자회사로서 케이블 위성 IPTV, N스크린 등에 서비스하는 복수 채널 사업자(MPP: Multiple Program Provider)입니다.

그림 9.3 종합유선방송 및 위성방송사업 사례[36/37]

다. 방송용어

이 법률에서는 방송용어에 대해 <표 9.3>과 같이 정의하고 있다.

---

36 사진출처: www.hcn.co.kr

37 사진출처: www.hcn.co.kr

표9.3 방송법상의 방송용어 정의

용어	정의
방송편성	• 방송되는 사항의 종류 · 내용 · 분량 · 시각 · 배열을 정하는 것
방송분야	• 보도 · 교양 · 오락등으로 방송프로그램의 영역을 분류한 것
종합편성	• 보도 · 교양 · 오락 등 다양한 방송분야 상호간에 조화를 이루도록 방송프로그램을 편성하는 것
전문편성	• 특정 방송분야의 방송프로그램을 전문적으로 편성하는 것
유료방송	• 시청자와의 계약에 의하여 수개의 채널단위 · 채널별 또는 방송프로그램별로 대가를 받고 제공하는 방송
채널	• 동일한 주파수 대역을 통해서 연속적인 흐름 또는 정보체계의 형태로 제공되어지는 텔레비전방송, 라디오방송 또는 데이터방송의 단위
방송광고	• 광고를 목적으로 하는 방송내용물
협찬고지	• 타인으로부터 방송프로그램의 제작에 직접적 · 간접적으로 필요한 경비 · 물품 · 용역 · 인력 또는 장소등을 제공받고 그 타인의 명칭 또는 상호등을 고지하는 것
보도	• 국내외 정치 · 경제 · 사회 · 문화 등의 전반에 관하여 시사적인 취재보도 · 논평 · 해설 등의 방송프로그램을 편성하는 것
보편적 시청권	• 국민적 관심이 매우 큰 체육경기대회 그 밖의 주요행사 등에 관한 방송을 일반 국민이 시청할 수 있는 권리
기술결합 서비스	• 지상파방송사업 · 종합유선방송사업 및 위성방송사업 상호간 또는 이들 방송사업과 「인터넷 멀티미디어 방송사업법」 제2조제4호 가목에 따른 인터넷 멀티미디어 방송 제공사업 간의 전송방식을 혼합사용하여 제공하는 서비스
외주제작사	• 「문화산업진흥 기본법」 제2조제20호에 따른 방송영상독립제작사, 같은 조 제21호에 따른 문화산업전문회사 등 방송사업자에게 제공할 목적으로 방송프로그램을 제작하는 자

3) 시청자 권익보호와 방송의 책임

(1) 시청자의 권익보호

방송사업자는 시청자가 방송프로그램의 기획·편성 또는 제작에 관한 의사결정에 참여할 수 있도록 하여야 하고, 방송의 결과가 시청자의 이익에 합치하도록 하여야 한다. 이를 위하여 방송법은 자체심의제도와 시청자위원회, 시청자 평가프로그램, 시청자미디어재단을 두고 있으며, 방송사업자의 의무를 규정하고 있다.

가. 자체심의

방송사업자는 자체적으로 방송프로그램을 심의할 수 있는 기구를 두고, 방송프로그램(보도에 관한 방송프로그램은 제외)이 방송되기 전에 이를 심의하여야 한다. 다만, 공동체라디오방송사업자의 경우에는 방송권역 청취자가 참여하는 방송평가회를 연 1회 이상 실시하여야 한다.

방송사업자는 허위, 과장 등 시청자가 오인할 수 있는 내용이 담긴 방송광고를 방송하여서는 아니 된다. 방송사업자는 방송광고가 방송되기 전에 자체적으로 심의하거나 방송통신위원회에 신고한 방송 관련 기관 또는 단체에 위탁하여 심의할 수 있다.

나. 시청자위원회

종합편성 또는 보도전문편성을 행하는 방송사업자는 시청자의 권익을 보호하기 위하여 시청자위원회를 두어야 한다. 방송사업자는 각계에서 시청자를 대표할 수 있는 자중에서 방송통신위원회규칙이 정하는 단체의 추천을 받아 시청자위원회의 위원을 위촉하여야 하며, 방송사업자는 시청자의 권익을 보호하기 위하여 시청자위원회를 두어야 한다.

시청자위원회의 대표자는 시청자의 권익을 보호하기 위하여 방송통신위원회에 출석하여 의견을 진술할 수 있으며, 시청자위원회는 다음과 같은 권한과 직무를 갖는다.

① 방송편성에 관한 의견제시 또는 시정요구
② 방송사업자의 자체심의규정 및 방송프로그램 내용에 관한 의견제시 또는 시정요구
③ 시청자평가원의 선임
④ 기타 시청자의 권익보호와 침해구제에 관한 업무

다. 시청자 평가프로그램

종합편성 또는 보도전문편성을 행하는 방송사업자는 당해 방송사업자의 방송운영과 방송프로그램에 관한 시청자의 의견을 수렴하여 주당 60분 이상의 시청자 평가프로그램을 편성하여야 하며, 시청자 평가프로그램에는 시청자위원회가 선임하는 1인의 시청자평가원이 직접 출연하여 의견을 진술할 수 있다. 또한, 정부는 시청자평가원의 원활한 업무수행을 위하여 「방송통신발전 기본법」 제24조에 따른 방송통신발전기금에서 경비를 지원할 수 있다.

라. 시청자미디어재단

시청자미디어재단은 시청자의 방송참여와 권익증진 등을 위하여 설립되어 다음과 같은 사업을 수행하고 있다.

① 미디어에 관한 교육 · 체험 및 홍보
② 시청자 제작 방송프로그램의 지원
③ 각종 방송제작 설비의 이용 지원
④ 그 밖에 시청자의 방송참여 및 권익증진을 위한 사업
⑤ 이 법이나 다른 법령에서 시청자미디어재단의 업무로 규정하거나 위탁한 사업
⑥ 국가나 지방자치단체로부터 위탁받은 사업

시청자미디어재단은 위와 같은 사업을 수행하기 위하여 정관으로 정하는 바에 따라 필요한 곳에 시청자미디어센터를 둘 수 있고, 국가 및 지방자치단체는 시청자미디어재단의 설립 및 운영에 필요한 경비의 전부 또는 일부를 출연할 수 있다.

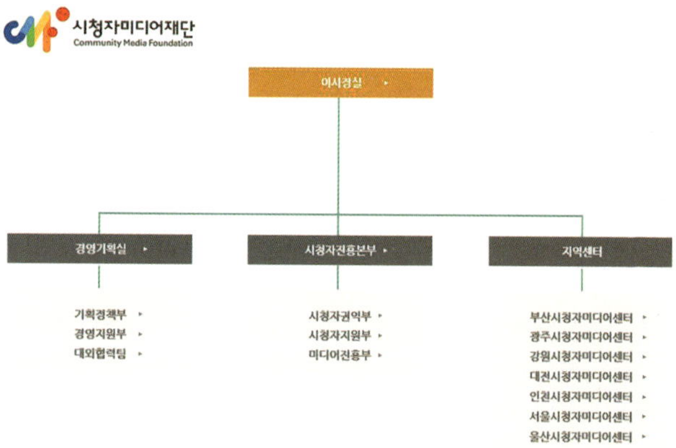

그림 9.4 시청자미디어재단의 조직도[38]

38 사진출처: kcmf.or.kr

마. 방송사업자의 의무

종합편성을 행하는 방송사업자, 보도전문편성을 행하는 방송사업자, 상품소개와 판매에 관한 전문편성을 행하는 방송사업자는 시청자의 권익을 보호하기 위하여 다음과 같은 방송사업자의 의무를 다하여야 한다. 첫째, 방송사업자는 시청자위원회의 의견제시 또는 시정요구를 받은 경우에는 특별한 사유가 없는 한 이를 수용하여야 한다. 둘째, 시청자위원회는 방송사업자가 시청자위원회의 의견제시 또는 시정요구의 수용을 부당하게 거부하는 경우에는 방송통신위원회에 시청자불만처리를 요청할 수 있다. 셋째, 방송사업자는 시청자위원회가 자료의 제출 또는 관계자의 출석·답변을 요청하는 경우에는 특별한 사유가 없는 한 이에 응하여야 한다. 넷째, 방송사업자는 시청자위원회의 심의결과 및 그 처리에 관한 사항을 방송통신위원회에 보고하여야 하며, 시청자가 요구하는 방송사업에 관한 정보를 공개하여야 한다.

(2) 방송편성의 자유와 독립

본 법률은 방송편성의 자유와 독립에 대해 다음과 같이 보장하고 있다.

---

① 방송편성의 자유와 독립은 보장된다.
② 누구든지 방송편성에 관하여 이 법 또는 다른 법률에 의하지 아니하고는 어떠한 규제나 간섭도 할 수 없다.
③ 방송사업자는 방송편성책임자를 선임하고, 그 성명을 방송시간내에 매일 1회 이상 공표하여야 하며, 방송편성책임자의 자율적인 방송편성을 보장하여야 한다.
④ 종합편성 또는 보도에 관한 전문편성을 행하는 방송사업자는 방송프로그램제작의 자율성을 보장하기 위하여 취재 및 제작 종사자의 의견을 들어 방송편성규약을 제정하고 이를 공표하여야 한다.

---

(3) 방송의 공적 책임과 공정·공익성

본 법률 제5조는 은 방송의 공적 책임을 다음과 같이 규정하고 있다.

---

① 방송은 인간의 존엄과 가치 및 민주적 기본질서를 존중하여야 한다.
② 방송은 국민의 화합과 조화로운 국가의 발전 및 민주적 여론형성에 이바지하여야 하며 지역간 · 세대간 · 계층간 · 성별간의 갈등을 조장하여서는 아니 된다.
③ 방송은 타인의 명예를 훼손하거나 권리를 침해하여서는 아니 된다.
④ 방송은 범죄 및 부도덕한 행위나 사행심을 조장하여서는 아니 된다.
⑤ 방송은 건전한 가정생활과 아동 및 청소년의 선도에 나쁜 영향을 끼치는 음란 · 퇴폐 또는 폭력을 조장하여서는 아니 된다.

방송은 성별, 연령, 세대를 불문하고 모든 소비자들이 시청할 수 있기 때문에 방송의 공정성과 공익성은 매우 중요한 사안이다. 이에 본 법률 제 6조에서는 에서는 방송의 공정성과 공익성을 다음과 같이 규정하고 있다.

---

① 방송에 의한 보도는 공정하고 객관적이어야 한다.
② 방송은 성별 · 연령 · 직업 · 종교 · 신념 · 계층 · 지역 · 인종 등을 이유로 방송편성에 차별을 두어서는 아니 된다. 다만, 종교의 선교에 관한 전문편성을 행하는 방송사업자가 그 방송 분야의 범위 안에서 방송을 하는 경우에는 그러하지 아니하다.
③ 방송은 국민의 윤리적 · 정서적 감정을 존중하여야 하며, 국민의 기본권 옹호 및 국제친선의 증진에 이바지하여야 한다.
④ 방송은 국민의 알권리와 표현의 자유를 보호 · 신장하여야 한다.
⑤ 방송은 상대적으로 소수이거나 이익추구의 실현에 불리한 집단이나 계층의 이익을 충실하게 반영하도록 노력하여야 한다.
⑥ 방송은 지역사회의 균형 있는 발전과 민족문화의 창달에 이바지하여야 한다.
⑦ 방송은 사회교육기능을 신장하고, 유익한 생활정보를 확산 · 보급하며, 국민의 문화생활의 질적 향상에 이바지하여야 한다.
⑧ 방송은 표준말의 보급에 이바지하여야 하며 언어순화에 힘써야 한다.
⑨ 방송은 정부 또는 특정 집단의 정책 등을 공표함에 있어 의견이 다른 집단에게 균등한 기회가 제공되도록 노력하여야 하고, 또한 각 정치적 이해 당사자에 관한 방송프로그램을 편성함에 있어서도 균형성이 유지되도록 하여야 한다.

---

(4) 보편적 시청권리

방송사업자는 다른 방송사업자에게 방송프로그램을 공급할 때에는 공정하고 합리적인 시장가격으로 차별없이 제공하여야 한다. 방송통신위원회는 보편적 시청권보장위원회의 심의를 거쳐 국민적 관심이 매우 큰 체육경기대회 및 그 밖의 국민관심행사 등을 고시하여야 하며, 이 경우 방송통신위원회는 문화체육관광부장관, 방송사업자 및 시청자의 의견을 들어야 한다.

국민관심행사 등에 대한 중계방송권자 또는 그 대리인 중계방송권자 등은 일반국민이 이를 시청할 수 있도록 중계방송권을 다른 방송사업자에게도 공정하고 합리적인 가격으로 차별 없이 제공하여야 한다. 국민관심행사 등의 고시 등에 관한 업무의 원활한 수행을 위하여 방송통신위원회에 보편적 시청권보장위원회를 둔다. 보편적 시청권보장위원회 위원은 방송통신위원회 위원장이 방송통신위원회의 동의를 얻어 7인 이내로 위촉한다. 보편적 시청권보장위원회의 구성과 운영에 관하여 필요한 사항은 방송통신위원회규칙으로 정한다. 또한 방송사업자 및 중계방송권자등은 일반국민의 보편적 시청권을 보장하기 위하여 다음과 같이 금지행위를 정하고 금지행위를 하거나 제3자로 하여금 이를 하도록 하여서는 아니 된다.

---

① 중계방송권자등으로서 국민 전체가구 중 대통령령으로 정하는 비율 이상의 가구가 국민관심행사 등을 시청할 수 있는 방송수단(이하 "보편적 방송수단"이라 한다)을 확보하지 아니하는 행위
② 중계방송권을 확보하였음에도 불구하고 정당한 사유 없이 국민관심행사등을 보편적 방송수단을 통하여 실시간으로 방송하지 아니하는 행위
③ 정당한 사유 없이 중계방송권의 판매 또는 구매를 거부하거나 지연시키는 행위
④ 정당한 사유 없이 국민관심행사 등에 대한 뉴스보도나 해설 등을 위한 자료화면을 방송사업자와 인터넷 멀티미디어 방송사업자 등에게 제공하지 아니하는 행위

방송통신위원회는 금지행위를 하였거나 제3자로 하여금 이를 하도록 한 방송사업자 및 중계방송권자등에 대하여 금지행위의 중지 등 필요한 시정조치를 명할 수 있다. 이 경우 방송통신위원회는 시정조치를 명하기 전에 당사자에게 기간을 정하여 의견진술의 기회를 주어야 한다. 다만, 당사자가 정당한 사유 없이 이에 응하지 아니하는 때에는 그러하지 아니한다. 또한 방송통신위원회는 금지행위를 하였거나 제3자로 하여금 이를 하도록 하였는지에 대한 사실관계의 조사를 위하여 필요한 경우 대통령령이 정하는 바에 따라 방송사업자 및 중계방송권자등에게 자료제출을 요청할 수 있고, 소속 공무원으로 하여금 방송사업자 및 중계방송권자등의 사무소 또는 사업장에 출입하여 조사를 하게 할 수 있다. 방송통신위원회는 방송사업자 및 중계방송권자등이 정당한 사유 없이 시정조치를 이행하지 아니하는 때에는 당해 중계방송권의 총계약금액에 100분의 5를 곱한 금액을 초과하지 아니하는 범위 안에서 과징금을 부과할 수 있으며, 해당조사를 하는 공무원은 그 권한을 표시하는 증표를 지니고 이를 관계인에게 내보여야 한다.

4) 소유제한과 시청점유율 제한

앞서 살펴본 방송사업의 소유규제 및 겸영규제가 미디어법 개정의 주요 내용이었다. 현재 방송법 제8조에서는 다음과 같이 소유와 시청점유율을 제한하도록 규정하고 있다.

(1) 소유제한

본 법률은 다음과 같이 소유를 제한하고 있다.

첫째, 방송사업자가 주식을 발행하는 경우에는 기명식으로 하여야 한다.

둘째, 누구든지 대통령령이 정하는 특수한 관계에 있는 자(이하 "특수관계자"라 한다)가 소유하는 주식 또는 지분을 포함하여 지상파방송사업자 및 종합편성 또는 보도에 관한 전문편성을 행하는 방송채널사용사업자의 주식 또는 지분 총수의 100분의 40을 초과하여 소유할 수 없다. 다만, 다음에 해당하는 경우에는 그러하지 아니하다.

---

① 국가 또는 지방자치단체가 방송사업자의 주식 또는 지분을 소유하는 경우
② 「방송문화진흥회법」에 의하여 설립된 방송문화진흥회가 방송사업자의 주식 또는 지분을 소유하는 경우
③ 종교의 선교를 목적으로 하는 방송사업자에 출자하는 경우

셋째, 제2항의 규정에 불구하고 독점규제및공정거래에관한법률 제2조제2호의 규정에 의한 기업집단중 자산총액 등 대통령령이 정하는 기준에 해당하는 기업집단에 속하는 회사(이하 "대기업"이라 한다)와 그 계열회사(특수관계자를 포함한다) 또는 「신문 등의 진흥에 관한 법률」에 따른 일간신문(이하 "일간신문"이라 한다)이나 「뉴스통신 진흥에 관한 법률」에 따른 뉴스통신(이하 "뉴스통신"이라 한다)을 경영하는 법인(특수관계자를 포함한다)은 지상파방송사업자의 주식 또는 지분 총수의 100분의 10을 초과하여 소유할 수 없으며, 종합편성 또는 보도에 관한 전문편성을 행하는 방송채널사용사업자의 주식 또는 지분 총수의 100분의 30을 초과하여 소유할 수 없다.

넷째, 지상파방송사업자, 종합편성 또는 보도에 관한 전문편성을 행하는 방송채널사용사업자의 주식 또는 지분을 소유하고자 하는 일

간신문을 경영하는 법인(특수관계자를 포함한다)은 경영의 투명성을 위하여 대통령령으로 정하는 바에 따라 전체 발행부수, 유가 판매부수 등의 자료를 방송통신위원회에 제출하여 공개하여야 하며, 제3항에도 불구하고 일간신문의 구독률(대통령령으로 정하는 바에 따라 전체 가구 중 일정 기간 동안 특정 일간신문을 유료로 구독하는 가구가 차지하는 비율을 말한다. 이하 같다)이 100분의 20 이상인 경우에는 지상파방송사업 및 종합편성 또는 보도에 관한 전문편성을 행하는 방송채널사용사업을 겸영하거나 주식 또는 지분을 소유할 수 없다.

다섯째, 일간신문이나 뉴스통신을 경영하는 법인(각 특수관계자를 포함한다)은 종합유선방송사업자 및 위성방송사업자의 주식 또는 지분 총수의 100분의 49를 초과하여 소유할 수 없다.

여섯째, 지상파방송사업자·종합유선방송사업자 및 위성방송사업자는 시장점유율 또는 사업자수 등을 고려하여 대통령령이 정하는 범위를 초과하여 상호 겸영하거나 그 주식 또는 지분을 소유할 수 없다.

일곱째, 지상파방송사업자·종합유선방송사업자·위성방송사업자·방송채널사용사업자 및 전송망사업자는 시장점유율, 방송분야 또는 사업자수 등을 고려하여 대통령령이 정하는 범위를 초과하여 상호 겸영하거나 그 주식 또는 지분을 소유할 수 없다.

여덟째, 지상파방송사업자·종합유선방송사업자 또는 위성방송사업자는 시장점유율 또는 사업자수 등을 고려하여 대통령령이 정하는 범위를 초과하여 지상파방송사업자는 다른 지상파방송사업, 종합유선방송사업자는 다른 종합유선방송사업, 위성방송사업자는 다른 위성방송사업을 겸영하거나 그 주식 또는 지분을 소유할 수 없다. 다만, 「방송문화진흥회법」에 따라 설립된 방송문화진흥회가 최다출자자인 지상파방송사업자가 이 법 시행 당시 계열회사 관계에 있는 다른 지상파방송사업자의 주식 또는 지분을 소유하는 경우에는 그러하지 아니하다.

아홉째, 방송채널사용사업자는 시장점유율 또는 사업자수등을 고려하여 대통령령이 정하는 범위를 초과하여 다른 방송채널사용사업을 겸영하거나 그 주식 또는 지분을 소유할 수 없다.

열째, 정당은 방송사업자의 주식 또는 지분을 소유할 수 없다.

지상파방송사업자나 종합유선방송사업자, 위성방송사업자는 겸영금지 및 소유제한 대상자에는 그의 특수관계자를 포함하며, 특수관계자와 정당이 규정을 위반하여 주식 또는 지분을 소유한 자는 그 소유분 또는 초과분에 대한 의결권을 행사할 수 없다. 또한 과학기술정보통신부장관 또는 방송통신위원회는 해당 규정을 위반한 자에게 6개월 이내의 기간을 정하여 위반 사항을 시정할 것을 명할 수 있다.

(2) 시청점유율의 제한

방송사업자의 시청점유율은 전체 텔레비전 방송에 대한 시청자의 총 시청시간 중 특정 방송채널에 대한 시청시간이 차지하는 비율을 말하는데, 방송사업자의 시청점유율은 해당 방송사업자의 시청점유율에 특수관계자 등의 시청점유율[39]을 합산하여 산정한다.

방송사업자의 시청점유율은 전체의 100분의 30을 초과할 수 없다. 다만, 정부 또는 지방자치단체가 전액 출자한 경우에는 그렇지 않다. 이 경우 특수관계자 등의 시청점유율은 가중치를 다르게 부여하여 산정

---

39 해당 방송사업자의 특수관계자의 시청점유율 및 해당 방송사업자가 주식 또는 지분을 소유하고 있는 다른 방송사업자의 시청점유율을 말한다.

할 수 있고, 일간신문을 경영하는 법인(특수관계자를 포함한다)이 방송사업을 겸영하거나 주식 또는 지분을 소유하는 경우에는 그 일간신문의 구독률을 대통령령으로 정하는 바에 따라 일정한 비율의 시청점유율로 환산하여 해당 방송사업자의 시청점유율에 합산한다.

시청점유율 산정의 구체적인 기준·방법 등 필요한 사항은 대통령령으로 정하는 바에 따라 미디어다양성위원회의 심의를 거쳐 방송통신위원회가 고시로 정한다. 과학기술정보통신부장관 또는 방송통신위원회는 이렇게 산정한 시청점유율을 방송사업자의 허가·승인, 변경승인 재허가 등의 심사에 반영하여야 한다. 또한 방송통신위원회는 법률이 정한 시청점유율(100분의 30)을 초과하는 사업자에 대하여는 방송사업 소유제한, 방송광고시간 제한, 방송시간의 일부양도 등 필요한 조치를 명할 수 있다.

5) 방송사업의 허가 · 승인 · 등록 등

본 법률 제9조에서는 지상파방송사업, 위성방송사업, 방송채널사용사업、전광판방송사업 또는 음악유선방송사업, 전송망사업을 허가, 승인, 등록을 위해 사업자가 수행해야할 사항을 규정하고 다음과 같이 규정하고 있다.

(1) 허가 · 승인 · 등록

가. 지상파방송사업

지상파방송사업을 하고자 하는 자는 방송통신위원회의 허가를 받아야 한다. 이 경우 방송통신위원회는 과학기술정보통신부장관에게

「전파법」에 따른 무선국 개설과 관련된 기술적 심사를 의뢰하고, 과학기술정보통신부장관으로부터 송부 받은 심사 결과를 허가에 반영하여야 한다(방송법 제9조의1 제1항).

나. 위성상송사업

위성방송사업을 하고자 하는 자는「전파법」으로 정하는 바에 따라 과학기술정보통신부장관의 방송국 허가를 받아야 하고, 종합유선방송사업 또는 중계유선방송사업을 하고자 하는 자는 대통령령으로 정하는 기준에 적합하게 시설과 기술을 갖추어 과학기술정보통신부장관의 허가를 받아야 한다. 이 경우 과학기술정보통신부장관은 미리 방송통신위원회의 동의를 받아야 한다(방송법 제9조의1 제2항).

본 규정에 불구하고 대통령령이 정하는 기준에 해당하는 중계유선방송사업자가 종합유선방송사업을 하고자 할 경우에는 과학기술정보통신부장관의 승인을 얻어야 하며(동법 제9조 제3항), 이 규정에 의하여 승인을 얻은 자는 승인을 얻은 때부터 제2조제3호 나목의 규정에 의한 종합유선방송사업자로 허가를 받은 것으로 본다(동법 제9조 제4항).

다. 방송채널사용사업·전광판방송사업·음악유선방송사업

방송채널사용사업·전광판방송사업 또는 음악유선방송사업을 하고자 하는 자는 과학기술정보통신부장관에게 등록하여야 한다. 다만, 종합편성이나 보도에 관한 전문편성을 행하는 방송채널사용사업을 하려는 자는 방송통신위원회의 승인을 받아야 하고, 상품소개와 판매에 관한 전문편성을 행하는 방송채널사용사업을 하려는 자는 과학기술정보통신부장관의 승인을 받아야 한다. 이 경우 데이터방송을 하기 위하여 등록을 하거나 승인을 얻은 자는 등록을 하거나 승인을 얻은 날부터 7일 이내에 「전기통신사업법」 제22조의 규정에 의한 부가통신사업의 신고를 하여야 한다(방송법 제9조의1 제5항).

라. 외국 인공위성 무선설비

외국 인공위성의 무선설비(國內에서 수신될 수 있는 것에 한한다)를 이용하여 위성방송을 행하는 사업을 하고자 하는 자는 과학기술정보통신부장관의 승인을 얻어야 한다(방송법 제9조의1 6항). 이 규정에 의하여 승인을 얻은 자에 위성방송사업자에 대하여 적용되는 규정을 준용하며(동법 제9조의1 7항), 외국 인공위성의 무선국(國內에서 수신될 수 있는 것에 한한다)의 특정 채널의 전부 또는 일부 시간에 대한 전용사용계약을 체결하여 그 채널을 사용하고자 하는 자는 과학기술정보통신부장관의 승인을 얻어야 한다.

마. 전송망사업

전송망사업을 하려는 자는 과학기술정보통신부장관에게 등록하여야 한다. 이 경우 과학기술정보통신부장관은 등록 신청이 다음의 경우를 제외하고는 등록을 거부하지 못한다.

---

① 재정능력 및 기술인력 등 대통령령으로 정하는 등록요건을 갖추지 못한 경우
② 등록을 신청한 자가 제13조제1항에 위반되는 경우
③ 등록을 신청한 법인의 대표자가 제13조 제3항 제1호부터 제6호까지의 어느 하나에 해당하는 경우
④ 그 밖에 이 법 또는 다른 법령에 따른 제한에 위반되는 경우

바. 공동체라디오방송사업

공동체라디오방송사업을 하고자 하는 자는 방송통신위원회의 허가를 받아야 한다. 이 경우 방송통신위원회는 과학기술정보통신부장관에게 「전파법」에 따른 무선국 개설과 관련된 기술적 심사를 의뢰하고, 과학기술정보통신부장관으로부터 송부 받은 심사 결과를 허가에 반영하여야 한다. 이 외의 공동체라디오방송사업자의 편성, 재원 등 운영에 필요한 세부사항은 대통령령으로 정한다.

동법에서는 방송채널사용사업의 등록요건과 기술결합서비스의 승인도 규정하고 있다(<부록1 참조>)

(2) 허가 및 승인의 심사기준 및 결격사유 등

가. 심사기준

과학기술정보통신부장관 또는 방송통신위원회는 방송사업을 허가 또는 승인을 할 때 다음 사항을 심사하여 그 결과를 공표하여야 한다.

---

① 방송의 공적 책임 · 공정성 · 공익성의 실현 가능성
② 방송프로그램의 기획 · 편성 및 제작계획의 적절성
③ 지역적 · 사회적 · 문화적 필요성과 타당성
④ 조직 및 인력운영등 경영계획의 적정성
⑤ 재정 및 기술적 능력
⑥ 방송발전을 위한 지원계획
⑦ 기타 사업수행에 필요한 사항

과학기술정보통신부장관 또는 방송통신위원회는 위의 각 규정에 의한 심사를 할 때에는 시청자의 의견을 공개적으로 청취하고, 그 의견의 반영 여부를 공표하여야 하며, 과학기술정보통신부장관은 종합유

선방송사업을 하고자 하는 자를 허가할 때에는 특별시장·광역시장 또는 도지사(이하 "시·도지사"라 한다)의 의견을 들어야 한다. 또한 과학기술정보통신부장관은 방송프로그램의 전문성과 채널의 다양성이 구현될 수 있도록 하기 위하여 전문편성의 방송분야와 방송프로그램의 종류에 따른 편성비율 등을 고시할 수 있다.(동법 제11조)

나. 결격사유

방송법 제13조는 각 방송사업의 결격사유를 다음과 같이 규정하고 있다.

첫째, 방송사업과 전송망사업의 결격사유는 다음과 같다. 국가·지방자치단체 또는 법인이 아닌 자는 방송사업 또는 전송망사업을 할 수 없으며, 방송사업의 허가·승인 또는 등록이 취소된 후 3년이 경과되지 아니한 자의 경우에도 또한 전송망사업을 할 수 없다.

둘째, 다음에 해당하는 자는 중계유선방송사업·음악유선방송사업을 할 수 없다.

---

① 외국인 또는 외국의 정부나 단체
② 미성년자 또는 한정치산자
③ 파산선고를 받은 자로서 복권되지 아니한 자
④ 이 법을 위반하여 벌금 이상의 형을 선고받고 그 집행이 종료되거나 그 집행을 받지 아니하기로 확정된 후 3년이 경과되지 아니한 자 또는 그 집행유예기간 중에 있는 자
⑤ 제18조의 규정에 의하여 중계유선방송사업 · 음악유선방송사업의 허가 또는 등록이 취소된 후 2년이 경과되지 아니한 자

셋째, 다음에 해당하는 자는 제9조제1항·제2항·제3항·제5항·제6항·제8항·제10항 및 제11항에 따라 허가 또는 승인을 받거나 등록을 한

법인의 대표자 또는 방송편성책임자가 될 수 없다.

---

① 대한민국의 국적을 가지지 아니한 자
② 미성년자 또는 한정치산자
③ 파산선고를 받은 자로서 복권되지 아니한 자
④ 이 법을 위반하여 벌금 이상의 형을 선고받고 그 집행이 종료되거나 그 집행을 받지 아니하기로 확정된 후 3년이 경과되지 아니한 자 또는 그 집행유예기간중에 있는 자
⑤ 형법 제87조 내지 제90조, 제92조, 제101조, 군형법 제5조 내지 제8조, 제9조제2항, 제11조 내지 제16조 또는 국가보안법 제3조 내지 제9조의 죄를 범하여 금고 이상의 실형의 선고를 받고 그 형의 집행이 종료되지 아니 하거나 집행을 받지 아니하기로 확정되지 아니한 자 또는 집행유예기간 중에 있는 자
⑥ 「보안관찰법」에 의한 보안관찰처분, 종전의 「사회보호법」(법률 제7656호로 폐지되기 전의 것을 말한다)에 의한 보호감호 또는 「치료감호법」에 의한 치료감호의 집행 중에 있는 자
⑦ 외국의 법인 또는 단체의 대표자(전송망사업의 경우는 제외한다)

---

(3) 허가·승인·등록의 취소

가. 방송사업자·중계유선방송사업자·음악유선방송사업자·전광판방송사업자 또는 전송망사업자

방송사업자·중계유선방송사업자·음악유선방송사업자·전광판방송사업자 또는 전송망사업자가 다음의 어느 하나에 해당하는 때에는 과학기술정보통신부장관 또는 방송통신위원회가 소관 업무에 따라 허가·승인 또는 등록을 취소하거나 6월 이내의 기간을 정하여 그 업무의 전부 또는 일부를 정지하거나 광고의 중단 또는 제16조에 따른 허가·승인의 유효기간 단축을 명할 수 있다. 다만, 제13조제3항의 각 호의 어느 하나에 해당하는 자가 법인의 대표자 또는 방송편성책임자가 된 경우

로서 3월 이내에 그 임원을 변경하는 때에는 그러하지 아니하다.

---

① 허위 기타 부정한 방법으로 허가 · 변경허가 · 재허가를 받거나 승인 · 변경승인 · 재승인을 얻거나 등록 · 변경등록을 한 때
② 제8조의 규정에 위반하여 주식 또는 지분을 소유한 때
③ 제13조의 결격사유에 해당하게 된 때
④ 제14조의 규정에 위반하여 재산상의 출자 또는 출연을 받은 때
⑤ 이 법에 의한 허가를 받거나 승인을 얻거나 등록한 날부터 2년 이내에 방송 또는 사업을 개시하지 아니한 때
⑥ 제15조제1항을 위반하여 변경허가 또는 변경승인을 받지 아니하거나 변경등록을 하지 아니한 때
⑦ 제77조제3항에 따른 약관변경명령 또는 재통지명령 등을 이행하지 아니한 때
⑧ 제91조의7제1항에 따른 방송의 유지 · 재개 명령을 이행하지 아니한 때
⑨ 제99조제1항에 따른 시정명령을 이행하지 아니하거나 같은 조 제2항에 따른 시설개선명령을 이행하지 아니한 때
⑩ 제100조제1항에 따른 제재조치명령을 이행하지 아니한 때
⑪ 제69조의2제5항에 따른 명령을 이행하지 아니한 때
⑫ 방송사업자가 내부 · 외부의 부당한 간섭으로 불공정하게 채널을 구성한 때
⑬ 과학기술정보통신부장관이 제85조의2제2항 후단에 따라 방송통신위원회로부터 통보받은 때

나. 지상파방송사업자·종합유선방송사업자·위성방송사업자 또는 인터넷 멀티미디어 방송 제공사업자

지상파방송사업자·종합유선방송사업자·위성방송사업자 또는 인터넷 멀티미디어 방송 제공사업자가 허위, 그 밖의 부정한 방법으로 승인 또는 재승인을 받은 때에는 과학기술정보통신부장관 또는 방송통신위원회가 승인을 취소하거나 6월 이내의 기간을 정하여 그 업무의 전부 또는 일부를 정지하거나 광고의 중단 또는 승인의 유효기간 단축을 명할 수 있다.

또한 과학기술정보통신부장관 또는 방송통신위원회는 위 규정에 따라 허가·승인 또는 등록을 취소하는 경우 대통령령으로 정하는 바에 따라 해당 사업자에 대하여 그 사업을 승계하는 자가 방송을 개시할 때까지 12개월의 범위 내에서 기간을 정하여 방송을 계속하도록 할 수 있다.

(4) 과징금 처분

과학기술정보통신부장관 또는 방송통신위원회는 방송사업자、중계유선방송사업자·음악유선방송사업자·전광판방송사업자 또는 전송망사업자가 사업의 허가·승인·등록이 취소되어 업무정지처분을 하여야 할 경우로서 그 업무정지처분이 시청자에게 심한 불편을 주거나 기타 공익을 해할 우려가 있는 때에는 그 업무정지처분에 갈음하여 1억원 이하의 과징금을 부과할 수 있다.

6) 방송관련 위원회

(1) 방송평가위원회

방송통신위원회는 방송사업자의 방송프로그램 내용 및 편성과 운영 등에 관하여 종합적으로 평가할 수 있다. 방송통신위원회는 평가업무를 효율적으로 수행하기 위하여 방송평가위원회를 둘 수 있으며, 방송평가위원회 위원은 방송통신위원회 위원장이 방송통신위원회의 동의를 얻어 위촉하며, 구성과 운영에 관하여 필요한 사항은 방송통신위원회규칙으로 정하여야 한다.(방송법 제31조)

(2) 방송통신심의위원회

방송통신심의위원회는 방송·중계유선방송 및 전광판방송의 내용과 기타 전기통신회선을 통하여 공개를 목적으로 유통되는 정보중 방송과 유사한 것으로서 대통령령이 정하는 정보의 내용이 공정성과 공공성을 유지하고 있는지의 여부와 공적 책임을 준수하고 있는지의 여부를 방송 또는 유통된 후 심의·의결한다. 이 경우 매체별·채널별 특성을 고려하여야 한다.(방송법 제32조)

방송통신심의위원회는 방송의 공정성 및 공공성을 심의하기 위하여 다음 사항을 포함한 방송심의에 관한 규정(심의규정)을 제정·공표하여야 하며, 방송사업자·중계유선방송사업자·전광판방송사업자 및 외주제작사는 심의규정을 준수하여야 한다.

---

① 헌법의 민주적 기본질서의 유지와 인권존중에 관한 사항
② 건전한 가정생활 보호에 관한 사항
③ 아동 및 청소년의 보호와 건전한 인격형성에 관한 사항
④ 공중도덕과 사회윤리에 관한 사항
⑤ 양성평등에 관한 사항
⑥ 국제적 우의 증진에 관한 사항
⑦ 장애인등 방송소외계층의 권익증진에 관한 사항
⑧ 인종, 민족, 지역, 종교 등을 이유로 한 차별 금지에 관한 사항
⑨ 민족문화의 창달과 민족의 주체성 함양에 관한 사항
⑩ 보도 · 논평의 공정성 · 공공성에 관한 사항
⑪ 언어순화에 관한 사항
⑫ 자연환경 보호에 관한 사항
⑬ 건전한 소비생활 및 시청자의 권익보호에 관한 사항
⑭ 법령에 따라 방송광고가 금지되는 품목이나 내용에 관한 사항
⑮ 방송광고 내용의 공정성 · 공익성에 관한 사항
⑯ 기타 이 법의 규정에 의한 방송통신심의위원회의 심의업무에 관한 사항

또한 방송사업자는 아동과 청소년을 보호하기 위하여 방송프로그램의 폭력성 및 음란성 등의 유해정도, 시청자의 연령 등을 감안하여 방송프로그램의 등급을 분류하고 이를 방송 중에 표시하여야 한다. 방송통신심의위원회는 방송프로그램 등급분류와 관련하여 분류기준 등 필요한 사항을 방송통신심의위원회규칙으로 정하여 공표하여야 해야 하고, 이 경우 분류기준은 방송매체와 방송분야별 특성 등을 고려하여 차등을 둘 수 있다. 방송통신심의위원회는 방송사업자가 자율적으로 부여한 방송프로그램의 등급에 대하여 적절하지 아니하다고 판단되는 경우 해당방송사업자에게 당해 방송프로그램의 등급분류를 조정하도록 요구할 수 있다.

(3) 시청자권익보호위원회

방송통신위원회는 방송 및 「인터넷 멀티미디어 방송사업법」 제2조 제1호에 따른 인터넷 멀티미디어 방송에 관한 시청자의 의견을 수렴하고 시청자의 정당한 권익 침해 등 시청자불만 및 청원사항에 관한 심의를 효율적으로 수행하기 위하여 시청자권익보호위원회를 둔다. 시청자권익보호위원회 위원은 방송통신위원회 위원장이 방송통신위원회의 동의를 얻어 위촉하여야 하며, 시청자권익보호위원회의 구성과 운영, 시청자불만처리의 절차와 분쟁의 조정 등에 관하여 필요한 사항은 방송통신위원회규칙으로 정한다.

(4) 방송분쟁조정위원회

방송통신위원회는 방송에 관한 분쟁을 효율적으로 조정하기 위하여 방송분쟁조정위원회를 둘 수 있다. 다만, 분쟁조정의 주된 대상이 저작권에 관련된 경우에는 「저작권법」에 따른다.

방송분쟁조정위원회는 방송통신위원회 위원장이 지명하는 위원장 1명을 포함한 5명 이상 7명 이하의 위원으로 구성되며 위원장은 방송통신위원회위원장이 방송통신위원회의 동의를 얻어 위촉한다. 방송분쟁조정위원회 위원의 임기는 2년으로 하되, 한 차례만 연임할 수 있고, 보궐위원의 임기는 전임자 임기의 남은 기간으로 한다.

방송분쟁조정위원회 위원은 다음 각 호의 어느 하나에 해당하는 경우에는 방송분쟁조정위원회에 신청된 분쟁조정사건(이하 이 조에서 "사건"이라 한다)의 심의·의결에서 제외된다.

---

① 방송분쟁조정위원회 위원 또는 그 배우자나 배우자였던 사람이 그 사건의 당사자가 되거나 그 사건에 관하여 공동의 권리자 또는 의무자의 관계에 있는 경우
② 방송분쟁조정위원회 위원이 그 사건의 당사자와 친족관계에 있거나 있었던 경우
③ 방송분쟁조정위원회 위원이 그 사건에 관하여 당사자의 대리인으로서 관여하거나 관여하였던 경우
④ 방송분쟁조정위원회 위원이 그 사건에 관하여 증언, 감정, 법률자문을 한 경우

분쟁당사자는 방송분쟁조정위원회 위원에게 공정한 심의·의결을 기대하기 어려운 사정이 있는 경우에는 방송분쟁조정위원회 위원장에게 기피신청을 할 수 있다. 이 경우 위원장은 기피신청에 대하여 방송분쟁조정위원회의 의결을 거치지 아니하고 결정하며, 방송분쟁조정위원회 위원이 위에서 제시한 사유에 해당하는 경우에는 스스로 그 사건의 심의·의결에서 회피할 수 있다. 외주제작사가 분쟁의 당사자인 경우에는 분쟁 당사자 일방 또는 쌍방의 신청에 따라 제1항에 따른 방송분쟁조정위원회 또는 「콘텐츠산업 진흥법」 제29조제1항 본문에 따른 콘텐츠분쟁조정위원회가 분쟁을 조정할 수 있다.

(5) 미디어다양성위원회

방송통신위원회는 방송의 여론 다양성을 보장하기 위하여 미디어다양성위원회를 둔다. 미디어다양성위원회위원은 방송통신위원회위원장이 방송통신위원회의 의결을 거쳐 위촉하며 미디어다양성위원회의 직무는 다음과 같다.

---

① 제69조의2에 따른 방송사업자의 시청점유율 조사 및 산정
② 매체간 합산 영향력지수 개발
③ 여론 다양성 증진을 위한 조사 · 연구
④ 그 밖에 여론 다양성 보장을 위하여 필요한 사항으로 대통령령으로 정하는 사항

---

(6) 방송시장경쟁상황평가위원회

방송통신위원회는 방송시장(인터넷 멀티미디어 방송을 포함한다)의 효율적인 경쟁체제 구축과 공정한 경쟁 환경을 조성하기 위하여 방송시장경쟁상황평가위원회를 둔다. 방송시장경쟁상황평가위원회의 위원은 9명으로 하며, 방송통신위원회 위원장이 방송통신위원회의 동의를 받아 위촉한다. 방송시장경쟁상황평가위원회는 방송사업자 및 「인터넷 멀티미디어 방송사업법」 제2조제5호에 따른 인터넷 멀티미디어 방송사업자(이하 "인터넷 멀티미디어 방송사업자"라 한다)에 대하여 경쟁상황 평가를 위하여 필요한 자료의 제출을 요청할 수 있다. 방송통신위원회는 매년 방송시장의 경쟁상황 평가를 실시하고 평가가 종료된 후 3개월 이내에 국회에 보고하여야 한다. 경쟁상황 평가를 위한 구체적인 평가기준·절차·방법, 방송시장경쟁상황평가위원의 구성 및 운영 등에 관하여 필요한 사항은 대통령령으로 정한다.

7) 한국방송공사

공정하고 건전한 방송문화를 정착시키고 국내외 방송을 효율적으로 실시하기 위하여 국가기간방송으로서 설립된 한국방송공사는 다음과 같은 공적 의무를 가진다. 첫째, 공사는 방송의 목적과 공적 책임, 방송의 공정성과 공익성을 실현하여야 한다. 둘째 공사는 국민이 지역과 주변 여건에 관계없이 양질의 방송서비스를 제공받을 수 있도록 노력하여야 한다. 셋째, 공사는 시청자의 공익에 기여할 수 있는 새로운 방송프로그램·방송서비스 및 방송기술을 연구하고 개발하여야 한다. 넷째, 공사는 국내외를 대상으로 민족문화를 창달하고, 민족의 동질성을 확보할 수 있는 방송프로그램을 개발하여 방송하여야 한다.

한국방송공사의 정관에는 다음의 사항을 기재해야 하는데, 특히 일곱 번째 항목인 시청자불만처리 및 시청자보호에 관한 사항을 두고 있다.

---

① 목적
② 명칭
③ 주된 사무소의 소재지
④ 공사의 조직과 이사장 · 이사 · 집행기관 및 직원에 관한 사항
⑤ 이사회의 운영에 관한 사항
⑥ 업무와 그 집행에 관한 사항
⑦ 시청자불만처리 및 시청자보호에 관한 사항
⑧ 정관의 변경에 관한 사항
⑨ 사채발행 및 차입에 관한 사항
⑩ 주식 또는 출자증권에 관한 사항
⑪ 손익금의 처리등 회계에 관한 사항
⑫ 공고방법에 관한 사항
⑬ 기타 대통령령이 정하는 사항

한국방송공사는 다음의 업무를 행한다.

---

① 라디오방송의 실시
② 텔레비전방송의 실시
③ 위성방송등 새로운 방송매체를 통한 방송의 실시
④ 방송시설의 설치 · 운영 및 관리
⑤ 국가가 필요로 하는 대외방송(국제친선 및 이해증진과 문화 · 경제교류 등을 목적으로 하는 放送)과 사회교육방송(외국에 거주하는 한민족을 대상으로 민족의 동질성을 증진할 목적으로 하는 放送)의 실시
⑥「한국교육방송공사법」에 의한 한국교육방송공사가 행하는 방송의 송신 지원
⑦ 시청자 불만처리와 시청자 보호를 위한 기구의 설치 및 운영
⑧ 전속단체의 운영 · 관리
⑨ 방송문화행사의 수행 및 방송문화의 국제교류
⑩ 방송에 관한 조사 · 연구 및 발전
⑪ 제1호 내지 제10호의 업무에 부대되는 수익사업

---

8) 방송광고

(1) 방송광고구분

방송사업자는 방송광고와 방송프로그램이 혼동되지 아니하도록 명확하게 구분하여야 하며, 어린이를 주 시청대상으로 하는 방송프로그램의 방송광고시간 및 전후 토막광고시간에는 반드시 광고임을 밝히는 자막을 표기하여 어린이가 방송프로그램과 방송광고를 구분할 수 있도록 하여야 한다.

(2) 방소광고의 종류

방송법에서는 방송광고의 종류를 <표 9.4>와 같이 구분하여 정의하고 있다.

표 9.4 방송법에 따른 방송광고의 종류

방송종류	정의
방송 프로그램광고	• 방송프로그램의 전후(방송프로그램 시작타이틀 고지 후부터 본방송프로그램 시작 전까지 및 본방송프로그램 종료 후부터 방송프로그램 종료타이틀 고지 전까지를 말한다)에 편성되는 광고
중간광고	• 1개의 동일한 방송프로그램이 시작한 후부터 종료되기 전까지 사이에 그 방송프로그램을 중단하고 편성되는 광고
토막광고	• 방송프로그램과 방송프로그램 사이에 편성되는 광고
자막광고	• 방송프로그램과 관계없이 문자 또는 그림으로 나타내는 광고
시보광고	• 현재시간 고지 시 함께 방송되는 광고
가상광고	• 방송프로그램에 컴퓨터 그래픽을 이용하여 만든 가상의 이미지를 삽입하는 형태의 광고
간접광고	• 방송프로그램 안에서 상품, 상표, 회사나 서비스의 명칭이나 로고 등을 노출시키는 형태의 광고

자막광고

시보광고

그림 9.5 자막광고와 시보광고 사례40/41

40 사진출처: https://www.youtube.com/watch?v=aM4JqyZkg2E

41 사진출처: https://www.tvcf.co.kr/MovieK/List256.asp?PumOne=2

그러나 상품소개 및 판매에 관한 전문편성을 행하는 방송의 경우에는 당해 상품소개 및 판매에 관한 방송내용물은 이를 방송광고로 보지 않으며, 방송사업자 및 전광판방송사업자는 공공의 이익을 증진시킬 목적으로 제작된 비상업적 공익광고를 대통령령이 정하는 비율 이상 편성하여야 한다.

외주제작사는 방송프로그램을 제작하는 경우에 간접광고를 판매할 수 있다. 방송사업자와 외주제작사는 간접광고가 심의규정과 제86조에 따른 시청자 익보호를 위한 자체심의 기준을 위반하는지에 관하여 대통령령으로 정한 절차 등에 따라 간접광고 판매 위탁 또는 판매계약 체결 전까지 합의하고, 합의된 내용을 준수하여야 하며, 외주제작사는 제86조에 따른 방송사업자의 자체심의에 필요한 기간 전까지 방송사업자에게 간접광고가 포함된 방송프로그램을 제출하여야 한다.

3. 신문법

1) 목적

신문법은 신문 등의 발행의 자유와 독립 및 그 기능을 보장하고 사회적 책임을 높이며 신문산업을 지원·육성함으로써 언론의 자유 신장과 민주적인 여론형성에 기여함을 목적으로 한다.

2) 용어의 정의

신문법에서는 신문과 인터넷신문을 <표 9.5>와 같이 정의하고 있다.

표 9.5 신문법 상의 신문의 종류와 정의

구분	정의
신문	• 정치 · 경제 · 사회 · 문화 · 산업 · 과학 · 종교 · 교육 · 체육 등 전체 분야 또는 특정 분야에 관한 보도 · 논평 · 여론 및 정보 등을 전파하기 위하여 같은 명칭으로 월 2회 이상 발행하는 간행물로서 일반일간신물, 특수일간신물, 일반주간신물, 특수주간신문이 해당
일반일간신문	• 정치 · 경제 · 사회 · 문화 등에 관한 보도 · 논평 및 여론 등을 전파하기 위하여 매일 발행하는 간행물
특수일간신문	• 산업 · 과학 · 종교 · 교육 또는 체육 등 특정 분야(정치를 제외한다)에 국한된 사항의 보도 · 논평 및 여론 등을 전파하기 위하여 매일 발행하는 간행물

구분	정의
일반주간신물	• 정치 · 경제 · 사회 · 문화 등에 관한 보도 · 논평 및 여론 등을 전파하기 위하여 매주 1회 발행하는 간행물(주 2회 또는 월 2회 이상 발행하는 것을 포함한다)
특수주간신물	• 산업 · 과학 · 종교 · 교육 또는 체육 등 특정 분야(정치를 제외한다)에 국한된 사항의 보도 · 논평 및 여론 등을 전파하기 위하여 매주 1회 발행하는 간행물(주 2회 또는 월 2회 이상 발행하는 것을 포함한다)
인터넷신문	• 컴퓨터 등 정보처리능력을 가진 장치와 통신망을 이용하여 정치 · 경제 · 사회 · 문화 등에 관한 보도 · 논평 및 여론 · 정보 등을 전파하기 위하여 간행하는 전자간행물

또한 신문발행과 관련하여 사업자와 발행인, 독자 등의 개념을 <표 9.6>과 같이 정의하고 있다.

표 9.6 신문법 상의 사업자 등의 정의

구분	정의
신문사업자	• 신문을 발행하는 자
인터넷신문사업자	• 인터넷신문을 전자적으로 발행하는 자
인터넷뉴스 서비스	• 뉴스통신진흥에 관한 법률」에 따른 뉴스통신, 「방송법」에 따른 방송 및 「잡지 등 정기간행물의 진흥에 관한 법률」에 따른 잡지 등의 기사를 인터넷을 통하여 계속적으로 제공하거나 매개하는 전자간행물 • 다만, 제2호의 인터넷신문 및 「인터넷 멀티미디어 방송사업법」 제2조제1호에 따른 인터넷 멀티미디어 방송, 그 밖에 대통령령으로 정하는 것을 제외
인터넷뉴스 서비스사업자	• 전자간행물을 경영하는 자

구분	정의
발행인	• 신문을 발행하거나 인터넷신문을 전자적으로 발행하는 대표자
편집인	• 신문의 편집 또는 인터넷신문의 공표에 관하여 책임을 지는 자
기사배열책임자	• 인터넷뉴스서비스의 기사배열에 관하여 책임을 지는 자
인쇄인	• 신문사업자가 선임한 자 또는 신문사업자와 인쇄계약을 체결한 자로서 그 신문의 인쇄에 관하여 책임을 지는 자
지사 또는 지국	• 기사취재 등을 목적으로 신문의 발행소 소재지 외의 지역에 설치된 사무소
독자	• 신문을 유상 또는 무상으로 공급받는 자와 인터넷신문 또는 인터넷뉴스서비스를 유상 또는 무상으로 이용하는 자

3) 독자의 권익보호와 방송의 책임

(1) 신문 등의 자유와 책임

신문 및 인터넷신문에 대한 언론의 자유와 독립은 보장된다. 신문 및 인터넷신문은 언론자유의 하나로서 정보원에 대하여 자유로이 접근할 권리와 그 취재한 정보를 자유로이 공표할 자유를 가지며, 인간의 존엄과 가치 및 민주적 기본질서를 존중하여야 한다. 또한 신문 및 인터넷신문의 편집의 자유와 독립은 보장되어야 하며, 신문사업자 및 인터넷신문사업자는 편집인의 자율적인 편집을 보장하여야 한다.

(2) 독자의 권리보호

신문사업자·인터넷신문사업자 및 인터넷뉴스서비스사업자는 편집 또는 제작의 기본방침이 독자의 이익에 충실하도록 노력하여야 한다. 신문사업자·인터넷신문사업자 및 인터넷뉴스서비스사업자는 독자의 권익을 보호하기 위한 자문기구로 독자권익위원회를 둘 수 있으며, 편집인 및 인터넷뉴스서비스의 기사배열책임자는 독자가 기사와 광고를 혼동하지 아니하도록 명확하게 구분하여 편집하여야 한다.

(3) 불공정거래행위의금지

신문사업자는 구독자의 의사에 반하여 구독계약을 체결·연장·해지하거나 불공정거래행위에 해당하는 무가지 및 무상의 경품을 제공하여서는 아니 된다. 불공정거래행위의 여부 및 그 처리 등에 관하여는 「독점규제 및 공정거래에 관한 법률」에서 정하는 바에 따른다.

4) 소유제한

「독점규제 및 공정거래에 관한 법률」 제2조제2호에 따른 기업집단 중 자산총액 등 대통령령으로 정하는 기준에 해당하는 기업집단에 속하는 회사(대기업)와 그 계열회사는 일반일간신문을 경영하는 법인이 발행한 주식 또는 지분의 2분의 1을 초과하여 취득 또는 소유할 수 없으며, 일반일간신문을 경영하는 법인의 이사(합명회사의 경우에는 업무집행사원, 합자회사의 경우에는 무한책임사원을 말한다) 중 그 상호 간에 「민법」 제777조에 따른 친족관계에 있는 자가 그 총수의 3분의 1을 넘지 못한다.

이 법률이 정한 소유제한을 위반하여 주식 또는 지분을 취득 또는 소유한 자는 그 초과분에 대한 의결권을 행사할 수 없다. 시·도지사는 주식 또는 지분을 취득 또는 소유한 자에 대하여 6개월 이내의 기간을 정하여 이를 시정할 것을 명하여야하며, 소유제한 사실을 확인하기 위하여 대통령령으로 정하는 바에 따라 신문사업자에게 필요한 자료의 제출을 요청할 수 있고, 이 경우 해당 사업자는 이에 따라야 한다.

5) 한국언론진흥재단과 언론진흥기금

(1) 한국언론진흥재단

신문 및 인터넷신문의 건전한 발전과 읽기문화 확산 및 신문 산업의 진흥을 위하여 한국언론진흥재단을 설치하였으며, 이 재단의 직무는 다음과 같다.

---

① 언론산업 진흥에 필요한 사업
② 신문의 발행 · 유통 등의 발전을 위한 사업
③ 한국 언론매체의 해외진출 및 국제교류 지원
④ 제34조에 따른 언론진흥기금의 조성과 관리 · 운용
⑤ 언론산업 진흥 등을 위한 조사 · 연구 · 교육 · 연수
⑥ 문화체육관광부장관이 위탁하는 사업
⑦ 그 밖에 한국언론진흥재단의 목적 수행을 위하여 필요한 사업

한국언론진흥재단의 운영재원은 제34조에 따른 언론진흥기금 등으로 하되, 국가는 한국언론진흥재단에 출연하거나 예산의 범위에서 보조금을 지급할 수 있으며, 한국언론진흥재단은 매년 예산편성의 기본방향과 그 규모에 관하여 문화체육관광부장관의 승인을 받아야 한다. 또한 한국언론진흥재단은 신문의 원활한 유통을 지원하기 위한 기구를 설립·운영할 수 있다.

그림 9.6 한국언론진흥재단[42]

(2) 언론진흥기금

신문·인터넷신문·인터넷뉴스서비스 및 「잡지 등 정기간행물의 진흥에 관한 법률」에 따른 잡지의 진흥을 위하여 한국언론진흥재단에 언론진흥기금이 설치되었다. 언론진흥기금은 정부의 출연금, 다른 기금으로부터의 전입금, 개인 또는 법인으로부터의 출연금 및 기부금품, 언론진흥기금의 운용으로 생기는 수익금, 그 밖에 대통령령으로 정하는 수입금으로 기금이 마련되었으며 이렇게 마련된 기금은 다음의 사업에 사용된다. 한국언론진흥재단은 언론진흥기금의 지원기준과 지원대상 등을 매년 공고하여야 하는데, 무료로 제공할 목적으로 발행되는 신문사업자에 대하여는 기금을 지원할 수 없다.

42 사진출처: https://www.kpf.or.kr/

① 신문 · 인터넷신문 · 인터넷뉴스서비스 및 잡지의 진흥을 위한 지원
② 신문 · 인터넷신문 · 인터넷뉴스서비스 및 잡지 관련 인력양성, 조사 · 연구, 정보화 사업 지원
③ 신문 및 잡지의 유통구조 개선을 위한 지원
④ 독자 권익 및 언론공익사업 지원
⑤ 한국언론진흥재단의 운영
⑥ 신문사업자, 인터넷신문사업자 및 잡지사업자에 대한 융자
⑦ 해외 한국어 신문 · 인터넷신문 · 인터넷뉴스서비스 및 잡지 지원
⑧ 그 밖에 대통령령으로 정하는 사업

언론진흥기금은 한국언론진흥재단이 관리·운용하는데 종합적인 사항을 심의하게 하기 위하여 한국언론진흥재단에 언론진흥기금관리위원회를 두어야 한다. 언론진흥기금관리위원회의 직무는 다음과 같다.

① 제29조 제2항에 따른 기금운용 계획안의 수립 및 주요항목 지출금액의 변경 사항(주요항목 지출금액의 범위에서의 세부항목 지출금액 변경은 제외)
② 제29조 제3항에 따른 기금의 결산보고서
③ '국가재정법', 제79조 따른 자산운용지침의 제정, 개정에 관한 사항
④ 기금의 지원기준과 지원대상에 관한 사항
⑤ 언론진흥을 위한 계획, 정책에 관한 사항
⑥ 법 제37조에 따른 기금 사용 성과의 측정에 관한 사항
⑦ 그 밖에 기금의 관리, 운용에 관한 중요사항으로서 위원회의 위원장이 필요하다고 인정하여 회의에 부치는 사항

4. 정보통신망법

1) 목적

정보통신망법은 정보통신망의 이용을 촉진하고 정보통신서비스를 이용하는 자의 개인정보를 보호함과 아울러 정보통신망을 건전하고 안전하게 이용할 수 있는 환경을 조성하여 국민생활의 향상과 공공복리의 증진에 이바지함을 목적으로 한다.

2) 용어의 정의

정보통신망법에서는 정보통신망, 정보통신서비스, 정보통신서비스 제공자 등에 대하여 <표 9.7>과 같이 정의하고 있다.

3) 정보통신서비스 제공자 및 이용자의 책무

정보통신망법에서는 정보통신서비스 제공자와 이용자의 책무를 다음과 같이 규정하고 있다.

---

① 정보통신서비스 제공자는 이용자의 개인정보를 보호하고 건전하고 안전한 정보통신서비스를 제공하여 이용자의 권익보호와 정보이용능력의 향상에 이바지하여야 한다.
② 이용자는 건전한 정보사회가 정착되도록 노력하여야 한다.
③ 정부는 정보통신서비스 제공자단체 또는 이용자단체의 개인정보보호 및 정보통신망에서의 청소년 보호 등을 위한 활동을 지원할 수 있다.

표 9.7 정보통신망법 상의 용어의 정의

용어	정의
정보통신망	• 「전기통신사업법」 제2조제2호에 따른 전기통신설비를 이용하거나 전기통신설비와 컴퓨터 및 컴퓨터의 이용기술을 활용하여 정보를 수집 · 가공 · 저장 · 검색 · 송신 또는 수신하는 정보통신체제
정보통신서비스	• 전기통신사업법」 제2조제6호에 따른 전기통신역무와 이를 이용하여 정보를 제공하거나 정보의 제공을 매개하는 것
정보통신 서비스 제공자	• 전기통신사업자와 영리를 목적으로 전기통신사업자의 전기통신역무를 이용하여 정보를 제공하거나 정보의 제공을 매개하는 자
이용자	• 정보통신서비스 제공자가 제공하는 정보통신서비스를 이용하는 자
전자문서	• 컴퓨터 등 정보처리능력을 가진 장치에 의하여 전자적인 형태로 작성되어 송수신되거나 저장된 문서형식의 자료로서 표준화된 것
개인정보	• 생존하는 개인에 관한 정보로서 성명 · 주민등록번호 등에 의하여 특정한 개인을 알아볼 수 있는 부호 · 문자 · 음성 · 음향 및 영상 등의 정보(해당 정보만으로는 특정 개인을 알아볼 수 없어도 다른 정보와 쉽게 결합하여 알아볼 수 있는 경우에는 그 정보를 포함한다)
침해사고	• 해킹, 컴퓨터바이러스, 논리폭탄, 메일폭탄, 서비스 거부 또는 고출력 전자기파 등의 방법으로 정보통신망 또는 이와 관련된 정보시스템을 공격하는 행위를 하여 발생한 사태
게시판	• 그 명칭과 관계없이 정보통신망을 이용하여 일반에게 공개할 목적으로 부호 · 문자 · 음성 · 음향 · 화상 · 동영상 등의 정보를 이용자가 게재할 수 있는 컴퓨터 프로그램이나 기술적 장치

용어	정의
통신과금 서비스	• 타인이 판매 · 제공하는 재화 또는 용역(이하 "재화등"이라 한다)의 대가를 자신이 제공하는 전기통신역무의 요금과 함께 청구 · 징수하는 업무 • 타인이 판매 · 제공하는 재화등의 대가가 가목의 업무를 제공하는 자의 전기통신역무의 요금과 함께 청구 · 징수되도록 거래정보를 전자적으로 송수신하는 것 또는 그 대가의 정산을 대행하거나 매개하는 업무
통신과금 서비스제공자	• 제53조에 따라 등록을 하고 통신과금서비스를 제공하는 자
통신과금 서비스이용자	• 통신과금서비스제공자로부터 통신과금서비스를 이용하여 재화등을 구입 · 이용하는 자
전자적 전송매체	• 정보통신망을 통하여 부호 · 문자 · 음성 · 화상 또는 영상 등을 수신자에게 전자문서 등의 전자적 형태로 전송하는 매체

4) 정보통신망 이용촉진 및 정보보호등에 관한 시책

과학기술정보통신부장관 또는 방송통신위원회는 정보통신망의 이용촉진 및 안정적 관리､운영과 이용자의 개인정보보호 등을 통하여 정보사회의 기반을 조성하기 위한 시책을 마련하여야 하며, 시책에는 다음 각 호의 사항이 포함되어야 한다. 단 과학기술정보통신부장관 또는 방송통신위원회는 이와 같은 시책을 마련할 때에는 국가정보화 기본계획과 연계되도록 하여야 한다.

① 정보통신망에 관련된 기술의 개발 · 보급
② 정보통신망의 표준화
③ 정보내용물 및 제11조에 따른 정보통신망 응용서비스의 개발 등 정보통신망의 이용 활성화
④ 정보통신망을 이용한 정보의 공동활용 촉진
⑤ 인터넷 이용의 활성화
⑥ 정보통신망을 통하여 수집 · 처리 · 보관 · 이용되는 개인정보의 보호 및 그와 관련된 기술의 개발 · 보급
⑦ 정보통신망에서의 청소년 보호
⑧ 정보통신망의 안전성 및 신뢰성 제고
⑨ 그 밖에 정보통신망 이용촉진 및 정보보호 등을 위하여 필요한 사항

5) 개인정보의 보호

(1) 개인정보의 수집 · 이용 및 제공 등

정보통신서비스 제공자는 이용자의 개인정보를 이용하려고 수집하는 경우에는 개인정보의 수집·이용 목적, 수집하는 개인정보의 항목, 개인정보의 보유·이용 기간다음의 모든 사항을 이용자에게 알리고 동의를 받아야 하며, 어느 하나의 사항을 변경하려는 경우에도 또한 같다. 단, 정보통신서비스 제공자는 다음에 해당하는 경우에는 제1항에 따른 동의 없이 이용자의 개인정보를 수집·이용할 수 있다.

① 정보통신서비스의 제공에 관한 계약을 이행하기 위하여 필요한 개인정보로서 경제적 · 기술적인 사유로 통상적인 동의를 받는 것이 뚜렷하게 곤란한 경우
② 정보통신서비스의 제공에 따른 요금정산을 위하여 필요한 경우
③ 정보통신망법 또는 다른 법률에 특별한 규정이 있는 경우

(2) 접근권한에 대한 동의

정보통신서비스 제공자는 해당 서비스를 제공하기 위하여 이용자의 이동통신단말장치 내에 저장되어 있는 정보 및 이동통신단말장치에 설치된 기능에 대하여 접근할 수 있는 권한이 필요한 경우 다음의 사항을 이용자가 명확하게 인지할 수 있도록 알리고 이용자의 동의를 받아야 한다.

---

① 해당 서비스를 제공하기 위하여 반드시 필요한 접근권한인 경우
  가. 접근권한이 필요한 정보 및 기능의 항목
  나. 접근권한이 필요한 이유
② 해당 서비스를 제공하기 위하여 반드시 필요한 접근권한이 아닌 경우
  가. 접근권한이 필요한 정보 및 기능의 항목
  나. 접근권한이 필요한 이유
  다. 접근권한 허용에 대하여 동의하지 아니할 수 있다는 사실

정보통신서비스 제공자는 해당 서비스를 제공하기 위하여 반드시 필요하지 아니한 접근권한을 설정하는 데 이용자가 동의하지 아니한다는 이유로 이용자에게 해당 서비스의 제공을 거부하면 안되다. 또한 이동통신단말장치의 기본 운영체제를 제작하여 공급하는 자와 이동통신단말장치 제조업자 및 이동통신단말장치의 소프트웨어를 제작하여 공급하는 자는 정보통신서비스 제공자가 이동통신단말장치 내에 저장되어 있는 정보 및 이동통신단말장치에 설치된 기능에 접근하려는 경우 접근권한에 대한 이용자의 동의 및 철회방법을 마련하는 등 이용자 정보 보호에 필요한 조치를 하여야 한다.

(3) 개인정보의 수집 제한 등

정보통신서비스 제공자는 사상, 신념, 가족 및 친인척관계, 학력(學歷)·병력(病歷), 기타 사회활동 경력 등 개인의 권리·이익이나 사생활을 뚜렷하게 침해할 우려가 있는 개인정보를 수집하여서는 아니 된다. 다만, 이용자의 동의를 받거나 다른 법률에 따라 특별히 수집 대상 개인정보로 허용된 경우에는 필요한 범위에서 최소한으로 그 개인정보를 수집할 수 있다. 정보통신서비스 제공자는 이용자의 개인정보를 수집하는 경우에는 정보통신서비스의 제공을 위하여 필요한 범위에서 최소한의 개인정보만 수집하여야 하며, 이용자가 필요한 최소한의 개인정보 이외의 개인정보를 제공하지 아니한다는 이유로 그 서비스의 제공을 거부하여서는 아니 된다. 이 경우 필요한 최소한의 개인정보는 해당 서비스의 본질적 기능을 수행하기 위하여 반드시 필요한 정보를 말한다.

(4) 주민등록번호의 사용 제한

정보통신서비스 제공자는 다음의 경우를 제외하고는 이용자의 주민등록번호를 수집·이용할 수 없다.

---

① 제23조의3에 따라 본인확인기관으로 지정받은 경우
② 법령에서 이용자의 주민등록번호 수집 · 이용을 허용하는 경우
③ 영업상 목적을 위하여 이용자의 주민등록번호 수집 · 이용이 불가피한 정보통신서비스 제공자로서 방송통신위원회가 고시하는 경우

위와 같은 경우에 주민등록번호를 수집·이용할 수 있는 경우에도 이용자의 주민등록번호를 사용하지 아니하고 본인을 확인할 수 있는 대체수단을 제공하여야 한다.

(5) 개인정보의 이용 제한 및 제공 동의

정보통신서비스 제공자는 수집한 개인정보를 이용자로부터 동의받은 목적과 다른 목적으로 이용하여서는 아니 된다. 정보통신서비스 제공자는 이용자의 개인정보를 제3자에게 제공하려면 다음의 모든 사항을 이용자에게 알리고 동의를 받아야 하며 다음의 어느 하나의 사항이 변경되는 경우에도 모든 사항을 알리고 동의를 받아야 한다.

---

① 개인정보를 제공받는 자
② 개인정보를 제공받는 자의 개인정보 이용 목적
③ 제공하는 개인정보의 항목
④ 개인정보를 제공받는 자의 개인정보 보유 및 이용 기간

---

(6) 개인정보의 보호조치

정보통신서비스 제공자등이 개인정보를 처리할 때에는 개인정보의 분실·도난·유출·위조·변조 또는 훼손을 방지하고 개인정보의 안전성을 확보하기 위하여 대통령령으로 정하는 기준에 따라 다음 각 호의 기술적·관리적 조치를 하여야 하며, 정보통신서비스 제공자등은 이용자의 개인정보를 처리하는 자를 최소한으로 제한하여야 한다.

---

① 개인정보를 안전하게 처리하기 위한 내부관리계획의 수립 · 시행
② 개인정보에 대한 불법적인 접근을 차단하기 위한 침입차단시스템 등 접근 통제장치의 설치 · 운영
③ 접속기록의 위조 · 변조 방지를 위한 조치
④ 개인정보를 안전하게 저장 · 전송할 수 있는 암호화기술 등을 이용한 보안조치
⑤ 백신 소프트웨어의 설치 · 운영 등 컴퓨터바이러스에 의한 침해 방지조치
⑥ 그 밖에 개인정보의 안전성 확보를 위하여 필요한 보호조치

---

(7) 개인정보의 파기

정보통신서비스 제공자등은 다음의 경우에는 지체 없이 해당 개인정보를 복구·재생할 수 없도록 파기하여야 한다. 다만, 다른 법률에 따라 개인정보를 보존하여야 하는 경우에는 그러하지 아니하다.

---

① 동의를 받은 개인정보의 수집 · 이용 목적을 달성한 경우
② 동의를 받은 개인정보의 보유 및 이용 기간이 끝난 경우
③ 동의를 받지 아니하고 수집 · 이용한 경우에는 개인정보의 보유 및 이용 기간이 끝난 경우
④ 사업을 폐업하는 경우

정보통신서비스 제공자등은 정보통신서비스를 1년의 기간 동안 이용하지 아니하는 이용자의 개인정보를 보호하기 위하여 개인정보의 파기 등 필요한 조치를 취하여야 한다. 다만, 그 기간에 대하여 다른 법령 또는 이용자의 요청에 따라 달리 정한 경우에는 그에 따른다. 또한 정보통신서비스 제공자등은 제2항의 기간 만료 30일 전까지 개인정보가 파기되는 사실, 기간 만료일 및 파기되는 개인정보의 항목 등을 전자우편 등 대통령령으로 정하는 방법으로 이용자에게 알려야 한다.

(8) 손해배상

이용자는 정보통신서비스 제공자 등의 위반한 행위로 손해를 입으면 그 정보통신서비스 제공자등에게 손해배상을 청구할 수 있다. 이 경우 해당 정보통신서비스 제공자 등은 고의 또는 과실이 없음을 입증하지 아니하면 책임을 면할 수 없으며, 정보통신서비스 제공자등의 고의 또는 중대한 과실로 인하여 개인정보가 분실·도난·유출·위조·변조

또는 훼손된 경우로서 이용자에게 손해가 발생한 때에는 법원은 그 손해액의 3배를 넘지 아니하는 범위에서 손해배상액을 정할 수 있다. 다만, 정보통신서비스 제공자등이 고의 또는 중대한 과실이 없음을 증명한 경우에는 그러하지 아니하다. 또한 법원은 손해배상액을 정할 때에는 다음 각 호의 사항을 고려하여야 한다.

---

① 고의 또는 손해 발생의 우려를 인식한 정도
② 위반행위로 인하여 입은 피해 규모
③ 위반행위로 인하여 정보통신서비스 제공자등이 취득한 경제적 이익
④ 위반행위에 따른 벌금 및 과징금
⑤ 위반행위의 기간 · 횟수 등
⑥ 정보통신서비스 제공자등의 재산상태
⑦ 정보통신서비스 제공자등이 이용자의 개인정보 분실 · 도난 · 유출 후 해당 개인정보를 회수하기 위하여 노력한 정도
⑧ 정보통신서비스 제공자등이 이용자의 피해구제를 위하여 노력한 정도

---

6) 청소년 보호

(1) 청소년 보호를 위한 시책의 마련

방송통신위원회는 정보통신망을 통하여 유통되는 음란·폭력정보 등 청소년에게 해로운 정보로부터 청소년을 보호하기 위하여 다음과 같은 시책을 마련하여야 한다.

---

① 내용 선별 소프트웨어의 개발 및 보급
② 청소년 보호를 위한 기술의 개발 및 보급
③ 청소년 보호를 위한 교육 및 홍보
④ 그 밖에 청소년 보호를 위하여 대통령령으로 정하는 사항

방송통신위원회는 위 시책을 추진할 때에는 「방송통신위원회의 설치 및 운영에 관한 법률」 제18조에 따른 방송통신심의위원회, 정보통신서비스 제공자단체·이용자단체, 그 밖의 관련 전문기관이 실시하는 청소년 보호를 위한 활동을 지원할 수 있다.

(2) 청소년유해매체물의 표시 및 광고금지

전기통신사업자의 전기통신역무를 이용하여 일반에게 공개를 목적으로 정보를 제공하는 자 중 청소년유해매체물을 제공하려는 자는 그 정보가 청소년유해매체물임을 표시하여야 한다. 또한 청소년유해매체물을 광고하는 내용의 정보를 정보통신망을 이용하여 부호·문자·음성·음향·화상 또는 영상 등을 청소년에게 전송하거나 청소년 접근을 제한하는 조치 없이 공개적으로 전시하여서는 아니 된다.

생각해 보기

수많은 찬반논쟁이 있었던 2008년이 지나고 20009년 미디어법이 개정되었다. 미디어법이 개정 된지 8년이 지나고 있는 지금 우리는 2008년 미디어법 개정을 두고 우려했던 다음 사안이 어떻게 변화했는지 이야기해 보자.

그림 9.10 최근 인기리에 방영중인 방송프로그램[43/44/45/46]

해 보기

방송법에서는 광고방송을 중간광고, 토막광고, 자막광고, 시보광고, 가상광고, 간접광고로 구분하고 있다. 다양한 매체의 광고를 구분해보고 방송법, 신문법, 정보통신망법에 기초하여 해당 광고를 광고의 선정성, 허위과정성 등을 소비자 측면에서 해석해보자.

---

43 사진출처: http://news.chosun.com/site/data/html_dir/2015/01/22/2015012201009.html

44 사진출처: http://star.ohmynews.com/NWS_Web/OhmyStar/at_pg_m.aspx?CNTN_CD=A0002347309#cb

45 사진출처: http://news.tf.co.kr/read/entertain/1507755.htm

46 사진출처: http://program.tving.com/tvn/reply1988/13/Board/View

제4부

뉴미디어와 소비가치

10장. ICT발전과 뉴미디어

11장. 미디어와 소비문화

12장. 세계화, 지역화 그리고 공유경제

10장

ICT발전과 뉴미디어

1. 뉴미디어의 영향

1) SNS

SNS는 21세기 초반에 새로 시작된 서비스 형태이며, 2003년 마이스페이스, 2004년 페이스북의 탄생이 SNS의 시작이라고 할 수 있다. 최근 SNS는 Social Network Service, Social Network Site, Social Networking Site, Social Networking Web-Site, Online Social Networks가 혼용되어 사용되고 있다. 위키피디아에서는 SNS를 개인중심의 관심사 공유, 활동 등을 통해서 사람들 사이에서 사회적 관계를 구축할 수 있는 플랫폼으로 대부분의 SNS는 웹기반이며, 관계 맺기를 위한 수단을 지원하는 서비스라고 하였다. SNS의 범위를 확장하면 온라인 커뮤니티도 SNS에 포함될 수 있다고 하였다. 즉, SNS는 인터넷 공간에서 인맥구축, 관심사 및 정보 공유 등을 통해 사용자들이 타인과의 관계를 형성하고 새로운 재미를 찾아가는 참여형 서비스로 볼 수 있다(김인섭, 2014).

한편, 우리는 SNS로 인한 사회 변혁이 향후 기업과 소비자의 역할에 있어서도 커다란 변화를 가져올 수 있음을 인식해야 한다. 기업이 원하든 원하지 않든 시장의 잠재 고객들은 해당 기업 또는 브랜드에 대해서 이야기하고 있다. 델(Dell)의 창업자인 마이클 델(MichaelDell)은 '소비자들이 브랜드에 대해 의견을 교환하는 것은 해당 기업이 원하든 원하지 않든 일상이 되어가고 있다.'고 하였다. 최근에는 대기업은 물론 중소기업, 작은 점포까지도 소비자와의 직접 SNS로 소통한다. 골목길의 작은 까페나 여행지 게스트하우스는 물론이고 화장품, 의류 판매에 이르기 까지 많은 기업들이 SNS를 통해 소비자를 만나고 소통하며, 그들의 대화에 참여하여 자사의 브랜드를 알리고 호감을 높이기 위해 노력한다. 고객의 목소리에 항상 귀를 기울이고 고객과의 대화를 세심하게 장기적으로 지속하다 보면 고객과 의 관계가 강화되고 자연스럽게 해당 기업의 브랜딩으로 이어질 수 있다.

그런데 SNS를 사용하다보면 우리는 자연스럽게 상대방의 기본정보에 접근할 수 있게 된다. 연령이나 학력, 거주지 등과 같은 기본정보는 물론 취미생활, 인맥, 관심분야 등 쉽게 접할 수 없는 상대방의 프라이빗한 부분까지 접근이 가능하다. 이는 기업이 소비자의 니즈를 즉각적으로 포착하여 소비자요구를 반영한 다양한 서비스와 제품을 생산하는 아이디어를 제공해줄 뿐만아니라 SNS를 통하여 제품 개발 단계에서 소비자의 적극적 반응을 유도함으로써 소비자의 니즈에 부합한 제품을 보다 단축된 시간 내에 출시할 수 있다. 처음부터 완벽한 제품을 출시하기보다 실시간으로 소비자들의 도움을 받아 작은 변화들을 신속하게 추구함으로써 지속적으로 개선함으로써 소비자지향적 제품을 생산하는 새로운 패러다임을 가져온다.

<사진> 인스타그램을 통한 기업의 제품 광고 및 판매 사례

2) 1인 미디어의 영향

1인 미디어란 1인 크리에이터가 다양한 주제의 콘텐츠를 생산하고 이것을 온라인 플랫폼을 통해 다수의 이용자와 공유하는 것을 일컫는다. 1인 미디어는 TV와 같이 단방향 방송과 달리 인터넷의 보급화로 인해 양방향 소통이 가능하다. 특히 실시간 상호작용을 할 수 있어서 정보의 공유와 확 산속도가 빠르기 때문에 1인 미디어는 국내뿐만 아니라 세계적인 현상으로 떠오르고 있다. 실제 2015년 미국의 연예매체 버라이어티의 조사에 따르면, 청소년에게 영향력 있는 인물 상위 10위 중 8명이 유튜브 스타가 차지하기도 하였다. 이러한 1인 미디어는 콘텐츠 생

태계의 변화뿐만 아니라 변화에 따른 새로운 비즈니스 모델 창출로 이어지므로 콘텐츠산업의 한 분야로 각광받고 있다(KIET 산업경제, 2017).

1인 미디어가 확산된 것은 스마트폰의 대중화와 소비자들의 콘텐츠 소비성향 변화에서 기인한다. 스마트폰의 빠른 보급화는 1인 미디어의 확산에 영향을 주었다. 먼저, 공급측면에서 동영상을 쉽게 제작하고 편집, 공유가 용이하다. 스마트폰의 고해상도 카메라를 이용해 적은 비용으로도 품질이 좋은 영상을 제작할 수 있다. 또한, 무료 편집 프로그램이나 관련 어플리케이션 등이 보급되면서 기술적인 진입장벽도 낮아졌다. 특히 유튜브, 아프리카 TV 등과 같은 플랫폼들이 생겨나면서 편리하게 방송을 제작하고 송출할 수 있는 환경이 마련되었다. 수요측면에서는 시간과 공간의 제약 없이 1인 미디어를 시청할 수 있는 환경이 조성되었다. 언제, 어디서나 정보 및 의견을 교류할 수 있다. 이러한 환경변화는 방송영상 콘텐츠 소비성향에도 영향을 주었다(KIET 산업경제, 2017).

<사진> 1인미디어 대표 사례[1/2]

---

1 사진출처: JOBJOY (http://m.jobnjoy.com/mobile/job/mobile_main_list.jsp)

2 사진출처: https://www.bbc.com/korean/news-44979413

대중의 높은 관심과 인기를 얻은 1인 크리 에이터는 콘텐츠의 영향력이 증대되면서 새로운 콘텐츠 비즈니스 생태계를 형성하는데 영향을 끼 치고 있다. 개인브랜딩에 성공한 1인 크리에이터 들은 마니아층을 형성하며 스타로 떠오르고 있다. 1인 미디어 제작자는 수 만명의 팬을 보유하고 수 억원대의 수익을 올릴 정도로 영향력이 커지고 있다. 1인 미디어 는 방송의 롱테일화를 이끌면서 방송 콘텐츠를 풍성하게 만듦으로써 기존의 매스미디어에서는 불가능했던 각 개인의 세분화된 니즈를 충족시키는 역할을 한다. 그러나 1인 미디어는 선정성과 폭력성, 그리고 공정성과 인신공격 등의 문제를 발생시키고 있다. 방송 플랫폼 업체들은 모니터링을 강화하고 있지만, 사전에 이 같은 문제를 모두 방지하는 것은 불가능에 가깝다. 따라서 1인 미디어의 순기능은 살리면서 부정적인 면은 최소화할 수 있는 방안이 요구되고 있다(방송통신진흥본부, 2014)

1인 크리에이터들은 실시간 채팅이나 댓글을 통해 시청자와 쉬지 않고 소통하며 방송을 진행한다. 인터넷 개인 방송의 강점은 검열이나 편집 없이 시청자들과 직접 소통할 수 있다는 것이다. 이 때문에 일방적으로 재생되는 TV 방송보다 창작자와 시청자의 접점이 확보되는 것이다. 보고 듣는 것만으로도 쉽게 따라할 수 있는 꿀팁 주제도 인기를 끌고 있는데, 넓고 얕은 지식의 생산자로서 1인 미디어가 기능하는 것이다(김난도, 전미영, 이향은, 이준영, 김서영, 최지혜, 2015)

3) V커머스

'V-커머스'는 모바일 동영상 콘텐츠를 커머스와 접목한 형태이며 특히 체험이 중시되는 영역에서 고객에게 가치있는 브랜드 경험을 제공할 수 있다. 스마트폰, 태블릿PC 등 다양한 단말기를 통해 '언제 어디서나' 영상을 시청하고 제품을 구매할 수 있게 해주며 최근 유통업계, 뷰티, 패션업계 등에서 실시간 스트리밍 동영상을 통하여 고객의 니즈를 실시간 반영하며 큰 호응을 얻고 있다. 실제로 온라인 오픈마켓, 소셜커머스에서 뷰티 크리에이터를 섭외하여 실시간 커뮤니케이션 방송을 하는 등 V-커머스를 활용하여 매출이 약2~5배 상승한 효과를 보았다. 홈쇼핑업체, 유통사, 통신사 등 다양한 영역에서 동영상 콘텐츠를 활용한 V-커머스 플랫폼을 확장하고 있다. 최근 T-commerce 급성장에 대해 한국T커머스협회는 '16년 T-커머스 시장규모는 7000억원으로 예상되며, '14년 800억원 대비 약775% 성장한 규모이며 '17년 더욱 성장할 것으로 전망하고 있다. 이러한 T-커머스를 모바일 플랫폼으로 옮겨놓은 형태인 'V-커머스(Video-commerce)'가 최근 부상하고 있으며 '17년 주목해야 할 새로운 채널의 쇼핑플랫폼으로 주목받고 있다(BC카드, 2017).

2000년대 이후 미국 전자상거래 업체들이 상품 페이지에 기존의 사진 중심의 설명이 아닌 상품 소개 동영상을 게시하면서 e커머스에 동영상을 접목하는 이른바 V커머스가 태동하였다. 동영상 접목 후 영국의 막스앤스펜서 온라인 쇼핑몰은 제품 판매율이 64% 증가하였으며, 미국의 이백스(ebags) 쇼핑몰은 동영상을 적용하지 않은 때에 비해 구매전환율이 138.9% 증가하는 결과를 가져왔다. 동영상 광고가 '재미있는 콘텐츠'로 진화해 오히려 소비자가 '광고를 찾아보는' V커머스 2.0시대로 진입하였다. 이는 모바일 기기 대중화, 동영상 콘텐츠 소비 일상화와 함께 MCN(MultiChannel Network) 산업의 성장이 배경이 되고 있다.

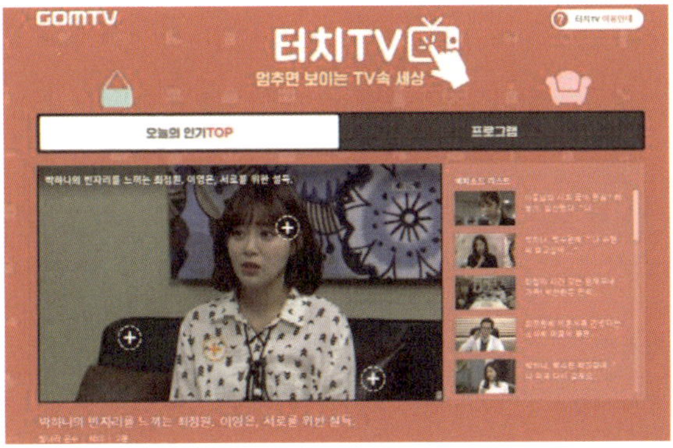

<사진> V커머스 대표사례[3]

4) 스낵컬처

'스낵컬처'란 스낵을 즐기듯이 시간과 장소에 구애받지 않고 낮은 비용으로 가볍게 즐길 수 있는 문화 콘텐츠 혹은 이를 즐기는 소비 행태를 지칭한다. 출·퇴근 자투리 시간 등을 이용해 짬짬이 즐기는 가벼운 문화콘텐츠를 요즘'스낵컬처(Snack Culture)'라 한다. 과거에는 문화콘텐츠시장에서 '간식'에 불과했던 스낵컬처가 최근 이용자가 많아지면서 '주식'으로 변하고 있다. 스마트폰으로 언제 어디서나 접할 수 있는 웹툰, 웹드라마, 웹소설 등이 대표적인 예이다.

실제로 스낵컬처 시장은 빠르게 성장하고 있다. 한국콘텐츠진흥원에 따르면 웹툰의 국내 시장 규모가 2014년 1천719억 원에서 2015년 3

---

3 사진출처: 디지털 매거진 special issue4_V커머스, 미래를 엿보다 (http://www.ditoday.com/articles/articles_view.html?idno=21899)

천억 원으로 74.5% 성장했다. 이는 전체 만화시장의 35%에 달하는 것이다. 웹툰은 영화, 드라마로 만들어지며 그 파급력도 커지고 있다(마이다스, 2016.04).

스낵컬쳐는 트렌드의 변화에 상당히 민감해서, 소비자뿐만 아니라 생산자도 빠르게 대응하고 변화하는 것이 가능하다는 것이다. 특히 웹이나 모바일의 경우 다른 어떤 매체보다 소비자들의 피드백이 빠르기 때문에, 이를 바로 반영할 수 있을 뿐만 아니라 소비자들은 자신의 관심분야만 클릭해서 보게 되므로, 맞춤형 광고가 가능하다.

이에 반해 스낵컬쳐의 소비자 입장에서는, 스낵컬쳐의 경우 가벼운 문화만을 선호하고 무게감이 있는 문화는 거부하는 문화 편식현상이 지적 받고 있다. 이에 대해 주창윤 교수(서울여자대학교 방송영상학과)는 "짧은 시간에 맛보는 새우깡이나 초콜릿 등 기호식품 같은 문화만을 즐기려 한다. 이러한 문화적 편식은 사람들을 가벼움에 빠져 성찰하지 않게 만든다"고 말했다. 빠르고 가벼운 문화에 익숙해진 사람들은 즉각적으로 반응하지 않는 것에는 인내하지 못하는 현상이 발생하다. 때문에 스낵컬쳐의 소비자 입장에서는 스낵컬쳐가 주는 가벼움과 그 안의 본질을 파악하기 위해서는 현대의 입맛에 맞는 빠른 문화 스낵컬쳐가 주는 문화의 맛을 느끼면서 우리의 문화 건강도 잡기 위해서는 스낵컬쳐의 영양성분을 곰곰이 따져봐야 한다. 스낵컬쳐를 제작하는 기업 입장에서는, 단순히 주목을 끌기 위한 자극적인 콘텐츠 제작보다는 짧은 영상 속 깊은 의미를 담고, 그 본질을 스낵컬쳐 소비자가 쉽게 받아들일 수 있도록 해야 한다(편집부, 2015).

4) 옴니채널

소비자가 오프라인, 온라인 모두 동일한 품질의 상품은 동일한 가격과 프로모션을 제공하고 어디에서든 교환환불도 가능하며 온라인, 오프라인, 모바일 등 다양한 채널을 넘나들며 상품을 검색하고 구매할 수 있도록 한 유통방식으로 각 유통 채널의 특성을 결합해 어떤 채널에서든 같은 매장을 이용하는 것처럼 느낄 수 있도록 한 쇼핑 환경을 말한다(하광옥, 2015). 옴니채널은 쇼루밍(Showrooming)족, 역쇼루밍(Reverse Showrooming)족, 웹루밍(Web-Rooming)족, 모루밍(Mo-rooming)족으로 일컬어지는 멀티플레이 크로스 오버 쇼퍼(Multi-play cross over shopper)의 등장으로 오프라인 점포만 존재하던 기존의 소비자가 구매하던 형태인 단일 오프라인 점포 소비형태, 즉 싱글채널(Single-Channel)에서 온라인 및 오프라인에서 독립적으로 운영되는 다양한 채널들을 통해 각각 소비가 이루어지는 소비형태인 멀티채널(Multi-Channel)을 거쳐 온라인과 오프라인의 선택적 사용이 아닌 온라인과 오프라인의 채널을 통합, 유기적으로 연결하여 경계 없이 넘나드는 소비형태로 발전하게 되었다. 옴니채널 커머스는 소비자가 언제, 어디서나 그들의 요구사항을 만족할 수 있도록 디자인되고 있고 옴니채널 소비자가 쉽게 얻고 그들이 접근할 수 있으며 모든 브랜드 경험을 기대한다. 옴니채널은 전통적인 브릭앤모르타르 소매유통에서 보다 더 많은 효용이 추가된 컴퓨터나 모바일을 이용한 온라인쇼핑에 대한 접근방식을 채택한다(Fairchild, 2014).

기존의 유통 방식과 비교하여 옴니채널의 특징은 모든 구매 채널이 통합되어 연결되어 있다는 점에서 차별적이다. 즉, 옴니채널에서는 소비자에게 상품, 가격, 서비스, 구매, 배송 등의 구매 단계별 서비스가 온라인과 오프라인 어느 환경에서나 일관성 있게 제공되어야 하는 것이다. 소비자에게 구매 프로세스 전 과정에서 일관성 있는 소비를 경험하고, 구매 과정에서 기업과 지속적인 소통을 통해 진정한 소비 경험을 이룰 수 있도록 일관성 있는 통합 시스템을 구축한다(이수경, 2017).

2. 미디어 소비자권리와 책임

1) 시청자의 권리와 지위[4]

시청자의 방송 참여와 관련한 시청자 주권은 다음 세 가지로 나누어 볼 수 있다. 시청자는 방송에 참여하여 자신의 견해를 개진할 권리인 방송접근권을 가진다. 이는 반론권의 개념을 포함한다. 또 살아가는 데 필요한 정보를 얻을 권리인 정보접근권을 가진다. 마지막으로 방송으로부터 사생활을 침해받거나 명예훼손을 당했을 경우 피해 구제를 받을 수 있는 권리다.

방송은 공익적 사업을 수행할 책무가 있다. 방송 공익성의 주체는 시청자라는 점에서 지니는 법적 지위를 추정해 볼 수 있다.

첫째, 방송 주권자의 지위를 갖는다. 시청자는 공공재인 전파의 실질적 소유자이며 방송사는 전파 이용권을 위임받아 국민을 위해 활용하기 때문이다. 방송사에 일정한 허가 기간을 정하여 두고 재허가를 받도록 하는 것은 전파의 국민 소유 원리에 근거한 것이다.

둘째, 헌법과 소비자보호법에서 보장하는 소비자의 권리를 갖는다. 시청자는 방송 정보의 소비자이다. 정보는 여론이라는 공익 실현의 핵심 요소가 되기 때문에 시청자는 일반 소비자와 다른 공공 행위의 담당자라는 독특한 지위가 성립될 수 있다. 정보 소비자의 권리는 민주주의

4 구글EBOOK. 미디어시민권. 이병남

의 근본 함의와 관련되어 일반 소비자의 권리보다 훨씬 중대한 의미를 갖는다.

셋째, 시청자는 방송 운영 주체의 지위를 갖는다. 방송사의 재원인 수신료와 광고비는 실질적으로 시청자가 납부한다. 수신료 납부는 의무로 되어 있으며 광고비는 간접적으로 지불하고 있기 때문에 시청자의 주권의 근거가 나온다는 것이다.

이처럼 시청자는 법리적으로는 방송 주권자의 지위를 갖고 있지만 방송 정책과 방송 내용이 결정되는 과정에서 실질적으로 의견을 개진하거나 반영할 수 있는 권리는 취약한 것이 현실이다.

2) 방송 공공성과 시청자 권리[5]

방송의 공공성에 근거해 보장되는 시청자 권리는 방송의 공공성 개념과 연관시켜 볼 수 있다. 방송에서 공공성이 훼손되면 공공적인 방송을 보장받을 시청자의 권리도 침해된다. 공공성과 관련된 시청자의 권리는 다음과 같이 정리할 수 있다.

무엇보다 공정한 방송을 보장받을 권리다. 시청자는 정파적으로 치우치지 않고 객관적이며 사회적 약자가 소외되지 않고 각계각층의 의견을 골고루 반영하는 방송을 보장받아야 한다. 또 왜곡되지 않은 진실한 방송과 채널 간, 채널 내에서 다양성이 실현되는 정보 보장, 시청자에게 유익하고 품위 있는 양질의 방송을 보장받을 권리가 있다.

5 구글EBOOK. 미디어시민권. 이병남

시청자가 이러한 공공적 방송을 보장받기 위해서는 공공적이지 않은 방송을 통제하거나 공공적 방송을 확보할 수 있는 권리를 인정할 필요가 있다. 시청자가 방송을 통제할 수 있는 권리가 실정 법률 규정에는 없지만 국민 주권주의를 선언하는 헌법에 근거할 때 완전히 부정할 수는 없다.

시청자가 방송을 통제하는 방법에는 구체적인 프로그램의 제작 편성 과정이나 프로그램의 편성에 영향을 주는 것이 있다. 방송 편성 비율이나 광고 기준 등 편성의 문제점이 발견되거나 방송 내용에서 불공정성, 편파성, 선정성과 폭력성 등 공공적이지 못할 때 위법성을 확인하고 방송 자체의 중단을 요구하거나 사과 방송, 손해배상을 청구하는 방법이다. 손해배상 청구는 방송사에 실질적인 경제 부담을 준다는 의미에서 강력한 통제수단이 될 수 있다. 또 프로그램의 편성에 직접 개입이 아니기 때문에 방송 자유를 침해하는 것은 아니다.

방송사의 내부 조직 문제로 편성의 공공성이 훼손되면 경영에 대한 통제가 필요하다. 시청자가 경영진의 인선과정에 참여하여 이사의 일정 수를 선출하고 사장 등 경영진 임명에 대한 동의권을 행사하는 통제방식은 현행 법률상으로는 규정이 없다. 그러나 전파 소유자이자 수신료 납부자인 시청자가 공익 방송을 보장받기 위해서 인정되어야 할 권리임이 틀림없다.

이처럼 시청자는 방송에서 공공성이 지속적으로 훼손되면 수신료 납부를 거부할 수 있을 뿐만 아니라 공공성 훼손에 대해 경영진이나 제작진에게 책임을 물을 권리를 가진다.

3) SNS를 통한 프로슈머로서의 역할

인터넷이 확산되면서 정보를 좀 더 명확하게 파악할 수 있고, 다른 이들과의 정보 공유를 통해 기존에 수동적이었던 소비자들이 점점 적극성을 띄게 되었다. 이런 움직임에 큰 힘을 더해 준 것이 바로 SNS의 등장이다. 소비자들은 SNS를 통해 프로슈머로서의 역할을 좀 더 확대시켜 나가고 있다.

앞에서 언급한 것과 같이 기업은 소비자와 실시간으로 소통하면서 소비자의 니즈를 파악한다. 또한 소비자 역시 제품에 대한 의견을 적극적으로 기업에 전달함으로써 프로슈머의 역할을 수행해 나가고 있다.

소비자로서 프로슈머의 역할을 확장해 나가는데 SNS는 큰 역할을 하고 있다. 기존의 일방향 커뮤니케이션 중심의 매스미디어는 소비자의 의견을 기업에 전달하는데 한계가 있었다. 그러나 SNS는 실시간으로 소비자의 의견이나 감정, 요구를 파악할 수 있으며 기업은 소비자와의 대화를 통해 보다 풍부한 정보를 얻을 수 있게 되었다. 즉 SNS는 쌍방향 커뮤니케이션을 가능하게 만들었다.

또한 SNS를 통한 프로슈머의 역할은 기업의 홍보와도 결합되어 효과적으로 운영되고 있다. 최근 코카콜라사는 소비자가 직접 만드는 지하철역 광고 제작 이벤트를 실시하였는데 SNS를 통해 한 달 동안(2012년 1월25일부터 2월 21일까지)무려 6,000명이 넘는 소비자가 참여했다. 그 결과 미스코리아, 산타클로스 등 15편의 작품이 선정되었으며, 이들 선정작은 3호선 압구정역과 5호선 왕십리역 등 유동인구가 많은 지하철역에 설치된 스크린도어 광고 형태로 시민들에게 선보였다. 이런 활동을 통해 소비자들은 상품에 대한 자신들의 단순한 호불호(好不好)의 의견뿐만 아니라 상품 홍보 등에까지 직접 참여하는 역할을 해 나갈 수 있는 환경이 구축되고 있다.

4) 소비자의 올바른 SNS활용 자세

기업의 생산패러다임의 변화, 프로슈머로서의 역할 확장 등 SNS는 많은 장점을 가지고 있다. 그러나 반대로 부작용도 만만치 않다. 개인정보유출 문제나 비방형 댓글, 소비자를 현혹하는 많은 광고성 게시글, 검증되지 않은 정보로 인한 사회적 혼란 등 많은 사회적 문제가 발생하고 있는 것 또한 사실이다. 따라서 소비자의 올바른 SNS 활용이 무엇보다 중요시 되고 있다. 이에 유보란(2012)는 소비자의 합리적인 SNS활용를 위해 다음과 같이 3가지 자세를 언급하였다.

첫째, 제공되는 정보에 대한 면밀히 검토하고 명확하게 판단한다. SNS를 통한 정보는 실시간으로 전파되며 그 특성상 방대한 양의 정보가 제공된다.하나의 상품에 대해 수많은 다른 의견들이 제시되기도 하고,상품자체에 대한 각종 이벤트들이 진행되기도 한다. 하지만 소비자가 제시되는 의견만을 참고하여 상품을 선택하게 된다면 추후 큰 후회를 할 수 있는 바 이에 대한 면밀한 분석이 선행되어야 한다. 먼저 소비자는 SNS를 통해 제공되는 정보들의 사실관계를 우선적으로 파악해야 한다.기업들이 제공하는 정보가 기업의 홈페이지 또는 공정거래위원회 등 정부기관이 규정한 각종 법률적 기준들에 적합한 지에 대한 사실확인절차를 거쳐야 한다. 다음으로는 상품이나 기업에 대한 소비자들의 의견을 면밀히 검토하고,상품에 대해 우호적인 글의 경우는 다른 상품들에 대해서도 맹목적으로 우호적으로 의견 표명을 하고 있는 지 등을 면밀히 검토해 보아야 한다.또한 비판적인 글 역시 글을 올린 소비자가 기업 자체에 대한 악의적인 감정이 있는 것인지 여부를 파악하는 절차도 필요할 것이다.

둘째, 피해에 적극적으로 대응해야 한다. 최근에는 소셜 커머스를 표방한 다른 신생업체들도 계속해서 등장하고 있으며,장사가 원만히 이루어지지 않을 경우 사이트를 폐쇄하고 종적을 감추는 경우까지 발생한다.또한 위조상품을 판매하고 판매한 상품에 대해 반품이나 환불 요청을 거절하는 사례가 빈번하게 발생하고 있다. 하지만 대부분의 소비자들은 이런 피해에 대해 그냥 운이 없을 뿐이라고 생각하고 넘긴다면 또다른 피해자가 양산될 수 있으므로 피해시 적극적인 대응을 할 필요가 있다. SNS를 통해 집단소송을 준비하는 것도 하나의 방법이 될 수 있다.하지만 이 경우는 피해 사실이 많이 확산된 경우로 한정되고 피해에 대한 보상에도 상당한 시일이 걸릴 수 있다는 점을 고려해 보아야 한다. 가장 쉽게 피해를 구제받을 수 있는 방법으로는 한국소비자원에 피해사례를 신고하는 것으로 소비자원에서는 관련 법률에 의해 정해진 기한내에 신고에 대한 처리가 가능하도록 해 주므로 신속한 보상 등의 결과를 얻을 수 있다. 또한 이외에도 각종 소비자 관련 단체 등에 관련 사항에 대한 신고를 하고 도움을 받는 방법도 하나의 방안이 될 수 있다.

셋째, 왜곡된 정보를 확산하지 않아야 한다. 소비자들은 자신의 이익 또는 자신의 불만에 대한 표출을 위해 상품과 기업에 대해 고의적, 의도적으로 의견을 제시한다. 하지만 이런 행동은 다른 사람들에게 큰 영향을 끼치므로 신중한 자세가 필요하다. 기업이나 상품에 대해 왜곡된 부정적 글을 게시할 경우에는 기업은 이미지에 엄청난 타격을 입을 수 있으며,이에 대한 원상회복에는 수많은 시일이 걸린다. 또한 반대로 자신의 경제적 이익 등을 위해 우호적 허위정보를 남발하는 경우는 다른 소비자들로 하여금 정확한 정보를 파악하는데 어려움을 겪게 만들어 선택에 부정적인 영향을 미칠 수가 있다. 그러므로 소비자들은 자신이 실질적으로 확인한 사실과 실제 아무런 선입견이나 조건 없이 각 상품이나 기업에 느끼는 사항들만을 게시하는 것이 올바르며, 그 중에서도 부정적인 글에 대해서는 게시 전 신중하게 그 글이 기업 및 상품에 큰 타격을 줄 여지가 있는지에 대해서 다시 한 번 생각해 보아야 한다.

해보기

SNS, 1인미디어, V-commerce, Snack-Culture, 옴니채널 등 현대사회의 뉴미디어 속에 나타나는 기업과 소비자와의 소통 현장을 찾아보고, 이때 발생하는 다양한 상황에 대한 소비자문제와 대처방안에 대해 토론해 보자.

<사진> SNS의 부정적인 면에 대한 기사[6]

중앙일보 중앙SUNDAY

뉴스 머니 오피니언 S MAGAZINE

SNS 7개 이상 사용자, 2개 쓰는 사람보다 3배 더 우울

[중앙선데이] 입력 2018.05.12 01:43 수정 2018.05.12 02:41 583호 10면 지면보기

이수기 기자

20대 후반 직장인 A씨는 최근 우울증 진단을 받았다. 원래도 소심한 성격이었지만 일상생활엔 큰 문제가 없었다. 우울증에 이르게 된 건 직장 동료들과 카카오톡 단체 대화방 등을 업무용으로 사용하면서다. 언제부턴가 본인이 글을 올리면 답이 빨리 올라오지 않으면 초조감이 들었다. '나를 싫어하나'란 생각에 우울해지기도 했다. 그때부터 시도 때도 없이 자신의 SNS(소셜네트워크 서비스) 계정을 확인하는 일이 늘었다. 그러다보니 업무에 집중하기도 힘들었다. 결정적인 사건은 실수로 자신의 여행 사진을 업무용 단체 대화방에 올리면서다. 동료들은 자신의 사진을 보고도 별다른 답글을 올리지 않았다. '직장생활을 잘못하고 있나'란 의구심은 확신이 됐다. 그 이후 A씨는 인스타그램이나 페이스북 등 자신의 다른 SNS 계정에 글이나 사진을 올릴 때에도 이를 올릴지 말지를 두고 하루 종일 고민할 때가 많아졌다. 결국 그는 현재 병원에서 전문적인 상담을 받으며 치료 중이다.

6 사진출처: https://news.joins.com/article/22616310

11장

미디어와 소비문화

소비자와 미디어

1. 문화의 개념과 정의

문화란 한 사회의 개인이나 인간 집단이 자연을 변화시켜온 물질적·정신적 과정의 산물이다. 서양에서 문화(culture)라는 말은 경작이나 재배 등을 뜻하는 라틴어(colore)에서 유래했다. 즉, 문화란 자연 상태의 사물에 인간의 작용을 가하여 그것을 변화시키거나 새롭게 창조해 낸 것을 의미한다. 즉 가장 넓은 의미에서 문화는 자연에 대립되는 말이라 할 수 있고, 인류가 유인원의 단계를 벗어나 인간으로 진화하면서부터 이루어낸 모든 역사를 담고 있는 말이라 할 수 있다. 여기에는 정치나 경제, 법과 제도, 문학과 예술, 도덕, 종교, 풍속 등 모든 인간의 산물이 포함되며, 이는 인간이 속한 집단에 의해 공유된다. 문화를 인간 집단의 생활양식이라고 정의하는 인류학의 관점이 이런 문화의 본래 의미를 가장 폭넓게 담은 것이라 할 수 있다(한국민족문화대백과, 한국학중앙연구원).

오늘날 문화의 개념은 학습되고 전수되는 우리의 일상적인 생활방식을 지배하는 온갖 형태의 생각, 느낌, 행동을 포괄하는 "생활양식"으로 이해되고 있다. 대량 생산과 구매력에 기반한 지금의 소비사회에서 소비를 통한 문화 형성에 일반 대중이 참여한다(박명희 외, 2006).

홉스테드(Hofsted, 1997)는 문화는 상징(symbol), 영웅(heroes), 의식(rituals), 가치(value)라는 네가지 요소로 구성되고, 이러한 문화 내용은 가정, 학교, 매스미디어 등의 제도를 통하여 전달된다고 하였다. 상징(symbol)은 어떤 문화를 공유하는 사람들에게만 통하는 특별한 의미를 지닌 말, 동작, 그림 또는 대상이다. 영웅(heroes)은 어떤 문화 안에서 높이 받드는 특징을 지닌, 그래서 행동의 귀감이 되는 사람을 의미하며, 의식(rituals)은 한 문화 안에서 사회적으로 없어서는 안 될 것으로 간주하는 집합적 행동, 소비의 문화적 의미가 소비행동이나 양식으로 구체화되어 나타나는 것을 말한다. 가치(value)는 어떤 한 형태보다 다른 상태를 선호하는 포괄적인 경향성이다.

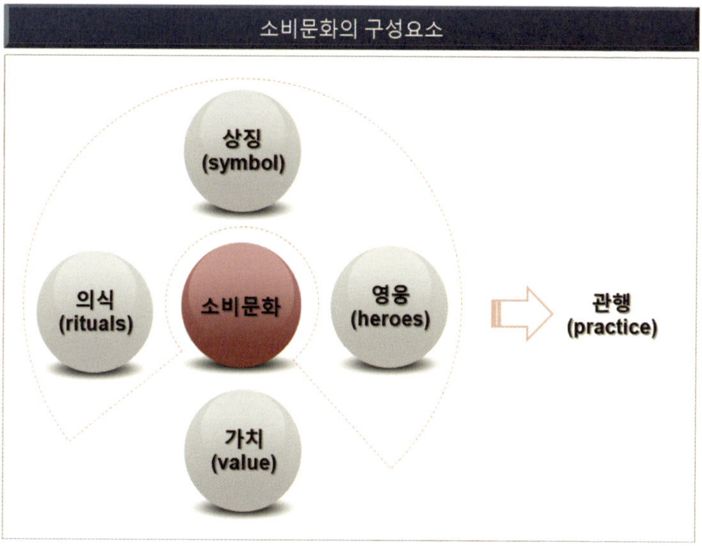

<그림> 홉스테드의 문화구성요소

2. 소비문화의 이해

1) 소비의 의미

과거 소비는 생산과 대비되는 경제활동이며, 노동력을 재생산하는 수단이자 생한활동의 궁극적인 목적으로 이해되어 왔다. 그러나 현대사회에서 소비는 사회적 계급을 나타내는 상징으로써 개인의 정체성을 표현하고, 사물에 가치를 부여하는 등 다양한 의미로써 작용하고 있다. 랭어(Langer)는 오직 인간만이 다른 종과 달리 기호뿐 아니라 상징을 만드는 능력이 있다고 하여 인간이 사물에 상징을 부여하는 행위에 대한 의미의 중요성을 언급하였다. 즉, 소비문화에서 사물은 문화적인 의미를 지니고 또한 의미를 전달하는 중요한 수단이다(McCraken, 이상율 역, 1996).

현대사회 소비문화의 형성에 대해 연구한 송순영(1998)은 소비문화를 자본주의 상품생산의 확장과 특정집단과의 차별성 즉 구별짓기로 설명된다고 하였으며, 최근 다양한 연구들이 소비가 자아정체성을 드러내는 도구로써 자리잡고 있다고 보는 견해도 있다.

(1) 자본주의 생산의 확장으로써 소비

소비문화가 자본주의 생산의 확장으로써 의미를 갖는다는 것은 산업혁명과 함께 고려되어야 한다. 과거 수요가 공급을 초과하던 시대에 생산자는 제품 판매를 위해 지금과 같은 노력을 기울을 필요가 없었다. 그러나 산업혁명으로 대량생산이 가능해 지면서 공급이 수요를 초과하는 시대가 도래하자 생산된 재화를 소비하게 하기 위해 생산자는 소비자들로 하여금 새로운 필요와 욕망을 심어 주어야 했다. 이러한 필요와 욕망은 소비자의 삶 속에서 소비재가 얼마나 가치 있는가를 교육하는데서 시작되는데 이를 촉진하는 원동력이 된 것이 광고이다.

이러한 관점을 대표하는 선구학자로서 McCade, Featherstone, Ewan이 있다. 이들은 오늘날의 소비문화가 대중소비자들에 의해 자연스럽게 발전되어 온 것이 아니라 기업의 생존을 위한 사회적 동인에 의한 것으로 보는 것이다. 즉, 대량생산된 재화의 소비를 가능하게 하기 위해 대중에게 새로운 필요와 욕망을 교육해야 했고, 이러한 교육은 소비자의 취미, 오락, 삶의 경험들이 재화의 구매와 관련하여 얼마나 만족될 수 있는지에 관한 내용을 포함하게 되었다. 이를 촉진한 원동력으로 많은 학자들은 광고와 대중매체의 영향을 지적하였다(심영, 2001).

생산의 확장에 대한 McCade, Featherstone, Ewan의 견해를 정리한 심영(2001)은 이들의 견해를 다음과 같이 정리하였다. 먼저, McCade와 Featherstone은 광고가 오랫동안 억눌려 온 개인의 욕망들을 재화와 연결시킬 뿐 아니라. 재화에 관련된 이미지의 창조와 세계의 물화를 통해 개인적 경험들이 오직 소비자의 구매를 통해서 가능하게 되는 문화를 촉진한 것으로 보고 있다. 대중매체 또한 새로운 소비의 규범과 기준을 선전하고 생활의 모든 측면에서 스스로를 개선할 여지가 있다는 점을 소비자에게 환기시키며 쾌락주의적 생활방식을 교육하는데 이용되어 왔다고 지적하였다. 이러한 관점은 소비욕구를 유발하는 방식으로 조작을 강조하는 것이라 하겠다. 광고나 대중 매체는 마치 재화의 선택을 통해 이상적인 가치가 해결되는 것처럼 암묵적으로 제시하게 된다. 예컨대. 자기 신뢰와 젊음의 당당함을 특정 상표의 화장품을 구매함으로서 물화시킨 광고는 그러한 메시지를 전달하게 된다. 따라서 광고나 대중매체는 사고의 조작을 통해서 소비자의 동의를 얻어내고, 결국 이상적 가치 대신 재화로 채워지는 물질적 만족에 안주하도록 소비자들을 훈련시킴으로서 소비주의 문화를 촉진해 왔다는 것이다.

다음으로 Ewan은 현대사회의 소비문화를 가능하게 해 준 원동력으로 대량소비와 광고들 꼽는다. 산업화에 따른 사회적 갈등과 혼란이 극심했던 1920년대, 이를 극복하고 대량생산된 상품을 흡수할 새로운 시장과 안정된 노동력을 확보하기 위한 새로운 통제의 방법이 필요했고. 결국 자본가들이 찾아낸 새로운 통제의 영역은 생산이 아닌 소비의 영역이었다는 것이다. 소비에 대한 통제는 새로운 필요와 욕망 구매습성을 자극하여 대량소비시장을 만들어내고, 사람들에게 자유와 풍요의 이미지를 전달하기 위한 광고 산업을 발전시킴으로서 성공을 거두게 되었다고 한다.

(2) 구별짓기를 위한 소비

현대사회 소비문화 형성에 대한 두 번째 견해는 특정 집단과의 유대나 타인과의 차별성을 나타내고 유지하려는 소비자의 욕구로 인해 소비문화가 발전되어 왔다는 관점이다. 이 견해 는 Langer, Veblen, McCracken, Bourdieu, Baudrillard에 의해 주장된 것이다.

랭어(Langer)는 오직 인간만이 다른 종과 달리 기호뿐만 아니라 상징을 만드는 능력이 있다고 하였다. 그는 이러한 상징을 만드는 인간의 특성은 인간존재의 고유한 본질로 파악하였다.

Veblen은 소비자의 상징성과 사회적 계급 정체성을 연관시킨 선구학자로 그의 저서 「유한계급론」에서 상류층의 사치스럽고 낭비적인 소비를 일컬어 과시적 소비라고 하였다. 여기서 과시적 소비란 상품의 소비로부터 사용가치로서의 효용을 얻는 것이 아니라 사회적 지위의 상징적 징표로서 상품 소비를 통해 자신의 사회적 지위를 나타내고 인정받기 위한 것으로, 소비는 지위나 차이에의 욕구에 의한 것이라고 보고, 19세기 미국 상류계층의 소비문화를 상류 계층내의 경쟁과 하위 계층과의 차별에 근거한 것으로 설명하였다. 상류 계층에 있어서 시간과 돈의 자유로운 사용, 더 나아가서 낭비는 금력과 명성을 과시하고 유지하기 위한 수단이 되었다(심영, 2001). 예컨대, 의복은 유한의 표시가 되는 것이어야 했으므로 남성의 경우 에나멜 구두, 깨끗한 린넨 양복, 실크 모자, 여성의 경우 하이힐, 넓게 퍼지는 긴 스커트, 장식이 많은 모자, 콜셋 등과 같은 불편한 의복은 노동을 하지 않는 계급을 나타내 상징으로써 역할을 한다.

부르디외(Bourdieu)는 소비를 통해 계급의 정체성이 유지된다고 하였다. 그는 아비투스(habitus)라는 개념을 통해 사회계층에 따라 소비양식이 차이 나는 현상을 설명하였는데, 사람들은 소비라는 실천을 통해 자신의 계급 정체성을 상징적으로 표현함으로써 계급 간에는 동질성을 확인하며 강화하고 다른 계급과는 구별짓기가 되어 계급을 구성한다고 보았다.

보드리야르(Baudrillard)는 현대사회의 재화는 재품 자체의 사용가치나 교환가치가 아닌 의미를 갖는 코드나 기호라고 주장하여 재화의 상징성에 의미를 두고 있다.

(3) 자아정체성을 드러내는 수단으로써의 소비

20세기 말 풍요의 시대를 맞이한 소비자들의 무의식 속에 소비를 통해 자아정체성을 드러내는 수단으로 활용하고 있다. 소비자는 소비라는 행위를 통해 육체적 흥분과 정서적 즐거움을 체험하게 된다. 따라서 현대사회에서 소비행위는 즐거움에 대한 열망의 순환이라 할 수 있겠다.

캠벨(Compbell)은 이러한 소비에서의 쾌락주의 윤리를 프로테스탄트 윤리에서 찾았다. 프로테스탄트 윤리는 합리주의적 칼뱅전통과 감정표현을 중시하는 경건파의 윤리로 구분되는데 이중 경건파의 윤리가 낭만주의로 발전한다. 낭만주의 전통을 이어 받은 근대 소비는 쾌락 자체를 위한 경험으로 보았다.

그러나 자아정체성을 나타내는데 사용되는 많은 상품들이 정체성에 대한 실체를 구성해 주는 것이 아리나 브랜드, 디자인, 패키지와 연출을 통해 가공된 정체성에 대한 이미지를 제공해 준다는 점에서 자아정체성을 드러내는 수단으로써 소비문화는 앞서 나타난 자본주의이 확정으로써 소비문화와 연결된다. 또한 이러한 재화를 통해 자신의 정체성을 나타내고자 하는 소비문화는 구별짓기를 위한 소비문화와 연결되어 현대사회 소비문화의 어두운 면을 보여주기도 한다.

3) 트렌드의 확산과 미디어의 역할

(1) 트렌드의 정의

트렌드란 일반대중이 갖는 장기간에 걸친 성장·정체·후퇴 등 변동경향을 나타내는 움직임으로 비교적 오랜 기간동안 지속되어오는 대중의 관심이 사회적으로 거대한 흐름을 만들어내는 것을 말한다. 트렌드는 간혹 유행이나 문화와 혼용되어 사용되고 있는데, 트렌드란 약 5~10년에 걸쳐 지속되는 변화의 동향, 추세로 유행이나 문화와는 구별되는 개념이다. 유행은 1~2년 정도 비교적 짧은 기간 동안 일반 대중들이 영향을 받는 사회적 변화이다. 예를 들어, 올해의 유행하는 색깔이나 유행하는 패션스타일 등이 이에 해당한다. 트렌드는 짧게는 3년에서 길게는 10년이 넘는 기간 동안 지속된다. 트렌드는 다시 패드(Fad, For A Day)와 메가 트렌드로 구분되는데, 패드는 유행보다 오랜 시간 지속되는 추세이나 그 기간이 그리 길지 않다. 패드가 오랜 시간 지속되어 10년 이상의 기간동안 변하지 않고 지속적으로 대중의 관심과 사회적 변화의 흐름을 가진다면 이이를 메가 트렌드라 본다. 2000년 이후 한국 사회는 육체적으로나 정신적으로 건강한 삶에 대한 관심이 지속되고 있으며, 세계적으로는 지속가능한 발전이 주된 관심이 되고 있다. 이에 따라 수많은 재화들이 친환경, 안전, 안심 제품임을 표시하고 있고, 치유와 힐링이 일반인들의 여가를 대표하는 표현이 되고 있다. 이정도면 웰빙은 한국사회에서 메가 트랜드로 자리잡고 있는 듯하다. 메가 트렌드가 보다 오랜시간 동안 지속되어 한 사회 구성원의 정신과 생활양식에 까지 영향을 미치게 되면 우리는 그것을 문화라 한다.

유행과 트렌드의 영향을 가장 민감하게 받아들이는 곳이 바로 시장이다. 일시적인 유행은 제품에 즉시 적용된다. 그러나 트렌드는 소비자들이 가치관이나 태도에 영향을 미쳐 소비자들이 물건을 사도록 만드는 동인이 된다. 남이 하니까 그저 따라나하는 것은 단순한 유행에 불과하다. 미국의 트렌드 전문가 페이스 팝콘은 트렌드와 일시적인 유행의 차이를 다음과 같이 설명했다. "일시적 유행이란 시작은 화려하지만 곧 스러져버리는 것으로서, 순식간에 돈을 벌고 도망가기 위한 민첩한 속임수와 같은 것이다. 유행이란 제품 자체에 적용되는 말이다. …… 트렌드는 소비자들이 물건을 '사도록' 이끄는 원동력에 관한 것이다. 따라서 트렌드란 크고 광범위하다. …… 트렌드는 바위처럼 꿋꿋하다. 그리고 평균 10년 이상 지속된다."(네이버 지식백과)

(2) 트렌드의 확산

트렌드는 초기에 소수의 트렌드 창조자들에 의해 만들어져서 점점 대중으로 확산되고 이후 사회적으로 자리잡게 된다. 이렇게 트렌드가 확산되는 과정을 다이아몬드형 트렌드 확산 모델을 통해 알아보도록 하자.

다이아몬드형 트렌드 확산 모델은 ① 트렌드 창조자(Trend creators), ② 트렌드 결정자(Trendsetters), ③ 트렌드 추종자(Trend followers), ④ 초기 주류 소비자(Early mainstreamers), ⑤ 주류 소비자(Mainstremers), ⑥ 후기 주류 소비자(Late mainstremers), ⑦ 보수적 소비자(Conservatives), ⑧ 반혁신적인 소비자(Anti-innovators)로 구성된다.

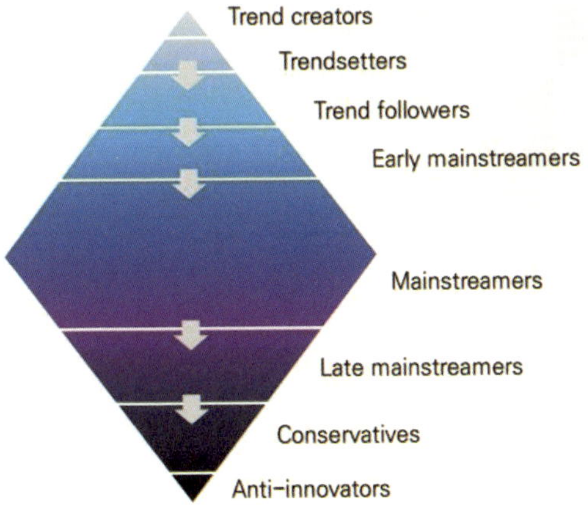

<그림> 다이아몬드형 트렌드 확산 모델

이 모델을 구성하는 각 집단은 다음과 같은 특성을 갖는다. 먼저, 트렌드 결정자는 스타일과 취향이 아주 개방적이면서 호기심도 왕성하다. 변화를 기꺼이 받아들이고. 규칙적인 변화를 긍정적으로 느끼며, 새로운 혁신적인 스타일에 열광하고 누구보다 먼저 혁신적인 스타일을 받아들인다. 이 집단의 비중은 집단 전체의 1%에 불과하다. 다음으로 트렌드 추종자는 트렌드 결정자와 비슷한 성향으로 다른 사람이 사용하는 것을 먼저 지켜본다. 스타일과 취향 변화에 매우 개방적이나 타인이 받아들인 것을 자신 또한 선택하고 있다는 사실을 확인받고 싶어며, 트렌드 결정자로부터 영감을 얻고, 주류 소비자에게 영감을 주는 역할 모델이다. 초기 주류 소비자는 대다수의 사람들이 받아들이기 직전에 새로운 스타일을 받아들이는 집단이다. 일반 대중보다는 개방적, 트렌드 추종자보다는 주저하는 경향이 있으며, 꽤 많은 사람둘이 혁신적인 새로운 스타일을 구매하거나 사용하는 것을 지켜본 다음에서야 이를 받아들인다. 주류소비자는 평균적인 태도로 모든 사람이 그렇게 하는 것 같을 때 그 스타일을 받아들이거나 사용한다. 이미 검증되고 인정받은 제품을 쓰고 싶어하며, 트렌드 결정자만큼 자신이 트렌드에 민감해지는 걸 원하지 않고 보수적으로 보이는 것도 바라지 않는다. 후기 주류 소비자는 어떤 면에서 스타일과 변화를 아예 무시하는 집단이다. 스타일 변화를 전혀 받아들이지 않음으로써 대다수의 사람과 자신이 다르다는 사실을 깨닫기도 한다. 마지막으로 보수적 소비자는 수년, 수십년 전부터 존재해 왔던 스타일을 선호한다. 새로운 스타일에 가장 회의적인 집단이며, 변화를 원하지 않고, 지금 자신이 사용하는 것에 만족한다. 오랫동안 사용한 제품을 더 이상 구할 수 없을 때 새로운 것을 구매하는 집단이다.

트렌드 결정자가 된다는 것은 다른 사람보다 한발 앞서 새로운 스타일과 취향을 받아들인다는 것을 의미한다. 일반적으로 쇼핑은 트렌드 확산 과정에서 중요한 역학을 하며, 트렌드 결정자는 다른 소비자에 비해 상대적으로 신제품을 더 많이 사는 편이다. 다이아몬드형 트렌드 모형 위편에 위치한 트렌드 집단들은 다양한 변화를 추구하기 때문에 더 많은 제품을 소비하고, 이러한 사실은 시장에서 활동하는 트렌드 결정자들에게 어필할 수 있는 브랜드가 언제든지 생겨날 여지가 있음을 잘 보여준다.

트렌드라는 단어는 가치, 정치, 정신, 그 밖의 다른 많은 영역에서 변화와 동의로 쓰일 수 있지만 그렇다고 해서 이러한 변화 과정이 스타일과 취향의 변화과정과 동일하다는 뜻은 아니다. 사람은 일반적으로 양복을 갈아입는 것처럼 자신의 가치관이나 정치적 신념 또는 믿음을 바꾸지 않는다.

(3) 트렌드 확산과정에서 미디어의 역할

언론은 트렌드 확산 과정에 서 굉장히 중요한 역할을 수행한다. 우리는 앞서 이용과 충족 이론에 대해 살펴본 바가 있다. 이 이론은 미디어 수용자가 능동적이고 목적지향적인 존재임을 가정하고, 따라서 수용자들은 자신의 욕구를 충족시키기 위한 방법으로 여러 가지 이용 가능한 정보접근원천 가운데 미디어를 선택해 이용한다고 본다. 또한 앞서 현대사회의 소비문화에 대해 살펴본 바와 같이 미디어가 트렌드를 확산하는데 얼마나중요한 역할을 하는지 알 수 있다.

현대사회에서 생산, 유통, 소비는 결국 매스미디어라는 전달매체의 커뮤니케이션을 통한 상호작용에서 시작(유행의 생산 또는 시작)되어 상호작용을 통해 구현(Trend화 또는 유통/유행)되며 다시 상호작용으로 귀결(Trend의 소비)된다는 것이다. 요약하자면 문화라는 상품은 인 간이 커뮤니케이션의 상호작용을 통해 만들어진 결과인 것이다(차태호, 2007).

'미디어가 메시지다'라는 주장한 맥클루언(McLuhan, 1964)은 미디어의 메시지가 미디어의 내용이 아닌 또 다른 미디어이며, 단순히 물리적 차원의 미디어가 아닌 미디어와 미디어 기술이 수반하는 생활방식과 소통문화 그리고 인간의 감각체계를 포함한다고 주장한다.

생각해 보기

최근들어 여행이나 요리와 관련 TV프로그램들이 늘어났다. 그 이유는 무엇일까? 2000년 이후 정신적·육체적 개념을 포함한 웰빙이 우리사회의 트렌드로 자리잡고 있다. 이와 더불어 YOLO, 힐링, 치유 등이 정신적 웰빙 트렌드로 대중들의 관심이 집중되고 있다. 이러한 현대사회의 트렌드와 최근 늘어난 여행과 요리 TV프로그램을 통해 미디어와 트렌드 간의 관계에 대해 이야기 해보자.

7

---

7 사진출처: http://program.tving.com/olive/olivefoodtrip?rcnt=1
: http://news.chosun.com/site/data/html_dir/2018/05/05/2018050500505.html
: http://vrcom.co.kr/v_01/archives/107
: https://www.huffingtonpost.kr/2016/11/22/story_n_13161564.html
: http://www.insight.co.kr/news/126572
: http://tenasia.hankyung.com/archives/911634
: http://news.donga.com/3/all/20150113/69066559/1

12장

세계화와 지역화,
그리고 공유경제

1. ICT 발전과 좁아지는 세계

현대사회는 스마트혁명의 시대이다. 스마트폰이 모바일 혁명을 불러일으켰으며, 과거 사무실안에서 업무는 당연한 풍경이었으나 유무선 네트워크를 활용하여 시간과 공간에 얽매이지 않고 일하는 스마트워크는 현대사회에서 일상적인 업무 환경이 되고 있다. 휴대폰으로 찍은 영상을 스마트TV에서 바로 볼 수 있고, 해외에 있는 가족과 동료, 지인에게 실시간으로 안부를 물을 수 있다. 이와 같이 ICT의 발전은 사람들의 일상생활을 변화시키고 있다.

1) 스마트 모바일

최근 스마트폰을 사용하는 많은 사람들이 페이스북이나 트위터, 인스타그램 등을 활용하여 전세계의 소식을 접한다. 한번도 보지 못한 사람들과 친구가 되기도 하고, 다른 나라에서 열리는 스포츠경기를 관람한다. 이웃나라의 재난상황을 TV뉴스를 통해 접하기도 전에 재난현장에 있었던 SNS친구가 게시한 사진을 통해 누구보다 먼저 사실을 접하기도 한다. 이렇듯 우리는 스마트 모바일, 스마트 네트워크를 사용하는 사람이라면 전세계 어느 누구와도 소통할 수 있게 되었다.

<그림> SNS를 통한 전세계 사람들과의 소통[8]

2) 스마트교육

IPTV와 태블릿PC가 통신방송 융합을 기반으로 하여 스마트 교육 분야를 주도하고 있다. 각각 양방향 서비스 및 앱 연동, 전자책 활용 등을 통해 양방향 맞춤교육과 캠퍼스 교육플랫폼의 핵심으로 사용되기 때문이다. KT는 최근에 자사 IPTV를 활용한 교육 콘텐츠에 집중한다고 공표하였다. KT는 현재 유·초등 연령에 치우쳐 있는 IPTV 교육 콘텐츠를 어학·성인수험·인터랙티브 서비스·군인 교육 등으로 확대할 계획에 있다.

8 사진출처: 코메디닷컴 (http://news.naver.com/main/read.nhn?mode=LSD&mid=sec&sid1=103&oid=296&aid=0000026697)

<그림> 스마트 교육 사례[9]

3) 스마트 워크

정보통신기술의 발달과 스마트폰 이용의 확산은 사무실 환경의 변화를 가져왔다. 과거 사무실 안에서의 모습은 스마트워크 시스템으로 전환되고 있는 것이 그것이다. 스마트워크는 유무선 네트워크를 활용하여 시간과 장소에 얽매이지 않고 언제 어디서나 실제 사무실에서 일하는 것과 같이 업무를 처리하는 방식 및 환경을 의미한다(이형찬, 2011). 정보통신기술(ICT)을 이용해 시간과 장소의 제약 없이 업무를 보는 방식으로, 유무선 인터넷과 스마트폰, 영상회의 같은 첨단 ICT를 활용해 사무실과 다름없이 일할 수 있도록 하는 것으로 업무 효율성을 높이고 근무 환경을 개선하기 위한 목적이 있다.

스마트워크는 근무 장소, IT기술 이용, 인력관리 방식에 따라 크게

9 사진출처: 연합뉴스 (http://news.naver.com/main/read.nhn?mode=LSD&mid=sec&sid1=100&oid=001&aid=0005137792)

재택근무, 모바일오피스, 스마트워크센터 등으로 구분하고 있다(정보통신정책연구원, 2010). 이 중에서 모바일 오피스는 주로 무선 통신을 이용하여 출장 등의 경우에도 장소를 옮기면서 일을 하는 근무형태를 말하는데, 스마트폰의 급성장과 무선 인터넷의 보급 등으로 언제 어디서든 인터넷 접속이 가능한 상황에서 이러한 근무방식의 도입이 확대되고 있다(윤문열, 2011).

2. 세계화와 지역화

1) 세계화

세계화(Globalization)란 인간의 활동 범위가 국경의 제한을 넘어 정치적·경제적·사회적·문화적 생활권을 형성해 나가는 범세계적 흐름과 추세를 말한다(천재백과사전). 이 용어가 세계인들의 주목을 받게 된 것은 1980년대 중반 하버드 대학의 마이클 포터(Michael E. Porter) 경영학 교수가 미국산업 경쟁력에 대한 美 대통령자문위원회 보고서에서 세계화와 경쟁적 우위라는 개념을 소개하면서부터이다. 국가 간의 교통·통신 수단 및 정보·통신 기술의 비약적인 발달이 뒷받침되어 국가 및 지역 간에 존재하던 상품·서비스·자본·노동·정보 등에 대한 인위적 장벽이 제거되어 사회·경제적 생활 공동체의 범위가 국가를 초월하여 확대되면서 전 세계가 하나로 통합되고, 상호 의존성이 증대되는 현상"을 의미한다고 할 수 있다.

세계화는 세계의 축소를 의미한다. 이 축소의 과정은 시간 또는 공간의 한 측면에서 이루어지는 것이 아니라 시·공간적으로 동시에 진행되는데, 이러한 세계화는 단위 시간에 도달할 수 있는 공간적 범위가 확대되는 시·공간의 수렴화(time-spaceconvergence), 원격지의 사람들 간에 정보통신매체를 통해 사회적 관계가 형성되는 시·공간의 원격화(time-spacedistanciation), 그리고 자본주의의 발달에 따라 시장개척과 자본의 순환속도가 증가하여 세계가 더욱 축소 지향적이 되는 시·공간 압축(time-space compression)으로 인해 나타난 일상생활의 변화를 개념화한 것이다.

세계화의 개념은 경제적·문화적·정치적으로 접근해 볼 수 있다. 먼저 경제적 세계화는 국경을 초월한 무역 활동의 증대, 다국적기업의 활동 등에 의해 세계경제가 더욱 상호의존적이고 상호연계 되는 것을 의미하고, 문화적 세계화는 세계적 생활양식으로 세계문화의 출현과 문화적 제국주의, 문화편중현상, 혼합문화의 탄생, 탈전통화 등이 중요한 특징이다. 그리고 정치적 세계화는 국가의 권위약화에 따른 세계 문제 해결을 위한 다국가적 정치연합체의 출현, 비정부적 초국가적 조직체의 성립,지역 경제 블록의 정치적 영향력의 확대 등이 중요한 특징이다(김석영, 2009).

국제무역이 활발해지고 미디어를 통해 세계 각국의 소식을 접하면서 세계화는 시대가 지날수록 더욱 가속화 되고 있다. 이제는 의복, 음식, 여가 등 일상생활 양식도 국경을 초월하고 있다. 최근에는 환경오염 등과 같은 문제나 난민사태, 해외직구 등 국가 간의 협력을 통해 해결해야 하는 많은 사회적 문제가 발생하면서 국가간 교류가 더욱 활발해지고 있다. 이로 인한 부작용으로 특정 지역의 전통문화가 쇠퇴하거나 상업적으로 변질되기도 한다.

이러한 세계화 흐름의 중심에 미디어가 있다. 커뮤니케이션 기술의 혁명에 따른 글로벌 미디어의 출현과 위성기술의 급속한 발전, 인터넷의 확산, 그리고 각국의 커뮤니케이션 미디어 시스템의 획기적인 발전 등은 '미디어의 세계화'를 선도하는 주요 동인이 되었다. 미디어의 세계화 현상은 무엇보다 신자유주의 경제체제 하에서 국제자본이나 자유로운 정보의 흐름(free flow of information) 논리와 밀접한 연관이 있다. 초국적 자본을 토대로 하는 미디어 세계화에 따라 등장한 글로벌 미디어들은 정보사회에서 지식과 정보, 소위 무형의 콘텐츠들을 전 지구적으로 끊임없이 생산하고 유통시킨다는 점에서 그 역할이 더욱 커지게 되었다(설진아, 2010).

글로벌 미디어에 대해 연구한 설진아(2010)는 글로벌 미디어 기업에 대해 다음과 같이 설명하였다. 세계시장을 주도하는 글로벌 미디어 기업은 소니, 타임워너, 월트디즈니, 비방디, 뉴스코퍼레이션, 베텔스만, 바이어컴 등이 있다. 글로벌 미디어 기업들은 커뮤니케이션의 세계화와 미디어의 세계화를 실현시키는 선두주자(front-runner)들이다. 인터넷과 디지털화로 대표되는 정보화 사회에서 글로벌 미디어 기업들은 통신과 방송사이의 전통적 경계영역을 허물고 매체간 융합을 추진했으며, 기업 인수합병(M&A), 제휴관계를 통해 매체구조들을 개편해나가고 있다. 특히 인터넷이 커뮤니케이션 채널공간을 확산시켜 나감에 따라 이들은 전 지구적 대중 커뮤니케이션 매체인 지상파TV나 케이블TV의 방송영상 콘텐츠들을 인터넷과 웹2.0을 기반으로 한 소셜 미디어들을 통해 전 지구적으로 유통시키고자 한다.

2) 글로벌 패러독스와 지역화

세계화는 전세계의 동질화 또는 보편화로 여겨진다. 그러나 일부 학자들은 세계화의 심화가 그 반대 성향인 지역화와 특수화를 자극 시켜 결과적으로 두 가지의 상반된 특성이 공존하게 된다고 주장한다. 여기서 지역화(regionalization/Localization)는 경제활동은 물론 사회·문화적 활동을 특정 지역의 전통문화를 이어가거나 지역 내 구성원이 상호의존하여 새로운 문화나 공동체를 만들어 나가는 것을 말한다. 지역화는 해당 지역 내에서 독특한 문화양식을 만들어 나가는 것이므로 보편화의 반대 개념인 특수화로 볼 수 있다.

김수자와 송태현(2010)은 글로벌 패러독스에 대한 학자들의 견해를 다음과 같이 정리하였다. 국제 관계사 전문가인 이안 클라크(Ian Clark)는 『지구화와 파편화』(Globalization and Fragmentation)에서 지구화가 통합 추동력으로서만 작동하는 것이 아니라 해체 추동력을 동시에 수반하며, 지구상에서 벌어지는 사건들의 상호연관성이 더욱 커지는 동시에 점차 정치적 분열 및 해체 과정 역시 공존한다고 본다. 이런 맥락에서 그는 20세기가 지구화 시대이자 파편화 시대라고 진단하였다. 존 네이스비트(John Naisbitt)는 세계가 연합과 결속을 원하기도 하지만 동시에 독립과 독자성도 동시에 추구한다 하였다. 그는 경제를 예로 들면서 "세계 경제가 커지면 커질수록 가장 작은 구성원들의 힘은 그만큼 강력해진다"고 지적하며 '글로벌 패러독스'를 주창하였다. 이 미래학자는 '부족'과 '인류'의 조화를 추구하고자 하는 욕구는 언제나 인간의 마음속에 자리잡고 있었다고 지적하며 민주주의와 텔레커뮤니케이션 혁명이 부족과 인류의 조화에 대한 욕구를 새로운 차원으로 끌어올리고 있다고 주장한다. 그는 『글로벌 패러독스』(Global Paradox)에서 부족의 회귀, 부족주의의 대두에 특별히 주목하며 보편화가 진행될수록 인간의 행동은 더욱 더 부족화되며, 세계화가 진행될수록 공동체에 뿌리를 내리고자 하는 욕구도 고조된다고 주장한다. 『문명의 혼성』(World Culture: Origines and Consequences)의 저자들은 세계화가 진행되면서 미국 중심의 동질화가 진행된다는 진단을 지나친 과장이라고 해석하고, 세계화가 진행될수록 실제로 드러나는 현상은 오히려 다양화라고 주장한다(236). 보편화는 언제나 '보편적인 것 의 특수화'라는 반대 경향을 자극하는 등 표준화하려는 통일성과 다양화하려는 특수성 사이에는 상호 작용이 존재하며, 세계문화는 다양성을 억제하기도 하고 촉진하기도 함을 지적한다.

3. 공유경제와 소비운동

1) 공유경제의 개념 및 등장배경

처음 공유경제를 주장한 학자는 미국의 로스쿨 법학 교수인 Lawrence(2008)이다. Lawrence는 그의 저서에서 경제의 유형을 상업경제와 공유경제로 구분지어 상업경제는 돈과 노동의 관계 그리고 수요와 공급에 따라 작동하는 경제로서 칭하며, 반대로 공유경제는 거래되는 물품, 서비스가 어느 누구의 것도 아닌 것을 칭하며 생산된 제품을 다수가 공유해 사용하는 협업 소비를 기초로 둔 경제유형이라고 하였다. 김상훈(2012)은 이런 Lawrence의 정의 속 협업소비가 공유경제의 특징인 다수의 사람들이 소비용으로 고효율의 소비를 가능하게 한다고 하며 이는 소유를 위한 소비를 최소화하면서 소비자 니즈를 충족할 수 있다는 특징 또한 가지고 있다고 말한다. 공유경제의 개념은 소비자와 관련한 개념에서 밀접히 활용되면서 관련한 의미가 확장되었다.

국내에서 이루어진 공유경제 정의 역시 비슷한 개념에서 이루어지고 있는데, 이미 생산된 제품을 공유하는 경제활동의 유형으로, 자신이 보유한 재화의 사용권을 제 3자에게 공유·대여·교환 등의 방식을 통해 새로운 가치를 창출하는 방법이라 정의하였다. 또한 권애라(2013) 역시 비슷한 개념으로 한 번 생산된 자원을 독점적으로 소유하는 것이 아니라, 다수의 사람들과 공유하는 개념으로 정의하였다.

공유경제의 분분한 개념과는 달리 공유경제의 활성화는 미국에서 이루어졌다는 것에는 이견이 없는 상태이다. 매년 TIMES에서 발표하는 영향력 강한 '세상을 바꿀 10대 아이디어'에서 2011년 '공유(share)' 키워드를 발표하면서 시작된 공유경제에 대한 관심은 점차 다양해져가는 사물인터넷 등 인터넷 관련 서비스와 Online to Online(O2O) 트렌드와 밀접히 연결되면서 새로운 비즈니스 양상와 삶의 방식을 바꾸고 있다(TIMES, 2011.03.17.). 2008년 서브프라임 모기지 사건으로부터 시작된 미국발 세계금융위기를 계기로 전세계적으로 확산되기 시작한 공유경제는 2011년에 폭발적인 관심을 받게 되면서 사회의 주요 경제 모형 중 하나로 자리잡았다(한상엽, 2016).

이러한 공유경제는 대표적인 세 가지 원인으로 인해 나타나게 되었다. 첫째, 경제환경의 변화다. 2008년 세계경제위기를 맞이하며 세계 전반적인 '경제위기'의 글로벌 환경 변화가 나타났다. 세계경제위기로 인한 높은 실업률, 저성장, 가계 소득의 감소는 소비에 있어 근본적인 변화를 만들어냈다. 기존의 '소유'소비보다는 합리적인 '사용가치 추구'의 소비를 시작하였다. 필요한 물건은 교환, 대여 혹은 중고로 구입함으로써 절약하고 가지고 있던 빈 방과 자신의 여유시간, 차량 등은 새로운 소득원이 되었다. 세계경제위기로 인해 야기된 큰 문제 중 하나는 청년 실업의 고착화다. 이를 해결하기 위한 정책적인 대안으로 공유형 창업이 등장하였다. 공유경제 비즈니스 모델들은 협동조합, 사회적 기업, 벤처 창업, 마을 기업으로 주목받고 있다. 이는 공유경제 모델이 공동체적, 사회적 가치를 담고 있고, 좋은 일과 소득창출이라는 일거양득적인 형태가 긍정적인 시선을 이끌어내는데 도움이 되었다. 둘째, 정보통신 환경의 변화이다. 공유경제시장의 확대 뒤에는 정보통신 기술의 발달이 자리하고 있다. 인터넷과 이동통신서비스, 모바일인터넷과 소셜네트워크서비스(SNS)가 발달하면서 다방면으로 연결된 네트워크 사회를 통해 거리적, 국경 제한 없이 공유경제라는 새로운 경제 패러다임이 확산되었다. 소셜네트워크 기술의 발전은 개인들이 중개자 없이 신뢰와 평판을 기반으로 직접 거래할 수 있는 플랫폼이 되었다. 특히 한국의 경우 스마트폰 이용자가 3천만명에 달할 정도로 세대와 지역을 넘어 보급된 상태이다. 이러한 상태는 온라인커뮤니티를 통한 소규모의 교환, 대여, 지식 나눔, 거래 등의 공유형 소비를 가능하게 할 수 있다. 즉 온라인을 기반으로 한 공유경제 플랫폼에 시간적 장소적 제약 없이 쉽게 접속할 수 있는 것이다. 마지막 셋째는 인구·사회 환경의 변화로 인한 등장이다. 대가족 중심의 소유 문화에서 소가족 중심의 소유 문화로, 최근엔 1인 가구의 실용적 소비문화로의 변화과정에 따라 소유에 대한 소비자들의 선호도는 줄어들고 공유의 효율성, 필요성은 증가하고 있는 추세이다. 1인 가구의 증가는 공유경제의 효율성과 일치해 더욱 각광받는다. 또한 환경위기, 친환경 트렌드와 자원 고갈에 대한 우려 등은 공유경제에 대한 관심을 한층 더 높여 이에 대한 실용적 대안으로 대여, 임대, 교환, 증여 등 환경보존적이고 자원절약적인 공유경제의 문화에 집중하고 있다. 공유경제의 다양한 서비스들은 자원 활용도를 높이고 불필요한 소비를 줄여 환경 친화적 사회 구축에 도움이 되고 있다(송순영, 2015).

2) 공유경제 현황

미국 컨설팅업체 PricewaterhouseCoopers(이하 PwC)에 의하면, 2014년 전 세계 공유경제 시장규모는 약 150억 달러였으나 2025년에는 20배 가량 증가해 전 세계 공유경제 시장이 3350억 달러 규모로 커질 것이라는 전망이다(PwC, 2014). 공유경제에 대한 전 세계인들의 호감도 역시 매우 높은 편이다. 미국 조사기관 Nielsen(2014.05.30.)에 의하면, 전 세계 온라인 소비자들 중 68%는 자신의 물품 및 서비스로 공유 사이트를 통해 수익을 얻는 것에 대해 긍정적이며 66%의 소비자들은 타인의 물건을 사용하는 데 호의적인 것으로 나타났다. 또한 설문조사에 응한 성인들 중 86%는 공유경제 비즈니스 모델이 자신들의 삶과 알맞다고 대답했으며 83%는 삶을 더 편리하게 만들어줄 것이라고 답하였다. 게다가 78%는 공유경제를 기반으로 한 더욱 강력한 사회 커뮤니티가 구축되기를 원하는 것으로 나타났다.

2014년 Airbnb의 숙박 이용자들은 1일 평균 약 42만5000명으로 조사돼 1년에 총 10억5000만명의 이용자가 사용한 것으로 나타났다. 다른 공유경제 업체인 Uber는 스마트폰에 설치된 앱으로 차량을 부르면 가장 가까운 곳에 있는 Uber 등록 운전기사가 차량을 몰고 와 이용자를 픽업해 목적지까지 데려다주는 서비스다. 현재 68개국 360개 이상의 도시에서 운영 중인 Uber는 기업 가치가 약 410억 달러로 평가돼 미국 벤처시장에서 두 번째로 높은 가치를 인정받는 기업이 되었다.

한국의 공유경제는 현재 소규모이나 미래 성장성이 높게 평가되는 것으로 밝혀졌다. 한국은행(2017.05.29.)에 따르면 우리나라의 경우 공유경제 부분의 생산활동 규모가 아직까지는 크지 않은 명목 GDP의 0.005% 수준인 819억원인 것으로 조사되었다. 또한 2019년부터 GDP에 공유경제 시장 규모에 대한 값이 반영된다는 점에서 향후 공유경제의 성장가능성이 큰 만큼 온라인 중개서비스 동향 등 시장상황을 지속적으로 모니터링하면서 공유경제의 충실한 포착을 위해 기초통계를 확충해 나갈 필요가 있음과 동시에 한국은행의 공유경제의 성장성과 중요성이 긍정적으로 포함된 것을 알 수 있다.

한국은행에서 발표한 한국의 공유경제 현황은 다음과 같다. 먼저 숙박의 경우, 숙박 공유를 영위하는 가계 중 외국인관광 도시민박업으로 등록된 숙소는 1,400여 곳(2016년 말 기준)에 불과하지만 미등록 상태로 온라인 중개업체에만 가입된 숙소는 이보다 훨씬 많은 것으로 추산되고 있다. 승차 공유 서비스로는 Uber 및 카풀서비스업체, 차량 공유 서비스로는 차량 무인임대업체 등이 운영 중이다. 그러나 현재 Uber서비스는 B2C형태의 Uber블랙(프리미엄 택시 서비스*)을 중심으로 운행 중에 있으며 개인이 택시 면허 없이 유휴차량으로 영업하는 P2P 형태의 Uber엑스는 허용되지 않고 있다. 그러나 Uber의 진화형으로 이동경로가 같은 운전자와 탑승자를 연결해주는 서비스들이 운영 중인 것으로 확인되었다. 종합적으로 차량 공유서비스는 B2C형태의 무인 차량임대업을 중심으로 성장하고 있으며 개인이 유휴 승용차를 임대하는 P2P 거래는 허용되지 않고 있다. 2017년 4월 기준 우리나라 대표적인 카쉐어링 업체들의 차량 보유대수는 12,500여대 규모로 조사되었다(한국은행, 2017.05.29.).

이와 같이 세계적인 공유경제는 긍정적 성장 추세가 기대되고, 성장 동력이 되는 소비자들에게 긍정적인 평을 받고 있음을 알 수 있다. 세계적인 추세를 따라 한국 역시 현재는 작은 시장 규모를 보유했으나 점차 대규모의 시장을 형성할 것이라 예측된다.

3) 공유경제의 실현

김점산, 지우석, 강상준(2014)은 공유경제를 제공서비스에 따라 크게 제품서비스, 물물교환, 협력적 커뮤니티로 구분하였다. 먼저 제품서비스는 사용자들이 제품 혹은 서비스를 소유하지 않는 대신에 이를 함께 사용하는 방식을 의미한다. 제품 서비스의 대표적인 공유자원으로 자동차쉐어링, 바이크쉐어링, 태양에너지 공급과 장난감 대여, 도서 대여가 있다. 특히 자동차쉐어링의 경우 국내의 공유경제 중 성공적인 사례로 손꼽히며 100만명에 달하는 이용자수를 보유하고 있다(김점산, 박경철, 2015). 공유경제의 물물교환 서비스는 필요하지 않은 제품을 필요한 사람에게 재분배하는 방식을 취하고 있다. 물물교환의 대표적인 공유자원으로 경매시장, 물물교환시장, 무료·상품권 교환시장이 있다. 이중 물물교환시장은 아주 소량의 금전을 받고 해당 물품을 대여해주며 벌어들은 수익금은 또다시 물물교환시장의 활성화를 위해 쓰이는 방향으로 사용되고 있다. 마지막 협력적 커뮤니티는 커뮤니티 내 사용자간의 협력을 통한 방식으로 공간공유, 구인구직, 여행경험, 지식공유, 택시쉐어링, 크라우드 펀딩이 있다. 이 중 공간공유와 여행경험의 Airbnb는 국내외를 아우르면서 전세계적 공유경제를 이끌어냈다는 의의를 가지고 있다.

<**표**> 공유경제 이용 소비재

소비재	거래방식	공유자원	관련 기업체	
			국외	국내
제품 서비스	사용자들이 제품 혹은 서비스를 소유하지 않고 함께 사용	자동차쉐어링	Zipcar, Streetcar, Gocar	쏘카, 그린카. 시티카
		바이크쉐어링	Velib, Bardats, Cyde Hire	푸른바이크 쉐어링
		태양에너지 공급	SolarCity, Solar Century	-
		장난감 대여	DimDom, Babyplays	희망장난감 도서관
		도서 대여	Chegg, Zookal	국민도서관, 책꽂이
물물 교환	필요하지 않은 제품을 필요한 사람에게 재분배	경매시장	eday, craiglist, flippid	옥션, 지마켓, 11번가
		물물교환시장	Threadup, Swapstyle	키플, 열린옷장, 폴업, 우리울림
		무료/상품권 교환	Freecycle, Giftflow	띠앗
협력적 커뮤 니티	커뮤니티 내 사용자간의 협력을 통한 방식	공간공유	Airbnb, Roomorama	코자자, 비앤비히어로 모두의 주차장
		구인구직	Loosecubes, Desknearme	알바몬, 알바천국
		여행경험	Airbnb	플레이플레닛
		지식공유	TeachStreet, TradeSchoo, 위키피디아	위즈돔, 와우텐
		택시쉐어링	Taxi2, TaxiDeck, TaxiStop	티클
		크라우드 펀딩	Kickstarter, Indiegogo	씨앗펀딩, 굿펀딩

※출처 : 김점산, 지우석, 강상준(2014). 공유경제(Sharing Economy)의 미래와 성공조건. 경기개발연구원, 134, 1-25. 자료를 토대로 연구자가 수정함.

생각해 보기

■ 공유경제를 실현할 수 있는 사례를 발굴

현대사회의 다양한 사회문제, 소비자요구, 재화의 사용가치 등을 고려하여 공유경제를 실현할 수 있는 아이디어를 생각해보고, 이를 공유하자.

부록

1장

방송법

소비자와 미디어

방송법

[시행 2017.7.26.] [법률 제14839호, 2017.7.26., 타법개정]

방송통신위원회(방송정책기획과) 02-2110-1415
방송통신위원회(편성평가정책과 - 방송편성 관련) 02-2110-1287
방송통신위원회(방송시장조사과 - 금지행위 관련) 02-2110-1448, 1447
방송통신위원회(방송광고정책과 - 방송광고 관련) 02-2110-1279, 1271
방송통신위원회(방송진흥기획과 - 방송심의 관련) 02-2110-1268, 1269
방송통신위원회(편성평가정책과 - 외주 관련) 02-2110-1285
방송통신위원회(편성평가정책과 - 방송평가 관련) 02-2110-1288, 1287
방송통신위원회(방송기반총괄과 - 시청자 지원 관련) 02-2110-1278, 1294
방송통신위원회(방송광고정책과 - 협찬 관련) 02-2110-1279, 1272
방송통신위원회(방송기반총괄과 - 장애인 방송 관련) 02-2110-1294, 1293
방송통신위원회(심결지원팀 - 방송분쟁 조정 관련) 02-2110-1553
방송통신위원회(방송기반총괄과 - 시청자 권익보호 관련) 02-2110-1292, 1265
과학기술정보통신부(방송산업정책과) 02-2110-1863, 1864

제1장 총칙

제1조(목적) 이 법은 방송의 자유와 독립을 보장하고 방송의 공적 책임을 높임으로써 시청자의 권익보호와 민주적 여론형성 및 국민문화의 향상을 도모하고 방송의 발전과 공공복리의 증진에 이바지함을 목적으로 한다.

제2조(용어의 정의) 이 법에서 사용하는 용어의 정의는 다음과 같다. <개정 2004.3.22., 2006.10.27., 2007.1.26., 2011.7.14., 2013.3.23., 2015.3.13., 2015.12.1., 2015.12.22., 2016.1.27.>

1. "방송"이라 함은 방송프로그램을 기획·편성 또는 제작하여 이를 공중(개별계약에 의한 수신자를 포함하며, 이하 "시청자"라 한다)에게 전기통신설비에 의하여 송신하는 것으로서 다음 각목의 것을 말한다.

가. 텔레비전방송 : 정지 또는 이동하는 사물의 순간적 영상과 이에 따르는 음성·음향 등으로 이루어진 방송프로그램을 송신하는 방송

나. 라디오방송 : 음성·음향 등으로 이루어진 방송프로그램을 송신하는 방송

다. 데이터방송 : 방송사업자의 채널을 이용하여 데이터(문자·숫자·도형·도표·이미지 그 밖의 정보체계를 말한다)를 위주로 하여 이에 따르는 영상·음성·음향 및 이들의 조합으로 이루어진 방송프로그램을 송신하는 방송(인터넷 등 통신망을 통하여 제공하거나 매개하는 경우를 제외한다. 이하 같다)

라. 이동멀티미디어방송 : 이동중 수신을 주목적으로 다채널을 이용하여 텔레비전방송·라디오방송 및 데이터방송을 복합적으로 송신하는 방송

2. "방송사업"이라 함은 방송을 행하는 다음 각목의 사업을 말한다.

가. 지상파방송사업 : 방송을 목적으로 하는 지상의 무선국을 관리·운영하며 이를 이용하여 방송을 행하는 사업

나. 종합유선방송사업 : 종합유선방송국(다채널방송을 행하기 위한 유선방송국설비와 그 종사자의 총체를 말한다. 이하 같다)을 관리·운영하며 전송·선로설비를 이용하여 방송을 행하는 사업

다. 위성방송사업 : 인공위성의 무선설비를 소유 또는 임차하여 무선국을 관리·운영하며 이를 이용하여 방송을 행하는 사업

라. 방송채널사용사업 : 지상파방송사업자、종합유선방송사업자 또는 위성방송사업자와 특정채널의 전부 또는 일부 시간에 대한 전용사용계약을 체결하여 그 채널을 사용하는 사업

3. "방송사업자"라 함은 다음 각목의 자를 말한다.

가. 지상파방송사업자 : 지상파방송사업을 하기 위하여 제9조제1항의 규정에 의하여 허가를 받은 자

나. 종합유선방송사업자 : 종합유선방송사업을 하기 위하여 제9조제2항의 규정에 의하여 허가를 받은 자

다. 위성방송사업자 : 위성방송사업을 하기 위하여 제9조제2항에 따라 허가를 받은 자

라. 방송채널사용사업자 : 방송채널사용사업을 하기 위하여 제9조제5항의 규정에 의하여 등록을 하거나 승인을 얻은 자

마. 공동체라디오방송사업자 : 안테나공급전력 10와트 이하로 공익목적으로 라디오방송을 하기 위하여 제9조제11항의 규정에 의하여 허가를 받은 자

4. "중계유선방송"이란 지상파방송(방송을 목적으로 하는 지상의 무선국을 이용하여 하는 방송을 말한다. 이하 같다) 등을 수신하여 중계송신(방송편성을 변경하지 아니하는 녹음、녹화를 포함한다. 이하 같다)하는 것을 말한다.

5. "중계유선방송사업"이라 함은 중계유선방송을 행하는 사업을 말한다.

6. "중계유선방송사업자"라 함은 중계유선방송사업을 하기 위하여 제9조제2항의 규정에 의하여 허가를 받은 자를 말한다.

7. "음악유선방송"이라 함은 「음악산업진흥에 관한 법률」에 따라 판매、배포되는 음반에 수록된 음악을 송신하는 것을 말한다.

8. "음악유선방송사업"이라 함은 음악유선방송을 행하는 사업을 말한다.
9. "음악유선방송사업자"라 함은 음악유선방송사업을 하기 위하여 제9조제5항의 규정에 의하여 등록을 한 자를 말한다.
10. "전광판방송"이라 함은 상시 또는 일정기간 계속하여 전광판에 보도를 포함하는 방송프로그램을 표출하는 것을 말한다.
11. "전광판방송사업"이라 함은 전광판방송을 행하는 사업을 말한다.
12. "전광판방송사업자"라 함은 전광판방송사업을 하기 위하여 제9조제5항의 규정에 의하여 등록을 한 자를 말한다.
13. "전송망사업"이라 함은 방송프로그램을 종합유선방송국으로부터 시청자에게 전송하기 위하여 유、무선 전송、선로설비를 설치、운영하는 사업을 말한다.
14. "전송망사업자"라 함은 전송망사업을 하기 위하여 제9조제10항의 규정에 의하여 등록을 한 자를 말한다.
15. "방송편성"이라 함은 방송되는 사항의 종류、내용、분량、시각、배열을 정하는 것을 말한다.
16. "방송분야"라 함은 보도、교양、오락등으로 방송프로그램의 영역을 분류한 것을 말한다.
17. "방송프로그램"이라 함은 방송편성의 단위가 되는 방송내용물을 말한다.
18. "종합편성"이라 함은 보도、교양、오락등 다양한 방송분야 상호간에 조화를 이루도록 방송프로그램을 편성하는 것을 말한다.

19. "전문편성"이라 함은 특정 방송분야의 방송프로그램을 전문적으로 편성하는 것을 말한다.
20. "유료방송"이라 함은 시청자와의 계약에 의하여 수개의 채널단위·채널별 또는 방송프로그램별로 대가를 받고 제공하는 방송을 말한다.
20의2. "채널"이라 함은 동일한 주파수 대역을 통해서 연속적인 흐름 또는 정보체계의 형태로 제공되어지는 텔레비전방송, 라디오방송 또는 데이터방송의 단위를 말한다.
21. "방송광고"라 함은 광고를 목적으로 하는 방송내용물을 말한다.
22. "협찬고지"라 함은 타인으로부터 방송프로그램의 제작에 직접적·간접적으로 필요한 경비·물품·용역·인력 또는 장소등을 제공받고 그 타인의 명칭 또는 상호등을 고지하는 것을 말한다.
23. "방송편성책임자"라 함은 방송편성에 대하여 결정을 하고 책임을 지는 자를 말한다.
24. "보도"라 함은 국내외 정치·경제·사회·문화 등의 전반에 관하여 시사적인 취재보도·논평·해설 등의 방송프로그램을 편성하는 것을 말한다.
25. "보편적 시청권"이라 함은 국민적 관심이 매우 큰 체육경기대회 그 밖의 주요행사 등에 관한 방송을 일반 국민이 시청할 수 있는 권리를 말한다.
26. "기술결합서비스"란 지상파방송사업·종합유선방송사업 및 위성방송사업 상호간 또는 이들 방송사업과 「인터넷 멀티미디

어 방송사업법」 제2조제4호가목에 따른 인터넷 멀티미디어 방송 제공사업 간의 전송방식을 혼합사용하여 제공하는 서비스를 말한다.

27. "외주제작사"란 「문화산업진흥 기본법」 제2조제20호에 따른 방송영상독립제작사, 같은 조 제21호에 따른 문화산업전문회사 등 방송사업자에게 제공할 목적으로 방송프로그램을 제작하는 자를 말한다.

제3조(시청자의 권익보호) 방송사업자는 시청자가 방송프로그램의 기획·편성 또는 제작에 관한 의사결정에 참여할 수 있도록 하여야 하고, 방송의 결과가 시청자의 이익에 합치하도록 하여야 한다.

제4조(방송편성의 자유와 독립) ①방송편성의 자유와 독립은 보장된다.

② 누구든지 방송편성에 관하여 이 법 또는 다른 법률에 의하지 아니하고는 어떠한 규제나 간섭도 할 수 없다.

③ 방송사업자는 방송편성책임자를 선임하고, 그 성명을 방송시간내에 매일 1회 이상 공표하여야 하며, 방송편성책임자의 자율적인 방송편성을 보장하여야 한다.

④ 종합편성 또는 보도에 관한 전문편성을 행하는 방송사업자는 방송프로그램제작의 자율성을 보장하기 위하여 취재 및 제작 종사자의 의견을 들어 방송편성규약을 제정하고 이를 공표하여야 한다.

제5조(방송의 공적 책임) ①방송은 인간의 존엄과 가치 및 민주적 기본질서를 존중하여야 한다.

② 방송은 국민의 화합과 조화로운 국가의 발전 및 민주적 여론형성에 이바지하여야 하며 지역간·세대간·계층간·성별간의 갈등을 조장하여서는 아니된다.

③ 방송은 타인의 명예를 훼손하거나 권리를 침해하여서는 아니된다.

④ 방송은 범죄 및 부도덕한 행위나 사행심을 조장하여서는 아니된다.

⑤ 방송은 건전한 가정생활과 아동 및 청소년의 선도에 나쁜 영향을 끼치는 음란·퇴폐 또는 폭력을 조장하여서는 아니된다.

제6조(방송의 공정성과 공익성) ①방송에 의한 보도는 공정하고 객관적이어야 한다.

② 방송은 성별·연령·직업·종교·신념·계층·지역·인종등을 이유로 방송편성에 차별을 두어서는 아니 된다. 다만, 종교의 선교에 관한 전문편성을 행하는 방송사업자가 그 방송분야의 범위 안에서 방송을 하는 경우에는 그러하지 아니하다.

③ 방송은 국민의 윤리적·정서적 감정을 존중하여야 하며, 국민의 기본권 옹호 및 국제친선의 증진에 이바지하여야 한다.

④ 방송은 국민의 알권리와 표현의 자유를 보호·신장하여야 한다.

⑤ 방송은 상대적으로 소수이거나 이익추구의 실현에 불리한 집단이나 계층의 이익을 충실하게 반영하도록 노력하여야 한다.

⑥ 방송은 지역사회의 균형 있는 발전과 민족문화의 창달에 이바지하여야 한다.

⑦방송은 사회교육기능을 신장하고, 유익한 생활정보를 확산·보급하며, 국민의 문화생활의 질적 향상에 이바지하여야 한다.

⑧ 방송은 표준말의 보급에 이바지하여야 하며 언어순화에 힘써야 한다.

⑨ 방송은 정부 또는 특정 집단의 정책등을 공표함에 있어 의견이 다른 집단에게 균등한 기회가 제공되도록 노력하여야 하고, 또한 각

정치적 이해 당사자에 관한 방송프로그램을 편성함에 있어서도 균형성이 유지되도록 하여야 한다.

제7조(적용범위) 방송에 관하여는 다른 법률에 특별한 규정이 있는 경우를 제외하고는 이 법이 정하는 바에 의한다.

제2장 방송사업자등

제8조(소유제한등) ①방송사업자가 주식을 발행하는 경우에는 기명식으로 하여야 한다.

② 누구든지 대통령령이 정하는 특수한 관계에 있는 자(이하 "特殊關係者"라 한다)가 소유하는 주식 또는 지분을 포함하여 지상파방송사업자 및 종합편성 또는 보도에 관한 전문편성을 행하는 방송채널사용사업자의 주식 또는 지분 총수의 100분의 40을 초과하여 소유할 수 없다. 다만, 다음 각호의 1에 해당하는 경우에는 그러하지 아니하다. <개정 2004.3.22., 2006.10.27., 2009.7.31.>

1. 국가 또는 지방자치단체가 방송사업자의 주식 또는 지분을 소유하는 경우
2. 「방송문화진흥회법」에 의하여 설립된 방송문화진흥회가 방송사업자의 주식 또는 지분을 소유하는 경우
3. 종교의 선교를 목적으로 하는 방송사업자에 출자하는 경우

③ 제2항의 규정에 불구하고 독점규제및공정거래에관한법률 제2조제2호의 규정에 의한 기업집단중 자산총액 등 대통령령이 정하는 기준에 해당하는 기업집단에 속하는 회사(이하 "대기업"이라 한다)와 그

계열회사(특수관계자를 포함한다) 또는 「신문 등의 진흥에 관한 법률」에 따른 일간신문(이하 "일간신문"이라 한다)이나 「뉴스통신 진흥에 관한 법률」에 따른 뉴스통신(이하 "뉴스통신"이라 한다)을 경영하는 법인(特殊關係者를 포함한다)은 지상파방송사업자의 주식 또는 지분 총수의 100분의 10을 초과하여 소유할 수 없으며, 종합편성 또는 보도에 관한 전문편성을 행하는 방송채널사용사업자의 주식 또는 지분 총수의 100분의 30을 초과하여 소유할 수 없다. <개정 2002.12.18., 2003.5.29., 2004.3.22., 2009.7.31., 2016.1.27.>

④ 지상파방송사업자, 종합편성 또는 보도에 관한 전문편성을 행하는 방송채널사용사업자의 주식 또는 지분을 소유하고자 하는 일간신문을 경영하는 법인(특수관계자를 포함한다)은 경영의 투명성을 위하여 대통령령으로 정하는 바에 따라 전체 발행부수, 유가 판매부수 등의 자료를 방송통신위원회에 제출하여 공개하여야 하며, 제3항에도 불구하고 일간신문의 구독률(대통령령으로 정하는 바에 따라 전체 가구 중 일정 기간 동안 특정 일간신문을 유료로 구독하는 가구가 차지하는 비율을 말한다. 이하 같다)이 100분의 20 이상인 경우에는 지상파방송사업 및 종합편성 또는 보도에 관한 전문편성을 행하는 방송채널사용사업을 겸영하거나 주식 또는 지분을 소유할 수 없다. <신설 2009.7.31.>

⑤ 일간신문이나 뉴스통신을 경영하는 법인(각 특수관계자를 포함한다)은 종합유선방송사업자 및 위성방송사업자의 주식 또는 지분 총수의 100분의 49를 초과하여 소유할 수 없다. <개정 2007.1.26. 2009.7.31., 2016.1.27.>

⑥ 지상파방송사업자ㆍ종합유선방송사업자 및 위성방송사업자는 시장점유율 또는 사업자수등을 고려하여 대통령령이 정하는 범위를

초과하여 상호 겸영하거나 그 주식 또는 지분을 소유할 수 없다. <개정 2009.7.31.>

⑦ 지상파방송사업자ㆍ종합유선방송사업자ㆍ위성방송사업자ㆍ방송채널사용사업자 및 전송망사업자는 시장점유율, 방송분야 또는 사업자수등을 고려하여 대통령령이 정하는 범위를 초과하여 상호 겸영하거나 그 주식 또는 지분을 소유할 수 없다. <개정 2006.10.27., 2009.7.31.>

⑧ 지상파방송사업자ㆍ종합유선방송사업자 또는 위성방송사업자는 시장점유율 또는 사업자수 등을 고려하여 대통령령이 정하는 범위를 초과하여 지상파방송사업자는 다른 지상파방송사업, 종합유선방송사업자는 다른 종합유선방송사업, 위성방송사업자는 다른 위성방송사업을 겸영하거나 그 주식 또는 지분을 소유할 수 없다. 다만,「방송문화진흥회법」에 따라 설립된 방송문화진흥회가 최다출자자인 지상파방송사업자가 이 법 시행 당시 계열회사 관계에 있는 다른 지상파방송사업자의 주식 또는 지분을 소유하는 경우에는 그러하지 아니하다. <개정 2004.3.22., 2007.7.27., 2009.7.31.>

⑨ 방송채널사용사업자는 시장점유율 또는 사업자수등을 고려하여 대통령령이 정하는 범위를 초과하여 다른 방송채널사용사업을 겸영하거나 그 주식 또는 지분을 소유할 수 없다. <개정 2009.7.31.>

⑩ 정당은 방송사업자의 주식 또는 지분을 소유할 수 없다. <개정 2004.3.12., 2009.7.31.>

⑪ 제6항부터 제9항까지의 규정에 의한 겸영금지 및 소유제한 대상자에는 그의 특수관계자를 포함한다. <개정 2009.7.31.>

⑫ 제2항 내지 제10항의 규정을 위반하여 주식 또는 지분을 소유한

자는 그 소유분 또는 초과분에 대한 의결권을 행사할 수 없다. <개정 2009.7.31.>

⑬ 과학기술정보통신부장관 또는 방송통신위원회는 다음 각 호의 구분에 따라 해당 규정을 위반한 자에게 6개월 이내의 기간을 정하여 위반 사항을 시정할 것을 명할 수 있다. <개정 2013.3.23., 2017.7.26.>

1. 과학기술정보통신부장관
   가. 제5항을 위반한 자
   나. 제6항부터 제9항까지의 규정을 위반한 자(제14조제6항제2호에 해당하는 방송사업자 외의 방송사업자와 전송망사업자로 한정한다)
2. 방송통신위원회
   가. 제2항부터 제4항까지의 규정, 제10항, 제14항 및 제15항을 위반한 자
   나. 제6항부터 제9항까지의 규정을 위반한 자(제14조제6항제2호에 해당하는 방송사업자로 한정한다)

⑭ 다음 각 호의 어느 하나에 해당하는 자는 공동체라디오방송사업자가 될 수 없다. <신설 2006.10.27., 2009.7.31.>

1. 대한민국 정부
2. 지방자치단체
3. 종교단체
4. 정당
5. 영리를 목적으로 공동체라디오방송사업을 영위하려는 자

⑮ 공동체라디오방송사업자는 1개를 초과하여 방송국을 소유할 수 없다. <신설 2006.10.27., 2009.7.31.>

⑯ 특정 종합유선방송사업자는 해당 사업자와 특수관계자인 다음 각 호의 방송사업자를 합산하여 종합유선방송, 위성방송, 「인터넷 멀티미디어 방송사업법」 제2조제1호에 따른 인터넷 멀티미디어 방송을 포함한 전체 유료방송사업 가입자 수의 3분의 1을 초과하여 서비스를 제공할 수 없다. <신설 2015.6.22.>

1. 종합유선방송사업자
2. 위성방송사업자
3. 「인터넷 멀티미디어 방송사업법」 제2조제5호가목에 따른 인터넷 멀티미디어 방송 제공사업자

⑰ 특정 위성방송사업자는 해당 사업자와 특수관계자인 다음 각 호의 방송사업자를 합산하여 종합유선방송, 위성방송, 「인터넷 멀티미디어 방송사업법」 제2조제1호에 따른 인터넷 멀티미디어 방송을 포함한 전체 유료방송사업 가입자 수의 3분의 1을 초과하여 서비스를 제공할 수 없다. <신설 2015.6.22.>

1. 종합유선방송사업자
2. 위성방송사업자
3. 「인터넷 멀티미디어 방송사업법」 제2조제5호에 따른 인터넷 멀티미디어 방송사업자

⑱ 과학기술정보통신부장관은 도서산간 등 위성방송 수신만 가능한 지역은 제16항 및 제17항에 따른 가입자 수 산정에서 배제할 수 있는 예외지역으로 지정할 수 있다. <신설 2015.6.22., 2017.7.26.>

⑲ 제16항 및 제17항에 따른 가입자 수의 산정 및 검증 등에 필요한 사항은 대통령령으로 정한다. <신설 2015.6.22.>

[법률 제13341호(2015.6.22.) 부칙 제2조의 규정에 의하여 이 조 제16

항제2호 및 제3호, 같은 조 제17항은 2018년 6월 27일까지 유효함]

제9조(허가ㆍ승인ㆍ등록 등) ① 지상파방송사업을 하고자 하는 자는 방송통신위원회의 허가를 받아야 한다. 이 경우 방송통신위원회는 과학기술정보통신부장관에게 「전파법」에 따른 무선국 개설과 관련된 기술적 심사를 의뢰하고, 과학기술정보통신부장관으로부터 송부받은 심사 결과를 허가에 반영하여야 한다. <개정 2013.3.23., 2017.7.26.>

② 위성방송사업을 하고자 하는 자는「전파법」으로 정하는 바에 따라 과학기술정보통신부장관의 방송국 허가를 받아야 하고, 종합유선방송사업 또는 중계유선방송사업을 하고자 하는 자는 대통령령으로 정하는 기준에 적합하게 시설과 기술을 갖추어 과학기술정보통신부장관의 허가를 받아야 한다. 이 경우 과학기술정보통신부장관은 미리 방송통신위원회의 동의를 받아야 한다. <개정 2013.3.23., 2017.7.26.>

③ 제2항의 규정에 불구하고 대통령령이 정하는 기준에 해당하는 중계유선방송사업자가 종합유선방송사업을 하고자 할 경우에는 과학기술정보통신부장관의 승인을 얻어야 한다. <개정 2008.2.29., 2013.3.23., 2017.7.26.>

④ 제3항의 규정에 의하여 승인을 얻은 자는 승인을 얻은 때부터 제2조제3호 나목의 규정에 의한 종합유선방송사업자로 허가를 받은 것으로 본다.

⑤ 방송채널사용사업ㆍ전광판방송사업 또는 음악유선방송사업을 하고자 하는 자는 과학기술정보통신부장관에게 등록하여야 한다. 다만, 종합편성이나 보도에 관한 전문편성을 행하는 방송채널사용

사업을 하려는 자는 방송통신위원회의 승인을 받아야 하고, 상품소개와 판매에 관한 전문편성을 행하는 방송채널사용사업을 하려는 자는 과학기술정보통신부장관의 승인을 받아야 한다. 이 경우 데이터방송을 하기 위하여 등록을 하거나 승인을 얻은 자는 등록을 하거나 승인을 얻은 날부터 7일 이내에 「전기통신사업법」 제22조의 규정에 의한 부가통신사업의 신고를 하여야 한다. <개정 2004.3.22., 2008.2.29., 2010.3.22., 2013.3.23., 2017.7.26.>

⑥ 외국 인공위성의 무선설비(國內에서 수신될 수 있는 것에 한한다)를 이용하여 위성방송을 행하는 사업을 하고자 하는 자는 과학기술정보통신부장관의 승인을 얻어야 한다. <개정 2008.2.29., 2013.3.23., 2017.7.26.>

⑦ 제6항의 규정에 의하여 승인을 얻은 자에 대하여는 제2조제3호다목의 위성방송사업자에 대하여 적용되는 규정을 준용한다.

⑧ 외국 인공위성의 무선국(國內에서 수신될 수 있는 것에 한한다)의 특정 채널의 전부 또는 일부 시간에 대한 전용사용계약을 체결하여 그 채널을 사용하고자 하는 자는 과학기술정보통신부장관의 승인을 얻어야 한다. <개정 2008.2.29., 2013.3.23., 2017.7.26.>

⑨ 제8항의 규정에 의하여 승인을 얻은 자에 대하여는 제2조제3호라목의 방송채널사용사업자에 대하여 적용되는 규정을 준용한다.

⑩ 전송망사업을 하려는 자는 과학기술정보통신부장관에게 등록하여야 한다. 이 경우 과학기술정보통신부장관은 등록 신청이 다음 각 호의 어느 하나에 해당하는 경우를 제외하고는 등록을 거부하지 못한다. <개정 2015.3.13., 2017.7.26.>

1. 재정능력 및 기술인력 등 대통령령으로 정하는 등록요건을 갖

추지 못한 경우

2. 등록을 신청한 자가 제13조제1항에 위반되는 경우

3. 등록을 신청한 법인의 대표자가 제13조제3항제1호부터 제6호까지의 어느 하나에 해당하는 경우

4. 그 밖에 이 법 또는 다른 법령에 따른 제한에 위반되는 경우

⑪ 공동체라디오방송사업을 하고자 하는 자는 방송통신위원회의 허가를 받아야 한다. 이 경우 방송통신위원회는 과학기술정보통신부장관에게 「전파법」에 따른 무선국 개설과 관련된 기술적 심사를 의뢰하고, 과학기술정보통신부장관으로부터 송부 받은 심사 결과를 허가에 반영하여야 한다. 이 외의 공동체라디오방송사업자의 편성, 재원 등 운영에 필요한 세부사항은 대통령령으로 정한다. <개정 2013.3.23., 2017.7.26.>

⑫ 제1항 내지 제11항의 규정에 의한 허가·승인 및 등록의 절차 등에 관하여 필요한 사항은 대통령령으로 정한다. <개정 2006.10.27., 2007.7.27., 2008.2.29.>

제9조의2(방송채널사용사업의 등록요건) ① 제9조제5항 본문에 따라 방송채널사용사업의 등록을 하려는 자는 다음 각 호의 요건을 갖추어야 한다.

1. 납입자본금과 실질자본금(해당 방송채널사용사업만을 위한 자본금을 말한다)이 각각 5억원 이상일 것. 이 경우 "자본금"은 주식회사 외의 법인의 경우에는 "출자금"으로 본다.

2. 주조정실(방송프로그램의 편성 및 송출 등을 종합조정하는 장소를 말한다), 부조정실(개별 방송프로그램의 제작을 조정하는 장소를 말한다), 종합편집실(음성·영상·음향 등을 편집하여 개별 방송프로그램을 완성하는 장소를 말한다)

및 송출시설을 갖출 것

3. 해당 방송채널사용사업을 영위할 수 있는 사무실을 보유할 것

4. 방송사업자가 사용하고 있는 다른 채널명과 동일한 채널명 또는 시청자가 동일한 채널로 오인할 수 있는 채널명을 사용하지 아니할 것

② 동일인이 여러 개의 방송채널사용사업을 겸영(兼營)하는 경우에 제1항제1호에 따른 자본금 요건의 적용 기준 등에 관하여 필요한 사항은 대통령령으로 정한다.

[본조신설 2007.7.27.]

제9조의3(기술결합서비스의 승인) ① 지상파방송사업자(공동체라디오방송사업자는 제외한다. 이하 이 조 제5항, 제18조제2항 및 제19조제2항에서 같다)ㆍ종합유선방송사업자ㆍ위성방송사업자 또는 「인터넷 멀티미디어 방송사업법」 제2조제5호가목에 따른 인터넷 멀티미디어 방송 제공사업자(이하 "인터넷 멀티미디어 방송 제공사업자"라 한다)가 기술결합서비스를 제공하고자 할 경우에는 다음 각 호의 구분에 따라 과학기술정보통신부장관 또는 방송통신위원회의 승인을 받아야 한다. <개정 2017.7.26.>

1. 지상파방송사업자: 방송통신위원회

2. 종합유선방송사업자ㆍ위성방송사업자 또는 인터넷 멀티미디어 방송 제공사업자: 과학기술정보통신부장관

② 방송통신위원회가 제1항에 따른 승인을 하고자 하는 경우에는 과학기술정보통신부장관에게 「전파법」에 따른 무선국과 관련된 기술적 심사를 의뢰하고 과학기술정보통신부장관으로부터 송부받은 심사결과를 반영하여야 한다. <개정 2017.7.26.>

③ 과학기술정보통신부장관 또는 방송통신위원회는 제1항에 따른 기술결합서비스를 승인할 때에는 시청자의 권익보호와 공정경쟁의 촉진 등을 위하여 필요한 조건을 붙일 수 있다. <개정 2017.7.26.>

④ 제1항에 따른 기술결합서비스의 승인을 받은 해당 사업자의 허가유효기간이 만료된 때 기술결합서비스의 승인유효기간도 만료된 것으로 본다.

⑤ 지상파방송사업자·종합유선방송사업자·위성방송사업자 또는 인터넷 멀티미디어 방송 제공사업자가 승인유효기간 만료 후 계속 기술결합서비스를 제공하려는 때에는 제1항 각 호의 구분에 따라 과학기술정보통신부장관 또는 방송통신위원회의 재승인을 받아야 한다. 이 경우 제2항을 준용한다. <개정 2017.7.26.>

⑥ 제1항에 따라 승인을 받은 사업자가 기술결합서비스의 제공을 중지하거나 중단하려는 때에는 과학기술정보통신부령 또는 방송통신위원회규칙으로 정하는 바에 따라 과학기술정보통신부장관 또는 방송통신위원회에 신고하여야 한다. <개정 2017.7.26.>

⑦ 제1항 및 제5항에 따른 승인·재승인 심사의 기준 및 절차는 대통령령으로 정한다.

[본조신설 2015.12.22.]

제10조(심사기준·절차) ①과학기술정보통신부장관 또는 방송통신위원회는 제9조제1항, 제2항 및 제11항에 따른 허가, 같은 조 제3항, 제5항, 제6항 및 제8항에 따른 승인을 할 때에는 다음 각호의 사항을 심사하여 그 결과를 공표하여야 한다. <개정 2008.2.29., 2013.3.23., 2017.7.26.>

1. 방송의 공적 책임·공정성·공익성의 실현 가능성

2. 방송프로그램의 기획·편성 및 제작계획의 적절성

3. 지역적·사회적·문화적 필요성과 타당성

4. 조직 및 인력운영등 경영계획의 적정성

5. 재정 및 기술적 능력

6. 방송발전을 위한 지원계획

7. 기타 사업수행에 필요한 사항

② 과학기술정보통신부장관 또는 방송통신위원회는 제1항의 규정에 의한 심사를 할 때에는 시청자의 의견을 공개적으로 청취하고, 그 의견의 반영 여부를 공표하여야 한다. <개정 2008.2.29., 2013.3.23., 2017.7.26.>

③ 과학기술정보통신부장관은 종합유선방송사업을 하고자 하는 자를 허가할 때에는 특별시장·광역시장 또는 도지사(이하 "市·道知事"라 한다)의 의견을 들어야 한다. <개정 2008.2.29., 2013.3.23., 2017.7.26.>

제11조(방송분야등의 고시) 과학기술정보통신부장관은 방송프로그램의 전문성과 채널의 다양성이 구현될 수 있도록 하기 위하여 전문편성의 방송분야와 방송프로그램의 종류에 따른 편성비율등을 고시할 수 있다. <개정 2008.2.29., 2013.3.23., 2017.7.26.>

제12조(지역사업권) ①과학기술정보통신부장관은 제9조제2항에 따라 종합유선방송사업 또는 중계유선방송사업을 허가할 때에는 일정한 방송구역안에서 사업을 운영하는 권리(이하 "地域事業權"이라 한다)를 부여할 수 있다. 제9조제3항의 규정에 의하여 종합유선방송사업을 승인할 때에도 또한 같다. <개정 2008.2.29., 2013.3.23., 2017.7.26.>

② 제1항의 규정에 의한 방송구역과 음악유선방송의 사업구역은 행정구역을 중심으로 지역주민의 생활권 및 지리적 여건과 전기통신설비등을 참작하여 관계중앙행정기관의 장 및 시·도지사와 협의하여 과학기술정보통신부장관이 고시한다. <개정 2008.2.29., 2013.3.23., 2017.7.26.>

③ 삭제 <2005.5.18.>

제13조(결격사유) ①국가·지방자치단체 또는 법인이 아닌 자는 방송사업 또는 전송망사업을 할 수 없다. 제18조의 규정에 의하여 허가·승인 또는 등록이 취소된 후 3년이 경과되지 아니한 자의 경우에도 또한 같다.

② 다음 각호의 1에 해당하는 자는 중계유선방송사업·음악유선방송사업을 할 수 없다.

1. 외국인 또는 외국의 정부나 단체
2. 미성년자 또는 한정치산자
3. 파산선고를 받은 자로서 복권되지 아니한 자
4. 이 법을 위반하여 벌금 이상의 형을 선고받고 그 집행이 종료되거나 그 집행을 받지 아니하기로 확정된 후 3년이 경과되지 아니한 자 또는 그 집행유예기간중에 있는 자
5. 제18조의 규정에 의하여 중계유선방송사업·음악유선방송사업의 허가 또는 등록이 취소된 후 2년이 경과되지 아니한 자

③ 다음 각호의 1에 해당하는 자는 제9조제1항·제2항·제3항·제5항·제6항·제8항·제10항 및 제11항에 따라 허가 또는 승인을 받거나 등록을 한 법인의 대표자 또는 방송편성책임자가 될 수 없다. <개정 2005.8.4., 2016.1.27.>

1. 대한민국의 국적을 가지지 아니한 자
2. 미성년자 또는 한정치산자
3. 파산선고를 받은 자로서 복권되지 아니한 자
4. 이 법을 위반하여 벌금 이상의 형을 선고받고 그 집행이 종료되거나 그 집행을 받지 아니하기로 확정된 후 3년이 경과되지 아니한 자 또는 그 집행유예기간중에 있는 자
5. 형법 제87조 내지 제90조, 제92조, 제101조, 군형법 제5조 내지 제8조, 제9조제2항, 제11조 내지 제16조 또는 국가보안법 제3조 내지 제9조의 죄를 범하여 금고 이상의 실형의 선고를 받고 그 형의 집행이 종료되지 아니 하거나 집행을 받지 아니하기로 확정되지 아니한 자 또는 집행유예기간중에 있는 자
6. 「보안관찰법」에 의한 보안관찰처분, 종전의 「사회보호법」(법률 제7656호로 폐지되기 전의 것을 말한다)에 의한 보호감호 또는 「치료감호법」에 의한 치료감호의 집행 중에 있는 자
7. 외국의 법인 또는 단체의 대표자(傳送網事業의 경우는 제외한다)

제14조(외국자본의 출자 및 출연) ①지상파방송사업자 또는 공동체라디오방송사업자는 다음 각호에 해당하는 자로부터 재산상의 출자 또는 출연을 받을 수 없다. 다만, 방송통신위원회의 승인을 얻은 경우에는 교육·체육·종교·자선 기타 국제적 친선을 목적으로 하는 외국의 단체로부터 재산상의 출연을 받을 수 있다. <개정 2008.2.29., 2009.7.31., 2013.3.23.>

1. 외국의 정부나 단체
2. 외국인
3. 외국의 정부나 단체 또는 외국인이 대통령령이 정하는 비율을

초과하여 주식 또는 지분을 소유하고 있는 법인

② 종합편성을 행하는 방송채널사용사업자 또는 중계유선방송사업자는 해당 법인의 주식 또는 지분 총수의 100분의 20을, 보도에 관한 전문편성을 행하는 방송채널사용사업자는 해당 법인의 주식 또는 지분 총수의 100분의 10을 초과하여 제1항 각 호에 해당하는 자로부터 재산상의 출자 또는 출연을 받을 수 없다. <개정 2009.7.31.>

③ 종합유선방송사업자ㆍ위성방송사업자ㆍ방송채널사용사업자(종합편성 또는 보도에 관한 전문편성을 하는 자를 제외한다) 또는 전송망사업자는 당해 법인의 주식 또는 지분 총수의 100분의 49를 초과하여 제1항 각호에 해당하는 자로부터 재산상의 출자 또는 출연을 받을 수 없다. 다만, 방송채널사용사업자(종합편성이나 보도에 관한 전문편성 또는 상품소개와 판매에 관한 전문편성을 하는 자는 제외한다)의 경우 대한민국이 외국과 양자간(兩者間) 또는 다자간(多者間)으로 체결하여 발효된 자유무역협정 중 과학기술정보통신부장관이 정하여 고시하는 자유무역협정 체결 상대국의 정부나 단체 또는 외국인이 주식 또는 지분을 소유하고 있는 법인은 제1항제3호의 요건을 갖춘 경우에도 같은 호에 해당하는 자로 보지 아니한다. <개정 2004.3.22., 2009.7.31., 2015.3.13., 2017.7.26.>

④ 제2항 및 제3항의 규정을 적용함에 있어서는 제1항 각호에 해당하는 자가 소유하고 있는 주식 또는 지분을 합산한다. <신설 2004.3.22.>

⑤ 방송사업자ㆍ중계유선방송사업자 또는 전송망사업자가 제1항 내지 제3항의 규정을 위반하게 된 경우에 위반의 원인을 제공한 주식

또는 지분의 소유자는 그 소유분 또는 초과분에 대한 의결권을 행사할 수 없다. <신설 2004.3.22.>

⑥ 과학기술정보통신부장관 또는 방송통신위원회는 방송사업자·중계유선방송사업자 또는 전송망사업자가 제1항부터 제3항까지의 규정을 위반하게 된 경우에는 다음 각 호의 구분에 따른 자에게 6개월 이내의 기간을 정하여 해당 사항을 시정할 것을 명할 수 있다. <개정 2008.2.29., 2013.3.23., 2017.7.26.>

1. 과학기술정보통신부장관: 제2호에 해당하는 방송사업자 외의 방송사업자, 중계유선방송사업자 또는 전송망사업자나 위반의 원인을 제공한 주식·지분의 소유자
2. 방송통신위원회: 지상파방송사업자, 공동체라디오방송사업자 또는 종합편성이나 보도에 관한 전문편성을 행하는 방송채널사용사업자나 위반의 원인을 제공한 주식·지분의 소유자

제15조(변경허가등) ①방송사업자·중계유선방송사업자·음악유선방송사업자 및 전광판방송사업자는 다음 각호의 사항을 변경하고자 하는 때에는 과학기술정보통신부장관 또는 방송통신위원회로부터 변경허가 또는 변경승인을 얻거나 변경등록을 하여야 한다. 이 경우 그 절차는 제9조제1항, 제2항, 제3항, 제5항, 제6항, 제8항, 제10항 및 제11항을 준용한다. <개정 2002.12.18., 2008.2.29., 2013.3.23., 2017.7.26.>

1. 당해 법인의 합병 및 분할
2. 개인이 영위하는 사업의 법인사업으로의 전환
3. 삭제 <2006.10.27.>
4. 개인이 영위하는 사업의 양도

5. 송분야의 변경

6. 송구역의 변경

7. 타 대통령령이 정하는 중요한 시설의 변경

② 지상파방송사업자 또는 공동체라디오방송사업자가 다음 각호의 사항을 변경한 때에는 이를 지체없이 방송통신위원회에 신고하여야 한다. <개정 2002.12.18., 2008.2.29., 2013.3.23.>

1. 대표자

2. 방송편성책임자

3. 법인명 또는 상호

4. 주된 사무소의 소재지

③ 방송사업자(지상파방송사업자 및 공동체라디오방송사업자를 제외한다)ㆍ중계방송사업자ㆍ음악유선방송사업자 또는 전광판방송사업자가 다음 각호의 사항을 변경한 때에는 이를 지체없이 과학기술정보통신부장관에게 신고하여야 한다. 다만, 종합편성이나 보도에 관한 전문편성을 행하는 방송채널사용사업자는 방송통신위원회에 신고하여야 한다. <개정 2002.12.18., 2008.2.29., 2013.3.23., 2017.7.26.>

1. 대표자

2. 방송편성책임자(방송사업자에 한정한다)

3. 법인명 또는 상호

4. 주된 사무소의 소재지

제15조의2(최다액출자자 등 변경승인) ①방송사업자 또는 중계유선방송사업자의 주식 또는 지분의 취득 등을 통하여 당해 사업자의 최다액출자자(당해 사업자의 출자자 본인과 그의 특수관계자의 주식 또는 지분을 합하여 의결권이 있는 주식 또는 지분의 비율이 가장 많은 자를 말한다. 이하 같다)가 되고자 하

는 자와 경영권을 실질적으로 지배하고자 하는 자는 다음 각 호의 구분에 따라 과학기술정보통신부장관 또는 방송통신위원회의 승인을 얻어야 한다. 다만, 제9조제5항 본문의 규정에 의하여 등록을 한 방송채널사용사업자의 최다액출자자가 되고자 하는 자와 경영권을 실질적으로 지배하고자 하는 자는 이를 과학기술정보통신부장관에게 신고하여야 한다. <개정 2008.2.29., 2013.3.23., 2017.7.26.>

1. 제14조제6항제1호에 해당하는 방송사업자와 중계유선방송사업자의 최다액 출자자가 되려는 자와 경영권을 실질적으로 지배하려는 자: 과학기술정보통신부장관
2. 제14조제6항제2호에 해당하는 방송사업자의 최다액 출자자가 되려는 자와 경영권을 실질적으로 지배하려는 자: 방송통신위원회

② 과학기술정보통신부장관 또는 방송통신위원회는 제1항 본문의 규정에 의한 승인을 하고자 할 때에는 다음 각 호의 사항을 심사하여야 한다. <개정 2008.2.29., 2013.3.23., 2017.7.26.>

1. 방송의 공적 책임·공정성 및 공익성의 실현가능성
2. 사회적 신용 및 재정적 능력
3. 시청자의 권익보호
4. 그 밖에 사업수행에 필요한 사항

③ 제1항 본문의 규정에 의한 승인을 얻지 아니하고 최다액출자자가 되거나 경영권을 실질적으로 지배하게 된 자는 승인을 얻지 아니하고 취득한 주식 또는 지분에 대한 의결권을 행사할 수 없으며, 과학기술정보통신부장관 또는 방송통신위원회는 6개월 이내의 기간

을 정하여 당해 주식 또는 지분을 취득한 자에 대하여 주식 또는 지분의 처분 등 시정에 필요한 명령을 할 수 있다. <개정 2008.2.29., 2013.3.23., 2017.7.26.>

④ 제1항 및 제3항의 규정에 의한 경영권을 실질적으로 지배하는 자에 해당하는 경우와 승인 및 신고의 절차 등에 관하여 필요한 사항은 대통령령으로 정한다.

[본조신설 2006.10.27.]

第16조(허가 및 승인 유효기간) 제9조제2항의 규정에 따라 허가받은 종합유선방송사업 및 중계유선방송사업과 제9조제5항 단서의 규정에 따라 승인을 얻은 방송채널사용사업의 허가 또는 승인의 유효기간은 7년을 초과하지 아니하는 범위 내에서 대통령령으로 정한다. <개정 2009.7.31., 2016.1.27.>

[전문개정 2006.10.27.]

第17조(재허가 등) ①방송사업자(放送채널使用事業者는 제외한다) 및 중계유선방송사업자가 허가유효기간의 만료 후 계속 방송을 행하고자 하는 때에는 과학기술정보통신부장관 또는 방송통신위원회의 재허가를 받아야 한다. 이 경우 제9조제1항, 제2항 및 제11항을 준용한다. <개정 2008.2.29., 2013.3.23., 2017.7.26.>

② 제9조제5항 단서의 규정에 의하여 승인을 얻은 방송채널사용사업자가 승인유효기간 만료 후 계속 방송을 행하고자 하는 때에는 과학기술정보통신부장관 또는 방송통신위원회의 재승인을 얻어야 한다. <개정 2008.2.29., 2013.3.23., 2017.7.26.>

③ 과학기술정보통신부장관 또는 방송통신위원회가 제1항 및 제2항의 규정에 의하여 재허가 또는 재승인을 할 때에는 제10조제1항 각

호 및 다음 각호의 사항을 심사하고 그 결과를 공표하여야 한다. <개정 2008.2.29., 2012.2.22., 2013.3.23., 2017.7.26.>

1. 제31조제1항에 따른 방송평가
2. 이 법에 따른 시정명령의 횟수와 시정명령에 대한 불이행 사례
3. 시청자위원회의 방송프로그램 평가
4. 지역사회발전에 이바지한 정도
5. 방송발전을 위한 지원계획의 이행 여부

5의2. 「방송광고판매대행 등에 관한 법률」 제20조제2항에 따른 네트워크 지역지상파방송사업자와 중소지상파방송사업자에 대한 방송광고 판매 지원 이행 정도

6. 기타 허가 또는 승인 당시의 방송사업자 준수사항 이행 여부

④ 제10조제2항 및 제3항의 규정은 제1항의 재허가 또는 제2항의 규정에 의한 재승인의 경우에 이를 준용한다. <개정 2008.2.29.>

제18조(허가·승인·등록의 취소등) ①방송사업자·중계유선방송사업자·음악유선방송사업자·전광판방송사업자 또는 전송망사업자가 다음 각 호의 어느 하나에 해당하는 때에는 과학기술정보통신부장관 또는 방송통신위원회가 소관 업무에 따라 허가·승인 또는 등록을 취소하거나 6월 이내의 기간을 정하여 그 업무의 전부 또는 일부를 정지하거나 광고의 중단 또는 제16조에 따른 허가·승인의 유효기간 단축을 명할 수 있다. 다만, 제13조제3항의 각 호의 어느 하나에 해당하는 자가 법인의 대표자 또는 방송편성책임자가 된 경우로서 3월 이내에 그 임원을 변경하는 때에는 그러하지 아니하다. <개정 2007.7.27., 2008.2.29., 2009.7.31., 2013.3.23., 2014.5.28., 2015.3.13., 2015.12.22., 2017.7.26.>

1. 허위 기타 부정한 방법으로 허가·변경허가·재허가를 받거나 승인·변경승인·재승인을 얻거나 등록·변경등록을 한 때
2. 제8조의 규정에 위반하여 주식 또는 지분을 소유한 때
3. 제13조의 결격사유에 해당하게 된 때
4. 제14조의 규정에 위반하여 재산상의 출자 또는 출연을 받은 때
5. 이 법에 의한 허가를 받거나 승인을 얻거나 등록한 날부터 2년 이내에 방송 또는 사업을 개시하지 아니한 때
6. 제15조제1항을 위반하여 변경허가 또는 변경승인을 받지 아니하거나 변경등록을 하지 아니한 때
7. 제77조제3항에 따른 약관변경명령 또는 재통지명령 등을 이행하지 아니한 때
8. 삭제 <2016.1.27.>

8의2. 제91조의7제1항에 따른 방송의 유지·재개 명령을 이행하지 아니한 때

9. 제99조제1항에 따른 시정명령을 이행하지 아니하거나 같은 조 제2항에 따른 시설개선명령을 이행하지 아니한 때
10. 제100조제1항에 따른 제재조치명령을 이행하지 아니한 때
11. 제69조의2제5항에 따른 명령을 이행하지 아니한 때
12. 방송사업자가 내부·외부의 부당한 간섭으로 불공정하게 채널을 구성한 때
13. 과학기술정보통신부장관이 제85조의2제2항 후단에 따라 방송통신위원회로부터 통보받은 때

② 지상파방송사업자·종합유선방송사업자·위성방송사업자 또는 인터넷 멀티미디어 방송 제공사업자가 허위, 그 밖의 부정한 방법

으로 제9조의3제1항 및 제5항에 따른 승인·재승인을 받은 때에는 과학기술정보통신부장관 또는 방송통신위원회가 승인을 취소하거나 6월 이내의 기간을 정하여 그 업무의 전부 또는 일부를 정지하거나 광고의 중단 또는 승인의 유효기간 단축을 명할 수 있다. <신설 2015.12.22., 2017.7.26.>

③ 제1항 및 제2항에 따른 명령의 기준·절차 등에 필요한 사항은 대통령령으로 정한다. <개정 2007.7.27., 2009.7.31., 2015.12.22.>

④ 과학기술정보통신부장관 또는 방송통신위원회는 제1항에 따라 허가·승인 또는 등록을 취소하는 경우 대통령령으로 정하는 바에 따라 해당 사업자에 대하여 그 사업을 승계하는 자가 방송을 개시할 때까지 12개월의 범위 내에서 기간을 정하여 방송을 계속하도록 할 수 있다. <신설 2009.7.31., 2013.3.23., 2017.7.26.>

제19조(과징금 처분) ①과학기술정보통신부장관 또는 방송통신위원회는 방송사업자·중계유선방송사업자·음악유선방송사업자·전광판방송사업자 또는 전송망사업자가 제18조제1항 각호의 1에 해당하여 업무정지처분을 하여야 할 경우로서 그 업무정지처분이 시청자에게 심한 불편을 주거나 기타 공익을 해할 우려가 있는 때에는 그 업무정지처분에 갈음하여 1억원 이하의 과징금을 부과할 수 있다. <개정 2008.2.29., 2013.3.23., 2017.7.26.>

② 과학기술정보통신부장관 또는 방송통신위원회는 지상파방송사업자·종합유선방송사업자·위성방송사업자 또는 인터넷 멀티미디어 방송 제공사업자가 제18조제2항에 해당하여 업무정지처분을 하여야 할 경우로서 그 업무정지처분이 시청자에게 심한 불편을 주거나 그 밖에 공익을 해할 우려가 있는 때에는 그 업무정지처

분을 갈음하여 1억원 이하의 과징금을 부과할 수 있다. <신설 2015.12.22., 2017.7.26.>

③ 삭제 <2006.10.27.>

④ 삭제 <2006.10.27.>

제3장 소속위원회 등 <개정 2008.2.29., 2013.3.23.>

제20조 삭제 <2008.2.29.>

제21조 삭제 <2008.2.29.>

제22조 삭제 <2008.2.29.>

제23조 삭제 <2008.2.29.>

제24조 삭제 <2008.2.29.>

제25조 삭제 <2008.2.29.>

제26조 삭제 <2008.2.29.>

제27조 삭제 <2008.2.29.>

제28조 삭제 <2008.2.29.>

제29조 삭제 <2008.2.29.>

제30조 삭제 <2008.2.29.>

제31조(방송평가위원회) ①방송통신위원회는 방송사업자의 방송프로그램 내용 및 편성과 운영등에 관하여 종합적으로 평가할 수 있다. <개정 2008.2.29.>

② 방송통신위원회는 제1항의 평가업무를 효율적으로 수행하기 위하여 방송평가위원회를 둘 수 있다. <개정 2008.2.29.>

③ 방송평가위원회 위원은 방송통신위원회 위원장이 방송통신위원회의 동의를 얻어 위촉하며, 구성과 운영에 관하여 필요한 사항은 방송통신위원회규칙으로 정한다. <개정 2008.2.29.>

제32조(방송의 공정성 및 공공성 심의) 방송통신심의위원회는 방송·중계유선방송 및 전광판방송의 내용과 기타 전기통신회선을 통하여 공개를 목적으로 유통되는 정보중 방송과 유사한 것으로서 대통령령이 정하는 정보의 내용이 공정성과 공공성을 유지하고 있는지의 여부와 공적 책임을 준수하고 있는지의 여부를 방송 또는 유통된 후 심의·의결한다. 이 경우 매체별·채널별 특성을 고려하여야 한다. <개정 2008.2.29., 2009.7.31.>

제33조(심의규정) ①방송통신심의위원회는 방송의 공정성 및 공공성을 심의하기 위하여 방송심의에 관한 규정(이하 "審議規程"이라 한다)을 제정·공표하여야 한다. <개정 2008.2.29.>

② 제1항의 심의규정에는 다음 각호의 사항이 포함되어야 한다. <개정 2006.10.27., 2008.2.29., 2009.7.31., 2014.5.28.>

1. 헌법의 민주적 기본질서의 유지와 인권존중에 관한 사항
2. 건전한 가정생활 보호에 관한 사항
3. 아동 및 청소년의 보호와 건전한 인격형성에 관한 사항
4. 공중도덕과 사회윤리에 관한 사항
5. 양성평등에 관한 사항
6. 국제적 우의 증진에 관한 사항
7. 장애인등 방송소외계층의 권익증진에 관한 사항
8. 인종, 민족, 지역, 종교 등을 이유로 한 차별 금지에 관한 사항
9. 민족문화의 창달과 민족의 주체성 함양에 관한 사항

10. 보도·논평의 공정성·공공성에 관한 사항
11. 언어순화에 관한 사항
12. 자연환경 보호에 관한 사항
13. 건전한 소비생활 및 시청자의 권익보호에 관한 사항
14. 법령에 따라 방송광고가 금지되는 품목이나 내용에 관한 사항
15. 방송광고 내용의 공정성·공익성에 관한 사항
16. 기타 이 법의 규정에 의한 방송통신심의위원회의 심의업무에 관한 사항

③ 방송사업자·중계유선방송사업자·전광판방송사업자 및 외주제작사는 심의규정을 준수하여야 한다. <신설 2016.1.27.>

④ 방송사업자는 아동과 청소년을 보호하기 위하여 방송프로그램의 폭력성 및 음란성등의 유해정도, 시청자의 연령등을 감안하여 방송프로그램의 등급을 분류하고 이를 방송중에 표시하여야 한다. <개정 2016.1.27.>

⑤ 방송통신심의위원회는 제4항에 따른 방송프로그램 등급분류와 관련하여 분류기준 등 필요한 사항을 방송통신심의위원회규칙으로 정하여 공표하여야 한다. 이 경우 분류기준은 방송매체와 방송분야별 특성등을 고려하여 차등을 둘 수 있다. <개정 2008.2.29., 2016.1.27.>

⑥ 방송통신심의위원회는 제4항에 따라 방송사업자가 자율적으로 부여한 방송프로그램의 등급에 대하여 적절하지 아니하다고 판단되는 경우 해당방송사업자에게 당해 방송프로그램의 등급분류를 조정하도록 요구할 수 있다. <신설 2006.10.27., 2008.2.29., 2016.1.27.>

第34조 삭제 <2008.2.29.>

第35조(시청자권익보호위원회) ① 방송통신위원회는 방송 및 「인터넷 멀티미디어 방송사업법」 제2조제1호에 따른 인터넷 멀티미디어 방송(이하 "인터넷 멀티미디어 방송"이라 한다)에 관한 시청자의 의견을 수렴하고 시청자의 정당한 권익 침해 등 시청자불만 및 청원사항에 관한 심의를 효율적으로 수행하기 위하여 시청자권익보호위원회를 둔다. <개정 2011.7.14., 2015.12.22.>

② 시청자권익보호위원회 위원은 방송통신위원회 위원장이 방송통신위원회의 동의를 얻어 위촉한다. <개정 2008.2.29., 2011.7.14.>

③ 시청자권익보호위원회의 구성과 운영, 시청자불만처리의 절차와 분쟁의 조정 등에 관하여 필요한 사항은 방송통신위원회규칙으로 정한다. <개정 2008.2.29., 2011.7.14., 2015.12.22.>

[제목개정 2011.7.14.]

第35조의2 삭제 <2010.3.22.>

第35조의3(방송분쟁조정위원회 구성 및 운영) ① 방송통신위원회는 다음 각 호에 해당하는 자들 사이에서 발생한 방송에 관한 분쟁을 효율적으로 조정하기 위하여 방송분쟁조정위원회를 둘 수 있다. 다만, 분쟁조정의 주된 대상이 저작권에 관련된 경우에는 「저작권법」에 따른다. <개정 2016.1.27.>

1. 방송사업자
2. 중계유선방송사업자
3. 음악유선방송사업자
4. 전광판방송사업자
5. 전송망사업자

6. 「인터넷 멀티미디어 방송사업법」 제2조제5호에 따른 인터넷 멀티미디어 방송사업자(이하 "인터넷 멀티미디어 방송사업자"라 한다)
7. 「전기통신사업법」 제2조제8호에 따른 전기통신사업자
8. 외주제작사

② 방송분쟁조정위원회는 방송통신위원회 위원장이 지명하는 위원장 1명을 포함한 5명 이상 7명 이하의 위원으로 구성한다. <신설 2016.1.27.>

③ 방송분쟁조정위원회 위원은 다음 각 호의 어느 하나에 해당하는 사람 중에서 방송통신위원회위원장이 방송통신위원회의 동의를 얻어 위촉한다. 이 경우 문화체육관광부장관이 추천하는 1명이 포함되어야 한다. <개정 2016.1.27.>

1. 판사·검사 또는 변호사로 5년 이상 재직한 사람
2. 공인회계사로 5년 이상 재직한 사람
3. 법률·행정·경영·회계·신문방송 관련 학과의 대학 교수로 5년 이상 재직한 사람
4. 그 밖에 방송에 관한 지식과 경험이 풍부한 사람

④ 방송분쟁조정위원회 위원의 임기는 2년으로 하되, 한 차례만 연임할 수 있다. 다만, 보궐위원의 임기는 전임자 임기의 남은 기간으로 한다. <신설 2016.1.27.>

⑤ 방송분쟁조정위원회 위원은 다음 각 호의 어느 하나에 해당하는 경우에는 방송분쟁조정위원회에 신청된 분쟁조정사건(이하 이 조에서 "사건"이라 한다)의 심의·의결에서 제척된다. <신설 2016.1.27.>

1. 방송분쟁조정위원회 위원 또는 그 배우자나 배우자였던 사람이 그 사건의 당사자가 되거나 그 사건에 관하여 공동의 권리자

또는 의무자의 관계에 있는 경우

2. 방송분쟁조정위원회 위원이 그 사건의 당사자와 친족관계에 있거나 있었던 경우
3. 방송분쟁조정위원회 위원이 그 사건에 관하여 당사자의 대리인으로서 관여하거나 관여하였던 경우
4. 방송분쟁조정위원회 위원이 그 사건에 관하여 증언, 감정, 법률자문을 한 경우

⑥ 분쟁당사자는 방송분쟁조정위원회 위원에게 공정한 심의·의결을 기대하기 어려운 사정이 있는 경우에는 방송분쟁조정위원회 위원장에게 기피신청을 할 수 있다. 이 경우 위원장은 기피신청에 대하여 방송분쟁조정위원회의 의결을 거치지 아니하고 결정한다. <신설 2016.1.27.>

⑦ 방송분쟁조정위원회 위원이 제5항 또는 제6항의 사유에 해당하는 경우에는 스스로 그 사건의 심의·의결에서 회피할 수 있다. <신설 2016.1.27.>

⑧ 외주제작사가 분쟁의 당사자인 경우에는 분쟁 당사자 일방 또는 쌍방의 신청에 따라 제1항에 따른 방송분쟁조정위원회 또는 「콘텐츠산업 진흥법」 제29조제1항 본문에 따른 콘텐츠분쟁조정위원회가 분쟁을 조정할 수 있다. <신설 2016.1.27.>

⑨ 그 밖에 방송분쟁조정위원회의 구성과 운영, 분쟁의 조정 등에 관하여 필요한 사항은 대통령령으로 정한다. <개정 2016.1.27.>

[본조신설 2006.10.27.]

[제목개정 2016.1.27.]

제35조의4(미디어다양성위원회) ① 방송통신위원회는 방송의 여론 다양성

을 보장하기 위하여 미디어다양성위원회를 둔다.

② 미디어다양성위원회위원은 방송통신위원회위원장이 방송통신위원회의 의결을 거쳐 위촉한다.

③ 미디어다양성위원회의 직무는 다음 각 호와 같다.

1. 제69조의2에 따른 방송사업자의 시청점유율 조사 및 산정
2. 매체간 합산 영향력지수 개발
3. 여론 다양성 증진을 위한 조사、연구
4. 그 밖에 여론 다양성 보장을 위하여 필요한 사항으로서 대통령령으로 정하는 사항

④ 제3항제2호의 매체간 합산 영향력지수는 2012년 12월 31일까개발을 완료한다.

⑤ 미디어다양성위원회의 구성과 운영 등에 필요한 사항은 대통령령으로 정한다.

[본조신설 2009.7.31.]

제35조의5(방송시장경쟁상황평가위원회) ① 방송통신위원회는 방송시장(인터넷 멀티미디어 방송을 포함한다)의 효율적인 경쟁체제 구축과 공정한 경쟁 환경을 조성하기 위하여 방송시장경쟁상황평가위원회를 둔다.

② 방송시장경쟁상황평가위원회의 위원은 9명으로 하며, 방송통신위원회 위원장이 방송통신위원회의 동의를 받아 위촉한다.

③ 방송시장경쟁상황평가위원회는 방송사업자 및 「인터넷 멀티미디어 방송사업법」 제2조제5호에 따른 인터넷 멀티미디어 방송사업자(이하 "인터넷 멀티미디어 방송사업자"라 한다)에 대하여 제1항에 따른 경쟁상황 평가를 위하여 필요한 자료의 제출을 요청할 수 있다. <개정 2015.12.22.>

④ 방송통신위원회는 매년 방송시장의 경쟁상황 평가를 실시하고 평가가 종료된 후 3개월 이내에 국회에 보고하여야 한다.

⑤ 경쟁상황 평가를 위한 구체적인 평가기준·절차·방법, 방송시장경쟁상황평가위원의 구성 및 운영 등에 관하여 필요한 사항은 대통령령으로 정한다.

[본조신설 2011.7.14.]

제36조 삭제 <2010.3.22.>

제37조 삭제 <2010.3.22.>

제38조 삭제 <2010.3.22.>

제39조 삭제 <2010.3.22.>

제40조 삭제 <2010.3.22.>

제41조 삭제 <2008.2.29.>

제42조 삭제 <2008.2.29.>

제3장의2 삭제 <2014.6.3.>

제42조의2(지역방송발전위원회의 설치) 방송통신위원회에 지역방송발전위원회를 둔다.

[전문개정 2014.6.3.]

제42조의3 삭제 <2014.6.3.>

제42조의4 삭제 <2014.6.3.>

제4장 한국방송공사

第43條(설치등) ①공정하고 건전한 방송문화를 정착시키고 국내외 방송을 효율적으로 실시하기 위하여 국가기간방송으로서 한국방송공사(이하 이 章에서 "公社"라 한다)를 설립한다.

② 공사는 법인으로 한다.

③ 공사의 주된 사무소의 소재지는 정관으로 정한다.

④ 공사는 업무수행을 위하여 필요한 때에는 이사회의 의결을 거쳐 지역방송국을 둘 수 있다.

⑤ 공사의 자본금은 3천억원으로 하고 그 전액을 정부가 출자한다.

⑥ 제5항의 자본금 납입의 시기와 방법은 기획재정부장관이 정하는 바에 따른다. <개정 2008.2.29.>

⑦ 공사는 주된 사무소의 소재지에서 설립등기를 함으로써 성립한다.

⑧ 제7항의 규정에 의한 설립등기와 지역방송국의 설치등기, 이전등기, 변경등기 기타 공사의 등기에 관하여 필요한 사항은 대통령령으로 정한다.

第44條(공사의 공적 책임) ①공사는 방송의 목적과 공적 책임, 방송의 공정성과 공익성을 실현하여야 한다.

② 공사는 국민이 지역과 주변 여건에 관계없이 양질의 방송서비스를 제공받을 수 있도록 노력하여야 한다.

③ 공사는 시청자의 공익에 기여할 수 있는 새로운 방송프로그램·방송서비스 및 방송기술을 연구하고 개발하여야 한다.

④ 공사는 국내외를 대상으로 민족문화를 창달하고, 민족의 동질성을 확보할 수 있는 방송프로그램을 개발하여 방송하여야 한다.

第45조(정관의 기재사항) ①공사의 정관에는 다음 각호의 사항을 기재하여야 한다.

1. 목적
2. 명칭
3. 주된 사무소의 소재지
4. 공사의 조직과 이사장·이사·집행기관 및 직원에 관한 사항
5. 이사회의 운영에 관한 사항
6. 업무와 그 집행에 관한 사항
7. 시청자불만처리 및 시청자보호에 관한 사항
8. 정관의 변경에 관한 사항
9. 사채발행 및 차입에 관한 사항
10. 주식 또는 출자증권에 관한 사항
11. 손익금의 처리등 회계에 관한 사항
12. 공고방법에 관한 사항
13. 기타 대통령령이 정하는 사항

② 공사가 정관을 변경하고자 할 때에는 방송통신위원회의 인가를 받아야 한다. <개정 2008.2.29.>

第46조(이사회의 설치 및 운영 등) ①공사는 공사의 독립성과 공공성을 보장하기 위하여 공사 경영에 관한 최고의결기관으로 이사회를 둔다.

② 이사회는 이사장을 포함한 이사 11인으로 구성한다.

③ 이사는 각 분야의 대표성을 고려하여 방송통신위원회에서 추천하고 대통령이 임명한다. <개정 2008.2.29.>

④ 이사장은 이사회에서 호선한다.

⑤ 이사장을 포함한 이사는 비상임으로 한다.

⑥ 이사장은 이사회를 소집하고 그 회의의 의장이 된다.

⑦ 이사회는 재적이사 과반수의 찬성으로 의결한다.

⑧ 이사장이 부득이한 사유로 직무를 수행할 수 없을 때에는 정관이 정하는 바에 따라 다른 이사가 그 직무를 대행한다.

⑨ 이사회의 회의는 공개한다. 다만, 다음 각 호의 어느 하나에 해당하는 경우에는 이사회의 의결로 공개하지 아니할 수 있다. <신설 2014.5.28.>

1. 다른 법령에 따라 비밀로 분류되거나 공개가 제한된 내용이 포함되어 있는 경우
2. 공개하면 개인·법인 및 단체의 명예를 훼손하거나 정당한 이익을 해칠 우려가 있다고 인정되는 경우
3. 감사·인사관리 등에 관한 사항으로 공개하면 공정한 업무수행에 현저한 지장을 초래할 우려가 있는 경우

[제목개정 2014.5.28.]

第47조(이사의 임기) ①이사의 임기는 3년으로 한다.

② 이사의 결원이 있을 때에는 결원된 날부터 30일 이내에 제46조의 규정에 의하여 그 보궐이사를 임명하여야 하며, 보궐이사의 임기는 전임자의 잔임기간으로 한다.

③ 임기가 만료된 이사는 그 후임자가 임명될 때까지 그 직무를 행한다.

第48조(이사의 결격사유) ① 다음 각 호의 어느 하나에 해당하는 사람은 공사의 이사가 될 수 없다.

1. 대한민국 국적을 가지지 아니한 사람
2. 「정당법」 제22조에 따른 당원 또는 당원의 신분을 상실한 날부

터 3년이 경과되지 아니한 사람

3. 「국가공무원법」 제33조 각 호의 어느 하나에 해당하는 사람

4. 「공직선거법」 제2조에 따른 선거에 의하여 취임하는 공직에서 퇴직한 날부터 3년이 경과되지 아니한 사람

5. 「공직선거법」 제2조에 따른 대통령선거에서 후보자의 당선을 위하여 방송, 통신, 법률, 경영 등에 대하여 자문이나 고문의 역할을 한 날부터 3년이 경과되지 아니한 사람

6. 「대통령직 인수에 관한 법률」 제6조에 따른 대통령직인수위원회 위원의 신분을 상실한 날부터 3년이 경과되지 아니한 사람

② 제1항제5호에 따른 자문이나 고문의 역할을 한 사람의 구체적인 범위는 대통령령으로 정한다.

[전문개정 2014.5.28.]

제49조(이사회의 기능) ①이사회는 다음 각호의 사항을 심의·의결한다.

1. 공사가 행하는 방송의 공적 책임에 관한 사항
2. 공사가 행하는 방송의 기본운영계획
3. 예산·자금계획
4. 예비비의 사용 및 예산의 이월
5. 결산
6. 공사의 경영평가 및 공표
7. 사장·감사의 임명제청 및 부사장 임명동의
8. 지역방송국의 설치 및 폐지
9. 기본재산의 취득 및 처분
10. 장기차입금의 차입 및 사채의 발행과 그 상환계획
11. 손익금의 처리

12. 다른 기업체에 대한 출자

13. 정관의 변경

14. 정관이 정하는 규정의 제정 및 개폐

15. 기타 이사회가 특히 필요하다고 인정하는 사항

② 이사회는 특히 필요하다고 인정하는 경우에는 감사에게 공사에 대한 감사를 요청할 수 있다.

第50조(집행기관) ①공사에 집행기관으로서 사장 1인, 2인 이내의 부사장, 8인 이내의 본부장 및 감사 1인을 둔다.

② 사장은 이사회의 제청으로 대통령이 임명한다. 이 경우 사장은 국회의 인사청문을 거쳐야 한다. <개정 2014.5.28.>

③ 이사회가 제2항의 규정에 의하여 사장을 제청하는 때에는 그 제청기준과 제청사유를 제시하여야 한다.

④ 감사는 이사회의 제청으로 방송통신위원회에서 임명한다. <개정 2008.2.29.>

⑤ 부사장과 본부장은 사장이 임명한다. 다만, 부사장을 임명할 경우에는 이사회의 동의를 얻어야 한다.

⑥ 집행기관의 임기 및 결격사유에 대하여는 제47조 및 제48조의 이사에 관한 규정을 준용한다.

第51조(집행기관의 직무등) ①사장은 공사를 대표하고, 공사의 업무를 총괄하며, 경영성과에 대하여 책임을 진다.

② 사장이 부득이한 사유로 그 직무를 수행할 수 없을 때에는 부사장이 그 직무를 대행하고 부사장이 부득이한 사유로 그 직무를 수행할 수 없을 때에는 정관이 정하는 자가 그 직무를 대행한다.

③ 사장은 정관이 정하는 바에 의하여 직원중에서 공사의 업무에 관

한 모든 재판상 또는 재판외의 행위를 할 수 있는 권한을 가진 대리인을 선임할 수 있다.

④ 감사는 공사의 업무 및 회계에 관한 사항을 감사한다.

⑤ 사장과 감사는 이사회에 출석하여 의견을 진술할 수 있다.

第52조(직원의 임면) 공사의 직원은 정관이 정하는 바에 따라 사장이 임면한다.

第53조(이사·집행기관과 직원의 직무상 의무) ①공사의 이사·집행기관은 공사와 거래를 할 수 없으며, 이사는 본인 또는 「민법」 제777조에 규정된 친족관계에 있는 자의 이해와 관련된 사항에 대하여는 이사회의 심의·의결에 관여할 수 없다. <신설 2007.1.26.>

② 공사의 집행기관 및 직원은 그 직무외의 영리를 목적으로 하는 직무에 종사하지 못한다. <개정 2007.1.26.>

③ 공사의 집행기관 또는 직원이나 그 직에 있었던 자는 그 직무상 알게 된 공사의 비밀을 누설하거나 도용하여서는 아니된다. <개정 2007.1.26.>

第54조(업무) ①공사는 다음 각호의 업무를 행한다. <개정 2013.8.13.>

1. 라디오방송의 실시
2. 텔레비전방송의 실시
3. 위성방송등 새로운 방송매체를 통한 방송의 실시
4. 방송시설의 설치·운영 및 관리
5. 국가가 필요로 하는 대외방송(국제친선 및 이해증진과 문화·경제교류 등을 목적으로 하는 放送)과 사회교육방송(외국에 거주하는 한민족을 대상으로 민족의 동질성을 증진할 목적으로 하는 放送)의 실시
6. 「한국교육방송공사법」에 의한 한국교육방송공사가 행하는 방

송의 송신 지원

7. 시청자 불만처리와 시청자 보호를 위한 기구의 설치 및 운영

8. 전속단체의 운영·관리

9. 방송문화행사의 수행 및 방송문화의 국제교류

10. 방송에 관한 조사·연구 및 발전

11. 제1호 내지 제10호의 업무에 부대되는 수익사업

② 국가는 제1항제5호에 해당하는 업무에 대하여 보조금을 지원할 수 있다.

③ 공사는 이사회의 의결을 거쳐 제1항 각호에 해당하는 업무 또는 이와 유사한 업무를 행하는 법인에 대하여 그 자본금의 전부 또는 일부를 출자할 수 있다.

第55條(회계처리) ①공사의 회계연도는 정부의 회계연도에 의한다.

② 공사의 회계처리의 기준과 절차등에 관하여는 기업회계기준 및 「정부기업예산법」을 준용한다. <개정 2008.12.31.>

第56條(재원) 공사의 경비는 제64조의 규정에 의한 텔레비전방송수신료로 충당하되, 목적업무의 적정한 수행을 위하여 필요한 경우에는 방송광고수입등 대통령령이 정하는 수입으로 충당할 수 있다.

第57條(예산의 편성) ①공사의 예산은 사장이 편성하고 이사회의 의결로 확정된다. 예산이 확정된 후 발생한 운영계획의 변경 기타 불가피한 사유로 인하여 예산을 변경하는 경우에도 또한 같다.

② 공사의 사장은 천재·지변 기타 부득이한 사유로 회계연도 개시 전까지 예산이 확정되지 아니한 경우에는 전년도 예산에 준하여 예산을 운영할 수 있다. 이 경우 준예산에 의하여 집행된 예산은 이를 당해연도의 예산에 의하여 집행된 것으로 본다.

第58条(운영계획의 수립) ①공사의 사장은 제57조의 규정에 의하여 예산이 확정된 때에는 지체없이 이사회의 의결을 거쳐 당해연도의 예산에 따른 운영계획을 수립하여야 한다.

② 공사의 사장은 제1항의 규정에 의하여 수립한 당해연도의 운영계획을 예산이 확정된 후 2월 이내에 방송통신위원회에 제출하여야 한다. <개정 2008.2.29.>

第59条(결산서의 제출) ①공사의 사장은 매 회계연도 종료 후 2월 이내에 전회계연도의 결산서를 방송통신위원회에 제출하여야 한다. <개정 2008.2.29., 2013.8.13.>

② 제1항의 결산서에는 다음 각호의 서류를 첨부하여야 한다. <개정 2013.8.13.>

1. 재무제표와 그 부속서류
2. 그 밖에 결산의 내용을 명확하게 함에 필요한 서류로서 대통령령으로 정하는 서류

③ 방송통신위원회는 매년 4월 10일까지 제1항에 따른 결산서와 제2항의 서류(이하 이 조에서 "결산서등"이라 한다)를 감사원에 제출하여야 한다. <개정 2008.2.29., 2013.8.13.>

④ 감사원은 제3항의 규정에 의하여 제출받은 결산서등을 검사하고 그 결과를 6월 20일까지 방송통신위원회에 송부하여야 한다. <개정 2008.2.29., 2013.8.13.>

⑤ 방송통신위원회는 제3항에 따른 결산서등에 제4항에 따른 감사원의 검사 결과를 첨부하여 6월 30일까지 국회에 제출하여야 한다. <신설 2013.8.13.>

⑥ 공사의 결산은 국회의 승인을 받아 확정되고, 공사의 사장은 이를

공표하여야 한다. <신설 2013.8.13.>

[제목개정 2013.8.13.]

第60條(부동산의 취득 등의 보고) 공사가 부동산을 취득 또는 처분하거나 취득할 당시의 목적을 변경하였을 때에는 지체없이 방송통신위원회에 보고하여야 한다. <개정 2008.2.29.>

第61條(보조금등) 국가는 예산의 범위안에서 대통령령이 정하는 바에 의하여 공사의 업무에 필요한 비용의 일부를 보조하거나 재정자금을 융자할 수 있으며 공사의 사채를 인수할 수 있다.

第62條(물품구매 및 공사계약의 위탁) 공사의 사장은 필요하다고 인정할 때에는 공사의 수요물자의 구매나 시설공사계약의 체결을 조달청장에게 위탁할 수 있다.

第63條(감사) ①공사의 감사는 내부감사와 외부감사로 구분한다.

② 내부감사는 정관이 정하는 바에 따라 공사의 감사가 이를 실시한다.

③ 공사의 외부감사는 감사원법이 정하는 바에 따라 감사원이 이를 실시한다.

第64條(텔레비전수상기의 등록과 수신료 납부) 텔레비전방송을 수신하기 위하여 텔레비전수상기(이하 "수상기"라 한다)를 소지한 자는 대통령령이 정하는 바에 따라 공사에 그 수상기를 등록하고 텔레비전방송수신료(이하 "受信料"라 한다)를 납부하여야 한다. 다만, 대통령령이 정하는 수상기에 대하여는 그 등록을 면제하거나 수신료의 전부 또는 일부를 감면할 수 있다.

第65條(수신료의 결정) 수신료의 금액은 이사회가 심의､의결한 후 방송통신위원회를 거쳐 국회의 승인을 얻어 확정되고, 공사가 이를 부과､징수한다. <개정 2008.2.29.>

제66조(수신료등의 징수) ①공사는 제65조의 규정에 의하여 수신료를 징수함에 있어서 수신료를 납부하여야 할 자가 그 납부기간내에 이를 납부하지 아니할 때에는 그 수신료의 100분의 5의 범위안에서 대통령령이 정하는 비율에 상당하는 금액을 가산금으로 징수한다.

② 공사는 제64조의 규정에 의한 등록을 하지 아니한 수상기의 소지자에 대하여 1년분의 수신료에 해당하는 추징금을 부과·징수할 수 있다.

③ 공사는 제65조의 수신료와 제1항 및 제2항의 가산금 또는 추징금을 징수함에 있어서 체납이 있는 경우에는 방송통신위원회의 승인을 얻어 국세체납처분의 예에 의하여 이를 징수할 수 있다. <개정 2008.2.29.>

제67조(수상기 등록 및 징수의 위탁) ①공사는 제66조의 규정에 의한 수신료의 징수업무를 시·도지사에게 위탁할 수 있다.

② 공사는 수상기의 생산자·판매인·수입판매인 또는 공사가 지정하는 자에게 수상기의 등록업무 및 수신료의 징수업무를 위탁할 수 있다.

③ 공사가 제1항 및 제2항의 규정에 의하여 수신료 징수업무를 위탁한 경우에는 대통령령이 정하는 바에 따라 수수료를 지급하여야 한다.

제68조(수신료의 사용) 공사는 제65조 및 제66조의 규정에 의하여 징수된 수신료를 대통령령이 정하는 바에 따라 「한국교육방송공사법」에 의한 한국교육방송공사의재원으로 지원할 수 있다. <개정 2013.8.13.>

제69조(방송프로그램의 편성등) ①방송사업자는 방송프로그램을 편성함에 있어 공정성·공공성·다양성·균형성·사실성등에 적합하도록 하여야 한다.

② 종합편성을 행하는 방송사업자는 정치·경제·사회·문화 등 각 분야의 사항이 균형있게 표현될 수 있도록 하여야 한다.

③ 종합편성을 행하는 방송사업자는 방송프로그램의 편성에 있어서 대통령령이 정하는 기준에 따라 보도·교양 및 오락에 관한 방송프로그램을 포함하여야 하고, 그 방송프로그램 상호간에 조화를 이루도록 편성하여야 한다. 이 경우 대통령령이 정하는 주시청시간대(이하 "主視聽時間帶"라 한다)에는 특정 방송분야의 방송프로그램이 편중되어서는 아니된다.

④ 전문편성을 행하는 방송사업자는 허가를 받거나 승인을 얻거나 등록을 한 주된 방송분야가 충분히 반영될 수 있도록 대통령령이 정하는 기준에 따라 방송프로그램을 편성하여야 한다.

⑤ 전문편성을 행하는 방송사업자가 허가를 받거나 승인을 얻거나 등록을 한 주된 방송분야 이외에 부수적으로 편성할 수 있는 방송프로그램의 범위와 종류는 대통령령으로 정한다. <신설 2006.10.27.>

⑥ 한국방송공사 및 특별법에 의한 방송사업자, 방송문화진흥회법에 의한 방송문화진흥회가 출자한 방송사업자 및 그 방송사업자가 출자한 방송사업자를 제외한 지상파방송사업자는 다른 한 방송사업자의 제작물을 대통령령이 정하는 비율 이상 편성하여서는 아니된

다. <개정 2006.10.27.>

⑦ 한국방송공사는 대통령령이 정하는 바에 의하여 시청자가 직접 제작한 시청자 참여프로그램을 편성하여야 한다. <개정 2006.10.27.>

⑧ 방송사업자는 장애인의 시청을 도울 수 있도록 한국수어·폐쇄자막·화면해설 등을 이용한 방송(이하 "장애인방송"이라 한다)을 하여야 한다. 이 경우 방송통신위원회는 방송사업자가 장애인방송을 하는데 필요한 경비 및 장애인방송을 시청하기 위한 수신기의 보급에 필요한 경비의 전부 또는 일부를 「방송통신발전 기본법」 제24조에 따른 방송통신발전기금에서 지원할 수 있다. <개정 2011.7.14., 2013.3.23., 2014.5.28., 2016.2.3.>

⑨ 제8항에 따라 장애인방송을 하여야 하는 방송사업자의 범위, 장애인방송의 대상이 되는 방송프로그램의 종류와 그 이행에 필요한 사항은 대통령령으로 정한다. <신설 2011.7.14.>

⑩ 공동체라디오방송사업자는 청취자 참여프로그램을 매월 전체 방송시간의 100분의 50범위 안에서 대통령령이 정하는 비율 이상 편성하여야 한다. <신설 2006.10.27., 2011.7.14.>

⑪ 공동체라디오방송사업자가 다른 공동체라디오방송사업자의 제작물을 편성할 수 있는 방송시간은 매월 전체 방송시간의 100분의 50 범위에서 대통령령으로 정하는 비율 이상 편성하여서는 아니 된다. <신설 2015.12.22.>

제69조의2(시청점유율 제한) ① 방송사업자의 시청점유율(전체 텔레비전 방송에 대한 시청자의 총 시청시간 중 특정 방송채널에 대한 시청시간이 차지하는 비율을 말한다. 이하 같다)은 100분의 30을 초과할 수 없다. 다만, 정부 또는 지

방자치단체가 전액 출자한 경우에는 그러하지 아니하다.

② 제1항에 따른 방송사업자의 시청점유율은 해당 방송사업자의 시청점유율에 특수관계자 등의 시청점유율(해당 방송사업자의 특수관계자의 시청점유율 및 해당 방송사업자가 주식 또는 지분을 소유하고 있는 다른 방송사업자의 시청점유율을 말한다. 이하 같다)을 합산하여 산정한다. 이 경우 특수관계자 등의 시청점유율은 가중치를 다르게 부여하여 산정할 수 있고, 일간신문을 경영하는 법인(특수관계자를 포함한다)이 방송사업을 겸영하거나 주식 또는 지분을 소유하는 경우에는 그 일간신문의 구독률을 대통령령으로 정하는 바에 따라 일정한 비율의 시청점유율로 환산하여 해당 방송사업자의 시청점유율에 합산한다.

③ 제1항 및 제2항에 따른 시청점유율 산정의 구체적인 기준·방법 등 필요한 사항은 대통령령으로 정하는 바에 따라 미디어다양성위원회의 심의를 거쳐 방송통신위원회가 고시로 정한다.

④ 과학기술정보통신부장관 또는 방송통신위원회는 제2항에 따라 산정한 시청점유율을 제9조에 따른 허가·승인, 제15조의2에 따른 변경승인, 제17조에 따른 재허가 등의 심사에 반영하여야 한다. <개정 2013.3.23., 2017.7.26.>

⑤ 방송통신위원회는 제1항에 따른 시청점유율을 초과하는 사업자에 대하여는 방송사업 소유제한, 방송광고시간 제한, 방송시간의 일부양도 등 필요한 조치를 명할 수 있다. 이 경우 필요한 조치의 구체적인 내용은 대통령령으로 정한다.

[본조신설 2009.7.31.]

제70조(채널의 구성과 운용) ①이동멀티미디어방송을 행하는 지상파방송사업자·종합유선방송사업자 및 위성방송사업자는 특정 방송분

야에 편중되지 아니하고 다양성이 구현되도록 대통령령이 정하는 바에 의하여 채널을 구성·운용하여야 한다. <개정 2004.3.22.>

② 이동멀티미디어방송을 행하는 지상파방송사업자·종합유선방송사업자 및 위성방송사업자는 대통령령이 정하는 범위를 초과하여 방송채널을 직접 사용하거나 당해 방송사업자의 특수관계자 또는 특정 방송채널사용사업자에게 채널을 임대하여서는 아니된다. <개정 2004.3.22.>

③ 종합유선방송사업자 및 위성방송사업자(이동멀티미디어방송을 행하는 위성방송사업자를 제외한다)는 대통령령이 정하는 바에 의하여 국가가 공공의 목적으로 이용할 수 있는 채널(이하 "공공채널"이라 한다), 종교의 선교목적을 지닌 채널 및 장애인의 복지를 위한 채널을 두어야 한다. <개정 2004.3.22., 2012.1.17.>

④ 종합유선방송사업자는 대통령령이 정하는 바에 의하여 지역정보 및 방송프로그램안내와 공지사항등을 제작·편성 및 송신하는 지역채널을 운용하여야 한다. 다만, 지역채널에서는 지역보도 이외의 보도, 특정 사안에 대한 해설·논평은 금지한다. <개정 2013.3.23.>

⑤ 중계유선방송사업자는 과학기술정보통신부령으로 정하는 바에 의하여 방송프로그램 안내와 공지사항등을 제작·편성 및 송신하는 공지채널을 운용할 수 있다. 다만, 공지채널의 경우에는 보도·논평 또는 광고에 관한 사항은 송출할 수 없다. <개정 2008.2.29., 2013.3.23., 2017.7.26.>

⑥ 중계유선방송사업자가 운용할 수 있는 채널은 다음 각 호의 방송을 중계송신하는 채널로 한정한다. 다만, 하나의 중계유선방송사

업자가 운용하는 전체 채널은 31개를 초과할 수 없으며, 녹음·녹화채널은 전체 운용채널의 5분의 1을 초과할 수 없다. <신설 2015.3.13., 2017.7.26.>

1. 지상파방송(텔레비전방송만 해당한다)
2. 공공채널에서 하는 방송
3. 종교의 선교목적을 지닌 채널에서 하는 방송
4. 장애인의 복지를 위한 채널에서 하는 방송
5. 제8항에 따른 공익채널에서 하는 방송
6. 국가기관·공익법인 또는 비영리법인이 하는 방송으로서 해당 방송분야의 공익성 및 사회적 필요성을 고려하여 과학기술정보통신부장관이 방송통신위원회와 협의하여 고시하는 채널에서 하는 방송

⑦ 종합유선방송사업자 및 위성방송사업자는 과학기술정보통신부령으로 정하는 바에 의하여 시청자가 자체 제작한 방송프로그램의 방송을 요청하는 경우에는 특별한 사유가 없는 한 이를 방송하여야 한다. <개정 2008.2.29., 2011.7.14., 2013.3.23., 2017.7.26.>

⑧ 종합유선방송사업자, 위성방송사업자(이동멀티미디어방송을 행하는 위성방송사업자는 제외한다)는 당해 방송분야의 공익성 및 사회적 필요성을 고려하여 방송통신위원회가 고시한 방송분야에 속하는 채널(이하 "공익채널"이라 한다)을 운용하여야 한다. 이 경우 공익채널의 선정절차, 선정기준, 운용범위 그 밖의 필요한 사항은 대통령령으로 정한다. <신설 2007.1.26., 2008.2.29.>

제70조의2(디지털 방송프로그램의 음량기준 등) ① 과학기술정보통신부장관은 방송사업자가 디지털 방송프로그램(방송광고를 포함한다. 이하 이 조에서

같다)의 음량을 일정하게 유지하여 채널을 운용하도록 표준 음량 기준을 정하여 고시하여야 한다. <개정 2017.7.26.>

② 과학기술정보통신부장관은 디지털 방송프로그램의 음량이 제1항에 따른 표준 음량기준에 적합하지 아니한 경우에는 이의 시정이나 그 밖에 필요한 조치를 명할 수 있다. <개정 2017.7.26.>

[본조신설 2014.5.28.]

[시행일 : 2014.11.29.] 제70조의2제1항

[시행일 : 2016.5.29.] 제70조의2제2항

제71조(국내 방송프로그램의 편성) ①방송사업자는 당해 채널의 전체 프로그램중 국내에서 제작된 방송프로그램을 대통령령이 정하는 바에 따라 일정한 비율 이상 편성하여야 한다.

② 방송사업자는 연간 방송되는 영화·애니메이션 및 대중음악중 국내에서 제작된 영화·애니메이션 및 대중음악을 대통령령이 정하는 바에 따라 일정한 비율 이상 편성하여야 한다. <개정 2004.3.22., 2012.1.17.>

③ 지상파방송사업자·종합편성을 행하는 방송채널사용사업자 및 연간 전체 방송시간 중 대통령령으로 정하는 비율 이상 애니메이션을 편성하는 방송채널사용사업자는 해당 채널에서 연간 방송되는 전체 프로그램 중 국내에서 제작된 애니메이션을 시청률, 매출액 등을 고려하여 대통령령으로 정하는 바에 따라 일정한 비율 이상 신규로 편성하여야 한다. 다만, 대통령령으로 정하는 지역을 방송구역으로 하는 지상파방송사업자는 제외한다. <신설 2012.1.17.>

④ 방송사업자는 다양한 국제문화 수용을 보장하기 위하여 연간 방송되는 외국 수입 영화·애니메이션 및 대중음악중 한 국가에서 제

작한 영화·애니메이션 및 대중음악이 대통령령이 정하는 바에 따라 일정한 비율 이상을 초과하지 아니하도록 편성하여야 한다. <개정 2012.1.17.>

⑤ 방송사업자가 국내에서 제작된 애니메이션을 주시청시간대에 편성한 경우 제2항에 따른 편성비율을 산정할 때 대통령령으로 정하는 바에 따라 가중치를 둘 수 있다. <신설 2012.1.17.>

⑥ 제1항부터 제4항까지의 규정에 따른 국내에서 제작된 방송프로그램 등의 구별기준은 대통령령으로 정하고, 편성비율은 방송매체와 방송분야별 특성 등을 고려하여 차등을 둘 수 있다. <개정 2012.1.17.>

第72조(순수외주제작 방송프로그램의 편성) ①방송사업자는 당해 채널의 전체 방송프로그램중 국내에서 당해 방송사업자나 그 특수관계자가 아닌 자가 제작한 방송프로그램(이하 "순수외주제작 방송프로그램"이라 한다)을 대통령령이 정하는 바에 따라 일정한 비율 이상 편성하여야 한다. <개정 2015.6.22.>

② 삭제 <2015.6.22.>

③ 종합편성을 행하는 방송사업자는 순수외주제작 방송프로그램을 주시청시간대에 대통령령이 정하는 바에 따라 일정한 비율 이상 편성하여야 한다. <개정 2015.6.22.>

④ 제1항의 규정에 의한 순수외주제작 방송프로그램의 편성비율은 방송매체와 방송분야별 특성등을 고려하여 차등을 둘 수 있다. <개정 2015.6.22.>

[제목개정 2015.6.22.]

第73조(방송광고등) ①방송사업자는 방송광고와 방송프로그램이 혼동되지 아니하도록 명확하게 구분하여야 하며, 어린이를 주 시청대상으로 하는 방송프로그램의 방송광고시간 및 전후 토막광고시간에는 대통령령이 정하는 바에 따라 반드시 광고임을 밝히는 자막을 표기하여 어린이가 방송프로그램과 방송광고를 구분할 수 있도록 하여야 한다. <개정 2006.10.27.>

② 방송광고의 종류는 다음 각 호와 같고, 방송광고의 허용범위·시간·횟수 또는 방법 등에 관하여 필요한 사항은 대통령령으로 정한다. <개정 2005.5.18., 2009.7.31., 2016.1.27.>

1. 방송프로그램광고 : 방송프로그램의 전후(방송프로그램 시작타이틀 고지 후부터 본방송프로그램 시작 전까지 및 본방송프로그램 종료 후부터 방송프로그램 종료타이틀 고지 전까지를 말한다)에 편성되는 광고
2. 중간광고 : 1개의 동일한 방송프로그램이 시작한 후부터 종료되기 전까지 사이에 그 방송프로그램을 중단하고 편성되는 광고
3. 토막광고 : 방송프로그램과 방송프로그램 사이에 편성되는 광고
4. 자막광고 : 방송프로그램과 관계없이 문자 또는 그림으로 나타내는 광고
5. 시보광고 : 현재시간 고지 시 함께 방송되는 광고
6. 가상광고 : 방송프로그램에 컴퓨터 그래픽을 이용하여 만든 가상의 이미지를 삽입하는 형태의 광고
7. 간접광고 : 방송프로그램 안에서 상품, 상표, 회사나 서비스의 명칭이나 로고 등을 노출시키는 형태의 광고

③ 상품소개 및 판매에 관한 전문편성을 행하는 방송의 경우에는 당해 상품소개 및 판매에 관한 방송내용물은 이를 방송광고로 보지 아니한다.

④ 방송사업자 및 전광판방송사업자는 공공의 이익을 증진시킬 목적으로 제작된 비상업적 공익광고를 대통령령이 정하는 비율 이상 편성하여야 한다.

⑤ 외주제작사는 방송프로그램을 제작하는 경우에 간접광고를 판매할 수 있다. <신설 2016.1.27.>

⑥ 방송사업자와 외주제작사는 제5항에 따른 간접광고가 제2항 및 제33조제1항의 심의규정과 제86조에 따른 자체심의 기준을 위반하는지에 관하여 대통령령으로 정한 절차 등에 따라 간접광고 판매 위탁 또는 판매 계약 체결 전까지 합의하고, 합의된 내용을 준수하여야 한다. <신설 2016.1.27.>

⑦ 외주제작사는 제86조에 따른 방송사업자의 자체심의에 필요한 기간 전까지 방송사업자에게 간접광고가 포함된 방송프로그램을 제출하여야 한다. <신설 2016.1.27.>

⑧ 외주제작사가 제작한 방송프로그램이 「방송광고판매대행 등에 관한 법률」 제5조제1항 및 제2항에 따른 방송광고판매대행사업자(이하 "광고판매대행자"라 한다)가 위탁하는 방송광고만 할 수 있는 방송사업자의 채널에 편성될 경우 외주제작사는 대통령령으로 정하는 바에 따라 광고판매대행자에게 간접광고 판매를 위탁하여야 한다. <신설 2016.1.27.>

제73조의2(방송광고 매출현황 자료 제출) 방송통신위원회는 이 법 또는 「방송광고판매대행 등에 관한 법률」 위반 여부에 대한 조사 또는 제재를 위하여 방송사업자(광고판매대행자에게 방송광고 판매를 위탁한 방송사업자의 경우 광고판매대행자를 말한다)에게 다음 각 호의 내용을 포함하는 방송광고 매출현황 자료의 제출을 요구할 수 있다. 자료 제출 요구

를 받은 방송사업자 및 광고판매대행자는 이에 따라야 한다.

1. 연간 방송광고 매출현황

2. 방송광고의 광고주별, 종류별, 방송프로그램별 연간 매출액

3. 그 밖에 방송통신위원회가 고시하는 사항

[본조신설 2016.1.27.]

제74조(협찬고지) ①방송사업자는 대통령령이 정하는 범위안에서 협찬고지를 할 수 있다.

② 협찬고지의 세부기준 및 방법등에 관하여 필요한 사항은 방송통신위원회규칙으로 정한다. <개정 2008.2.29.>

③ 방송사업자와 외주제작사는 협찬고지 대상 방송프로그램을 제작하는 경우에는 제2항에 따른 협찬고지 규칙을 준수하여야 한다. <신설 2016.1.27.>

제75조 삭제 <2010.3.22.>

제76조(방송프로그램의 공급 및 보편적 시청권 등) ①방송사업자는 다른 방송사업자에게 방송프로그램을 공급할 때에는 공정하고 합리적인 시장가격으로 차별없이 제공하여야 한다.

② 방송통신위원회는 제76조의2의 규정에 따른 보편적시청권보장위원회의 심의를 거쳐 국민적 관심이 매우 큰 체육경기대회 그 밖의 주요 행사(이하 "국민관심행사등"이라고 한다)를 고시하여야 한다. 이 경우 방송통신위원회는 문화체육관광부장관, 방송사업자 및 시청자의 의견을 들어야 한다. <신설 2007.1.26., 2008.2.29.>

③ 국민관심행사등에 대한 중계방송권자 또는 그 대리인(이하 "중계방송권자등"이라 한다)은 일반국민이 이를 시청할 수 있도록 중계방송권을 다른 방송사업자에게도 공정하고 합리적인 가격으로 차별 없이 제

공하여야 한다. <신설 2007.1.26.>

④ 방송사업자는 제1항 및 제3항의 규정을 위반하는 행위에 관하여 방송통신위원회에 서면으로 신고할 수 있다. <신설 2007.1.26., 2008.2.29.>

⑤ 방송통신위원회는 제4항의 규정에 따른 신고를 접수한 경우에는 제35조의3의 규정에 따른 방송분쟁조정위원회의 심의를 거쳐 60일 이내에 그 결과를 통보하여야 한다. <신설 2007.1.26., 2008.2.29.>

第76조의2(보편적시청권보장위원회) ①제76조제2항의 규정에 따른 국민관심행사등의 고시 등에 관한 업무의 원활한 수행을 위하여 방송통신위원회에 보편적시청권보장위원회를 둔다. <개정 2008.2.29.>

② 보편적시청권보장위원회 위원은 방송통신위원회 위원장이 방송통신위원회의 동의를 얻어 7인 이내로 위촉한다. <개정 2008.2.29.>

③ 보편적시청권보장위원회의 구성과 운영에 관하여 필요한 사항은 방송통신위원회규칙으로 정한다. <개정 2008.2.29.>

[본조신설 2007.1.26.]

第76조의3(보편적 시청권 보장을 위한 조치 등) ①방송사업자 및 중계방송권자등은 제76조제3항의 규정에 따른 일반국민의 보편적 시청권을 보장하기 위하여 다음 각 호의 어느 하나에 해당하는 행위(이하 이 조에서 "금지행위"라 한다)를 하거나 제3자로 하여금 이를 하도록 하여서는 아니 된다. <개정 2016.1.27.>

1. 중계방송권자등으로서 국민 전체가구 중 대통령령으로 정하는 비율 이상의 가구가 국민관심행사등을 시청할 수 있는 방송수단

(이하 "보편적 방송수단"이라 한다)을 확보하지 아니하는 행위

2. 중계방송권을 확보하였음에도 불구하고 정당한 사유 없이 국민관심행사등을 보편적 방송수단을 통하여 실시간으로 방송하지 아니하는 행위
3. 정당한 사유 없이 중계방송권의 판매 또는 구매를 거부하거나 지연시키는 행위
4. 정당한 사유 없이 국민관심행사등에 대한 뉴스보도나 해설 등을 위한 자료화면을 방송사업자와 인터넷 멀티미디어 방송사업자 등에게 제공하지 아니하는 행위

② 방송통신위원회는 금지행위를 하였거나 제3자로 하여금 이를 하도록 한 방송사업자 및 중계방송권자등에 대하여 금지행위의 중지 등 필요한 시정조치를 명할 수 있다. 이 경우 방송통신위원회는 시정조치를 명하기 전에 당사자에게 기간을 정하여 의견진술의 기회를 주어야 한다. 다만, 당사자가 정당한 사유 없이 이에 응하지 아니하는 때에는 그러하지 아니한다. <개정 2008.2.29., 2016.1.27.>

③ 방송통신위원회는 금지행위를 하였거나 제3자로 하여금 이를 하도록 하였는지에 대한 사실관계의 조사를 위하여 필요한 경우 대통령령이 정하는 바에 따라 방송사업자 및 중계방송권자등에게 자료제출을 요청할 수 있고, 소속 공무원으로 하여금 방송사업자 및 중계방송권자등의 사무소 또는 사업장에 출입하여 조사를 하게 할 수 있다. <개정 2008.2.29., 2013.3.23., 2016.1.27.>

④ 방송통신위원회는 방송사업자 및 중계방송권자등이 정당한 사유 없이 제2항의 규정에 따른 시정조치를 이행하지 아니하는 때에는 당해 중계방송권의 총계약금액에 100분의 5를 곱한 금액을 초과

하지 아니하는 범위 안에서 과징금을 부과할 수 있다. <개정 2008.2.29.>

⑤ 제3항의 규정에 따라 조사를 하는 공무원은 그 권한을 표시하는 증표를 지니고 이를 관계인에게 내보여야 한다. <개정 2013.3.23.>

⑥ 금지행위의 세부적인 유형 및 기준에 관하여 필요한 사항은 대통령령으로 정한다. <신설 2016.1.27.>

[본조신설 2007.1.26.]

第76조의4(중계방송권의 공동계약 권고) 방송통신위원회는 국민관심행사등에 대한 보편적 시청권을 보장하고 중계방송권 확보에 따른 과도한 경쟁을 방지하기 위하여 중계방송권 계약에 있어서 방송사업자 또는 중계방송권자등에게 공동계약을 권고할 수 있다. <개정 2008.2.29.>

[본조신설 2007.1.26.]

第76조의5(중계방송의 순차편성 권고 등) ①방송사업자는 국민관심행사등에 대한 중계방송권을 사용함에 있어서 과다한 중복편성으로 인하여 시청자의 권익을 침해하지 아니하도록 하여야 하며, 채널별·매체별로 순차적으로 편성하기 위하여 노력하여야 한다.

② 방송통신위원회는 제1항의 채널별·매체별 순차편성이 효율적으로 이루어질 수 있도록 방송사업자에 대하여 권고할 수 있다. <개정 2008.2.29.>

[본조신설 2007.1.26.]

第77조(유료방송의 약관 승인) ①유료방송을 행하고자 하는 방송사업자·중계유선방송사업자 및 음악유선방송사업자는 이용요금 및 기타 조건에 관한 약관을 정하여 과학기술정보통신부장관에게 신고하여야 하며, 이용요금에 대하여는 과학기술정보통신부장관의 승인을 얻어야 한다. 신고한 약관이나 승인을 얻은 이용요금을 변경하고자 하는 경우에도 또한 같다. 다만, 시청자가 방송프로그램별 또는 채널별로 선택하여 이용할 수 있도록 서비스를 제공하는 경우로서 과학기술정보통신부장관이 고시하는 서비스에 대하여는 그 이용요금을 과학기술정보통신부장관에게 신고(변경신고를 포함한다)하여야 한다. <개정 2008.2.29., 2013.3.23., 2016.1.27., 2017.7.26.>

② 유료방송을 행하는 방송사업자·중계유선방송사업자 및 음악유선방송사업자가 제1항에 따라 약관을 변경한 경우에는 대통령령으로 정하는 바에 따라 이를 이용자에게 통지하여야 한다. <신설 2014.5.28.>

③ 과학기술정보통신부장관은 제1항의 규정에 의한 약관이 현저히 부당하거나 제2항에 따른 약관 변경에 관한 통지를 소홀히 하여 시청자의 이익을 저해한다고 판단하는 때에는 유료방송을 행하는 방송사업자·중계유선방송사업자 및 음악유선방송사업자에게 상당한 기간을 정하여 그 약관의 변경 또는 재통지 등을 명할 수 있다. <개정 2008.2.29., 2013.3.23., 2014.5.28., 2017.7.26.>

第78조(재송신) ①종합유선방송사업자·위성방송사업자(이동멀티미디어방송을 행하는 위성방송사업자를 제외한다) 및 중계유선방송사업자는 한국방송공사 및 「한국교육방송공사법」에 의한 한국교육방송공사가 행하는 지상파방송(라디오放送을 제외한다)을 수신하여 그 방송프로그램에 변경을 가하지 아니하고 그대로 동시에 재송신(이하 "同時再送信"이라 한다)하여야 한다. 다만, 지상파방송을 행하는 당해 방송사업자의 방송구역안에 당해 종합유선방송사업자 및 중계유선방송사업자의 방송구역이 포함되지 아니하는 경우에는 그러하지 아니하다. <개정 2002.4.20., 2004.3.22., 2013.8.13.>

② 제1항의 규정에 의한 지상파방송사업자가 수개의 지상파방송 채널을 운용하는 경우, 제1항 본문의 규정에 불구하고 동시재송신하여야 하는 지상파방송은 과학기술정보통신부장관이 지상파방송사업자별로 방송편성 내용 등을 고려하여 지정·고시하는 1개의 지상파방송 채널에 한한다. <신설 2002.4.20., 2008.2.29., 2013.3.23., 2017.7.26.>

③ 제1항의 규정에 의한 동시재송신의 경우에는 「저작권법」 제85조의 동시중계방송권에관한규정은 이를 적용하지 아니한다. <개정 2006.12.28.>

④ 종합유선방송사업자, 중계유선방송사업자 및 위성방송사업자는 다음 각 호의 구분에 따른 지상파방송 동시재송신을 하려면 과학기술정보통신부장관의 승인을 받아야 한다. <개정 2015.3.13., 2017.7.26.>

1. 종합유선방송사업자 및 중계유선방송사업자: 해당 방송구역 외에서 허가받은 지상파방송사업자의 지상파방송 동시재송신
2. 위성방송사업자: 지상파방송의 방송구역 외에서의 해당 지상파방송 동시재전송(제1항 및 제2항에 따른 동시재송신은 제외한다)

⑤ 삭제 <2007.7.27.>

⑥ 제4항에 따른 재송신의 유형 및 승인의 요건·절차·유효기간등에 관하여 필요한 사항은 대통령령으로 정한다. <개정 2002.4.20., 2006.10.27., 2007.7.27.>

⑦ 삭제 <2015.12.22.>

제78조의2(외국방송사업자의 국내 재송신 승인 등) ① 외국방송사업자(외국에 설치된 방송 송출설비 또는 외국 인공위성의 무선설비를 이용하여 국내에서 수신되는 방송을 행하는 외국인을 말하며, 조약에 따라 이 법에 따른 방송을 할 수 있는 외국인을 포함한다. 이하 같다)가 그가 행하는 방송을 국내에서 방송사업자를 통하여 재송신하려면 과학기술정보통신부장관의 승인을 받아야 한다. 이 경우 특정 방송프로그램을 일시적으로 중계 송신하는 등 대통령령으로 정하는 기준에 해당하는 경우에는 재송신으로 보지 아니한다. <개정 2008.2.29., 2013.3.23., 2017.7.26.>

② 과학기술정보통신부장관은 제1항에 따라 외국방송사업자의 승인 신청을 받은 경우에는 다음 각 호의 사항을 종합적으로 심사하여야 한다. <개정 2008.2.29., 2013.3.23., 2017.7.26.>

1. 방송의 공정성ㆍ공익성의 실현 가능성
2. 국내 방송 및 영상산업에 미치는 영향
3. 국내 방송 및 영상산업 발전에 대한 기여 정도
4. 문화적 다양성 및 사회적 필요성
5. 국내 지사, 국내 사무소 또는 국내 대리인이 있는지 여부 및 그 국내 지사 등이 외국방송사업자로부터 재송신에 관하여 위임받은 권리와 의무에 관한 사항
6. 국제친선과 상호 이해 증진에 대한 기여 정도
7. 방송 내용이 제33조에 따른 심의규정, 그 밖에 「형법」, 「저작권법」 등 다른 법률의 규정에 위반될 가능성

③ 제1항에 따라 승인받은 외국방송사업자는 재송신하는 방송의 내용이 제33조에 따른 심의규정에 적합하게 하여야 한다.

④ 과학기술정보통신부장관은 직무수행을 위하여 필요하면 외국방송사업자(국내 지사, 국내 사무소 및 국내 대리인을 포함한다)에게 관련 자료의 제출을 요구할 수 있다. <개정 2008.2.29., 2013.3.23., 2017.7.26.>

⑤ 과학기술정보통신부장관은 제1항에 따라 승인을 받은 외국방송사업자가 다음 각 호의 어느 하나에 해당하면 제1항에 따른 승인을 취소할 수 있다. <개정 2008.2.29., 2013.3.23., 2017.7.26.>

1. 방송 내용이 제3항에 위반되는 때
2. 승인조건을 이행하지 아니한 때
3. 방송 내용이 「형법」, 「저작권법」 등 다른 법률의 규정에 위반되는 때

⑥ 제1항에 따라 승인받은 외국방송사업자의 방송을 재송신하는 방송사업자를 제외하고는 누구든지 외국방송사업자의 방송을 재송신하여서는 아니 된다.

⑦ 방송사업자가 제1항에 따라 승인을 받은 외국방송사업자의 방송을 재송신할 수 있는 범위와 기준은 대통령령으로 정한다.

⑧ 제1항 및 제5항에 따른 승인과 승인 취소의 절차 등에 관하여 필요한 사항은 대통령령으로 정한다.

[본조신설 2007.7.27.]

第79조(유선방송국설비등에 관한 기술기준과 준공검사등) ①과학기술정보통신부장관은 유선방송국설비(綜合有線放送局 및 中繼有線放送、音樂有線放送을 행하기 위한 設備를 포함한다. 이하 같다)의 설치 및 유지에 관한 사항과 전송、선로설비의 분계점등에 필요한 기술기준(이하 "기술기준"이라 한다)을 정하여 고시하여야한다. <개정 2008.2.29., 2013.3.23., 2017.7.26.>

② 종합유선방송사업자、중계유선방송사업자 및 음악유선방송사업자는 대통령령이 정하는 기한까지 기술기준이 정하는 바에 의하여 유선방송국설비를 설치하고 과학기술정보통신부장관의 준공검사를 받아야 한다. 설치한 유선방송국설비를 변경한 때에도 또한 같다. <개정 2008.2.29., 2013.3.23., 2017.7.26.>

③ 종합유선방송사업자、중계유선방송사업자 및 음악유선방송사업자는 전송、선로설비를 자체적으로 설치하거나 전송망사업자의 전송、선로설비 또는 「전기통신사업법」에 따른 기간통신사업자의 전기통신설비를 이용할 수 있으며,종합유선방송사업자와 중계유선방송사업자는 전송、선로설비를 상호 이용할 수 있다. <개정 2010.3.22.>

④ 종합유선방송사업자、중계유선방송사업자 및 음악유선방송사업자는 천재、지변기타 불가피한 사유로 대통령령이 정하는 기한까지 유선방송국설비를 설치할 수 없는 때에는 대통령령이 정하는 바에 의하여 과학기술정보통신부장관에게 설비설치기한의 연기를 요청할 수 있다. <개정 2008.2.29., 2013.3.23., 2017.7.26.>

第80조(전송、선로설비 설치의 확인) 종합유선방송사업자、중계유선방송사업자 및 음악유선방송사업자가 전송、선로설비를 자체적으로 설치하는 때 또는 전송망사업자나 기간통신사업자가 종합유선방송사업자나 중계유선방송사업자와 전송、선로설비의 이용계약을 체결한 때에는 기술기준이 정하는 바에 의하여 전송、선로설비를 설치하고 과학기술정보통신부장관의 확인을 받아야 한다. 설치한 전송、선로설비를 변경한 때에도 또한 같다. <개정 2008.2.29., 2013.3.23., 2017.7.26.>

제81조 삭제 <2016.1.27.>

제82조 삭제 <2016.1.27.>

제83조(방송내용의 기록ㆍ보존) ①방송사업자ㆍ중계유선방송사업자ㆍ전광판방송사업자 및 음악유선방송사업자는 방송일지에 방송내용(방송프로그램 및 방송광고를 포함한다)을 기록하여 비치하여야 하며, 특별한 사유가 없는 한 방송 실시결과를 방송후 1월 이내에 다음 각 호의 구분에 따라 과학기술정보통신부장관 또는 방송통신위원회에 제출하여야 한다. <개정 2008.2.29., 2009.7.31., 2013.3.23., 2017.7.26.>

1. 제14조제6항제1호에 해당하는 방송사업자ㆍ중계유선방송사업자ㆍ전광판방송사업자 및 음악유선방송사업자: 과학기술정보통신부장관
2. 제14조제6항제2호에 해당하는 방송사업자: 방송통신위원회

② 방송사업자는 방송(再送信을 제외한다)된 방송프로그램(예고방송을 포함한다. 이하 같다) 및 방송광고의 원본 또는 사본을 방송후 6월간 보존하여야 한다. <개정 2006.10.27., 2009.7.31.>

③ 제1항의 규정에 의한 방송일지의 기록 및 방송실시결과의 제출시기등과 제2항의 규정에 의한 사업자별 방송프로그램 및 방송광고의 원본 또는 사본의 보존등에 관하여 필요한 사항은 소관 업무에 따라 과학기술정보통신부령 또는 방송통신위원회규칙으로 정한다. <개정 2008.2.29., 2009.7.31., 2013.3.23., 2017.7.26.>

제84조(폐업 및 휴업등의 신고) ①방송사업자ㆍ중계유선방송사업자ㆍ음악유선방송사업자 및 전광판방송사업자가 그 업무를 폐업하거나 휴업하고자 하는 때에는 다음 각 호의 구분에 따라 과학기술정보통

신부장관 또는 방송통신위원회에 신고하여야 한다. <개정 2007.1.26., 2008.2.29., 2013.3.23., 2017.7.26.>

1. 지상파방송사업자, 공동체라디오방송사업자 및 종합편성이나 보도에 관한 전문편성을 행하는 방송채널사용사업자: 방송통신위원회
2. 제1호의 방송사업자를 제외한 방송사업자, 중계유선방송사업자, 음악유선방송사업자 및 전광판방송사업자: 과학기술정보통신부장관

② 방송사업자ㆍ중계유선방송사업자 및 음악유선방송사업자는 천재ㆍ지변등 불가피한 사유가 있는 경우에 한하여 휴업할 수 있다.

③ 제1항 및 제2항의 규정에 의한 폐업 및 휴업의 신고절차등에 관하여 필요한 사항은 소관 업무에 따라 과학기술정보통신부령 또는 방송통신위원회규칙으로 정한다. <개정 2008.2.29., 2013.3.23., 2017.7.26.>

第85조(방송프로그램별 유료방송등의 적용배제) 방송프로그램별 유료방송을 행하는 방송사업자에 대하여는 제71조부터 제74조까지의 규정을 적용하지 아니한다. <개정 2010.3.22.>

第85조의2(금지행위) ① 방송사업자ㆍ중계유선방송사업자ㆍ음악유선방송사업자ㆍ전광판방송사업자ㆍ전송망사업자(이하 "방송사업자등"이라 한다)는 사업자 간의 공정한 경쟁 또는 시청자의 이익을 저해하거나 저해할 우려가 있는 다음 각 호의 어느 하나에 해당하는 행위(이하 "금지행위"라 한다)를 하거나 제3자로 하여금 이를 하게 하여서는 아니 된다. <개정 2015.3.13., 2015.12.22.>

1. 정당한 사유 없이 채널ㆍ프로그램의 제공 또는 다른 방송사업자

등의 서비스 제공에 필수적인 설비에 대한 접근을 거부·중단·제한하거나 채널 편성을 변경하는 행위

2. 다른 방송사업자등에게 적정한 수익배분을 거부·지연·제한하는 행위
3. 부당하게 다른 방송사업자등의 방송시청을 방해하거나 서비스 제공계약의 체결을 방해하는 행위
4. 부당하게 시청자를 차별하여 현저하게 유리하거나 불리한 요금 또는 이용조건으로 방송 서비스를 제공하는 행위
5. 이용약관을 위반하여 방송서비스를 제공하거나 이용계약과 다른 내용으로 이용요금을 청구하는 행위
6. 방송서비스의 제공 과정에서 알게 된 시청자의 정보를 부당하게 유용하는 행위
7. 상품소개와 판매에 관한 전문편성을 하는 방송채널사용사업자가 납품업자에 대하여 방송편성을 조건으로 상품판매방송의 일자, 시각, 분량 및 제작비용을 불공정하게 결정·취소 또는 변경하는 행위
8. 방송사업자의 임직원 이외의 자의 요청에 의하여, 방송프로그램에 출연을 하려는 사람과 방송사업자 이외의 자 사이의 가처분 결정, 확정판결, 조정, 중재 등의 취지에 위반하여 방송프로그램 제작과 관계없는 사유로 방송프로그램에 출연을 하려는 사람을 출연하지 못하게 하는 행위

② 방송통신위원회는 방송사업자등이 금지행위를 한 경우 해당 사업자에게 금지행위의 중지, 계약조항의 삭제 또는 변경, 금지행위로 인하여 시정조치를 명령받은 사실의 공표 등 필요한 시정조치를

명할 수 있다. 이 경우 제1항제7호에 해당하는 때에는 과학기술정보통신부장관에게 그 사실을 통보하여야 한다. <개정 2015.3.13., 2017.7.26.>

③ 방송통신위원회는 공정거래위원회와 협의하여 방송사업자등이 금지행위를 한 경우 해당 사업자에게 대통령령으로 정하는 매출액에 100분의 2를 곱한 금액을 초과하지 아니하는 범위에서 과징금을 부과할 수 있다. 다만, 사업의 미개시나 사업 중단 등으로 인하여 매출액이 없거나 매출액 산정이 어려운 경우로서 대통령령으로 정하는 경우에는 5억원 이하의 금액을 과징금으로 부과할 수 있다.

④ 방송통신위원회는 금지행위의 위반 여부에 관한 사실관계의 조사를 위하여 필요한 경우 대통령령으로 정하는 바에 따라 방송사업자등에게 자료의 제출을 요청할 수 있다.

⑤ 금지행위의 세부적인 유형 및 기준에 필요한 사항은 대통령령으로 정한다.

⑥ 제1항을 위반한 방송사업자등의 행위에 대하여 방송통신위원회가 제2항에 따라 시정조치를 명하였거나 제3항에 따라 과징금을 부과한 경우에는 그 방송사업자등의 동일한 행위에 대하여 동일한 사유로 「독점규제 및 공정거래에 관한 법률」 및 「대규모유통업에서의 거래 공정화에 관한 법률」에 따른 시정조치를 명하거나 과징금을 부과할 수 없다. <개정 2015.3.13.>

[본조신설 2011.7.14.]

제6장 시청자의 권익보호

第86條(자체심의) ①방송사업자는 자체적으로 방송프로그램을 심의할 수 있는 기구를 두고, 방송프로그램(보도에 관한 방송프로그램을 제외한다)이 방송되기 전에 이를 심의하여야 한다. 다만, 공동체라디오방송사업자의 경우에는 방송권역 청취자가 참여하는 방송평가회를 연 1회 이상 실시하여야 한다. <개정 2009.7.31.>

② 방송사업자는 허위, 과장 등 시청자가 오인할 수 있는 내용이 담긴 방송광고를 방송하여서는 아니 된다. <신설 2009.7.31.>

③ 방송사업자는 방송광고가 방송되기 전에 자체적으로 심의하거나 방송통신위원회에 신고한 방송 관련 기관 또는 단체에 위탁하여 심의할 수 있다. <신설 2009.7.31.>

[전문개정 2006.10.27.]

第87條(시청자위원회) ①종합편성 또는 보도전문편성을 행하는 방송사업자는 시청자의 권익을 보호하기 위하여 시청자위원회를 두어야 한다.

② 제1항의 규정에 의한 방송사업자는 각계의 시청자를 대표할 수 있는 자중에서 방송통신위원회규칙이 정하는 단체의 추천을 받아 시청자위원회의 위원을 위촉한다. <개정 2008.2.29.>

③ 시청자위원회의 구성 및 운영에 관하여 필요한 사항은 대통령령으로 정한다.

第87條(시청자위원회) ①다음 각 호의 어느 하나에 해당하는 방송사업자는 시청자의 권익을 보호하기 위하여 시청자위원회를 두어야 한다. <개정 2017.3.14.>

1. 종합편성을 행하는 방송사업자

2. 보도전문편성을 행하는 방송사업자

3. 상품소개와 판매에 관한 전문편성을 행하는 방송사업자

② 제1항의 규정에 의한 방송사업자는 각계의 시청자를 대표할 수 있는 자중에서 방송통신위원회규칙이 정하는 단체의 추천을 받아 시청자위원회의 위원을 위촉한다. <개정 2008.2.29.>

③ 시청자위원회의 구성 및 운영에 관하여 필요한 사항은 대통령령으로 정한다.

[시행일 : 2017.9.15.] 제87조

第88조(시청자위원회의 권한과 직무) ①시청자위원회의 권한과 직무는 다음과 같다.

1. 방송편성에 관한 의견제시 또는 시정요구

2. 방송사업자의 자체심의규정 및 방송프로그램 내용에 관한 의견제시 또는 시정요구

3. 시청자평가원의 선임

4. 기타 시청자의 권익보호와 침해구제에 관한 업무

② 시청자위원회의 대표자는 방송통신위원회에 출석하여 의견을 진술할 수 있다. <개정 2008.2.29.>

第89조(시청자 평가프로그램) ①종합편성 또는 보도전문편성을 행하는 방송사업자는 당해 방송사업자의 방송운영과 방송프로그램에 관한 시청자의 의견을 수렴하여 주당 60분 이상의 시청자 평가프로그램을 편성하여야 한다.

② 시청자 평가프로그램에는 시청자위원회가 선임하는 1인의 시청자 평가원이 직접 출연하여 의견을 진술할 수 있다.

③ 정부는 시청자평가원의 원활한 업무수행을 위하여 「방송통신발전 기본법」 제24조에 따른 방송통신발전기금에서 경비를 지원할 수 있다. <개정 2008.2.29., 2010.3.22., 2013.3.23.>

第90조(방송사업자의 의무) ①종합편성 또는 보도전문편성을 행하는 방송사업자는 제88조제1항제1호 및 제2호의 규정에 의한 시청자위원회의 의견제시 또는 시정요구를 받은 경우에는 특별한 사유가 없는 한 이를 수용하여야 한다.

② 시청자위원회는 방송사업자가 시청자위원회의 의견제시 또는 시정요구의 수용을 부당하게 거부하는 경우에는 방송통신위원회에 시청자불만처리를 요청할 수 있다. <개정 2008.2.29.>

③ 종합편성 또는 보도전문편성을 행하는 방송사업자는 시청자위원회가 제88조제1항각호의 규정에 의한 직무를 수행하기 위하여 필요한 자료의 제출 또는 관계자의 출석·답변을 요청하는 경우에는 특별한 사유가 없는 한 이에 응하여야 한다.

④ 종합편성 또는 보도전문편성을 행하는 방송사업자는 시청자위원회의 심의결과 및 그 처리에 관한 사항을 방송통신위원회에 보고하여야 한다. <개정 2008.2.29.>

⑤ 종합편성 또는 보도전문편성을 행하는 방송사업자는 대통령령이 정하는 바에 의하여 시청자가 요구하는 방송사업에 관한 정보를 공개하여야 한다.

第90조(방송사업자의 의무) ①다음 각 호의 어느 하나에 해당하는 방송사업자는 제88조제1항제1호 및 제2호의 규정에 의한 시청자위원회의 의견제시 또는 시정요구를 받은 경우에는 특별한 사유가 없는 한 이를 수용하여야 한다. <개정 2017.3.14.>

1. 종합편성을 행하는 방송사업자

2. 보도전문편성을 행하는 방송사업자

3. 상품소개와 판매에 관한 전문편성을 행하는 방송사업자

② 시청자위원회는 방송사업자가 시청자위원회의 의견제시 또는 시정요구의 수용을 부당하게 거부하는 경우에는 방송통신위원회에 시청자불만처리를 요청할 수 있다. <개정 2008.2.29.>

③ 제1항 각 호의 어느 하나에 해당하는 방송사업자는 시청자위원회가 제88조제1항각호의 규정에 의한 직무를 수행하기 위하여 필요한 자료의 제출 또는 관계자의 출석·답변을 요청하는 경우에는 특별한 사유가 없는 한 이에 응하여야 한다. <개정 2017.3.14.>

④ 제1항 각 호의 어느 하나에 해당하는 방송사업자는 시청자위원회의 심의결과 및 그 처리에 관한 사항을 방송통신위원회에 보고하여야 한다. 이 경우 방송통신위원회는 상품소개와 판매에 관한 전문편성을 행하는 방송사업자로부터 보고받은 사항을 과학기술정보통신부장관에게 통지하여야 한다. <개정 2008.2.29., 2017.3.14., 2017.7.26.>

⑤ 제1항 각 호의 어느 하나에 해당하는 방송사업자는 대통령령이 정하는 바에 의하여 시청자가 요구하는 방송사업에 관한 정보를 공개하여야 한다. <개정 2017.3.14.>

[시행일 : 2017.9.15.] 제90조

제90조의2(시청자미디어재단) ① 방송통신위원회는 시청자의 방송참여와 권익증진 등을 위하여 시청자미디어재단을 설립한다. <개정 2014.5.28., 2015.12.22.>

1. 삭제 <2014.5.28.>

2. 삭제 <2014.5.28.>

3. 삭제 <2014.5.28.>

4. 삭제 <2014.5.28.>

② 시청자미디어재단은 법인으로 한다. <개정 2014.5.28., 2015.12.22.>

③ 시청자미디어재단은 정관으로 정하는 바에 따라 임원과 필요한 직원을 둔다. <신설 2014.5.28., 2015.12.22.>

④ 시청자미디어재단은 다음 각 호의 사업을 한다. <신설 2014.5.28., 2015.12.22.>

1. 미디어에 관한 교육·체험 및 홍보
2. 시청자 제작 방송프로그램의 지원
3. 각종 방송제작 설비의 이용 지원
4. 그 밖에 시청자의 방송참여 및 권익증진을 위한 사업
5. 이 법이나 다른 법령에서 시청자미디어재단의 업무로 규정하거나 위탁한 사업
6. 국가나 지방자치단체로부터 위탁받은 사업

⑤ 시청자미디어재단은 제4항에 따른 사업을 수행하기 위하여 정관으로 정하는 바에 따라 필요한 곳에 시청자미디어센터를 둘 수 있다. <신설 2015.12.22.>

⑥ 시청자미디어재단에 관하여 이 법에서 규정한 것 외에는 「민법」 중 재단법인에 관한 규정을 준용한다. <신설 2014.5.28., 2015.12.22.>

⑦ 국가 및 지방자치단체는 시청자미디어재단의 설립 및 운영에 필요한 경비의 전부 또는 일부를 출연할 수 있다. <신설 2014.5.28.,

2015.12.22.>

⑧ 제1항에 따른 시청자미디어재단의 설립기준 및 운영 등에 필요한 사항은 대통령령으로 정한다. <개정 2014.5.28., 2015.12.22.>

[본조신설 2012.1.17.]

[제목개정 2015.12.22.]

제6장의2 방송분쟁의 해결 <신설 2015.12.22.>

제1절 조정(調停) <신설 2015.12.22.>

제91조(조정의 개시) ① 제35조의3제1항에 규정된 자들 상호 간에 다음 각 호의 어느 하나에 해당하는 분쟁이 발생한 경우 각 사업자는 제35조의3에 따른 방송분쟁조정위원회(이하 "방송분쟁조정위원회"라 한다)에 조정을 신청할 수 있다.

1. 방송프로그램, 채널 및 인터넷 멀티미디어 방송용 콘텐츠의 공급 및 수급과 관련된 분쟁
2. 방송 및 인터넷 멀티미디어 방송의 송출에 필요한 전기통신설비의 사용과 관련된 분쟁
3. 방송구역과 관련된 분쟁
4. 중계방송권 등 재산권적 이해와 관련된 분쟁
5. 방송사업자 또는 인터넷 멀티미디어 방송사업자의 공동사업에 관한 분쟁. 다만, 「독점규제 및 공정거래에 관한 법률」 제19조제1항 각 호의 어느 하나에 해당하는 사항은 제외한다.
6. 그 밖에 방송사업 및 인터넷 멀티미디어 방송사업의 운영에 관

한 분쟁

② 방송분쟁조정위원회는 제1항에 따른 조정 신청을 받은 날부터 조정절차를 개시한다.

③ 제1항에 따른 신청 시 신청서의 기재 사항은 대통령령으로 정한다.

[본조신설 2015.12.22.]

제91조의2(합의 권고) ① 방송분쟁조정위원회는 제91조제1항에 따라 조정이 개시되는 경우 일정한 기간을 정하여 당사자에게 합의를 권고할 수 있다.

② 제1항에 따른 권고는 조정절차의 진행에 영향을 미치지 아니한다.

[본조신설 2015.12.22.]

제91조의3(조정의 거부 및 중지) ① 방송분쟁조정위원회는 다음 각 호의 어느 하나에 해당하는 경우에는 제91조제1항에 따라 신청된 조정을 거부할 수 있다.

1. 제91조제1항에 해당하지 아니하는 사업자가 조정 신청을 한 경우
2. 제91조제1항 각 호의 조정 대상이 아닌 사안에 관하여 조정 신청을 한 경우
3. 신청인이 같은 사안에 대하여 같은 취지로 2회 이상 조정 신청을 한 경우
4. 신청의 내용이 부적법하거나 부당한 목적으로 신청하였다고 인정되는 경우
5. 그 밖에 이에 준하는 경우로서 대통령령으로 정하는 경우

② 방송분쟁조정위원회는 제91조제1항에 따라 개시된 조정절차의 진행 중에 한 쪽 당사자가 조정의 대상인 분쟁을 원인으로 하는 소를 제기하거나 조정 개시 전에 이미 소가 제기된 사실을 확인한 경우

에는 조정절차를 중지하고 이를 당사자에게 통지하여야 한다. 다만, 소가 취하된 경우 방송분쟁조정위원회는 조정절차를 속개할 수 있다.

[본조신설 2015.12.22.]

제91조의4(조정절차) ① 방송분쟁조정위원회는 당사자 또는 이해관계인이 의견을 진술하려는 경우에는 특별한 사유가 없으면 의견진술의 기회를 주어야 한다.

② 방송분쟁조정위원회는 분쟁의 조정을 위하여 필요하다고 인정하는 경우에는 당사자, 이해관계인 및 관계 행정기관 등에 필요한 자료의 제출을 요구할 수 있다.

③ 방송분쟁조정위원회는 조정절차를 개시한 날부터 60일 이내에 조정사건을 심사하여 조정안을 작성하여야 한다. 다만, 부득이한 사정이 있는 경우에는 한 차례만 30일의 범위에서 분쟁조정위원회의 의결로 처리기간을 연장할 수 있다.

④ 방송분쟁조정위원회는 제3항에 따른 조정안을 작성한 후 지체 없이 당사자에게 통지하여야 한다.

⑤ 제1항부터 제4항까지에서 규정한 사항 외에 조정의 절차와 방법 등에 관하여 필요한 사항은 대통령령으로 정한다.

[본조신설 2015.12.22.]

제91조의5(조정의 효력 등) ① 제91조의4제4항에 따라 조정안의 통지를 받은 당사자는 통지를 받은 날부터 15일 이내에 조정안에 대한 수락 여부를 방송분쟁조정위원회에 통보하여야 한다. 이 경우 기간 내에 당사자가 수락의 의사를 표시하지 아니한 경우에는 조정을 거부한 것으로 본다.

② 조정은 제91조의4제4항에 따라 통지받은 조정안을 전원이 제1항에 따라 수락한 때에 성립하고 방송분쟁조정위원회 위원장이 지체 없이 조정조서를 작성하여 전원에게 송달하여야 한다.

③ 조정이 성립되면 재판상 화해와 같은 효력을 갖는다.

[본조신설 2015.12.22.]

제91조의6(조정의 종결) ① 조정은 다음 각 호의 어느 하나에 해당하는 경우에 종결된다.

1. 제91조의2에 따른 합의 권고를 통하여 합의가 이루어진 경우
2. 제91조의3제1항에 따라 방송분쟁조정위원회가 조정을 거부한 경우
3. 당사자가 제91조의5제1항 후단에 따라 지정 기간 내에 조정안에 대한 수락의 의사를 표시하지 아니하거나 수락 거부의 의사를 표시한 경우
4. 제91조의5제2항에 따라 조정이 성립된 경우
5. 조정의 대상인 분쟁을 원인으로 하는 소송의 판결이 확정된 경우

② 방송분쟁조정위원회는 제1항에 따라 조정이 종결되었을 때에는 종결 사실과 그 이유를 적시하여 당사자에게 통지하여야 한다.

[본조신설 2015.12.22.]

제2절 그 밖의 조치 <신설 2015.12.22.>

제91조의7(방송의 유지·재개 명령) ① 방송통신위원회는 다음 각 호의 어느 하나에 해당하는 경우로서 시청자의 이익이 현저히 저해되거나 저해될 우려가 있는 때에는 방송사업자, 중계유선방송사업자 또는 인터넷 멀티미디어 방송사업자에게 30일 이내의 범위에서 방

송통신위원회가 정하는 기간 동안 방송프로그램·채널의 공급 또는 송출을 유지하거나 재개할 것을 명할 수 있다. 다만, 그 기간이 경과한 후에도 방송프로그램·채널의 공급 또는 송출을 유지하거나 재개할 필요가 있는 경우에는 한 차례에 한하여 30일 이내의 범위에서 그 기간을 연장할 수 있다.

1. 제76조제2항에 따른 국민관심행사등에 관한 실시간 방송프로그램의 공급 또는 송출이 중단되거나 중단될 것으로 사업자 또는 시청자에게 통보된 경우
2. 제78조제1항 및 제2항에 따른 동시재송신 채널 외의 지상파방송 채널의 공급 또는 송출이 중단되거나 중단될 것으로 사업자 또는 시청자에게 통보된 경우

② 방송분쟁조정위원회는 조정절차 진행 중인 분쟁사건이 제1항에 해당한다고 판단되는 경우에는 방송통신위원회에 해당 사업자에 대하여 제1항에 따른 명령을 하도록 건의할 수 있다.

③ 제1항에 따른 명령은 제91조 및 제91조의2부터 제91조의6까지의 규정에 따른 조정 절차에 영향을 미치지 아니한다.

[본조신설 2015.12.22.]

제7장 방송발전의 지원

제92조(방송발전의 지원) ①정부는 국민이 다양한 방송을 균등하게 향유할 수 있도록 하고, 방송문화의 발전 및 진흥을 위하여 노력하여야 한다.

② 문화체육관광부장관은 방송영상산업의 진흥을 위하여 필요한 정책을 수립·시행하여야한다. <개정 2008.2.29.>

③ 과학기술정보통신부장관은 방송기술 및 시설에 관하여 필요한 정책을 수립·시행하여야한다. <개정 2008.2.29., 2013.3.23., 2017.7.26.>

제92조의2(애니메이션 제작 세제지원) 정부는 방송사업자가 애니메이션 방송프로그램을 제작하는 경우에는 「조세특례제한법」 등 조세 관계 법률에서 정하는 바에 따라 조세를 감면할 수 있다.

[본조신설 2012.1.17.]

제93조(방송프로그램의 보관 및 활용) 방송사업자는 방송프로그램의 효율적인 수집·보관·유통 및 활용등을 위하여 방송프로그램보관소를 공동으로 설립·운영할 수 있다.

제94조(방송전문인력의 양성등) 정부는 방송전문인력을 양성하기 위하여 전문교육기관 및 방송관련학과등에 대한 지원등에 필요한 시책을 수립할 수 있다.

제95조(방송제작단지 조성·지원) ①정부는 방송사업자가 공동으로 방송제작단지를 조성하는 때에는 필요한 지원을 할 수 있다.

② 정부는 제1항의 규정에 의한 방송제작단지가 정보통신단지 또는 영상제작단지등과 연계·운영되도록 할 수 있다.

제96조(방송프로그램 유통등 지원) ①문화체육관광부장관은 영상·비디오 등 영상물이 방송프로그램으로 제작되어 방송매체별로 다단계로 유통·활용 또는 수출될 수 있도록 지원할 수 있다. <개정 2008.2.29.>

② 과학기술정보통신부장관은 방송기술 및 시설의 개발·활용 및 수

출이 촉진될 수 있도록 지원할 수 있다. <개정 2008.2.29., 2013.3.23., 2017.7.26.>

제97조(방송의 국제협력) 정부 또는 방송통신위원회는 외국의 방송관련기관·단체와의 국제교류, 방송프로그램의 공동제작, 방송전문인력의 상호교류 및 방송기술의 공동개발등 국제협력을 촉진할 수 있는 사업을 지원할 수 있다. <개정 2008.2.29.>

제8장 보칙

제98조(자료제출) ①정부 또는 방송통신위원회는 직무수행을 위하여 필요한 경우에는 방송사업자·중계유선방송사업자·전광판방송사업자·음악유선방송사업자·전송망사업자 또는 외주제작사에 관련자료의 제출을 요구할 수 있다. <개정 2008.2.29., 2016.1.27.>

② 삭제 <2015.12.22.>

③ 방송통신위원회는 시청률, 시청점유율 등의 조사 및 산정에 필요한 자료를 해당 개인, 법인·단체 또는 기관에 요청할 수 있다. <신설 2009.7.31.>

제98조의2(재산상황의 공표) ① 방송시장의 투명한 회계정보 제공을 위하여 매년 방송사업자 및 인터넷 멀티미디어 방송사업자는 해당 법인의 재산상황을 방송통신위원회에 제출하여야 한다. 다만, 직전 사업연도의 방송사업매출액이 1억원 미만인 사업자 중 대통령령으로 정하는 사업자는 그러하지 아니하다.

② 방송통신위원회는 제1항에 따른 사업자의 재산상황을 공표하여야

한다.

③ 재산상황 제출 자료 및 시기 등 제1항에 따른 사업자가 재산상황을 제출하기 위하여 필요한 구체적인 사항은 대통령령으로 정한다.

[본조신설 2015.12.22.]

第99條(시정명령등) ①과학기술정보통신부장관 또는 방송통신위원회는 소관 업무에 따라 방송사업자·중계유선방송사업자·전광판방송사업자 또는 음악유선방송사업자가 다음 각 호의 어느 하나에 해당하는 때에는 시정을 명할 수 있다. <개정 2007.7.27., 2008.2.29., 2013.3.23., 2017.7.26.>

1. 정당한 사유 없이 방송을 중단하는 등 시청자의 이익을 현저히 저해하고 있다고 인정될 때
2. 이 법 또는 허가조건·승인조건·등록요건을 위반하고 있다고 인정될 때

② 과학기술정보통신부장관은 방송사업자(放送채널使用事業者를 제외한다)·전송망사업자·중계유선방송사업자 또는 음악유선방송사업자가 설치한 시설이 이 법 또는 허가조건·등록요건을 위반하고 있다고 인정될 때에는 그 시설의 개선을 명할 수 있다. <개정 2008.2.29., 2013.3.23., 2017.7.26.>

第100條(제재조치등) ①방송통신위원회는 방송사업자·중계유선방송사업자·전광판방송사업자 또는 외주제작사가 제33조의 심의규정 및 제74조제2항에 의한 협찬고지 규칙을 위반한 경우에는 5천만원 이하의 과징금을 부과하거나 위반의 사유, 정도 및 횟수 등을 고려하여 다음 각호의 제재조치를 명할 수 있다. 제35조에 따른 시청자불만처리의 결과에 따라 제재를 할 필요가 있다고 인정되

는 경우에도 또한 같다. 다만, 방송통신심의위원회는 심의규정 등의 위반정도가 경미하여 제재조치를 명할 정도에 이르지 아니한 경우에는 해당 사업자·해당 방송프로그램 또는 해당 방송광고의 책임자나 관계자에 대하여 권고를 하거나 의견을 제시할 수 있다. <개정 2006.10.27., 2008.2.29., 2009.7.31., 2015.12.22., 2016.1.27.>

1. 삭제 <2013.3.23.>
2. 해당 방송프로그램 또는 해당 방송광고의 정정·수정 또는 중지
3. 방송편성책임자·해당 방송프로그램 또는 해당 방송광고의 관계자에 대한 징계
4. 주의 또는 경고

② 제1항의 규정에 의한 제재조치가 해당방송프로그램의 출연자로 인하여 이루어진 경우 해당방송사업자는 방송출연자에 대하여 경고, 출연제한 등의 적절한 조치를 취하여야 한다. <신설 2006.10.27.>

③ 제1항의 규정에 불구하고 위반의 정도가 중대하다고 인정되는 다음 각 호의 경우에 한하여 방송통신위원회는 1억원 이하의 과징금을 부과할 수 있다. <신설 2006.10.27., 2008.2.29.>

1. 음란, 퇴폐 및 폭력 등에 관한 심의규정을 위반하는 경우
2. 「마약류관리에 관한 법률」 제2조제1호의 규정에 의한 마약류 복용·투약·흡입 및 음주 후 방송출연 등으로 인한 심의규정을 위반하는 경우
3. 제1항제1호 내지 제3호의 제재조치를 받았음에도 불구하고 대통령령으로 정하는 바에 따라 동일한 사유로 반복적으로 심의

규정을 위반하는 경우

④ 방송사업자·중계유선방송사업자·전광판방송사업자 및 외주제작사는 제1항 및 제3항에 따른 과징금처분 또는 제재조치명령을 받은 경우 지체 없이 그에 관한 방송통신위원회의 결정사항전문을 방송(외주제작사는 제외한다)하고, 제재조치명령은 이를 받은 날부터 7일 이내에 이행하여야 하며, 그 이행결과를 방송통신위원회에 보고하여야 한다. <개정 2006.10.27., 2008.2.29., 2009.7.31., 2016.1.27.>

⑤ 방송통신위원회는 제1항 및 제3항에 따라 과징금처분 또는 제재조치명령을 하는 경우 미리 당사자 또는 그 대리인에게 의견을 진술할 기회를 주어야 한다. 다만, 당사자 또는 그 대리인이 정당한 사유없이 이에 응하지 아니한 때에는 그러하지 아니하다. <개정 2006.10.27., 2008.2.29., 2009.7.31.>

⑥ 제1항 및 제3항에 따른 과징금처분 또는 제재조치명령에 이의가 있는 자는 당해 제재조치명령을 받은 날부터 30일 이내에 방송통신위원회에 재심을 청구할 수 있다. <개정 2006.10.27., 2008.2.29., 2009.7.31.>

⑦ 방송통신위원회는 제6항의 규정에 의한 방송통신위원회의 재심결과를 당사자 또는 그 대리인에게 통지하여야 한다. <개정 2006.10.27., 2008.2.29.>

[2013.3.23. 법률 제11710호에 의하여 2012.8.3. 위헌 결정된 제100조 제1항제1호를 삭제함.]

제101조(청문) 과학기술정보통신부장관 또는 방송통신위원회는 다음 각 호의 어느 하나에 해당하는 경우에는 청문을 실시하여야 한다.

<개정 2007.7.27., 2008.2.29., 2013.3.23., 2017.7.26.>

1. 제17조의 규정에 의한 재허가 또는 재승인을 거부하는 경우

2. 제18조의 규정에 의한 허가·승인 또는 등록을 취소하는 경우

3. 제78조의2제5항에 따라 승인을 취소하는 경우

제102조(수수료) 이 법에 의한 허가·승인·등록, 변경허가·변경승인·변경등록,재허가·재승인 신청을 하는 자와 유선방송국설비 및 전송·선로설비의 준공검사를 받고자 하는 자는 대통령령이 정하는 바에 의하여 수수료를 납부하여야 한다.

제103조(권한의 위임·위탁) ① 이 법에 따른 과학기술정보통신부장관의 권한은 그 일부를 대통령령으로 정하는 바에 따라 시·도지사 및 소속기관의 장에게 위임하거나 「전파법」에 따른 한국방송통신전파진흥원에 위탁할 수 있다. <개정 2013.3.23., 2017.7.26.>

② 이 법에 따른 방송통신위원회의 권한은 그 일부를 대통령령으로 정하는 바에 따라 시·도지사에게 위임하거나 과학기술정보통신부 소속기관의 장 또는 「전파법」에 따른 한국방송통신전파진흥원에 위탁할 수 있다. <신설 2013.3.23., 2017.7.26.>

제104조(벌칙적용에 있어서의 공무원의 의제) ① 제35조의3제1항에 따른 방송분쟁조정위원회의 위원 중 공무원이 아닌 사람은 「형법」 제127조 및 제129조부터 제132조까지의 규정을 적용할 때에는 공무원으로 본다. <신설 2016.1.27.>

② 제103조에 따라 권한을 위탁받은 사무에 종사하는 자는 형법이나 그 밖의 법률에 따른 벌칙의 적용에 있어서 이를 공무원으로 본다. <개정 2016.1.27.>

[전문개정 2008.2.29.]

제9장 벌칙

제105조(벌칙) 다음 각호의 1에 해당하는 자는 2년이하의 징역 또는 3천만원이하의 벌금에 처한다. <개정 2014.5.28., 2015.12.22.>

1. 제4조제2항의 규정에 위반하여 방송편성에 관하여 규제나 간섭을 한 자
2. 허위 기타 부정한 방법으로 제9조, 제9조의3 또는 제17조의 규정에 의한 허가 또는 재허가를 받거나 승인 또는 재승인을 얻거나 등록을 하여 방송사업·중계유선방송사업·음악유선방송사업·전광판방송사업·전송망사업을 하거나 기술결합서비스를 제공한 자
3. 제9조, 제9조의3 또는 제17조의 규정에 의한 허가 또는 재허가를 받지 아니하거나 승인 또는 재승인을 얻지 아니하거나 등록을 하지 아니하고 방송사업·중계유선방송사업·음악유선방송사업·전광판방송사업·전송망사업을 하거나 기술결합서비스를 제공한 자
4. 제53조제3항을 위반하여 직무상 알게 된 공사의 비밀을 누설하거나 도용한 자

제106조(벌칙) ①다음 각호의 1에 해당하는 자는 1년 이하의 징역 또는 3천만원이하의 벌금에 처한다. <개정 2004.3.22., 2006.10.27., 2009.7.31.>

1. 제4조제4항의 규정에 위반하여 방송편성규약을 제정하지 아니하거나 공표하지 아니한 자
2. 제8조제13항의 규정에 의한 시정명령을 위반한 자

3. 제14조제6항의 규정에 의한 시정명령을 위반한 자
4. 허위 기타 부정한 방법으로 제15조제1항의 규정에 의한 변경허가를 받거나 변경승인을 얻거나 변경등록을 한 자
5. 제15조제1항의 규정에 의한 변경허가를 받지 아니하거나 변경승인을 얻지 아니하거나 변경등록을 하지 아니한 자
6. 제15조의2제3항의 규정에 따른 시정명령을 위반한 자

② 다음 각호의 1에 해당하는 자는 3천만원 이하의 벌금에 처한다. <개정 2007.1.26., 2008.2.29.>

1. 삭제 <2014.5.28.>
2. 제100조제1항의 규정에 의한 방송통신위원회의 제재조치명령을 이행하지 아니한 자

제107조(양벌규정) 법인의 대표자나 법인 또는 개인의 대리인, 사용인, 그 밖의 종업원이 그 법인 또는 개인의 업무에 관하여 제105조 또는 제106조의 위반행위를 하면 그 행위자를 벌하는 외에 그 법인 또는 개인에게도 해당 조문의 벌금형을 과(科)한다. 다만, 법인 또는 개인이 그 위반행위를 방지하기 위하여 해당 업무에 관하여 상당한 주의와 감독을 게을리하지 아니한 경우에는 그러하지 아니하다.

[전문개정 2010.6.8.]

제108조(과태료) ①다음 각 호의 어느 하나에 해당하는 자에게는 3천만원 이하의 과태료를 부과한다. <개정 2002.4.20., 2004.3.22., 2005.5.18., 2006.10.27., 2007.7.27., 2008.2.29., 2009.7.31., 2011.7.14., 2012.1.17., 2014.5.28., 2015.3.13., 2015.6.22., 2015.12.22., 2016.1.27.>

1. 제4조제3항의 규정에 위반하여 방송편성책임자의 성명을 방송시간내에 매일 1회 이상 공표하지 아니한 자
1의2. 제9조의3제6항에 따른 신고를 하지 아니하고 기술결합서비스를 중지하거나 중단한 자
2. 제15조제2항 및 제3항의 규정에 의한 신고를 하지 아니한 자
2의2. 제15조의2제1항 단서의 규정에 의한 신고를 하지 아니한 자
2의3. 삭제 <2009.7.31.>
3. 제33조제4항을 위반하여 방송프로그램의 등급을 표시하지 아니한 자
3의2. 제35조의5제3항에 따른 자료를 제출하지 아니한 자
4. 제69조제3항 내지 제6항의 규정을 위반하여 방송프로그램을 편성한 자
5. 제70조제1항 내지 제4항의 규정에 위반하여 채널을 구성·운용한 자
6. 제70조제5항 단서 또는 같은 조 제6항을 위반하여 채널을 운용한 자
7. 제70조제7항의 규정에 위반하여 특별한 이유없이 시청자가 자체제작한 방송프로그램을 방송하지 아니한 자
7의2. 제70조제8항을 위반하여 채널을 구성·운용한 자
7의3. 제70조의2제2항에 따른 명령을 위반한 자
8. 제71조제1항 내지 제4항의 규정에 위반하여 방송프로그램을 편성한 자
9. 제72조제1항 및 제3항의 규정에 의한 편성비율을 위반하여 방송프로그램을 편성한 자

10. 제73조제1항·제2항 또는 제4항을 위반하여 방송광고를 한 자

10의2. 제73조제6항에 따라 정당한 사유 없이 합의를 하지 아니한 방송사업자 또는 같은 항에 따른 합의 없이 간접광고를 판매한 외주제작사

10의3. 제73조제8항을 위반하여 간접광고를 판매한 자

10의4. 제73조의2를 위반하여 방송광고 매출현황 자료를 제출하지 아니하거나 거짓으로 제출한 자

11. 제74조제1항 및 제2항의 규정에 위반하여 협찬고지를 한 자

11의2. 삭제 <2010.3.22.>

12. 제77조제1항의 규정에 위반하여 약관의 신고 또는 변경신고를 하지 아니하거나 승인 또는 변경승인을 얻지 아니하고 유료방송을 한 자

12의2. 제77조제2항을 위반하여 이용자에게 약관 변경을 통지하지 아니한 자

13. 제78조제1항의 규정에 위반하여 동시재송신을 하지 아니한 자

14. 제78조제4항에 위반하여 재송신을 한 자 및 방송사업자로부터 업무를 위탁받아 방송을 위한 설비를 설치·운용하는 자로서 제78조제4항에 위반한 재송신을 가능하게 한 자

14의2. 외국방송사업자로서 다음 각 목의 어느 하나에 해당하는 자

가. 제78조의2제1항을 위반하여 승인받지 아니하고 재송신을 한 자

나. 제78조의2제3항을 위반하여 재송신을 한 자

다. 제78조의2제4항에 따른 자료제출 요구에 응하지 아니하거나 거짓으로 자료를 제출한 자

14의3. 제78조의2제6항을 위반하여 재송신을 하거나 같은 조 제7항에 따른 재송신의 범위와 기준을 초과하여 재송신을 한 자
15. 제79조제2항 또는 제80조의 규정에 위반하여 준공검사 또는 확인을 받지 아니한자
16. 삭제 <2016.1.27.>
17. 제83조제1항의 규정에 의한 방송일지를 기록하지 아니하거나 허위로 기록한 자 또는 방송실시결과를 제출하지 아니한 자
18. 제83조제2항의 규정에 위반하여 방송프로그램 및 방송광고의 원본 또는 사본을 보존하지 아니한 자
19. 제84조제1항의 규정에 의한 신고를 하지 아니하고 폐업하거나 휴업한 자
19의2. 제85조의2제4항을 위반하여 자료제출을 거부하거나 거짓자료를 제출한 자
20. 제86조제1항의 규정에 위반하여 자체심의기구를 두지 아니하거나 방송프로그램을 심의하지 아니하거나 같은 조 제2항을 위반하여 허위, 과장 등 시청자가 오인할 수 있는 내용이 담긴 방송광고를 방송한 자
21. 제87조제1항의 규정에 위반하여 시청자위원회를 두지 아니한 자
22. 제89조제1항의 규정에 위반하여 시청자 평가프로그램을 편성하지 아니한 자
23. 제90조제3항의 규정에 위반하여 필요한 자료의 제출 또는 관계자의 출석、답변을 거부한 자
24. 제90조제4항의 규정에 위반하여 시청자위원회의 심의결과 및 그 처리에 관한사항을 방송통신위원회에 보고하지 아니한 자

25. 삭제 <2005.1.27.>

25의2. 제98조제1항의 규정을 위반하여 자료제출을 하지 아니하거나 거짓으로 자료를 제출한 자

25의3. 제98조제3항에 따른 자료제출을 하지 아니하거나 거짓으로 자료를 제출한 자

26. 제98조의2제1항을 위반하여 재산상황을 제출하지 아니하거나 거짓으로 재산상황을 제출한 자

26의2. 제100조제2항의 규정을 위반한 방송출연자에 대한 경고, 출연제한 등의 조치를 취하지 아니한 자

27. 제100조제4항의 규정에 위반하여 방송통신위원회의 결정사항전문을 방송하지 아니하거나 그 결과를 방송통신위원회에 보고하지 아니한 자

② 제1항의 규정에 의한 과태료는 대통령령이 정하는 바에 의하여 과학기술정보통신부장관 또는 방송통신위원회(이하 "부과권자"라 한다)가 부과·징수한다. <개정 2008.2.29., 2013.3.23., 2017.7.26.>

③ 삭제 <2015.12.22.>

④ 삭제 <2015.12.22.>

⑤ 삭제 <2015.12.22.>

제109조(과징금 부과 및 징수) ①과학기술정보통신부장관 또는 방송통신위원회는 이 법의 규정에 의한 과징금을 부과함에 있어서 다음 각 호의 사항을 참작하여야 한다. <개정 2008.2.29., 2013.3.23., 2017.7.26.>

1. 위반행위의 내용 및 정도

2. 위반행위의 기간 및 횟수

3. 위반행위로 인하여 취득한 이익의 규모 등

② 과학기술정보통신부장관 또는 방송통신위원회는 이 법의 규정을 위반한 방송사업자의 합병이 있는 경우에는 당해 법인이 행한 위반행위는 합병 후 존속하거나 합병에 의해 설립된 법인이 행한 행위로 보아 과징금을 부과ㆍ징수할 수 있다. <개정 2008.2.29., 2013.3.23., 2017.7.26.>

③ 과징금을 부과받은 당해 방송사업자가 분할 또는 분할합병되는 경우(부과일에 분할 또는 분할합병되는 경우를 포함한다) 그 과징금은 다음 각 호의 법인이 연대하여 납부할 책임을 진다.

1. 분할되는 법인
2. 분할 또는 분할합병으로 인하여 설립되는 법인
3. 분할되는 회사의 일부가 다른 회사와 합병하여 그 다른 회사가 존속하는 경우의 그 다른 법인

④ 과징금을 부과받은 방송사업자가 분할 또는 분할합병으로 인하여 해산되는 경우(부과일에 해산되는 경우를 포함한다) 그 과징금은 다음 각 호의 법인이 연대하여 납부할 책임을 진다.

1. 분할 또는 분할합병으로 인하여 설립되는 법인
2. 분할되는 법인의 일부가 다른 법인과 합병하여 그 다른 법인이 존속하는 경우의 그 다른 법인

⑤ 과학기술정보통신부장관 또는 방송통신위원회는 과징금 납부의 무자가 납부기한 내에 과징금을 납부하지 아니한 때에는 기간을 정하여 독촉을 하고, 그 지정한 기간 내에 과징금을 납부하지 아니한 때에는 국세체납처분의 예에 따라 이를 징수할 수 있다. <개정 2008.2.29., 2013.3.23., 2017.7.26.>

⑥ 제1항의 규정에 의한 과징금의 부과기준 및 과징금의 징수에 관하여 필요한 사항은 대통령령으로 정한다.

[본조신설 2006.10.27.]

부칙 <제14839호, 2017.7.26.> (정부조직법)

제1조(시행일) ① 이 법은 공포한 날부터 시행한다. 다만, 부칙 제5조에 따라 개정되는 법률 중 이 법 시행 전에 공포되었으나 시행일이 도래하지 아니한 법률을 개정한 부분은 각각 해당 법률의 시행일부터 시행한다.

제2조부터 제4조까지 생략

제5조(다른 법률의 개정) ①부터 <362>까지 생략

<363> 방송법 일부를 다음과 같이 개정한다.

제8조제13항 각 호 외의 부분, 같은 항 제1호, 같은 조 제18항, 제9조제1항 후단, 같은 조 제2항 전단 및 후단, 같은 조 제3항, 같은 조 제5항 본문 및 단서, 같은 조 제6항·제8항, 같은 조 제10항 각 호 외의 부분 전단 및 후단, 같은 조 제11항 후단, 제9조의3제1항 각 호 외의 부분, 같은 항 제2호, 같은 조 제2항·제3항, 같은 조 제5항 전단, 같은 조 제6항, 제10조제1항 각 호 외의 부분, 같은 조 제2항·제3항, 제11조, 제12조제1항 전단, 같은 조 제2항, 제14조제3항 단서, 같은 조 제6항 각 호 외의 부분, 같은 항 제1호, 제15조제1항 각 호 외의 부분 전단, 같은 조 제3항 각 호 외의 부분 본문, 제15조의2제1항 각 호 외의 부분 본문 및 단서, 같은 항 제1호, 같은 조 제2항 각 호

외의 부분, 같은 조 제3항, 제17조제1항 전단, 같은 조 제2항, 같은 조 제3항 각 호 외의 부분, 제18조제1항 각 호 외의 부분 본문, 같은 항 제13호, 같은 조 제2항ㆍ제4항, 제19조제1항ㆍ제2항, 제69조의2 제4항, 제70조제6항제6호, 제70조의2제1항ㆍ제2항, 제77조제1항 본문 및 단서, 같은 조 제3항, 제78조제2항, 같은 조 제4항 각 호 외의 부분, 제78조의2제1항 전단, 같은 조 제2항 각 호 외의 부분, 같은 조 제4항, 같은 조 제5항 각 호 외의 부분, 제79조제1항, 같은 조 제2항 전단, 같은 조 제4항, 제80조 전단, 제83조제1항 각 호 외의 부분, 같은 항 제1호, 제84조제1항 각 호 외의 부분, 같은 항 제2호, 제85조2제2항 후단, 제92조제3항, 제96조제2항, 제99조제1항 각 호 외의 부분, 같은 조 제2항, 제101조 각 호 외의 부분, 제103조제1항, 제108조제2항, 제109조제1항 각 호 외의 부분 및 같은 조 제2항ㆍ제5항 중 "미래창조과학부장관"을 각각 "과학기술정보통신부장관"으로 한다.

제9조의3제6항, 제70조제5항 본문, 같은 조 제7항, 제83조제3항 및 제84조제3항 중 "미래창조과학부령"을 각각 "과학기술정보통신부령"으로 한다.

제103조제2항 중 "미래창조과학부"를 "과학기술정보통신부"로 한다.

법률 제14598호 방송법 일부개정법률 제90조제4항 후단 중 "미래창조과학부장관"을 "과학기술정보통신부장관"으로 한다.

<364>부터 <382>까지 생략

제6조 생략

2장

신문법

소비자와 미디어

신문법

신문 등의 진흥에 관한 법률 (약칭: 신문법)

[시행 2017.6.22.] [법률 제14631호, 2017.3.21., 일부개정]

문화체육관광부(미디어정책과) 044-203-3214

제1장 총칙

제1조(목적) 이 법은 신문 등의 발행의 자유와 독립 및 그 기능을 보장하고 사회적 책임을 높이며 신문산업을 지원·육성함으로써 언론의 자유 신장과 민주적인 여론형성에 기여함을 목적으로 한다.

제2조(정의) 이 법에서 사용하는 용어의 정의는 다음과 같다.

1. "신문"이란 정치·경제·사회·문화·산업·과학·종교·교육·체육 등 전체 분야 또는 특정 분야에 관한 보도·논평·여론 및 정보 등을 전파하기 위하여 같은 명칭으로 월 2회 이상 발행하는 간행물로서 다음 각 목의 것을 말한다.

   가. 일반일간신문: 정치·경제·사회·문화 등에 관한 보도·논평 및 여론 등을 전파하기 위하여 매일 발행하는 간행물

   나. 특수일간신문: 산업·과학·종교·교육 또는 체육 등 특정 분야(정치를 제외한다)에 국한된 사항의 보도·논평 및 여론 등을 전파하기 위하여 매일 발행하는 간행물

   다. 일반주간신문: 정치·경제·사회·문화 등에 관한 보도·논

평 및 여론 등을 전파하기 위하여 매주 1회 발행하는 간행물(주 2회 또는 월 2회 이상 발행하는 것을 포함한다)

라. 특수주간신문: 산업·과학·종교·교육 또는 체육 등 특정 분야(정치를 제외한다)에 국한된 사항의 보도·논평 및 여론 등을 전파하기 위하여 매주 1회 발행하는 간행물(주 2회 또는 월 2회 이상 발행하는 것을 포함한다)

2. "인터넷신문"이란 컴퓨터 등 정보처리능력을 가진 장치와 통신망을 이용하여 정치·경제·사회·문화 등에 관한 보도·논평 및 여론·정보 등을 전파하기 위하여 간행하는 전자간행물로서 독자적 기사 생산과 지속적인 발행 등 대통령령으로 정하는 기준을 충족하는 것을 말한다.
3. "신문사업자"란 신문을 발행하는 자를 말한다.
4. "인터넷신문사업자"란 인터넷신문을 전자적으로 발행하는 자를 말한다.
5. "인터넷뉴스서비스"란 신문, 인터넷신문, 「뉴스통신진흥에 관한 법률」에 따른 뉴스통신, 「방송법」에 따른 방송 및 「잡지 등 정기간행물의 진흥에 관한 법률」에 따른 잡지 등의 기사를 인터넷을 통하여 계속적으로 제공하거나 매개하는 전자간행물을 말한다. 다만, 제2호의 인터넷신문 및 「인터넷 멀티미디어 방송사업법」 제2조제1호에 따른 인터넷 멀티미디어 방송, 그 밖에 대통령령으로 정하는 것을 제외한다.
6. "인터넷뉴스서비스사업자"란 제5호에 따른 전자간행물을 경영하는 자를 말한다.
7. "발행인"이란 신문을 발행하거나 인터넷신문을 전자적으로 발

행하는 대표자를 말한다.

8. "편집인"이란 신문의 편집 또는 인터넷신문의 공표에 관하여 책임을 지는 자를 말한다.

9. "기사배열책임자"란 인터넷뉴스서비스의 기사배열에 관하여 책임을 지는 자를 말한다.

10. "인쇄인"이란 신문사업자가 선임한 자 또는 신문사업자와 인쇄계약을 체결한 자로서 그 신문의 인쇄에 관하여 책임을 지는 자를 말한다.

11. "지사" 또는 "지국"이란 기사취재 등을 목적으로 신문의 발행소 소재지 외의 지역에 설치된 사무소를 말한다.

12. "독자"란 신문을 유상 또는 무상으로 공급받는 자와 인터넷신문 또는 인터넷뉴스서비스를 유상 또는 무상으로 이용하는 자를 말한다.

제3조(신문 등의 자유와 책임) ① 신문 및 인터넷신문에 대한 언론의 자유와 독립은 보장된다.

② 신문 및 인터넷신문은 제1항의 언론자유의 하나로서 정보원에 대하여 자유로이 접근할 권리와 그 취재한 정보를 자유로이 공표할 자유를 갖는다.

③ 신문 및 인터넷신문은 인간의 존엄과 가치 및 민주적 기본질서를 존중하여야 한다.

제4조(편집의 자유와 독립) ① 신문 및 인터넷신문의 편집의 자유와 독립은 보장된다.

② 신문사업자 및 인터넷신문사업자는 편집인의 자율적인 편집을 보장하여야 한다.

제5조(편집위원회) 일반일간신문사업자는 편집위원회를 둘 수 있다.

제6조(독자의 권리보호) ① 신문사업자·인터넷신문사업자 및 인터넷뉴스서비스사업자는 편집 또는 제작의 기본방침이 독자의 이익에 충실하도록 노력하여야 한다.

② 신문사업자·인터넷신문사업자 및 인터넷뉴스서비스사업자는 독자의 권익을 보호하기 위한 자문기구로 독자권익위원회를 둘 수 있다.

③ 신문·인터넷신문의 편집인 및 인터넷뉴스서비스의 기사배열책임자는 독자가 기사와 광고를 혼동하지 아니하도록 명확하게 구분하여 편집하여야 한다.

제7조(불공정거래행위의 금지 등) ① 신문사업자는 구독자의 의사에 반하여 구독계약을 체결·연장·해지하거나 불공정거래행위에 해당하는 무가지 및 무상의 경품을 제공하여서는 아니 된다.

② 제1항에 따른 불공정거래행위의 여부 및 그 처리 등에 관하여는 「독점규제 및 공정거래에 관한 법률」에서 정하는 바에 따른다.

제8조(연수에 대한 지원) 신문사업자·인터넷신문사업자 및 인터넷뉴스서비스사업자가 공동으로 종사자의 능력과 자질을 향상시키기 위한 연수기구를 설치·운영하는 경우 제34조에 따른 언론진흥기금에서 이를 지원할 수 있다.

[전문개정 2016.2.3.]

제2장 신문사업 운영 등

제9조(등록) ① 신문을 발행하거나 인터넷신문 또는 인터넷뉴스서비스를 전자적으로 발행하려는 자는 대통령령으로 정하는 바에 따라 다음 각 호의 사항을 주사무소 소재지를 관할하는 특별시장·광역시장·특별자치시장·도지사 또는 특별자치도지사(이하 "시·도지사"라 한다)에게 등록하여야 한다. 등록된 사항이 변경된 때에도 또한 같다. 다만, 국가 또는 지방자치단체가 발행 또는 관리하거나 법인이나 그 밖의 단체 또는 기관이 그 소속원에게 보급할 목적으로 발행하는 경우와 대통령령으로 정하는 경우에는 그러하지 아니하다. <개정 2016.2.3.>

1. 신문 및 인터넷신문의 명칭(신문 및 인터넷신문에 한정한다)
2. 인터넷뉴스서비스의 상호 및 명칭(인터넷뉴스서비스에 한정한다)
3. 종별 및 간별(신문에 한정한다)
4. 신문사업자와 신문의 발행인·편집인(외국신문의 내용을 변경하지 아니하고 국내에서 그대로 인쇄·배포하는 경우를 제외한다. 이하 같다) 및 인쇄인의 성명·생년월일·주소(신문사업자 또는 인쇄인이 법인이나 단체인 경우에는 그 명칭, 주사무소의 소재지와 그 대표자의 성명·생년월일·주소)
5. 인터넷신문사업자와 인터넷신문의 발행인 및 편집인의 성명·생년월일·주소(인터넷신문사업자가 법인이나 단체인 경우에는 그 명칭, 주사무소의 소재지와 그 대표자의 성명·생년월일·주소)
6. 인터넷뉴스서비스사업자와 기사배열책임자의 성명·생년월일·주소(인터넷뉴스서비스사업자가 법인이나 단체인 경우에는 그 명칭, 주사무소의 소재지와 그 대표자의 성명·생년월일·주소)

7. 발행소의 소재지

8. 발행목적과 발행내용

9. 주된 보급대상 및 보급지역(신문에 한정한다)

10. 발행 구분(무가 또는 유가)

11. 인터넷 홈페이지 주소 등 전자적 발행에 관한 사항

② 제1항에 따라 등록을 하려는 자(인터넷뉴스서비스사업자를 제외한다)가 법인 또는 단체인 경우 대표이사 또는 대표자를 발행인으로 하여야 한다. 다만, 대표이사 또는 대표자를 발행인으로 할 수 없는 정당한 사유가 있는 경우에는 이사회의 의결을 거쳐 다른 이사나 임원을 발행인으로 할 수 있다.

③ 제1항에 따라 신문을 등록하려는 자는 등록사항 중 간별을 다음 각 호의 구분에 따라 명시하여야 한다.

1. 일간(격일 또는 주 3회 이상 발행하는 것을 포함한다)

2. 주간(주 2회 또는 월 2회 이상 발행하는 것을 포함한다)

④ 제1항에 따라 신문·인터넷신문 또는 인터넷뉴스서비스를 등록한 때에는 시·도지사는 지체 없이 등록증을 내주어야 한다.

⑤ 이미 등록된 신문·인터넷신문·인터넷뉴스서비스, 「잡지 등 정기간행물의 진흥에 관한 법률」에 따라 등록 또는 신고된 정기간행물 또는 「뉴스통신진흥에 관한 법률」에 따라 등록된 뉴스통신의 명칭과 같은 명칭의 신문·인터넷신문 또는 인터넷뉴스서비스는 등록할 수 없다. 다만, 해당 사업자가 명칭 사용을 허용하는 경우에는 그러하지 아니하다.

제9조의2(청소년보호책임자의 지정 등) ① 인터넷신문사업자와 인터넷뉴스서비스사업자는 인터넷신문과 인터넷뉴스서비스의 음란·폭력정

보 등 청소년에게 해로운 정보(이하 "청소년유해정보"라 한다)로부터 청소년을 보호하기 위하여 청소년보호책임자(이하 "청소년보호책임자"라 한다)를 지정하여야 한다. 다만, 「정보통신망 이용촉진 및 정보보호 등에 관한 법률」 제42조의3제1항에 따라 청소년보호책임자를 지정하여야 하는 자는 그러하지 아니하다.

② 인터넷신문사업자와 인터넷뉴스서비스사업자는 제1항 본문 또는 「정보통신망 이용촉진 및 정보보호 등에 관한 법률」 제42조의3제1항에 따라 청소년보호책임자를 지정한 경우에는 지정된 청소년보호책임자를 대통령령으로 정하는 바에 따라 공개하여야 한다.

③ 청소년보호책임자는 해당 사업자의 임원 또는 청소년보호와 관련된 업무를 담당하는 부서의 장에 해당하는 지위에 있는 사람(부서의 장에 해당하는 지위에 있는 사람이 없는 경우는 청소년보호와 관련된 업무를 담당하는 사람을 말한다) 중에서 지정한다.

④ 청소년보호책임자는 해당 인터넷신문 또는 인터넷뉴스서비스의 청소년유해정보를 차단·관리하는 등 청소년보호업무를 하여야 한다.

⑤ 그 밖에 청소년보호책임자의 지정 및 업무에 필요한 사항은 대통령령으로 정한다.

[본조신설 2015.5.18.]

제10조(인터넷뉴스서비스사업자의 준수사항) ① 인터넷뉴스서비스사업자는 기사배열의 기본방침이 독자의 이익에 충실하도록 노력하여야 하며, 그 기본방침과 기사배열의 책임자를 대통령령으로 정하는 바에 따라 공개하여야 한다.

② 인터넷뉴스서비스사업자는 독자적으로 생산하지 아니한 기사의

제목·내용 등을 수정하려는 경우 해당 기사를 공급한 자의 동의를 받아야 한다.

③ 인터넷뉴스서비스사업자는 제공 또는 매개하는 기사와 독자가 생산한 의견 등을 혼동되지 아니하도록 대통령령으로 정하는 바에 따라 구분하여 표시하여야 한다.

④ 인터넷뉴스서비스사업자는 제공 또는 매개하는 기사의 제목·내용 등의 변경이 발생하여 이를 재전송받은 경우 인터넷뉴스서비스사업자의 인터넷홈페이지에 재전송받은 기사로 즉시 대체하여야 한다.

제11조(폐업 및 직권말소) ① 제9조에 따라 등록을 한 자가 영업을 폐쇄한 경우에는 폐쇄한 날부터 1개월 이내에 대통령령으로 정하는 바에 따라 시·도지사에게 폐업신고를 하여야 한다.

② 시·도지사는 제1항을 위반하여 폐업신고를 하지 아니한 자에 대하여는 대통령령으로 정하는 바에 따라 폐업한 사실을 확인한 후 등록사항을 직권으로 말소할 수 있다.

제12조(등록사항 등의 제출) 제9조에 따른 등록 또는 제11조에 따른 폐업신고를 받은 시·도지사는 매 분기마다 등록(변경등록을 포함한다) 및 폐업신고 사항을 문화체육관광부장관에게 제출하여야 한다.

제13조(결격사유 등) ① 다음 각 호의 어느 하나에 해당하는 자는 신문 및 인터넷신문의 발행인 또는 편집인이 되거나 인터넷뉴스서비스의 기사배열책임자가 될 수 없다. <개정 2016.2.3., 2017.3.21.>

1. 대한민국의 국민이 아닌 사람
2. 「잡지 등 정기간행물의 진흥에 관한 법률」, 「뉴스통신진흥에 관한 법률」, 「방송법」, 「인터넷 멀티미디어 방송사업법」, 「저작권

법」을 위반하거나 「형법」 제87조부터 제90조까지·제92조·제101조, 「군형법」 제5조부터 제8조까지·제9조제2항·제11조부터 제16조까지 또는 「국가보안법」 제3조부터 제9조까지의 규정에 따른 죄를 범하여 금고 이상의 실형을 선고받고 그 집행이 종료(집행이 종료된 것으로 보는 경우를 포함한다)되거나 집행을 받지 아니하기로 확정된 후 1년이 지나지 아니하거나 금고 이상의 형의 집행유예를 선고받고 그 유예기간 중에 있는 사람

3. 「잡지 등 정기간행물의 진흥에 관한 법률」, 「뉴스통신진흥에 관한 법률」, 「방송법」, 「인터넷 멀티미디어 방송사업법」, 「저작권법」을 위반하거나 「형법」 제87조부터 제90조까지·제92조·제101조, 「군형법」 제5조부터 제8조까지·제9조제2항·제11조부터 제16조까지 또는 「국가보안법」 제3조부터 제9조까지의 규정에 따른 죄를 범하여 금고 이상의 형의 선고유예를 받고 그 유예기간 중에 있는 사람
4. 「보안관찰법」에 따른 보안관찰처분이나 「치료감호법」에 따른 치료감호의 집행 중에 있는 사람
5. 이 법을 위반하여 벌금 이상의 형을 선고받고 그 형의 집행이 종료되거나 형을 받지 아니하기로 확정된 날부터 2년이 지나지 아니한 사람
6. 이 법을 위반하여 등록이 취소된 신문·인터넷신문 및 인터넷뉴스서비스의 발행인·편집인 또는 기사배열책임자로서 그 등록이 취소된 날부터 2년이 지나지 아니한 자
7. 미성년자·피성년후견인 또는 피한정후견인
8. 파산선고를 받고 복권되지 아니한 사람

② 제9조에 따라 등록한 신문·인터넷신문 또는 인터넷뉴스서비스의 발행인·편집인 또는 기사배열책임자가 제1항에 따른 결격사유에 해당하게 된 때에는 그 사유가 발생한 날부터 1개월 이내에 발행인·편집인 또는 기사배열책임자의 변경등록을 하여야 한다.

③ 법인이 아닌 자는 일간신문이나 일반주간신문을 발행할 수 없다.

④ 다음 각 호의 어느 하나에 해당하는 자는 신문을 발행할 수 없다. 다만, 그 소속원에게만 보급할 목적으로 발행하는 경우에는 그러하지 아니하다.

1. 외국정부 또는 외국의 법인이나 단체
2. 대한민국의 국민이 아닌 사람이 그 대표자로 되어 있는 법인 또는 단체
3. 외국인 또는 외국의 법인이나 단체가 다음 각 목의 어느 하나에 해당하는 비율 이상의 주식 또는 지분을 소유하고 있는 자
   가. 일간신문의 경우에는 100분의 30
   나. 일간신문을 제외한 신문의 경우에는 100분의 50

제14조(사업의 승계) ① 신문사업자 또는 인터넷신문사업자가 그 사업을 양도하거나 사망한 때 또는 법인의 합병 등이 있는 때에는 그 양수인·상속인 또는 합병 후 존속하는 법인이나 합병에 의하여 설립되는 법인 등은 그 사업자의 지위를 승계한다.

② 「민사집행법」에 따른 경매, 「채무자 회생 및 파산에 관한 법률」에 따른 환가, 「국세징수법」·「관세법」 또는 「지방세법」에 따른 압류재산의 매각, 그 밖에 이에 준하는 절차에 따라 신문 또는 인터넷신문을 인수한 자는 그 사업자의 지위를 승계한다.

③ 제1항 및 제2항에 따라 신문사업자 또는 인터넷신문사업자의 지위

를 승계한 자는 대통령령으로 정하는 바에 따라 관할 시·도지사에게 신고하여야 한다.

제15조(외국자금의 출자) 신문 또는 인터넷신문을 발행하거나 발행하려는 자가 외국인 또는 외국의 법인이나 단체로부터 재산의 출자를 받을 때에는 「외국인투자 촉진법」 제5조에 따라 산업통상자원부장관에게 신고한 사실을 입증하는 서류를 제9조에 따라 등록할 때나 신고한 날부터 15일 이내에 시·도지사에게 제출하여야 한다. <개정 2013.3.23., 2016.1.27.>

제16조(일간신문의 주식발행) 일간신문을 경영하는 법인이 주식을 발행하는 경우에는 기명식으로 하여야 한다.

제17조(여론집중도조사 등) ① 문화체육관광부장관은 신문, 인터넷신문, 인터넷뉴스서비스, 「방송법」 제2조제1호에 따른 텔레비전방송, 라디오방송, 이동멀티미디어방송 등을 대상으로 여론집중도를 대통령령으로 정하는 바에 따라 조사하여 이를 공표할 수 있다. 이 경우 문화체육관광부장관은 미리 방송통신위원회위원장과 협의하여야 한다.

② 문화체육관광부장관은 제1항의 여론집중도조사를 위하여 필요한 자료를 개인, 단체 및 기관에 요청할 수 있다. 이 경우 요청을 받은 개인, 단체 및 기관은 이에 따라야 한다.

제18조(대기업의 일반일간신문 소유제한 등) ① 「독점규제 및 공정거래에 관한 법률」 제2조제2호에 따른 기업집단 중 자산총액 등 대통령령으로 정하는 기준에 해당하는 기업집단에 속하는 회사(이하 "대기업"이라 한다)와 그 계열회사(대통령령으로 정하는 특수한 관계에 있는 자를 포함한다)는 일반일간신문을 경영하는 법인이 발행한 주식 또는 지분의 2분의

1을 초과하여 취득 또는 소유할 수 없다.

② 일반일간신문을 경영하는 법인의 이사(합명회사의 경우에는 업무집행사원, 합자회사의 경우에는 무한책임사원을 말한다) 중 그 상호 간에 「민법」 제777조에 따른 친족관계에 있는 자가 그 총수의 3분의 1을 넘지 못한다.

제19조(소유제한 위반 시 조치 등) ① 제18조를 위반하여 주식 또는 지분을 취득 또는 소유한 자는 그 초과분에 대한 의결권을 행사할 수 없다.

② 시·도지사는 제18조를 위반하여 주식 또는 지분을 취득 또는 소유한 자에 대하여 6개월 이내의 기간을 정하여 이를 시정할 것을 명하여야 한다.

③ 시·도지사는 제18조에 따른 소유제한 사실을 확인하기 위하여 대통령령으로 정하는 바에 따라 신문사업자에게 필요한 자료의 제출을 요청할 수 있다. 이 경우 해당 사업자는 이에 따라야 한다.

제20조(디지털 뉴스 분류체계 표준화 등) ① 문화체육관광부장관은 신문사업자·인터넷신문사업자 및 인터넷뉴스서비스사업자에 대하여 디지털 뉴스의 분류체계, 형식 등 대통령령으로 정하는 사항에 관한 표준을 제정할 수 있다.

② 문화체육관광부장관은 제1항에 따른 표준의 제정을 위하여 필요한 경우에는 디지털 뉴스에 관한 전문기관 또는 단체를 지정하여 표준을 제정하도록 할 수 있다.

③ 문화체육관광부장관은 제2항에 따라 지정한 기관 또는 단체에 표준의 제정에 필요한 비용의 전부 또는 일부를 지원할 수 있다.

제21조(필요적 게재사항) 신문사업자 및 인터넷신문사업자는 해당 신문 및 인터넷신문에 그 명칭·주사무소 또는 발행소의 전화번호·등록

번호·등록연월일·제호·간별·발행인·편집인·인쇄인·발행소 및 발행연월일을 독자가 알아보기 쉽게 게재 또는 공표하여야 하며, 편집인이 여럿 있는 경우에는 그 책임분야와 함께 각자의 성명을 게재 또는 공표하여야 한다. 다만, 인터넷신문의 경우 간별 및 인쇄인에 관한 사항은 그러하지 아니하다. <개정 2017.3.21.>

제22조(신문등의 발행정지 및 등록취소의 심판청구) ① 시·도지사는 제9조제1항에 따라 신문·인터넷신문 또는 인터넷뉴스서비스(이하 이 조 및 제23조부터 제26조까지의 규정에서 "신문등"이라 한다)의 등록을 한 자가 다음 각 호의 어느 하나에 해당하는 경우 3개월 이내의 기간을 정하여 해당 신문등의 발행정지(기사의 제공·매개 정지를 포함한다. 이하 같다)를 명할 수 있다.

1. 제9조제1항에 따라 등록된 사항을 변경등록하지 아니하고 임의로 변경하여 그 신문등을 발행한 경우
2. 발행인·편집인 또는 기사배열책임자가 제13조에 따른 결격사유에 해당된 경우

② 시·도지사는 제9조제1항에 따라 신문등을 등록한 자가 다음 각 호의 어느 하나에 해당하는 경우 6개월 이내의 기간을 정하여 해당 신문등의 발행정지를 명하거나 법원에 신문등의 등록취소의 심판을 청구할 수 있다.

1. 거짓이나 그 밖의 부정한 방법으로 등록한 사실이 있는 경우
2. 신문등의 내용이 등록된 발행목적이나 발행내용을 현저하게 반복하여 위반한 경우
3. 음란한 내용의 신문등을 발행하여 공중도덕이나 사회윤리를 현저하게 침해한 경우

③ 제2항에 따른 심판청구에 대한 제1심 재판은 신문사업자·인터넷 신문사업자 또는 인터넷뉴스서비스사업자의 보통재판적 소재지를 관할하는 지방법원합의부의 관할로 한다. 법원은 심판청구를 접수한 날부터 3개월 이내에 재판하여야 한다. 등록취소심판사건의 청구·심리·재판, 그 밖에 필요한 사항은 대법원규칙으로 정한다.

④ 등록취소심판사건에 대하여는 「비송사건절차법」을 준용한다.

제23조(직권등록취소) 시·도지사는 제9조제1항에 따라 신문등을 등록한 자가 다음 각 호의 어느 하나에 해당하는 경우에는 해당 신문등의 등록을 취소할 수 있다.

1. 정당한 사유 없이 등록 후 6개월 이내에 해당 신문등을 발행하지 아니한 경우
2. 정당한 사유 없이 1년 이상 해당 신문등의 발행을 중단한 경우

제24조(등록취소심의위원회) ① 제22조제2항에 따른 발행정지의 명령·등록취소심판의 청구 및 제23조에 따른 등록취소처분의 공정하고 객관적인 심의를 위하여 시·도지사 소속으로 등록취소심의위원회를 둔다.

② 제1항에 따른 등록취소심의위원회의 구성·심의절차, 그 밖에 필요한 사항은 대통령령으로 정한다.

제25조(청문) 시·도지사는 제23조에 따라 신문등의 등록을 취소하고자 하는 경우 청문을 실시하여야 한다.

제26조(신문등 명칭의 사용제한) 제11조에 따라 직권말소되거나 제22조제2항부터 제4항까지의 규정에 따른 등록취소심판사건에 대한 법원의 판결 또는 제23조에 따라 등록이 취소된 때에는 등록이 말소

또는 취소된 신문등의 발행인 및 그와 대통령령으로 정하는 가족 관계 등 특수한 관계에 있는 자는 그 말소 또는 취소된 날부터 2년 이내에는 그 말소 또는 취소된 신문등의 명칭으로 신문등을 발행 및 등록할 수 없다. <개정 2016.2.3.>

제27조(과징금 부과) ① 시·도지사는 신문사업자·인터넷신문사업자 또는 인터넷뉴스서비스사업자가 제22조에 해당하여 발행정지처분을 하여야 하는 경우로서 그 발행정지처분이 독자에게 심한 불편을 주거나 그 밖에 공익을 해할 우려가 있는 경우에는 그 발행정지를 갈음하여 10억원 이하의 과징금을 부과·징수할 수 있다.

② 제1항에 따라 과징금을 부과하는 위반행위의 종별·정도 등에 따른 과징금의 금액과 그 부과절차 등에 필요한 사항은 대통령령으로 정한다.

③ 시·도지사는 과징금을 납부하여야 할 자가 납부기한까지 이를 납부하지 아니한 경우에는 「지방세외수입금의 징수 등에 관한 법률」에 따라 징수한다. <개정 2013.8.6.>

④ 시·도지사는 제1항에 따라 징수한 과징금은 제34조에 따른 언론진흥기금으로 출연하여야 한다.

제28조(외국신문의 지사 등의 설치) ① 외국신문의 지사 또는 지국을 국내에 설치하려는 자는 대통령령으로 정하는 바에 따라 문화체육관광부장관에게 등록하여야 한다.

② 문화체육관광부장관은 제1항에 따라 등록한 자가 다음 각 호의 어느 하나에 해당하는 경우에는 그 등록을 취소할 수 있다.

1. 거짓이나 그 밖의 부정한 방법으로 등록한 사실이 있는 경우
2. 지사 또는 지국이 그 설치목적을 현저히 위반한 경우

3. 해당 외국신문이 국헌을 문란하게 하거나 국가안보를 현저히 해한 기사를 게재한 경우

제3장 한국언론진흥재단

제29조(한국언론진흥재단의 설치 등) ① 신문 및 인터넷신문의 건전한 발전과 읽기문화 확산 및 신문 산업의 진흥을 위하여 한국언론진흥재단을 둔다.

② 한국언론진흥재단은 법인으로 한다.

③ 한국언론진흥재단은 문화체육관광부장관의 인가를 받아 주된 사무소의 소재지에서 설립등기를 함으로써 성립한다.

④ 한국언론진흥재단에 대하여 이 법에 규정한 것 외에는 「민법」 중 재단법인에 관한 규정을 준용한다.

제30조(임원) ① 한국언론진흥재단에는 이사장 1인과 상임이사 3인을 포함한 9인 이내의 이사와 비상임 감사 1인을 둔다.

② 한국언론진흥재단의 이사장은 문화체육관광부장관이 임면하고, 상임이사는 이사장이 이사회의 추천을 받은 자 중에서 문화체육관광부장관의 승인을 받아 임면하며, 이사장 및 상임이사를 제외한 이사의 선임에 대하여는 한국언론진흥재단 정관으로 정한다.

③ 이사장·상임이사·이사 및 감사의 임기는 3년으로 하되, 1회에 한정하여 연임할 수 있다.

④ 이사장은 한국언론진흥재단을 대표하고, 한국언론진흥재단의 업무를 총괄한다.

⑤ 이사장이 부득이한 사유로 직무를 수행할 수 없을 때에는 정관으로 정하는 순서에 따라 상임이사가 그 직무를 대행한다.

⑥ 감사는 한국언론진흥재단의 업무 및 회계를 감사한다.

⑦ 「국가공무원법」 제33조 각 호의 어느 하나에 해당하는 자는 제1항에 따른 한국언론진흥재단의 임원이 될 수 없다.

第31조(한국언론진흥재단의 직무) 한국언론진흥재단은 다음 각 호의 직무를 수행한다.

1. 언론산업 진흥에 필요한 사업
2. 신문의 발행·유통 등의 발전을 위한 사업
3. 한국 언론매체의 해외진출 및 국제교류 지원
4. 제34조에 따른 언론진흥기금의 조성과 관리·운용
5. 언론산업 진흥 등을 위한 조사·연구·교육·연수
6. 문화체육관광부장관이 위탁하는 사업
7. 그 밖에 한국언론진흥재단의 목적 수행을 위하여 필요한 사업

第32조(운영재원 등) ① 한국언론진흥재단의 운영재원은 제34조에 따른 언론진흥기금 등으로 하되, 국가는 한국언론진흥재단에 출연하거나 예산의 범위에서 보조금을 지급할 수 있다.

② 한국언론진흥재단은 대통령령으로 정하는 바에 따라 매년 예산편성의 기본방향과 그 규모에 관하여 문화체육관광부장관의 승인을 받아야 한다.

第33조(신문유통 지원 기구) ① 한국언론진흥재단은 신문의 원활한 유통을 지원하기 위한 기구를 설립·운영할 수 있다.

② 신문유통 지원 기구의 설립·운영에 필요한 사항은 한국언론진흥재단 정관으로 정한다.

제4장 언론진흥기금

제34조(언론진흥기금의 설치 및 조성) ① 신문·인터넷신문·인터넷뉴스서비스 및 「잡지 등 정기간행물의 진흥에 관한 법률」에 따른 잡지(이하 "잡지"라 한다)의 진흥을 위하여 한국언론진흥재단에 언론진흥기금을 설치한다.

② 언론진흥기금은 다음 각 호의 재원으로 조성한다.

1. 정부의 출연금
2. 다른 기금으로부터의 전입금
3. 개인 또는 법인으로부터의 출연금 및 기부금품
4. 언론진흥기금의 운용으로 생기는 수익금
5. 그 밖에 대통령령으로 정하는 수입금

제35조(언론진흥기금의 용도 등) ① 언론진흥기금은 다음 각 호의 사업에 사용된다. <개정 2014.3.11.>

1. 신문·인터넷신문·인터넷뉴스서비스 및 잡지의 진흥을 위한 지원
2. 신문·인터넷신문·인터넷뉴스서비스 및 잡지 관련 인력양성, 조사·연구, 정보화 사업 지원
3. 신문 및 잡지의 유통구조 개선을 위한 지원
4. 독자 권익 및 언론공익사업 지원
5. 한국언론진흥재단의 운영
6. 신문사업자, 인터넷신문사업자 및 잡지사업자에 대한 융자
7. 해외 한국어 신문·인터넷신문·인터넷뉴스서비스 및 잡지 지원
8. 그 밖에 대통령령으로 정하는 사업

② 무료로 제공할 목적으로 발행되는 신문사업자에 대하여는 기금을 지원할 수 없다.

③ 한국언론진흥재단은 언론진흥기금의 지원기준과 지원대상 등을 매년 공고하여야 한다.

第36조(언론진흥기금의 관리·운용) ① 언론진흥기금은 한국언론진흥재단이 관리·운용한다.

② 언론진흥기금의 관리·운용에 관한 종합적인 사항을 심의하게 하기 위하여 한국언론진흥재단에 언론진흥기금관리위원회를 둔다.

③ 언론진흥기금의 조성방법·관리·운용 및 언론진흥기금관리위원회의 구성·운영 등에 필요한 사항은 대통령령으로 정한다.

第37조(성과의 평가) ① 문화체육관광부장관은 제31조 각 호의 사업에 대한 기금 사용의 성과를 측정·평가하여 그 결과를 다음 연도 3월 말까지 한국언론진흥재단에 통보하여야 한다.

② 문화체육관광부장관은 제1항에 따른 성과를 측정·평가하기 위하여 한국언론진흥재단과 협의하여 성과목표 및 평가기준을 정하여야 한다.

③ 문화체육관광부장관은 제1항에 따른 성과 평가결과 시정을 요하는 사항이 있다고 인정할 때에는 한국언론진흥재단에 시정을 요구할 수 있다.

④ 성과의 평가방법 및 절차 등에 필요한 사항은 대통령령으로 정한다.

제5장 보칙

제38조(자료 제공의 요청) 시·도지사는 다음 각 호의 사실을 확인하기 위하여 필요한 경우에는 「가족관계의 등록 등에 관한 법률」 제11조제4항에 따른 가족관계 등록사항에 관한 전산정보자료의 제공을 법원행정처장에게 요청할 수 있다. 이 경우 요청을 받은 법원행정처장은 특별한 사유가 없으면 협조하여야 한다.

1. 제18조에 따른 소유제한 등 위반 여부의 확인
2. 제26조에 따른 신문등 명칭의 사용제한 위반 여부의 확인

[본조신설 2016.2.3.]

[종전 제38조는 제38조의2로 이동 <2016.2.3.>]

제38조의2(권한의 위임 등) ① 문화체육관광부장관은 이 법에 따른 권한의 일부를 대통령령으로 정하는 바에 따라 시·도지사 또는 한국언론진흥재단 이사장에게 위임 또는 위탁할 수 있다.

② 시·도지사는 이 법에 따른 권한의 일부를 대통령령으로 정하는 바에 따라 시장·군수 또는 구청장에게 위임할 수 있다.

[제38조에서 이동 <2016.2.3.>]

제38조의3(규제의 재검토) 문화체육관광부장관은 제13조제1항에 따른 결격사유에 대하여 2016년 1월 1일을 기준으로 2년마다(매 2년이 되는 해의 1월 1일 전까지를 말한다) 그 타당성을 검토하여 개선 등의 조치를 하여야 한다.

[본조신설 2016.2.3.]

제6장 벌칙

제39조(과태료) ① 다음 각 호의 어느 하나에 해당하는 자에게는 2천만 원 이하의 과태료를 부과한다.

1. 제9조제1항에 따른 등록 또는 변경등록을 하지 아니하고 신문·인터넷신문 또는 인터넷뉴스서비스를 발행하거나 공표한 자
2. 거짓이나 그 밖의 부정한 방법으로 제9조제1항에 따른 등록 또는 변경등록을 하여 신문·인터넷신문 또는 인터넷뉴스서비스를 발행하거나 공표한 자
3. 제10조를 위반하여 준수사항을 이행하지 아니한 자
4. 제11조를 위반하여 폐업신고를 하지 아니한 자
5. 제13조제1항 각 호의 어느 하나에 해당하는 자로서 발행인·편집인 또는 기사배열책임자로 취임한 자
6. 제13조제1항 각 호의 어느 하나에 해당하는 자를 발행인·편집인 또는 기사배열책임자로 선임한 자
7. 제14조제3항을 위반하여 신고를 하지 아니한 자
8. 제15조를 위반하여 해당 서류를 제출하지 아니한 자
9. 제17조제2항 및 제19조제3항에 따른 자료제출 요구를 받고 이를 제출하지 아니한 자
10. 제18조를 위반하여 주식 또는 지분을 소유한 자
11. 제21조에 따른 필요적 게재사항을 게재 또는 공표하지 아니한 자
12. 제22조제1항 또는 제2항에 따른 발행정지처분을 위반하여 신

문 또는 인터넷신문을 발행하거나 공표한 자

13. 제28조제1항에 따른 등록을 하지 아니하고 국내에 외국신문의 지사 또는 지국을 설치한 자

② 제9조의2제1항을 위반하여 청소년보호책임자를 지정하지 아니한 자에게는 1천만원 이하의 과태료를 부과한다. <신설 2015.5.18.>

③ 제1항 및 제2항에 따른 과태료는 대통령령으로 정하는 바에 따라 문화체육관광부장관 또는 시·도지사가 부과·징수한다. <개정 2015.5.18.>

부칙 <제14631호, 2017.3.21.>

제1조(시행일) 이 법은 공포한 날부터 시행한다. 다만, 제21조의 개정규정은 공포 후 3개월이 경과한 날부터 시행한다.

제2조(금치산자 등의 결격사유에 관한 경과조치) 이 법 시행 당시 이미 금치산 또는 한정치산의 선고를 받고 법률 제10429호 민법 일부개정법률 부칙 제2조에 따라 금치산 또는 한정치산 선고의 효력이 유지되는 사람에 대해서는 제13조제1항제7호의 개정규정에도 불구하고 종전의 규정에 따른다.

3장

정보통신망법

소비자와 미디어

정보통신망법

정보통신망 이용촉진 및 정보보호 등에 관한 법률 (약칭: 정보통신망법)

[시행 2017.7.26.] [법률 제14839호, 2017.7.26., 타법개정]

방송통신위원회(개인정보보호윤리과 - 개인정보보호 관련) 02-2110- 1569, 1529,1526

과학기술정보통신부(정보보호정책과, 인터넷정책과) 02-2110-2927, 2966

방송통신위원회(이용자정책총괄과) 02-2110-1475, 1476

과학기술정보통신부(사이버침해대응과) 02-2110-2979

방송통신위원회(인터넷윤리팀 - 스팸 및 청소년보호 관련) 02-2110-1564, 1563

방송통신위원회(인터넷윤리팀 - 본인확인제 관련) 02-2110-1562, 1561

제1장 총칙

제1조(목적) 이 법은 정보통신망의 이용을 촉진하고 정보통신서비스를 이용하는 자의 개인정보를 보호함과 아울러 정보통신망을 건전하고 안전하게 이용할 수 있는 환경을 조성하여 국민생활의 향상과 공공복리의 증진에 이바지함을 목적으로 한다.

[전문개정 2008.6.13.]

제2조(정의) ① 이 법에서 사용하는 용어의 뜻은 다음과 같다. <개정 2004.1.29., 2007.1.26., 2007.12.21., 2008.6.13., 2010.3.22., 2014.5.28.>

1. "정보통신망"이란 「전기통신사업법」 제2조제2호에 따른 전기통신설비를 이용하거나 전기통신설비와 컴퓨터 및 컴퓨터의 이

용기술을 활용하여 정보를 수집·가공·저장·검색·송신 또는 수신하는 정보통신체제를 말한다.

2. "정보통신서비스"란 「전기통신사업법」 제2조제6호에 따른 전기통신역무와 이를 이용하여 정보를 제공하거나 정보의 제공을 매개하는 것을 말한다.
3. "정보통신서비스 제공자"란 「전기통신사업법」 제2조제8호에 따른 전기통신사업자와 영리를 목적으로 전기통신사업자의 전기통신역무를 이용하여 정보를 제공하거나 정보의 제공을 매개하는 자를 말한다.
4. "이용자"란 정보통신서비스 제공자가 제공하는 정보통신서비스를 이용하는 자를 말한다.
5. "전자문서"란 컴퓨터 등 정보처리능력을 가진 장치에 의하여 전자적인 형태로 작성되어 송수신되거나 저장된 문서형식의 자료로서 표준화된 것을 말한다.
6. "개인정보"란 생존하는 개인에 관한 정보로서 성명·주민등록번호 등에 의하여 특정한 개인을 알아볼 수 있는 부호·문자·음성·음향 및 영상 등의 정보(해당 정보만으로는 특정 개인을 알아볼 수 없어도 다른 정보와 쉽게 결합하여 알아볼 수 있는 경우에는 그 정보를 포함한다)를 말한다.
7. "침해사고"란 해킹, 컴퓨터바이러스, 논리폭탄, 메일폭탄, 서비스 거부 또는 고출력 전자기파 등의 방법으로 정보통신망 또는 이와 관련된 정보시스템을 공격하는 행위를 하여 발생한 사태를 말한다.
8. 삭제 <2015.6.22.>

9. "게시판"이란 그 명칭과 관계없이 정보통신망을 이용하여 일반에게 공개할 목적으로 부호ㆍ문자ㆍ음성ㆍ음향ㆍ화상ㆍ동영상 등의 정보를 이용자가 게재할 수 있는 컴퓨터 프로그램이나 기술적 장치를 말한다.

10. "통신과금서비스"란 정보통신서비스로서 다음 각 목의 업무를 말한다.

가. 타인이 판매ㆍ제공하는 재화 또는 용역(이하 "재화등"이라 한다)의 대가를 자신이 제공하는 전기통신역무의 요금과 함께 청구ㆍ징수하는 업무

나. 타인이 판매ㆍ제공하는 재화등의 대가가 가목의 업무를 제공하는 자의 전기통신역무의 요금과 함께 청구ㆍ징수되도록 거래정보를 전자적으로 송수신하는 것 또는 그 대가의 정산을 대행하거나 매개하는 업무

11. "통신과금서비스제공자"란 제53조에 따라 등록을 하고 통신과금서비스를 제공하는 자를 말한다.

12. "통신과금서비스이용자"란 통신과금서비스제공자로부터 통신과금서비스를 이용하여 재화등을 구입ㆍ이용하는 자를 말한다.

13. "전자적 전송매체"란 정보통신망을 통하여 부호ㆍ문자ㆍ음성ㆍ화상 또는 영상 등을 수신자에게 전자문서 등의 전자적 형태로 전송하는 매체를 말한다.

② 이 법에서 사용하는 용어의 뜻은 제1항에서 정하는 것 외에는 「국가정보화 기본법」에서 정하는 바에 따른다. <개정 2008.6.13., 2013.3.23.>

제3조(정보통신서비스 제공자 및 이용자의 책무) ① 정보통신서비스 제공자는 이용자의 개인정보를 보호하고 건전하고 안전한 정보통신서비스를 제공하여 이용자의 권익보호와 정보이용능력의 향상에 이바지하여야 한다.

② 이용자는 건전한 정보사회가 정착되도록 노력하여야 한다.

③ 정부는 정보통신서비스 제공자단체 또는 이용자단체의 개인정보 보호 및 정보통신망에서의 청소년 보호 등을 위한 활동을 지원할 수 있다.

[전문개정 2008.6.13.]

제4조(정보통신망 이용촉진 및 정보보호등에 관한 시책의 마련) ① 과학기술정보통신부장관 또는 방송통신위원회는 정보통신망의 이용촉진 및 안정적 관리ㆍ운영과 이용자의 개인정보보호 등(이하 "정보통신망 이용촉진 및 정보보호등"이라 한다)을 통하여 정보사회의 기반을 조성하기 위한 시책을 마련하여야 한다. <개정 2011.3.29., 2013.3.23., 2017.7.26.>

② 제1항에 따른 시책에는 다음 각 호의 사항이 포함되어야 한다.

1. 정보통신망에 관련된 기술의 개발ㆍ보급
2. 정보통신망의 표준화
3. 정보내용물 및 제11조에 따른 정보통신망 응용서비스의 개발 등 정보통신망의 이용 활성화
4. 정보통신망을 이용한 정보의 공동활용 촉진
5. 인터넷 이용의 활성화
6. 정보통신망을 통하여 수집ㆍ처리ㆍ보관ㆍ이용되는 개인정보의 보호 및 그와 관련된 기술의 개발ㆍ보급

7. 정보통신망에서의 청소년 보호

8. 정보통신망의 안전성 및 신뢰성 제고

9. 그 밖에 정보통신망 이용촉진 및 정보보호등을 위하여 필요한 사항

③ 과학기술정보통신부장관 또는 방송통신위원회는 제1항에 따른 시책을 마련할 때에는 「국가정보화 기본법」 제6조에 따른 국가정보화 기본계획과 연계되도록 하여야 한다. <개정 2011.3.29., 2013.3.23., 2017.7.26.>

[전문개정 2008.6.13.]

제5조(다른 법률과의 관계) 정보통신망 이용촉진 및 정보보호등에 관하여는 다른 법률에서 특별히 규정된 경우 외에는 이 법으로 정하는 바에 따른다. 다만, 제7장의 통신과금서비스에 관하여 이 법과 「전자금융거래법」의 적용이 경합하는 때에는 이 법을 우선 적용한다.

[전문개정 2008.6.13.]

제2장 정보통신망의 이용촉진

제6조(기술개발의 추진 등) ① 과학기술정보통신부장관은 정보통신망과 관련된 기술 및 기기의 개발을 효율적으로 추진하기 위하여 대통령령으로 정하는 바에 따라 관련 연구기관으로 하여금 연구개발·기술협력·기술이전 또는 기술지도 등의 사업을 하게 할 수 있다. <개정 2013.3.23., 2017.7.26.>

② 정부는 제1항에 따라 연구개발 등의 사업을 하는 연구기관에는 그

사업에 드는 비용의 전부 또는 일부를 지원할 수 있다.

③ 제2항에 따른 비용의 지급 및 관리 등에 필요한 사항은 대통령령으로 정한다.

[전문개정 2008.6.13.]

제7조(기술관련 정보의 관리 및 보급) ① 과학기술정보통신부장관은 정보통신망과 관련된 기술 및 기기에 관한 정보(이하 이 조에서 "기술관련 정보"라 한다)를 체계적이고 종합적으로 관리하여야 한다. <개정 2013.3.23., 2017.7.26.>

② 과학기술정보통신부장관은 기술관련 정보를 체계적이고 종합적으로 관리하기 위하여 필요하면 관계 행정기관 및 국공립 연구기관 등에 대하여 기술관련 정보와 관련된 자료를 요구할 수 있다. 이 경우 요구를 받은 기관의 장은 특별한 사유가 없으면 그 요구에 따라야 한다. <개정 2013.3.23., 2017.7.26.>

③ 과학기술정보통신부장관은 기술관련 정보를 신속하고 편리하게 이용할 수 있도록 그 보급을 위한 사업을 하여야 한다. <개정 2013.3.23., 2017.7.26.>

④ 제3항에 따라 보급하려는 정보통신망과 관련된 기술 및 기기의 범위에 관하여 필요한 사항은 대통령령으로 정한다.

[전문개정 2008.6.13.]

제8조(정보통신망의 표준화 및 인증) ① 과학기술정보통신부장관은 정보통신망의 이용을 촉진하기 위하여 정보통신망에 관한 표준을 정하여 고시하고, 정보통신서비스 제공자 또는 정보통신망과 관련된 제품을 제조하거나 공급하는 자에게 그 표준을 사용하도록 권고할 수 있다. 다만, 「산업표준화법」 제12조에 따른 한국산업표준이 제

정되어 있는 사항에 대하여는 그 표준에 따른다. <개정 2013.3.23., 2017.7.26.>

② 제1항에 따라 고시된 표준에 적합한 정보통신과 관련된 제품을 제조하거나 공급하는 자는 제9조제1항에 따른 인증기관의 인증을 받아 그 제품이 표준에 적합한 것임을 나타내는 표시를 할 수 있다.

③ 제1항 단서에 해당하는 경우로서 「산업표준화법」 제15조에 따라 인증을 받은 경우에는 제2항에 따른 인증을 받은 것으로 본다.

④ 제2항에 따른 인증을 받은 자가 아니면 그 제품이 표준에 적합한 것임을 나타내는 표시를 하거나 이와 비슷한 표시를 하여서는 아니 되며, 이와 비슷한 표시를 한 제품을 판매하거나 판매할 목적으로 진열하여서는 아니 된다.

⑤ 과학기술정보통신부장관은 제4항을 위반하여 제품을 판매하거나 판매할 목적으로 진열한 자에게 그 제품을 수거·반품하도록 하거나 인증을 받아 그 표시를 하도록 하는 등 필요한 시정조치를 명할 수 있다. <개정 2013.3.23., 2017.7.26.>

⑥ 제1항부터 제3항까지의 규정에 따른 표준화의 대상·방법·절차 및 인증표시, 제5항에 따른 수거·반품·시정 등에 필요한 사항은 과학기술정보통신부령으로 정한다. <개정 2013.3.23., 2017.7.26.>

[전문개정 2008.6.13.]

제9조(인증기관의 지정 등) ① 과학기술정보통신부장관은 정보통신망과 관련된 제품을 제조하거나 공급하는 자의 제품이 제8조제1항 본문에 따라 고시된 표준에 적합한 제품임을 인증하는 기관(이하 "인증기관"이라 한다)을 지정할 수 있다. <개정 2013.3.23., 2017.7.26.>

② 과학기술정보통신부장관은 인증기관이 다음 각 호의 어느 하나에

해당하면 그 지정을 취소하거나 6개월 이내의 기간을 정하여 업무의 정지를 명할 수 있다. 다만, 제1호에 해당하는 경우에는 그 지정을 취소하여야 한다. <개정 2013.3.23., 2017.7.26.>

1. 속임수나 그 밖의 부정한 방법으로 지정을 받은 경우
2. 정당한 사유 없이 1년 이상 계속하여 인증업무를 하지 아니한 경우
3. 제3항에 따른 지정기준에 미달한 경우

③ 제1항 및 제2항에 따른 인증기관의 지정기준·지정절차, 지정취소·업무정지의 기준 등에 필요한 사항은 과학기술정보통신부령으로 정한다. <개정 2013.3.23., 2017.7.26.>

[전문개정 2008.6.13.]

제10조(정보내용물의 개발 지원) 정부는 국가경쟁력을 확보하거나 공익을 증진하기 위하여 정보통신망을 통하여 유통되는 정보내용물을 개발하는 자에게 재정 및 기술 등 필요한 지원을 할 수 있다.

[전문개정 2008.6.13.]

제11조(정보통신망 응용서비스의 개발 촉진 등) ① 정부는 국가기관·지방자치단체 및 공공기관이 정보통신망을 활용하여 업무를 효율화·자동화·고도화하는 응용서비스(이하 "정보통신망 응용서비스"라 한다)를 개발·운영하는 경우 그 기관에 재정 및 기술 등 필요한 지원을 할 수 있다.

② 정부는 민간부문에 의한 정보통신망 응용서비스의 개발을 촉진하기 위하여 재정 및 기술 등 필요한 지원을 할 수 있으며, 정보통신망 응용서비스의 개발에 필요한 기술인력을 양성하기 위하여 다음 각 호의 시책을 마련하여야 한다.

1. 각급 학교나 그 밖의 교육기관에서 시행하는 인터넷 교육에 대한 지원
2. 국민에 대한 인터넷 교육의 확대
3. 정보통신망 기술인력 양성사업에 대한 지원
4. 정보통신망 전문기술인력 양성기관의 설립·지원
5. 정보통신망 이용 교육프로그램의 개발 및 보급 지원
6. 정보통신망 관련 기술자격제도의 정착 및 전문기술인력 수급 지원
7. 그 밖에 정보통신망 관련 기술인력의 양성에 필요한 사항

[전문개정 2008.6.13.]

제12조(정보의 공동활용체제 구축) ① 정부는 정보통신망을 효율적으로 활용하기 위하여 정보통신망 상호 간의 연계 운영 및 표준화 등 정보의 공동활용체제 구축을 권장할 수 있다.

② 정부는 제1항에 따른 정보의 공동활용체제를 구축하는 자에게 재정 및 기술 등 필요한 지원을 할 수 있다.

③ 제1항과 제2항에 따른 권장 및 지원에 필요한 사항은 대통령령으로 정한다.

[전문개정 2008.6.13.]

제13조(정보통신망의 이용촉진 등에 관한 사업) ① 과학기술정보통신부장관은 공공, 지역, 산업, 생활 및 사회적 복지 등 각 분야의 정보통신망의 이용촉진과 정보격차의 해소를 위하여 관련 기술·기기 및 응용서비스의 효율적인 활용·보급을 촉진하기 위한 사업을 대통령령으로 정하는 바에 따라 실시할 수 있다. <개정 2013.3.23., 2017.7.26.>

② 정부는 제1항에 따른 사업에 참여하는 자에게 재정 및 기술 등 필요한 지원을 할 수 있다.

[전문개정 2008.6.13.]

제14조(인터넷 이용의 확산) 정부는 인터넷 이용이 확산될 수 있도록 공공 및 민간의 인터넷 이용시설의 효율적 활용을 유도하고 인터넷 관련 교육 및 홍보 등의 인터넷 이용기반을 확충하며, 지역별ㆍ성별ㆍ연령별 인터넷 이용격차를 해소하기 위한 시책을 마련하고 추진하여야 한다.

[전문개정 2008.6.13.]

제15조(인터넷 서비스의 품질 개선) ① 과학기술정보통신부장관은 인터넷 서비스 이용자의 권익을 보호하고 인터넷 서비스의 품질 향상 및 안정적 제공을 보장하기 위한 시책을 마련하여야 한다. <개정 2013.3.23., 2017.7.26.>

② 과학기술정보통신부장관은 제1항에 따른 시책을 추진하기 위하여 필요하면 정보통신서비스 제공자단체 및 이용자단체 등의 의견을 들어 인터넷 서비스 품질의 측정ㆍ평가에 관한 기준을 정하여 고시할 수 있다. <개정 2013.3.23., 2017.7.26.>

③ 정보통신서비스 제공자는 제2항에 따른 기준에 따라 자율적으로 인터넷 서비스의 품질 현황을 평가하여 그 결과를 이용자에게 알려줄 수 있다.

[전문개정 2008.6.13.]

제16조 삭제 <2004.1.29.>

제17조 삭제 <2004.1.29.>

제3장 삭제 <2015.6.22.>

제18조 삭제 <2015.6.22.>

제19조 삭제 <2015.6.22.>

제20조 삭제 <2015.6.22.>

제21조 삭제 <2015.6.22.>

제4장 개인정보의 보호

제1절 개인정보의 수집 · 이용 및 제공 등

제22조(개인정보의 수집·이용 동의 등) ① 정보통신서비스 제공자는 이용자의 개인정보를 이용하려고 수집하는 경우에는 다음 각 호의 모든 사항을 이용자에게 알리고 동의를 받아야 한다. 다음 각 호의 어느 하나의 사항을 변경하려는 경우에도 또한 같다.

1. 개인정보의 수집·이용 목적
2. 수집하는 개인정보의 항목
3. 개인정보의 보유·이용 기간

② 정보통신서비스 제공자는 다음 각 호의 어느 하나에 해당하는 경우에는 제1항에 따른 동의 없이 이용자의 개인정보를 수집·이용할 수 있다.

1. 정보통신서비스의 제공에 관한 계약을 이행하기 위하여 필요한 개인정보로서 경제적·기술적인 사유로 통상적인 동의를 받는 것이 뚜렷하게 곤란한 경우

2. 정보통신서비스의 제공에 따른 요금정산을 위하여 필요한 경우
3. 이 법 또는 다른 법률에 특별한 규정이 있는 경우
[전문개정 2008.6.13.]

제22조의2(접근권한에 대한 동의) ① 정보통신서비스 제공자는 해당 서비스를 제공하기 위하여 이용자의 이동통신단말장치 내에 저장되어 있는 정보 및 이동통신단말장치에 설치된 기능에 대하여 접근할 수 있는 권한(이하 "접근권한"이라 한다)이 필요한 경우 다음 각 호의 사항을 이용자가 명확하게 인지할 수 있도록 알리고 이용자의 동의를 받아야 한다.

1. 해당 서비스를 제공하기 위하여 반드시 필요한 접근권한인 경우
   가. 접근권한이 필요한 정보 및 기능의 항목
   나. 접근권한이 필요한 이유
2. 해당 서비스를 제공하기 위하여 반드시 필요한 접근권한이 아닌 경우
   가. 접근권한이 필요한 정보 및 기능의 항목
   나. 접근권한이 필요한 이유
   다. 접근권한 허용에 대하여 동의하지 아니할 수 있다는 사실

② 정보통신서비스 제공자는 해당 서비스를 제공하기 위하여 반드시 필요하지 아니한 접근권한을 설정하는 데 이용자가 동의하지 아니한다는 이유로 이용자에게 해당 서비스의 제공을 거부하여서는 아니 된다.

③ 이동통신단말장치의 기본 운영체제(이동통신단말장치에서 소프트웨어를 실행할 수 있는 기반 환경을 말한다)를 제작하여 공급하는 자와 이동통신단말장치 제조업자 및 이동통신단말장치의 소프트웨어를 제작하

여 공급하는 자는 정보통신서비스 제공자가 이동통신단말장치 내에 저장되어 있는 정보 및 이동통신단말장치에 설치된 기능에 접근하려는 경우 접근권한에 대한 이용자의 동의 및 철회방법을 마련하는 등 이용자 정보 보호에 필요한 조치를 하여야 한다.

④ 제1항에 따른 접근권한의 범위 및 동의의 방법, 제3항에 따른 이용자 정보 보호를 위하여 필요한 조치 및 그 밖에 필요한 사항은 대통령령으로 정한다.

[본조신설 2016.3.22.]

제23조(개인정보의 수집 제한 등) ① 정보통신서비스 제공자는 사상, 신념, 가족 및 친인척관계, 학력(學歷)ㆍ병력(病歷), 기타 사회활동 경력 등 개인의 권리ㆍ이익이나 사생활을 뚜렷하게 침해할 우려가 있는 개인정보를 수집하여서는 아니 된다. 다만, 제22조제1항에 따른 이용자의 동의를 받거나 다른 법률에 따라 특별히 수집 대상 개인정보로 허용된 경우에는 필요한 범위에서 최소한으로 그 개인정보를 수집할 수 있다. <개정 2014.5.28.>

② 정보통신서비스 제공자는 이용자의 개인정보를 수집하는 경우에는 정보통신서비스의 제공을 위하여 필요한 범위에서 최소한의 개인정보만 수집하여야 한다. <개정 2014.5.28.>

③ 정보통신서비스 제공자는 이용자가 필요한 최소한의 개인정보 이외의 개인정보를 제공하지 아니한다는 이유로 그 서비스의 제공을 거부하여서는 아니 된다. 이 경우 필요한 최소한의 개인정보는 해당 서비스의 본질적 기능을 수행하기 위하여 반드시 필요한 정보를 말한다. <신설 2014.5.28.>

[전문개정 2008.6.13.]

제23조의2(주민등록번호의 사용 제한) ① 정보통신서비스 제공자는 다음 각 호의 어느 하나에 해당하는 경우를 제외하고는 이용자의 주민등록번호를 수집·이용할 수 없다.

1. 제23조의3에 따라 본인확인기관으로 지정받은 경우
2. 법령에서 이용자의 주민등록번호 수집·이용을 허용하는 경우
3. 영업상 목적을 위하여 이용자의 주민등록번호 수집·이용이 불가피한 정보통신서비스 제공자로서 방송통신위원회가 고시하는 경우

② 제1항제2호 또는 제3호에 따라 주민등록번호를 수집·이용할 수 있는 경우에도 이용자의 주민등록번호를 사용하지 아니하고 본인을 확인하는 방법(이하 "대체수단"이라 한다)을 제공하여야 한다.

[전문개정 2012.2.17.]

제23조의3(본인확인기관의 지정 등) ① 방송통신위원회는 다음 각 호의 사항을 심사하여 대체수단의 개발·제공·관리 업무(이하 "본인확인업무"라 한다)를 안전하고 신뢰성 있게 수행할 능력이 있다고 인정되는 자를 본인확인기관으로 지정할 수 있다.

1. 본인확인업무의 안전성 확보를 위한 물리적·기술적·관리적 조치계획
2. 본인확인업무의 수행을 위한 기술적·재정적 능력
3. 본인확인업무 관련 설비규모의 적정성

② 본인확인기관이 본인확인업무의 전부 또는 일부를 휴지하고자 하는 때에는 휴지기간을 정하여 휴지하고자 하는 날의 30일 전까지 이를 이용자에게 통보하고 방송통신위원회에 신고하여야 한다. 이 경우 휴지기간은 6개월을 초과할 수 없다.

③ 본인확인기관이 본인확인업무를 폐지하고자 하는 때에는 폐지하고자 하는 날의 60일 전까지 이를 이용자에게 통보하고 방송통신위원회에 신고하여야 한다.

④ 제1항부터 제3항까지의 규정에 따른 심사사항별 세부 심사기준·지정절차 및 휴지·폐지 등에 관하여 필요한 사항은 대통령령으로 정한다.

[본조신설 2011.4.5.]

제23조의4(본인확인업무의 정지 및 지정취소) ① 방송통신위원회는 본인확인기관이 다음 각 호의 어느 하나에 해당하는 때에는 6개월 이내의 기간을 정하여 본인확인업무의 전부 또는 일부의 정지를 명하거나 지정을 취소할 수 있다. 다만, 제1호 또는 제2호에 해당하는 때에는 그 지정을 취소하여야 한다.

1. 거짓이나 그 밖의 부정한 방법으로 본인확인기관의 지정을 받은 경우
2. 본인확인업무의 정지명령을 받은 자가 그 명령을 위반하여 업무를 정지하지 아니한 경우
3. 지정받은 날부터 6개월 이내에 본인확인업무를 개시하지 아니하거나 6개월 이상 계속하여 본인확인업무를 휴지한 경우
4. 제23조의3제4항에 따른 지정기준에 적합하지 아니하게 된 경우

② 제1항에 따른 처분의 기준, 절차 및 그 밖에 필요한 사항은 대통령령으로 정한다.

[본조신설 2011.4.5.]

제24조(개인정보의 이용 제한) 정보통신서비스 제공자는 제22조 및 제23조제1항 단서에 따라 수집한 개인정보를 이용자로부터 동의받은 목

적이나 제22조제2항 각 호에서 정한 목적과 다른 목적으로 이용하여서는 아니 된다.

[전문개정 2008.6.13.]

제24조의2(개인정보의 제공 동의 등) ① 정보통신서비스 제공자는 이용자의 개인정보를 제3자에게 제공하려면 제22조제2항제2호 및 제3호에 해당하는 경우 외에는 다음 각 호의 모든 사항을 이용자에게 알리고 동의를 받아야 한다. 다음 각 호의 어느 하나의 사항이 변경되는 경우에도 또한 같다.

1. 개인정보를 제공받는 자
2. 개인정보를 제공받는 자의 개인정보 이용 목적
3. 제공하는 개인정보의 항목
4. 개인정보를 제공받는 자의 개인정보 보유 및 이용 기간

② 제1항에 따라 정보통신서비스 제공자로부터 이용자의 개인정보를 제공받은 자는 그 이용자의 동의가 있거나 다른 법률에 특별한 규정이 있는 경우 외에는 개인정보를 제3자에게 제공하거나 제공받은 목적 외의 용도로 이용하여서는 아니 된다.

③ 제25조제1항에 따른 정보통신서비스 제공자등은 제1항에 따른 제공에 대한 동의와 제25조제1항에 따른 개인정보 처리위탁에 대한 동의를 받을 때에는 제22조에 따른 개인정보의 수집·이용에 대한 동의와 구분하여 받아야 하고, 이에 동의하지 아니한다는 이유로 서비스 제공을 거부하여서는 아니 된다. <신설 2011.4.5., 2016.3.22.>

[전문개정 2008.6.13.]

제25조(개인정보의 처리위탁) ① 정보통신서비스 제공자와 그로부터 제24

조의2제1항에 따라 이용자의 개인정보를 제공받은 자(이하 "정보통신서비스 제공자등"이라 한다)는 제3자에게 이용자의 개인정보를 수집, 생성, 연계, 연동, 기록, 저장, 보유, 가공, 편집, 검색, 출력, 정정(訂正), 복구, 이용, 제공, 공개, 파기(破棄), 그 밖에 이와 유사한 행위(이하 "처리"라 한다)를 할 수 있도록 업무를 위탁(이하 "개인정보 처리위탁"이라 한다)하는 경우에는 다음 각 호의 사항 모두를 이용자에게 알리고 동의를 받아야 한다. 다음 각 호의 어느 하나의 사항이 변경되는 경우에도 또한 같다. <개정 2016.3.22.>

1. 개인정보 처리위탁을 받는 자(이하 "수탁자"라 한다)
2. 개인정보 처리위탁을 하는 업무의 내용

② 정보통신서비스 제공자등은 정보통신서비스의 제공에 관한 계약을 이행하고 이용자 편의 증진 등을 위하여 필요한 경우로서 제1항 각 호의 사항 모두를 제27조의2제1항에 따라 공개하거나 전자우편 등 대통령령으로 정하는 방법에 따라 이용자에게 알린 경우에는 개인정보 처리위탁에 따른 제1항의 고지절차와 동의절차를 거치지 아니할 수 있다. 제1항 각 호의 어느 하나의 사항이 변경되는 경우에도 또한 같다. <개정 2014.5.28., 2016.3.22.>

③ 정보통신서비스 제공자등은 개인정보 처리위탁을 하는 경우에는 수탁자가 이용자의 개인정보를 처리할 수 있는 목적을 미리 정하여야 하며, 수탁자는 이 목적을 벗어나서 이용자의 개인정보를 처리하여서는 아니 된다. <개정 2016.3.22.>

④ 정보통신서비스 제공자등은 수탁자가 이 장의 규정을 위반하지 아니하도록 관리·감독 및 교육하여야 한다. <개정 2016.3.22.>

⑤ 수탁자가 개인정보 처리위탁을 받은 업무와 관련하여 이 장의 규

정을 위반하여 이용자에게 손해를 발생시키면 그 수탁자를 손해배상책임에 있어서 정보통신서비스 제공자등의 소속 직원으로 본다. <개정 2016.3.22.>

⑥ 정보통신서비스 제공자등이 수탁자에게 개인정보 처리위탁을 할 때에는 문서에 의하여야 한다. <신설 2016.3.22.>

⑦ 수탁자는 개인정보 처리위탁을 한 정보통신서비스 제공자등의 동의를 받은 경우에 한하여 제1항에 따라 위탁받은 업무를 제3자에게 재위탁할 수 있다. <신설 2016.3.22.>

[전문개정 2008.6.13.]

[제목개정 2016.3.22.]

第26조(영업의 양수 등에 따른 개인정보의 이전) ① 정보통신서비스 제공자등이 영업의 전부 또는 일부의 양도·합병 등으로 그 이용자의 개인정보를 타인에게 이전하는 경우에는 미리 다음 각 호의 사항 모두를 인터넷 홈페이지 게시, 전자우편 등 대통령령으로 정하는 방법에 따라 이용자에게 알려야 한다.

1. 개인정보를 이전하려는 사실
2. 개인정보를 이전받는 자(이하 "영업양수자등"이라 한다)의 성명(법인의 경우에는 법인의 명칭을 말한다. 이하 이 조에서 같다)·주소·전화번호 및 그 밖의 연락처
3. 이용자가 개인정보의 이전을 원하지 아니하는 경우 그 동의를 철회할 수 있는 방법과 절차

② 영업양수자등은 개인정보를 이전받으면 지체 없이 그 사실 및 영업양수자등의 성명·주소·전화번호 및 그 밖의 연락처를 인터넷 홈페이지 게시, 전자우편 등 대통령령으로 정하는 방법에 따라 이용

자에게 알려야 한다. <개정 2014.5.28.>

③ 영업양수자등은 정보통신서비스 제공자등이 이용자의 개인정보를 이용하거나 제공할 수 있는 당초 목적의 범위에서만 개인정보를 이용하거나 제공할 수 있다. 다만, 이용자로부터 별도의 동의를 받은 경우에는 그러하지 아니하다.

[전문개정 2008.6.13.]

제26조의2(동의를 받는 방법) 제22조제1항, 제23조제1항 단서, 제24조의2 제1항ㆍ제2항, 제25조제1항, 제26조제3항 단서 또는 제63조제2항에 따른 동의(이하 "개인정보 수집ㆍ이용ㆍ제공 등의 동의"라 한다)를 받는 방법은 개인정보의 수집매체, 업종의 특성 및 이용자의 수 등을 고려하여 대통령령으로 정한다.

[전문개정 2008.6.13.]

제2절 개인정보의 관리 및 파기 등 <신설 2007.1.26.>

제27조(개인정보 보호책임자의 지정) ① 정보통신서비스 제공자등은 이용자의 개인정보를 보호하고 개인정보와 관련한 이용자의 고충을 처리하기 위하여 개인정보 보호책임자를 지정하여야 한다. 다만, 종업원 수, 이용자 수 등이 대통령령으로 정하는 기준에 해당하는 정보통신서비스 제공자등의 경우에는 지정하지 아니할 수 있다. <개정 2016.3.22.>

② 제1항 단서에 따른 정보통신서비스 제공자등이 개인정보 보호책임자를 지정하지 아니하는 경우에는 그 사업주 또는 대표자가 개인정보 보호책임자가 된다. <개정 2016.3.22.>

③ 개인정보 보호책임자의 자격요건과 그 밖의 지정에 필요한 사항은

대통령령으로 정한다. <개정 2016.3.22.>

④ 개인정보 보호책임자는 개인정보 보호와 관련하여 이 법 및 다른 관계 법령의 위반 사실을 알게 된 경우에는 즉시 개선조치를 하여야 하며, 필요하면 소속 정보통신서비스 제공자등의 사업주 또는 대표자에게 개선조치를 보고하여야 한다. 다만, 제2항에 따라 사업주 또는 대표자가 개인정보 보호책임자가 되는 경우에는 개선조치 보고에 대한 사항을 적용하지 아니한다. <신설 2016.3.22.>

[전문개정 2008.6.13.]

[제목개정 2016.3.22.]

제27조의2(개인정보 처리방침의 공개) ① 정보통신서비스 제공자등은 이용자의 개인정보를 처리하는 경우에는 개인정보 처리방침을 정하여 이용자가 언제든지 쉽게 확인할 수 있도록 대통령령으로 정하는 방법에 따라 공개하여야 한다. <개정 2016.3.22.>

② 제1항에 따른 개인정보 처리방침에는 다음 각 호의 사항이 모두 포함되어야 한다. <개정 2012.2.17., 2016.3.22.>

1. 개인정보의 수집·이용 목적, 수집하는 개인정보의 항목 및 수집방법
2. 개인정보를 제3자에게 제공하는 경우 제공받는 자의 성명(법인인 경우에는 법인의 명칭을 말한다), 제공받는 자의 이용 목적과 제공하는 개인정보의 항목
3. 개인정보의 보유 및 이용 기간, 개인정보의 파기절차 및 파기방법(제29조제1항 각 호 외의 부분 단서에 따라 개인정보를 보존하여야 하는 경우에는 그 보존근거와 보존하는 개인정보 항목을 포함한다)
4. 개인정보 처리위탁을 하는 업무의 내용 및 수탁자(해당되는 경우에

만 처리방침에 포함한다)

5. 이용자 및 법정대리인의 권리와 그 행사방법
6. 인터넷 접속정보파일 등 개인정보를 자동으로 수집하는 장치의 설치·운영 및 그 거부에 관한 사항
7. 개인정보 보호책임자의 성명 또는 개인정보보호 업무 및 관련 고충사항을 처리하는 부서의 명칭과 그 전화번호 등 연락처

③ 정보통신서비스 제공자등은 제1항에 따른 개인정보 처리방침을 변경하는 경우에는 그 이유 및 변경내용을 대통령령으로 정하는 방법에 따라 지체 없이 공지하고, 이용자가 언제든지 변경된 사항을 쉽게 알아 볼 수 있도록 조치하여야 한다. <개정 2016.3.22.>

[전문개정 2008.6.13.]

[제목개정 2016.3.22.]

제27조의3(개인정보 유출등의 통지·신고) ① 정보통신서비스 제공자등은 개인정보의 분실·도난·유출(이하 "유출등"이라 한다) 사실을 안 때에는 지체 없이 다음 각 호의 모든 사항을 해당 이용자에게 알리고 방송통신위원회 또는 한국인터넷진흥원에 신고하여야 하며, 정당한 사유 없이 그 사실을 안 때부터 24시간을 경과하여 통지·신고해서는 아니 된다. 다만, 이용자의 연락처를 알 수 없는 등 정당한 사유가 있는 경우에는 대통령령으로 정하는 바에 따라 통지를 갈음하는 조치를 취할 수 있다. <개정 2014.5.28., 2016.3.22.>

1. 유출등이 된 개인정보 항목
2. 유출등이 발생한 시점
3. 이용자가 취할 수 있는 조치
4. 정보통신서비스 제공자등의 대응 조치

5. 이용자가 상담 등을 접수할 수 있는 부서 및 연락처

② 제1항의 신고를 받은 한국인터넷진흥원은 지체 없이 그 사실을 방송통신위원회에 알려야 한다. <신설 2014.5.28.>

③ 정보통신서비스 제공자등은 제1항 본문 및 단서에 따른 정당한 사유를 방송통신위원회에 소명하여야 한다. <신설 2014.5.28.>

④ 제1항에 따른 통지 및 신고의 방법·절차 등에 관하여 필요한 사항은 대통령령으로 정한다. <개정 2014.5.28.>

⑤ 정보통신서비스 제공자등은 개인정보의 유출등에 대한 대책을 마련하고 그 피해를 최소화할 수 있는 조치를 강구하여야 한다. <개정 2014.5.28., 2016.3.22.>

[본조신설 2012.2.17.]

[제목개정 2016.3.22.]

제28조(개인정보의 보호조치) ① 정보통신서비스 제공자등이 개인정보를 처리할 때에는 개인정보의 분실·도난·유출·위조·변조 또는 훼손을 방지하고 개인정보의 안전성을 확보하기 위하여 대통령령으로 정하는 기준에 따라 다음 각 호의 기술적·관리적 조치를 하여야 한다. <개정 2016.3.22.>

1. 개인정보를 안전하게 처리하기 위한 내부관리계획의 수립·시행
2. 개인정보에 대한 불법적인 접근을 차단하기 위한 침입차단시스템 등 접근 통제장치의 설치·운영
3. 접속기록의 위조·변조 방지를 위한 조치
4. 개인정보를 안전하게 저장·전송할 수 있는 암호화기술 등을 이용한 보안조치
5. 백신 소프트웨어의 설치·운영 등 컴퓨터바이러스에 의한 침해

방지조치

6. 그 밖에 개인정보의 안전성 확보를 위하여 필요한 보호조치

② 정보통신서비스 제공자등은 이용자의 개인정보를 처리하는 자를 최소한으로 제한하여야 한다. <개정 2016.3.22.>

[전문개정 2008.6.13.]

제28조의2(개인정보의 누설금지) ① 이용자의 개인정보를 처리하고 있거나 처리하였던 자는 직무상 알게 된 개인정보를 훼손ㆍ침해 또는 누설하여서는 아니 된다. <개정 2016.3.22.>

② 누구든지 그 개인정보가 누설된 사정을 알면서도 영리 또는 부정한 목적으로 개인정보를 제공받아서는 아니 된다.

[전문개정 2008.6.13.]

제29조(개인정보의 파기) ①정보통신서비스 제공자등은 다음 각 호의 어느 하나에 해당하는 경우에는 지체 없이 해당 개인정보를 복구ㆍ재생할 수 없도록 파기하여야 한다. 다만, 다른 법률에 따라 개인정보를 보존하여야 하는 경우에는 그러하지 아니하다. <개정 2012.2.17., 2014.5.28.>

1. 제22조제1항, 제23조제1항 단서 또는 제24조의2제1항ㆍ제2항에 따라 동의를 받은 개인정보의 수집ㆍ이용 목적이나 제22조제2항 각 호에서 정한 해당 목적을 달성한 경우
2. 제22조제1항, 제23조제1항 단서 또는 제24조의2제1항ㆍ제2항에 따라 동의를 받은 개인정보의 보유 및 이용 기간이 끝난 경우
3. 제22조제2항에 따라 이용자의 동의를 받지 아니하고 수집ㆍ이용한 경우에는 제27조의2제2항제3호에 따른 개인정보의 보유 및 이용 기간이 끝난 경우

4. 사업을 폐업하는 경우

② 정보통신서비스 제공자등은 정보통신서비스를 1년의 기간 동안 이용하지 아니하는 이용자의 개인정보를 보호하기 위하여 대통령령으로 정하는 바에 따라 개인정보의 파기 등 필요한 조치를 취하여야 한다. 다만, 그 기간에 대하여 다른 법령 또는 이용자의 요청에 따라 달리 정한 경우에는 그에 따른다. <신설 2012.2.17., 2015.12.1.>

③ 정보통신서비스 제공자등은 제2항의 기간 만료 30일 전까지 개인정보가 파기되는 사실, 기간 만료일 및 파기되는 개인정보의 항목 등 대통령령으로 정하는 사항을 전자우편 등 대통령령으로 정하는 방법으로 이용자에게 알려야 한다. <신설 2015.12.1.>

[전문개정 2008.6.13.]

제3절 이용자의 권리

제30조(이용자의 권리 등) ① 이용자는 정보통신서비스 제공자등에 대하여 언제든지 개인정보 수집·이용·제공 등의 동의를 철회할 수 있다.

② 이용자는 정보통신서비스 제공자등에 대하여 본인에 관한 다음 각 호의 어느 하나의 사항에 대한 열람이나 제공을 요구할 수 있고 오류가 있는 경우에는 그 정정을 요구할 수 있다.

1. 정보통신서비스 제공자등이 가지고 있는 이용자의 개인정보
2. 정보통신서비스 제공자등이 이용자의 개인정보를 이용하거나 제3자에게 제공한 현황
3. 정보통신서비스 제공자등에게 개인정보 수집·이용·제공 등의 동의를 한 현황

③ 정보통신서비스 제공자등은 이용자가 제1항에 따라 동의를 철회하면 지체 없이 수집된 개인정보를 복구·재생할 수 없도록 파기하는 등 필요한 조치를 하여야 한다. <개정 2014.5.28.>

④ 정보통신서비스 제공자등은 제2항에 따라 열람 또는 제공을 요구받으면 지체 없이 필요한 조치를 하여야 한다.

⑤ 정보통신서비스 제공자등은 제2항에 따라 오류의 정정을 요구받으면 지체 없이 그 오류를 정정하거나 정정하지 못하는 사유를 이용자에게 알리는 등 필요한 조치를 하여야 하고, 필요한 조치를 할 때까지는 해당 개인정보를 이용하거나 제공하여서는 아니 된다. 다만, 다른 법률에 따라 개인정보의 제공을 요청받은 경우에는 그 개인정보를 제공하거나 이용할 수 있다.

⑥ 정보통신서비스 제공자등은 제1항에 따른 동의의 철회 또는 제2항에 따른 개인정보의 열람·제공 또는 오류의 정정을 요구하는 방법을 개인정보의 수집방법보다 쉽게 하여야 한다.

⑦ 영업양수자등에 대하여는 제1항부터 제6항까지의 규정을 준용한다. 이 경우 "정보통신서비스 제공자등"은 "영업양수자등"으로 본다.

[전문개정 2008.6.13.]

제30조의2(개인정보 이용내역의 통지) ① 정보통신서비스 제공자등으로서 대통령령으로 정하는 기준에 해당하는 자는 제22조 및 제23조제1항 단서에 따라 수집한 이용자 개인정보의 이용내역(제24조의2에 따른 제공 및 제25조에 따른 개인정보 처리위탁을 포함한다)을 주기적으로 이용자에게 통지하여야 한다. 다만, 연락처 등 이용자에게 통지할 수 있는 개인정보를 수집하지 아니한 경우에는 그러하지 아니하다. <개정 2016.3.22.>

② 제1항에 따라 이용자에게 통지하여야 하는 정보의 종류, 통지 주기 및 방법, 그 밖에 이용내역 통지에 필요한 사항은 대통령령으로 정한다.

[본조신설 2012.2.17.]

第31조(법정대리인의 권리) ① 정보통신서비스 제공자등이 만 14세 미만의 아동으로부터 개인정보 수집·이용·제공 등의 동의를 받으려면 그 법정대리인의 동의를 받아야 한다. 이 경우 정보통신서비스 제공자는 그 아동에게 법정대리인의 동의를 받기 위하여 필요한 법정대리인의 성명 등 최소한의 정보를 요구할 수 있다.

② 법정대리인은 해당 아동의 개인정보에 대하여 제30조제1항 및 제2항에 따른 이용자의 권리를 행사할 수 있다.

③ 제2항에 따른 법정대리인의 동의 철회, 열람 또는 오류정정의 요구에 관하여는 제30조제3항부터 제5항까지의 규정을 준용한다.

[전문개정 2008.6.13.]

第32조(손해배상) ①이용자는 정보통신서비스 제공자등이 이 장의 규정을 위반한 행위로 손해를 입으면 그 정보통신서비스 제공자등에게 손해배상을 청구할 수 있다. 이 경우 해당 정보통신서비스 제공자등은 고의 또는 과실이 없음을 입증하지 아니하면 책임을 면할 수 없다. <개정 2016.3.22.>

② 정보통신서비스 제공자등의 고의 또는 중대한 과실로 인하여 개인정보가 분실·도난·유출·위조·변조 또는 훼손된 경우로서 이용자에게 손해가 발생한 때에는 법원은 그 손해액의 3배를 넘지 아니하는 범위에서 손해배상액을 정할 수 있다. 다만, 정보통신서비스 제공자등이 고의 또는 중대한 과실이 없음을 증명한 경우에는 그

러하지 아니하다. <신설 2016.3.22.>

③ 법원은 제2항의 손해배상액을 정할 때에는 다음 각 호의 사항을 고려하여야 한다. <신설 2016.3.22.>

1. 고의 또는 손해 발생의 우려를 인식한 정도
2. 위반행위로 인하여 입은 피해 규모
3. 위반행위로 인하여 정보통신서비스 제공자등이 취득한 경제적 이익
4. 위반행위에 따른 벌금 및 과징금
5. 위반행위의 기간·횟수 등
6. 정보통신서비스 제공자등의 재산상태
7. 정보통신서비스 제공자등이 이용자의 개인정보 분실·도난·유출 후 해당 개인정보를 회수하기 위하여 노력한 정도
8. 정보통신서비스 제공자등이 이용자의 피해구제를 위하여 노력한 정도

[전문개정 2008.6.13.]

제32조의2(법정손해배상의 청구) ① 이용자는 다음 각 호의 모두에 해당하는 경우에는 대통령령으로 정하는 기간 내에 정보통신서비스 제공자등에게 제32조에 따른 손해배상을 청구하는 대신 300만원 이하의 범위에서 상당한 금액을 손해액으로 하여 배상을 청구할 수 있다. 이 경우 해당 정보통신서비스 제공자등은 고의 또는 과실이 없음을 입증하지 아니하면 책임을 면할 수 없다. <개정 2016.3.22.>

1. 정보통신서비스 제공자등이 고의 또는 과실로 이 장의 규정을 위반한 경우

2. 개인정보가 분실·도난·유출·위조·변조 또는 훼손된 경우

② 법원은 제1항에 따른 청구가 있는 경우에 변론 전체의 취지와 증거조사의 결과를 고려하여 제1항의 범위에서 상당한 손해액을 인정할 수 있다.

③ 제32조에 따라 손해배상을 청구한 이용자는 사실심의 변론이 종결되기 전까지 그 청구를 제1항에 따른 청구로 변경할 수 있다. <신설 2016.3.22.>

[본조신설 2014.5.28.]

제32조의3(노출된 개인정보의 삭제·차단) ① 정보통신서비스 제공자등은 주민등록번호, 계좌정보, 신용카드정보 등 이용자의 개인정보가 정보통신망을 통하여 공중에 노출되지 아니하도록 하여야 한다.

② 정보통신서비스 제공자등은 방송통신위원회 또는 한국인터넷진흥원의 요청이 있는 경우 제1항의 노출된 개인정보에 대한 삭제·차단 등 필요한 조치를 취하여야 한다.

[본조신설 2016.3.22.]

제4절 삭제 <2011.3.29.>

제33조 삭제 <2011.3.29.>

제33조의2 삭제 <2011.3.29.>

제34조 삭제 <2011.3.29.>

제35조 삭제 <2011.3.29.>

제36조 삭제 <2011.3.29.>

제37조 삭제 <2011.3.29.>

제38조 삭제 <2011.3.29.>

제39조 삭제 <2011.3.29.>

제40조 삭제 <2011.3.29.>

제5장 정보통신망에서의 이용자 보호 등 <개정 2007.1.26.>

제41조(청소년 보호를 위한 시책의 마련 등) ① 방송통신위원회는 정보통신망을 통하여 유통되는 음란·폭력정보 등 청소년에게 해로운 정보(이하 "청소년유해정보"라 한다)로부터 청소년을 보호하기 위하여 다음 각 호의 시책을 마련하여야 한다.

1. 내용 선별 소프트웨어의 개발 및 보급
2. 청소년 보호를 위한 기술의 개발 및 보급
3. 청소년 보호를 위한 교육 및 홍보
4. 그 밖에 청소년 보호를 위하여 대통령령으로 정하는 사항

② 방송통신위원회는 제1항에 따른 시책을 추진할 때에는 「방송통신위원회의 설치 및 운영에 관한 법률」제18조에 따른 방송통신심의위원회(이하 "심의위원회"라 한다), 정보통신서비스 제공자단체·이용자단체, 그 밖의 관련 전문기관이 실시하는 청소년 보호를 위한 활동을 지원할 수 있다.

[전문개정 2008.6.13.]

제42조(청소년유해매체물의 표시) 전기통신사업자의 전기통신역무를 이용하여 일반에게 공개를 목적으로 정보를 제공하는 자(이하 "정보제공자"라 한다) 중 「청소년 보호법」 제2조제2호마목에 따른 매체물로서 같은 법 제2조제3호에 따른 청소년유해매체물을 제공하려는 자

는 대통령령으로 정하는 표시방법에 따라 그 정보가 청소년유해매체물임을 표시하여야 한다. <개정 2011.9.15.>

[전문개정 2008.6.13.]

제42조의2(청소년유해매체물의 광고금지) 누구든지 「청소년 보호법」 제2조제2호마목에 따른 매체물로서 같은 법 제2조제3호에 따른 청소년유해매체물을 광고하는 내용의 정보를 정보통신망을 이용하여 부호·문자·음성·음향·화상 또는 영상 등의 형태로 같은 법 제2조제1호에 따른 청소년에게 전송하거나 청소년 접근을 제한하는 조치 없이 공개적으로 전시하여서는 아니 된다. <개정 2011.9.15.>

[전문개정 2008.6.13.]

제42조의3(청소년 보호 책임자의 지정 등) ① 정보통신서비스 제공자 중 일일 평균 이용자의 수, 매출액 등이 대통령령으로 정하는 기준에 해당하는 자는 정보통신망의 청소년유해정보로부터 청소년을 보호하기 위하여 청소년 보호 책임자를 지정하여야 한다.

② 청소년 보호 책임자는 해당 사업자의 임원 또는 청소년 보호와 관련된 업무를 담당하는 부서의 장에 해당하는 지위에 있는 자 중에서 지정한다.

③ 청소년 보호 책임자는 정보통신망의 청소년유해정보를 차단·관리하고, 청소년유해정보로부터의 청소년 보호계획을 수립하는 등 청소년 보호업무를 하여야 한다.

④ 제1항에 따른 청소년 보호 책임자의 지정에 필요한 사항은 대통령령으로 정한다.

[전문개정 2008.6.13.]

제43조(영상 또는 음향정보 제공사업자의 보관의무) ① 「청소년 보호법」 제2조제

2호마목에 따른 매체물로서 같은 법 제2조제3호에 따른 청소년유해매체물을 이용자의 컴퓨터에 저장 또는 기록되지 아니하는 방식으로 제공하는 것을 영업으로 하는 정보제공자 중 대통령령으로 정하는 자는 해당 정보를 보관하여야 한다. <개정 2011.9.15.>

② 제1항에 따른 정보제공자가 해당 정보를 보관하여야 할 기간은 대통령령으로 정한다.

[전문개정 2008.6.13.]

제44조(정보통신망에서의 권리보호) ① 이용자는 사생활 침해 또는 명예훼손 등 타인의 권리를 침해하는 정보를 정보통신망에 유통시켜서는 아니 된다.

② 정보통신서비스 제공자는 자신이 운영·관리하는 정보통신망에 제1항에 따른 정보가 유통되지 아니하도록 노력하여야 한다.

③ 방송통신위원회는 정보통신망에 유통되는 정보로 인한 사생활 침해 또는 명예훼손 등 타인에 대한 권리침해를 방지하기 위하여 기술개발·교육·홍보 등에 대한 시책을 마련하고 이를 정보통신서비스 제공자에게 권고할 수 있다. <개정 2013.3.23., 2014.5.28.>

[전문개정 2008.6.13.]

제44조의2(정보의 삭제요청 등) ① 정보통신망을 통하여 일반에게 공개를 목적으로 제공된 정보로 사생활 침해나 명예훼손 등 타인의 권리가 침해된 경우 그 침해를 받은 자는 해당 정보를 처리한 정보통신서비스 제공자에게 침해사실을 소명하여 그 정보의 삭제 또는 반박내용의 게재(이하 "삭제등"이라 한다)를 요청할 수 있다. <개정 2016.3.22.>

② 정보통신서비스 제공자는 제1항에 따른 해당 정보의 삭제등을 요

청받으면 지체 없이 삭제·임시조치 등의 필요한 조치를 하고 즉시 신청인 및 정보게재자에게 알려야 한다. 이 경우 정보통신서비스 제공자는 필요한 조치를 한 사실을 해당 게시판에 공시하는 등의 방법으로 이용자가 알 수 있도록 하여야 한다.

③ 정보통신서비스 제공자는 자신이 운영·관리하는 정보통신망에 제42조에 따른 표시방법을 지키지 아니하는 청소년유해매체물이 게재되어 있거나 제42조의2에 따른 청소년 접근을 제한하는 조치 없이 청소년유해매체물을 광고하는 내용이 전시되어 있는 경우에는 지체 없이 그 내용을 삭제하여야 한다.

④ 정보통신서비스 제공자는 제1항에 따른 정보의 삭제요청에도 불구하고 권리의 침해 여부를 판단하기 어렵거나 이해당사자 간에 다툼이 예상되는 경우에는 해당 정보에 대한 접근을 임시적으로 차단하는 조치(이하 "임시조치"라 한다)를 할 수 있다. 이 경우 임시조치의 기간은 30일 이내로 한다.

⑤ 정보통신서비스 제공자는 필요한 조치에 관한 내용·절차 등을 미리 약관에 구체적으로 밝혀야 한다.

⑥ 정보통신서비스 제공자는 자신이 운영·관리하는 정보통신망에 유통되는 정보에 대하여 제2항에 따른 필요한 조치를 하면 이로 인한 배상책임을 줄이거나 면제받을 수 있다.

[전문개정 2008.6.13.]

제44조의3(임의의 임시조치) ① 정보통신서비스 제공자는 자신이 운영·관리하는 정보통신망에 유통되는 정보가 사생활 침해 또는 명예훼손 등 타인의 권리를 침해한다고 인정되면 임의로 임시조치를 할 수 있다.

② 제1항에 따른 임시조치에 관하여는 제44조의2제2항 후단, 제4항 후단 및 제5항을 준용한다.

[전문개정 2008.6.13.]

제44조의4(자율규제) 정보통신서비스 제공자단체는 이용자를 보호하고 안전하며 신뢰할 수 있는 정보통신서비스를 제공하기 위하여 정보통신서비스 제공자 행동강령을 정하여 시행할 수 있다.

[전문개정 2008.6.13.]

제44조의5(게시판 이용자의 본인 확인) ① 다음 각 호의 어느 하나에 해당하는 자가 게시판을 설치·운영하려면 그 게시판 이용자의 본인 확인을 위한 방법 및 절차의 마련 등 대통령령으로 정하는 필요한 조치(이하 "본인확인조치"라 한다)를 하여야 한다.

1. 국가기관, 지방자치단체, 「공공기관의 운영에 관한 법률」 제5조 제3항에 따른 공기업·준정부기관 및 「지방공기업법」에 따른 지방공사·지방공단(이하 "공공기관등"이라 한다)

2. 삭제 <2014.5.28.>

② 삭제 <2014.5.28.>

③ 정부는 제1항에 따른 본인 확인을 위하여 안전하고 신뢰할 수 있는 시스템을 개발하기 위한 시책을 마련하여야 한다.

④ 공공기관등이 선량한 관리자의 주의로써 제1항에 따른 본인확인조치를 한 경우에는 이용자의 명의가 제3자에 의하여 부정사용됨에 따라 발생한 손해에 대한 배상책임을 줄이거나 면제받을 수 있다. <개정 2014.5.28.>

[전문개정 2008.6.13.]

[2014.5.28. 법률 제12681호에 의하여 2012.8.23. 헌법재판소에서

위헌 결정된 이 조 제1항제2호를 삭제함.]

제44조의6(이용자 정보의 제공청구) ① 특정한 이용자에 의한 정보의 게재나 유통으로 사생활 침해 또는 명예훼손 등 권리를 침해당하였다고 주장하는 자는 민·형사상의 소를 제기하기 위하여 침해사실을 소명하여 제44조의10에 따른 명예훼손 분쟁조정부에 해당 정보통신서비스 제공자가 보유하고 있는 해당 이용자의 정보(민·형사상의 소를 제기하기 위한 성명·주소 등 대통령령으로 정하는 최소한의 정보를 말한다)를 제공하도록 청구할 수 있다.

② 명예훼손 분쟁조정부는 제1항에 따른 청구를 받으면 해당 이용자와 연락할 수 없는 등의 특별한 사정이 있는 경우 외에는 그 이용자의 의견을 들어 정보제공 여부를 결정하여야 한다.

③ 제1항에 따라 해당 이용자의 정보를 제공받은 자는 해당 이용자의 정보를 민·형사상의 소를 제기하기 위한 목적 외의 목적으로 사용하여서는 아니 된다.

④ 그 밖의 이용자 정보 제공청구의 내용과 절차에 필요한 사항은 대통령령으로 정한다.

[전문개정 2008.6.13.]

제44조의7(불법정보의 유통금지 등) ① 누구든지 정보통신망을 통하여 다음 각 호의 어느 하나에 해당하는 정보를 유통하여서는 아니 된다. <개정 2011.9.15., 2016.3.22.>

1. 음란한 부호·문언·음향·화상 또는 영상을 배포·판매·임대하거나 공공연하게 전시하는 내용의 정보
2. 사람을 비방할 목적으로 공공연하게 사실이나 거짓의 사실을 드러내어 타인의 명예를 훼손하는 내용의 정보

3. 공포심이나 불안감을 유발하는 부호ㆍ문언ㆍ음향ㆍ화상 또는 영상을 반복적으로 상대방에게 도달하도록 하는 내용의 정보
4. 정당한 사유 없이 정보통신시스템, 데이터 또는 프로그램 등을 훼손ㆍ멸실ㆍ변경ㆍ위조하거나 그 운용을 방해하는 내용의 정보
5. 「청소년 보호법」에 따른 청소년유해매체물로서 상대방의 연령 확인, 표시의무 등 법령에 따른 의무를 이행하지 아니하고 영리를 목적으로 제공하는 내용의 정보
6. 법령에 따라 금지되는 사행행위에 해당하는 내용의 정보

6의2. 이 법 또는 개인정보 보호에 관한 법령을 위반하여 개인정보를 거래하는 내용의 정보

7. 법령에 따라 분류된 비밀 등 국가기밀을 누설하는 내용의 정보
8. 「국가보안법」에서 금지하는 행위를 수행하는 내용의 정보
9. 그 밖에 범죄를 목적으로 하거나 교사(敎唆) 또는 방조하는 내용의 정보

② 방송통신위원회는 제1항제1호부터 제6호까지 및 제6호의2의 정보에 대하여는 심의위원회의 심의를 거쳐 정보통신서비스 제공자 또는 게시판 관리ㆍ운영자로 하여금 그 처리를 거부ㆍ정지 또는 제한하도록 명할 수 있다. 다만, 제1항제2호 및 제3호에 따른 정보의 경우에는 해당 정보로 인하여 피해를 받은 자가 구체적으로 밝힌 의사에 반하여 그 처리의 거부ㆍ정지 또는 제한을 명할 수 없다. <개정 2016.3.22.>

③ 방송통신위원회는 제1항제7호부터 제9호까지의 정보가 다음 각 호의 모두에 해당하는 경우에는 정보통신서비스 제공자 또는 게시판 관리ㆍ운영자에게 해당 정보의 처리를 거부ㆍ정지 또는 제한하

도록 명하여야 한다. <개정 2016.3.22.>

1. 관계 중앙행정기관의 장의 요청이 있었을 것
2. 제1호의 요청을 받은 날부터 7일 이내에 심의위원회의 심의를 거친 후 「방송통신위원회의 설치 및 운영에 관한 법률」제21조 제4호에 따른 시정 요구를 하였을 것
3. 정보통신서비스 제공자나 게시판 관리·운영자가 시정 요구에 따르지 아니하였을 것

④ 방송통신위원회는 제2항 및 제3항에 따른 명령의 대상이 되는 정보통신서비스 제공자, 게시판 관리·운영자 또는 해당 이용자에게 미리 의견제출의 기회를 주어야 한다. 다만, 다음 각 호의 어느 하나에 해당하는 경우에는 의견제출의 기회를 주지 아니할 수 있다.

1. 공공의 안전 또는 복리를 위하여 긴급히 처분을 할 필요가 있는 경우
2. 의견청취가 뚜렷이 곤란하거나 명백히 불필요한 경우로서 대통령령으로 정하는 경우
3. 의견제출의 기회를 포기한다는 뜻을 명백히 표시한 경우

[전문개정 2008.6.13.]

제44조의8 삭제 <2008.2.29.>

제44조의9 삭제 <2008.2.29.>

제44조의10(명예훼손 분쟁조정부) ① 심의위원회는 정보통신망을 통하여 유통되는 정보 중 사생활의 침해 또는 명예훼손 등 타인의 권리를 침해하는 정보와 관련된 분쟁의 조정업무를 효율적으로 수행하기 위하여 5명 이하의 위원으로 구성된 명예훼손 분쟁조정부를 두되, 그중 1명 이상은 변호사의 자격이 있는 자로 한다.

② 명예훼손 분쟁조정부의 위원은 심의위원회의 위원장이 심의위원회의 동의를 받아 위촉한다.

③ 명예훼손 분쟁조정부의 분쟁조정절차 등에 관하여는 제33조의2 제2항, 제35조부터 제39조까지의 규정을 준용한다. 이 경우 "분쟁조정위원회"는 "심의위원회"로, "개인정보와 관련한 분쟁"은 "정보통신망을 통하여 유통되는 정보 중 사생활의 침해 또는 명예훼손 등 타인의 권리를 침해하는 정보와 관련된 분쟁"으로 본다.

④ 명예훼손 분쟁조정부의 설치·운영 및 분쟁조정 등에 관하여 그 밖의 필요한 사항은 대통령령으로 정한다.

[전문개정 2008.6.13.]

제6장 정보통신망의 안정성 확보 등

제45조(정보통신망의 안정성 확보 등) ① 정보통신서비스 제공자는 정보통신서비스의 제공에 사용되는 정보통신망의 안정성 및 정보의 신뢰성을 확보하기 위한 보호조치를 하여야 한다.

② 과학기술정보통신부장관은 제1항에 따른 보호조치의 구체적 내용을 정한 정보보호조치에 관한 지침(이하 "정보보호지침"이라 한다)을 정하여 고시하고 정보통신서비스 제공자에게 이를 지키도록 권고할 수 있다. <개정 2012.2.17., 2013.3.23., 2017.7.26.>

③ 정보보호지침에는 다음 각 호의 사항이 포함되어야 한다. <개정 2016.3.22.>

1. 정당한 권한이 없는 자가 정보통신망에 접근·침입하는 것을 방

지하거나 대응하기 위한 정보보호시스템의 설치·운영 등 기술적·물리적 보호조치

2. 정보의 불법 유출·위조·변조·삭제 등을 방지하기 위한 기술적 보호조치

3. 정보통신망의 지속적인 이용이 가능한 상태를 확보하기 위한 기술적·물리적 보호조치

4. 정보통신망의 안정 및 정보보호를 위한 인력·조직·경비의 확보 및 관련 계획수립 등 관리적 보호조치

[전문개정 2008.6.13.]

제45조의2(정보보호 사전점검) ① 정보통신서비스 제공자는 새로이 정보통신망을 구축하거나 정보통신서비스를 제공하고자 하는 때에는 그 계획 또는 설계에 정보보호에 관한 사항을 고려하여야 한다.

② 과학기술정보통신부장관은 다음 각 호의 어느 하나에 해당하는 정보통신서비스 또는 전기통신사업을 시행하고자 하는 자에게 대통령령으로 정하는 정보보호 사전점검기준에 따라 보호조치를 하도록 권고할 수 있다. <개정 2013.3.23., 2017.7.26.>

1. 이 법 또는 다른 법령에 따라 과학기술정보통신부장관의 인가·허가를 받거나 등록·신고를 하도록 되어 있는 사업으로서 대통령령으로 정하는 정보통신서비스 또는 전기통신사업

2. 과학기술정보통신부장관이 사업비의 전부 또는 일부를 지원하는 사업으로서 대통령령으로 정하는 정보통신서비스 또는 전기통신사업

③ 제2항에 따른 정보보호 사전점검의 기준·방법·절차·수수료 등 필요한 사항은 대통령령으로 정한다.

[본조신설 2012.2.17.]

제45조의3(정보보호 최고책임자의 지정 등) ① 정보통신서비스 제공자는 정보통신시스템 등에 대한 보안 및 정보의 안전한 관리를 위하여 임원급의 정보보호 최고책임자를 지정할 수 있다. 다만, 종업원 수, 이용자 수 등이 대통령령으로 정하는 기준에 해당하는 정보통신서비스 제공자의 경우에는 정보보호 최고책임자를 지정하고 과학기술정보통신부장관에게 신고하여야 한다. <개정 2014.5.28., 2017.7.26.>

② 제1항에 따른 신고의 방법 및 절차 등에 대해서는 대통령령으로 정한다. <신설 2014.5.28.>

③ 정보보호 최고책임자는 다음 각 호의 업무를 총괄한다. <개정 2014.5.28.>

1. 정보보호관리체계의 수립 및 관리·운영
2. 정보보호 취약점 분석·평가 및 개선
3. 침해사고의 예방 및 대응
4. 사전 정보보호대책 마련 및 보안조치 설계·구현 등
5. 정보보호 사전 보안성 검토
6. 중요 정보의 암호화 및 보안서버 적합성 검토
7. 그 밖에 이 법 또는 관계 법령에 따라 정보보호를 위하여 필요한 조치의 이행

④ 정보통신서비스 제공자는 침해사고에 대한 공동 예방 및 대응, 필요한 정보의 교류, 그 밖에 대통령령으로 정하는 공동의 사업을 수행하기 위하여 제1항에 따른 정보보호 최고책임자를 구성원으로 하는 정보보호 최고책임자 협의회를 구성·운영할 수 있다. <개정

2014.5.28.>

⑤ 정부는 제4항에 따른 정보보호 최고책임자 협의회의 활동에 필요한 경비의 전부 또는 일부를 지원할 수 있다. <개정 2014.5.28., 2015.6.22.>

[본조신설 2012.2.17.]

제46조(집적된 정보통신시설의 보호) ① 타인의 정보통신서비스 제공을 위하여 집적된 정보통신시설을 운영·관리하는 사업자(이하 "집적정보통신시설 사업자"라 한다)는 정보통신시설을 안정적으로 운영하기 위하여 대통령령으로 정하는 바에 따른 보호조치를 하여야 한다.

② 집적정보통신시설 사업자는 집적된 정보통신시설의 멸실, 훼손, 그 밖의 운영장애로 발생한 피해를 보상하기 위하여 대통령령으로 정하는 바에 따라 보험에 가입하여야 한다.

[전문개정 2008.6.13.]

제46조의2(집적정보통신시설 사업자의 긴급대응) ① 집적정보통신시설 사업자는 다음 각 호의 어느 하나에 해당하는 경우에는 이용약관으로 정하는 바에 따라 해당 서비스의 전부 또는 일부의 제공을 중단할 수 있다. <개정 2009.4.22., 2013.3.23., 2017.7.26.>

1. 집적정보통신시설을 이용하는 자(이하 "시설이용자"라 한다)의 정보시스템에서 발생한 이상현상으로 다른 시설이용자의 정보통신망 또는 집적된 정보통신시설의 정보통신망에 심각한 장애를 발생시킬 우려가 있다고 판단되는 경우
2. 외부에서 발생한 침해사고로 집적된 정보통신시설에 심각한 장애가 발생할 우려가 있다고 판단되는 경우
3. 중대한 침해사고가 발생하여 과학기술정보통신부장관이나 한

국인터넷진흥원이 요청하는 경우

② 집적정보통신시설 사업자는 제1항에 따라 해당 서비스의 제공을 중단하는 경우에는 중단사유, 발생일시, 기간 및 내용 등을 구체적으로 밝혀 시설이용자에게 즉시 알려야 한다.

③ 집적정보통신시설 사업자는 중단사유가 없어지면 즉시 해당 서비스의 제공을 재개하여야 한다.

[전문개정 2008.6.13.]

제46조의3 삭제 <2012.2.17.>

제47조(정보보호 관리체계의 인증) ① 과학기술정보통신부장관은 정보통신망의 안정성·신뢰성 확보를 위하여 관리적·기술적·물리적 보호조치를 포함한 종합적 관리체계(이하 "정보보호 관리체계"라 한다)를 수립·운영하고 있는 자에 대하여 제4항에 따른 기준에 적합한지에 관하여 인증을 할 수 있다. <개정 2012.2.17., 2013.3.23., 2015.12.1., 2017.7.26.>

②「전기통신사업법」 제2조제8호에 따른 전기통신사업자와 전기통신사업자의 전기통신역무를 이용하여 정보를 제공하거나 정보의 제공을 매개하는 자로서 다음 각 호의 어느 하나에 해당하는 자는 제1항에 따른 인증을 받아야 한다. <신설 2012.2.17., 2015.12.1.>

1.「전기통신사업법」 제6조제1항에 따른 허가를 받은 자로서 대통령령으로 정하는 바에 따라 정보통신망서비스를 제공하는 자

2. 집적정보통신시설 사업자

3. 연간 매출액 또는 세입 등이 1,500억원 이상이거나 정보통신서비스 부문 전년도 매출액이 100억원 이상 또는 3개월간의 일일평균 이용자수 100만명 이상으로서, 대통령령령으로 정하는 기

준에 해당하는 자

③ 과학기술정보통신부장관은 제2항에 따라 인증을 받아야 하는 자가 과학기술정보통신부령으로 정하는 바에 따라 국제표준 정보보호 인증을 받거나 정보보호 조치를 취한 경우에는 제1항에 따른 인증 심사의 일부를 생략할 수 있다. 이 경우 인증 심사의 세부 생략 범위에 대해서는 과학기술정보통신부장관이 정하여 고시한다. <신설 2015.12.1., 2017.7.26.>

④ 과학기술정보통신부장관은 제1항에 따른 정보보호 관리체계 인증을 위하여 관리적·기술적·물리적 보호대책을 포함한 인증기준 등 그 밖에 필요한 사항을 정하여 고시할 수 있다. <개정 2012.2.17., 2013.3.23., 2015.12.1., 2017.7.26.>

⑤ 제1항에 따른 정보보호 관리체계 인증의 유효기간은 3년으로 한다. 다만, 제47조의5제1항에 따라 정보보호 관리등급을 받은 경우 그 유효기간 동안 제1항의 인증을 받은 것으로 본다. <신설 2012.2.17., 2015.12.1.>

⑥ 과학기술정보통신부장관은 한국인터넷진흥원 또는 과학기술정보통신부장관이 지정한 기관(이하 "정보보호 관리체계 인증기관"이라 한다)으로 하여금 제1항 및 제2항에 따른 인증에 관한 업무로서 다음 각 호의 업무를 수행하게 할 수 있다. <신설 2012.2.17., 2013.3.23., 2015.12.1., 2017.7.26.>

1. 인증 신청인이 수립한 정보보호 관리체계가 제4항에 따른 인증기준에 적합한지 여부를 확인하기 위한 심사(이하 "인증심사"라 한다)
2. 인증심사 결과의 심의
3. 인증서 발급·관리

4. 인증의 사후관리

5. 정보보호 관리체계 인증심사원의 양성 및 자격관리

6. 그 밖에 정보보호 관리체계 인증에 관한 업무

⑦ 과학기술정보통신부장관은 인증에 관한 업무를 효율적으로 수행하기 위하여 필요한 경우 인증심사 업무를 수행하는 기관(이하 "정보보호 관리체계 심사기관"이라 한다)을 지정할 수 있다. <신설 2015.12.1., 2017.7.26.>

⑧ 한국인터넷진흥원, 정보보호 관리체계 인증기관 및 정보보호 관리체계 심사기관은 정보보호 관리체계의 실효성 제고를 위하여 연 1회 이상 사후관리를 실시하고 그 결과를 과학기술정보통신부장관에게 통보하여야 한다. <신설 2012.2.17., 2013.3.23., 2015.12.1., 2017.7.26.>

⑨ 제1항 및 제2항에 따라 정보보호 관리체계의 인증을 받은 자는 대통령령으로 정하는 바에 따라 인증의 내용을 표시하거나 홍보할 수 있다. <개정 2012.2.17., 2015.12.1.>

⑩ 과학기술정보통신부장관은 다음 각 호의 어느 하나에 해당하는 사유를 발견한 경우에는 인증을 취소할 수 있다. 다만, 제1호에 해당하는 경우에는 인증을 취소하여야 한다. <신설 2012.2.17., 2013.3.23., 2015.12.1., 2017.7.26.>

1. 거짓이나 그 밖의 부정한 방법으로 정보보호 관리체계 인증을 받은 경우

2. 제4항에 따른 인증기준에 미달하게 된 경우

3. 제8항에 따른 사후관리를 거부 또는 방해한 경우

⑪ 제1항 및 제2항에 따른 인증의 방법·절차·범위·수수료, 제8항에

따른 사후관리의 방법·절차, 제10항에 따른 인증취소의 방법·절차, 그 밖에 필요한 사항은 대통령령으로 정한다. <개정 2012.2.17., 2015.12.1.>

⑫ 정보보호 관리체계 인증기관 및 정보보호 관리체계 심사기관 지정의 기준·절차·유효기간 등에 필요한 사항은 대통령령으로 정한다. <개정 2012.2.17., 2015.12.1.>

[전문개정 2008.6.13.]

제47조의2(정보보호 관리체계 인증기관 및 정보보호 관리체계 심사기관의 지정취소 등)

① 과학기술정보통신부장관은 제47조에 따라 정보보호 관리체계 인증기관 또는 정보보호 관리체계 심사기관으로 지정받은 법인 또는 단체가 다음 각 호의 어느 하나에 해당하면 그 지정을 취소하거나 1년 이내의 기간을 정하여 해당 업무의 전부 또는 일부의 정지를 명할 수 있다. 다만, 제1호나 제2호에 해당하는 경우에는 그 지정을 취소하여야 한다. <개정 2012.2.17., 2013.3.23., 2015.12.1., 2017.7.26.>

1. 거짓이나 그 밖의 부정한 방법으로 정보보호 관리체계 인증기관 또는 정보보호 관리체계 심사기관의 지정을 받은 경우
2. 업무정지기간 중에 인증 또는 인증심사를 한 경우
3. 정당한 사유 없이 인증 또는 인증심사를 하지 아니한 경우
4. 제47조제11항을 위반하여 인증 또는 인증심사를 한 경우
5. 제47조제12항에 따른 지정기준에 적합하지 아니하게 된 경우

② 제1항에 따른 지정취소 및 업무정지 등에 필요한 사항은 대통령령으로 정한다.

[전문개정 2008.6.13.]

[제목개정 2015.12.1.]

제47조의3(개인정보보호 관리체계의 인증) ① 방송통신위원회는 정보통신망에서 개인정보보호 활동을 체계적이고 지속적으로 수행하기 위하여 필요한 관리적·기술적·물리적 보호조치를 포함한 종합적 관리체계(이하 "개인정보보호 관리체계"라 한다)를 수립·운영하고 있는 자에 대하여 제2항에 따른 기준에 적합한지에 관하여 인증을 할 수 있다.

② 방송통신위원회는 제1항에 따른 개인정보보호 관리체계 인증을 위하여 관리적·기술적·물리적 보호대책을 포함한 인증기준 등 그 밖에 필요한 사항을 정하여 고시할 수 있다.

③ 개인정보보호 관리체계의 수행기관, 사후관리 등에 대하여는 제47조제6항부터 제12항까지의 규정을 준용한다. 이 경우 "제1항 및 제2항"은 "제1항"으로 본다. <개정 2015.12.1.>

④ 개인정보보호 관리체계 인증기관의 지정취소 등에 대하여는 제47조의2를 준용한다.

[본조신설 2012.2.17.]

[종전 제47조의3은 제47조의4로 이동 <2012.2.17.>]

제47조의4(이용자의 정보보호) ① 정부는 이용자의 정보보호에 필요한 기준을 정하여 이용자에게 권고하고, 침해사고의 예방 및 확산 방지를 위하여 취약점 점검, 기술 지원 등 필요한 조치를 할 수 있다.

② 주요정보통신서비스 제공자는 정보통신망에 중대한 침해사고가 발생하여 자신의 서비스를 이용하는 이용자의 정보시스템 또는 정보통신망 등에 심각한 장애가 발생할 가능성이 있으면 이용약관으로 정하는 바에 따라 그 이용자에게 보호조치를 취하도록 요청하

고, 이를 이행하지 아니하는 경우에는 해당 정보통신망으로의 접속을 일시적으로 제한할 수 있다.

③ 「소프트웨어산업 진흥법」 제2조에 따른 소프트웨어사업자는 보안에 관한 취약점을 보완하는 프로그램을 제작하였을 때에는 한국인터넷진흥원에 알려야 하고, 그 소프트웨어 사용자에게는 제작한 날부터 1개월 이내에 2회 이상 알려야 한다. <개정 2009.4.22.>

④ 제2항에 따른 보호조치의 요청 등에 관하여 이용약관으로 정하여야 하는 구체적인 사항은 대통령령으로 정한다.

[전문개정 2008.6.13.]

[제47조의3에서 이동 <2012.2.17.>]

제47조의5(정보보호 관리등급 부여) ① 제47조에 따라 정보보호 관리체계 인증을 받은 자는 기업의 통합적 정보보호 관리수준을 제고하고 이용자로부터 정보보호 서비스에 대한 신뢰를 확보하기 위하여 과학기술정보통신부장관으로부터 정보보호 관리등급을 받을 수 있다. <개정 2013.3.23., 2017.7.26.>

② 과학기술정보통신부장관은 한국인터넷진흥원으로 하여금 제1항에 따른 등급 부여에 관한 업무를 수행하게 할 수 있다. <개정 2013.3.23., 2017.7.26.>

③ 제1항에 따라 정보보호 관리등급을 받은 자는 대통령령으로 정하는 바에 따라 해당 등급의 내용을 표시하거나 홍보에 활용할 수 있다.

④ 과학기술정보통신부장관은 다음 각 호의 어느 하나에 해당하는 사유를 발견한 경우에는 부여한 등급을 취소할 수 있다. 다만, 제1호에 해당하는 경우에는 부여한 등급을 취소하여야 한다. <개정

2013.3.23., 2015.12.1., 2017.7.26.>

1. 거짓이나 그 밖의 부정한 방법으로 정보보호 관리등급을 받은 경우
2. 제5항에 따른 등급기준에 미달하게 된 경우

⑤ 제1항에 따른 등급 부여의 심사기준 및 등급 부여의 방법·절차·수수료, 등급의 유효기간, 제4항에 따른 등급취소의 방법·절차, 그 밖에 필요한 사항은 대통령령으로 정한다.

[본조신설 2012.2.17.]

제48조(정보통신망 침해행위 등의 금지) ① 누구든지 정당한 접근권한 없이 또는 허용된 접근권한을 넘어 정보통신망에 침입하여서는 아니 된다.

② 누구든지 정당한 사유 없이 정보통신시스템, 데이터 또는 프로그램 등을 훼손·멸실·변경·위조하거나 그 운용을 방해할 수 있는 프로그램(이하 "악성프로그램"이라 한다)을 전달 또는 유포하여서는 아니 된다.

③ 누구든지 정보통신망의 안정적 운영을 방해할 목적으로 대량의 신호 또는 데이터를 보내거나 부정한 명령을 처리하도록 하는 등의 방법으로 정보통신망에 장애가 발생하게 하여서는 아니 된다.

[전문개정 2008.6.13.]

제48조의2(침해사고의 대응 등) ① 과학기술정보통신부장관은 침해사고에 적절히 대응하기 위하여 다음 각 호의 업무를 수행하고, 필요하면 업무의 전부 또는 일부를 한국인터넷진흥원이 수행하도록 할 수 있다. <개정 2009.4.22., 2013.3.23., 2017.7.26.>

1. 침해사고에 관한 정보의 수집·전파
2. 침해사고의 예보·경보

3. 침해사고에 대한 긴급조치

4. 그 밖에 대통령령으로 정하는 침해사고 대응조치

② 다음 각 호의 어느 하나에 해당하는 자는 대통령령으로 정하는 바에 따라 침해사고의 유형별 통계, 해당 정보통신망의 소통량 통계 및 접속경로별 이용 통계 등 침해사고 관련 정보를 과학기술정보통신부장관이나 한국인터넷진흥원에 제공하여야 한다. <개정 2009.4.22., 2013.3.23., 2017.7.26.>

1. 주요정보통신서비스 제공자

2. 집적정보통신시설 사업자

3. 그 밖에 정보통신망을 운영하는 자로서 대통령령으로 정하는 자

③ 한국인터넷진흥원은 제2항에 따른 정보를 분석하여 과학기술정보통신부장관에게 보고하여야 한다. <개정 2009.4.22., 2013.3.23., 2017.7.26.>

④ 과학기술정보통신부장관은 제2항에 따라 정보를 제공하여야 하는 사업자가 정당한 사유 없이 정보의 제공을 거부하거나 거짓 정보를 제공하면 상당한 기간을 정하여 그 사업자에게 시정을 명할 수 있다. <개정 2013.3.23., 2017.7.26.>

⑤ 과학기술정보통신부장관이나 한국인터넷진흥원은 제2항에 따라 제공받은 정보를 침해사고의 대응을 위하여 필요한 범위에서만 정당하게 사용하여야 한다. <개정 2009.4.22., 2013.3.23., 2017.7.26.>

⑥ 과학기술정보통신부장관이나 한국인터넷진흥원은 침해사고의 대응을 위하여 필요하면 제2항 각 호의 어느 하나에 해당하는 자에게 인력지원을 요청할 수 있다. <개정 2009.4.22., 2013.3.23.,

2017.7.26.>

[전문개정 2008.6.13.]

제48조의3(침해사고의 신고 등) ① 다음 각 호의 어느 하나에 해당하는 자는 침해사고가 발생하면 즉시 그 사실을 과학기술정보통신부장관이나 한국인터넷진흥원에 신고하여야 한다. 이 경우 「정보통신기반 보호법」 제13조제1항에 따른 통지가 있으면 전단에 따른 신고를 한 것으로 본다. <개정 2009.4.22., 2013.3.23., 2017.7.26.>

1. 정보통신서비스 제공자
2. 집적정보통신시설 사업자

② 과학기술정보통신부장관이나 한국인터넷진흥원은 제1항에 따라 침해사고의 신고를 받거나 침해사고를 알게 되면 제48조의2제1항 각 호에 따른 필요한 조치를 하여야 한다. <개정 2009.4.22., 2013.3.23., 2017.7.26.>

[전문개정 2008.6.13.]

제48조의4(침해사고의 원인 분석 등) ① 정보통신서비스 제공자 등 정보통신망을 운영하는 자는 침해사고가 발생하면 침해사고의 원인을 분석하고 피해의 확산을 방지하여야 한다.

② 과학기술정보통신부장관은 정보통신서비스 제공자의 정보통신망에 중대한 침해사고가 발생하면 피해 확산 방지, 사고대응, 복구 및 재발 방지를 위하여 정보보호에 전문성을 갖춘 민·관합동조사단을 구성하여 그 침해사고의 원인 분석을 할 수 있다. <개정 2013.3.23., 2017.7.26.>

③ 과학기술정보통신부장관은 제2항에 따른 침해사고의 원인을 분석하기 위하여 필요하다고 인정하면 정보통신서비스 제공자와 집

적정보통신시설 사업자에게 정보통신망의 접속기록 등 관련 자료의 보전을 명할 수 있다. <개정 2013.3.23., 2017.7.26.>

④ 과학기술정보통신부장관은 침해사고의 원인을 분석하기 위하여 필요하면 정보통신서비스 제공자와 집적정보통신시설 사업자에게 침해사고 관련 자료의 제출을 요구할 수 있으며, 제2항에 따른 민·관합동조사단에게 관계인의 사업장에 출입하여 침해사고 원인을 조사하도록 할 수 있다. 다만, 「통신비밀보호법」 제2조제11호에 따른 통신사실확인자료에 해당하는 자료의 제출은 같은 법으로 정하는 바에 따른다. <개정 2013.3.23., 2017.7.26.>

⑤ 과학기술정보통신부장관이나 민·관합동조사단은 제4항에 따라 제출받은 자료와 조사를 통하여 알게 된 정보를 침해사고의 원인 분석 및 대책 마련 외의 목적으로는 사용하지 못하며, 원인 분석이 끝난 후에는 즉시 파기하여야 한다. <개정 2013.3.23., 2017.7.26.>

⑥ 제2항에 따른 민·관합동조사단의 구성과 제4항에 따라 제출된 침해사고 관련 자료의 보호 등에 필요한 사항은 대통령령으로 정한다.

[전문개정 2008.6.13.]

제49조(비밀 등의 보호) 누구든지 정보통신망에 의하여 처리·보관 또는 전송되는 타인의 정보를 훼손하거나 타인의 비밀을 침해·도용 또는 누설하여서는 아니 된다.

[전문개정 2008.6.13.]

제49조의2(속이는 행위에 의한 개인정보의 수집금지 등) ① 누구든지 정보통신망을 통하여 속이는 행위로 다른 사람의 정보를 수집하거나 다른 사람이 정보를 제공하도록 유인하여서는 아니 된다.

② 정보통신서비스 제공자는 제1항을 위반한 사실을 발견하면 즉시 과학기술정보통신부장관, 방송통신위원회 또는 한국인터넷진흥원에 신고하여야 한다. <개정 2009.4.22., 2016.3.22., 2017.7.26.>

③ 과학기술정보통신부장관, 방송통신위원회 또는 한국인터넷진흥원은 제2항에 따른 신고를 받거나 제1항을 위반한 사실을 알게 되면 다음 각 호의 필요한 조치를 하여야 한다. <개정 2009.4.22., 2016.3.22., 2017.7.26.>

1. 위반 사실에 관한 정보의 수집ㆍ전파
2. 유사 피해에 대한 예보ㆍ경보
3. 정보통신서비스 제공자에게 접속경로의 차단을 요청하거나 이용자에게 제1항의 위반행위에 노출되었다는 사실을 알리도록 요청하는 등 피해 예방 및 피해 확산을 방지하기 위한 긴급조치

④ 과학기술정보통신부장관 또는 방송통신위원회는 제3항제3호의 조치를 취하기 위하여 정보통신서비스 제공자에게 정보통신서비스 제공자 간 정보통신망을 통하여 속이는 행위에 대한 정보 공유 등 필요한 조치를 취하도록 명할 수 있다. <신설 2016.3.22., 2017.7.26.>

[전문개정 2008.6.13.]

제50조(영리목적의 광고성 정보 전송 제한) ① 누구든지 전자적 전송매체를 이용하여 영리목적의 광고성 정보를 전송하려면 그 수신자의 명시적인 사전 동의를 받아야 한다. 다만, 다음 각 호의 어느 하나에 해당하는 경우에는 사전 동의를 받지 아니한다. <개정 2016.3.22.>

1. 재화등의 거래관계를 통하여 수신자로부터 직접 연락처를 수집한 자가 대통령령으로 정한 기간 이내에 자신이 처리하고 수신

자와 거래한 것과 동종의 재화등에 대한 영리목적의 광고성 정보를 전송하려는 경우

2. 「방문판매 등에 관한 법률」에 따른 전화권유판매자가 육성으로 수신자에게 개인정보의 수집출처를 고지하고 전화권유를 하는 경우

② 전자적 전송매체를 이용하여 영리목적의 광고성 정보를 전송하려는 자는 제1항에도 불구하고 수신자가 수신거부의사를 표시하거나 사전 동의를 철회한 경우에는 영리목적의 광고성 정보를 전송하여서는 아니 된다.

③ 오후 9시부터 그 다음 날 오전 8시까지의 시간에 전자적 전송매체를 이용하여 영리목적의 광고성 정보를 전송하려는 자는 제1항에도 불구하고 그 수신자로부터 별도의 사전 동의를 받아야 한다. 다만, 대통령령으로 정하는 매체의 경우에는 그러하지 아니하다.

④ 전자적 전송매체를 이용하여 영리목적의 광고성 정보를 전송하는 자는 대통령령으로 정하는 바에 따라 다음 각 호의 사항 등을 광고성 정보에 구체적으로 밝혀야 한다.

1. 전송자의 명칭 및 연락처
2. 수신의 거부 또는 수신동의의 철회 의사표시를 쉽게 할 수 있는 조치 및 방법에 관한 사항

⑤ 전자적 전송매체를 이용하여 영리목적의 광고성 정보를 전송하는 자는 다음 각 호의 어느 하나에 해당하는 조치를 하여서는 아니 된다.

1. 광고성 정보 수신자의 수신거부 또는 수신동의의 철회를 회피·방해하는 조치

2. 숫자 · 부호 또는 문자를 조합하여 전화번호 · 전자우편주소 등 수신자의 연락처를 자동으로 만들어 내는 조치
3. 영리목적의 광고성 정보를 전송할 목적으로 전화번호 또는 전자우편주소를 자동으로 등록하는 조치
4. 광고성 정보 전송자의 신원이나 광고 전송 출처를 감추기 위한 각종 조치
5. 영리목적의 광고성 정보를 전송할 목적으로 수신자를 기망하여 회신을 유도하는 각종 조치

⑥ 전자적 전송매체를 이용하여 영리목적의 광고성 정보를 전송하는 자는 수신자가 수신거부나 수신동의의 철회를 할 때 발생하는 전화요금 등의 금전적 비용을 수신자가 부담하지 아니하도록 대통령령으로 정하는 바에 따라 필요한 조치를 하여야 한다.

⑦ 전자적 전송매체를 이용하여 영리목적의 광고성 정보를 전송하려는 자는 수신자가 제1항에 따른 사전 동의, 제2항에 따른 수신거부 의사 또는 수신동의 철회 의사를 표시할 때에는 해당 수신자에게 대통령령으로 정하는 바에 따라 수신동의, 수신거부 또는 수신동의 철회에 대한 처리 결과를 알려야 한다.

⑧ 제1항 또는 제3항에 따라 수신동의를 받은 자는 대통령령으로 정하는 바에 따라 정기적으로 광고성 정보 수신자의 수신동의 여부를 확인하여야 한다.

[전문개정 2014.5.28.]

제50조의2 삭제 <2014.5.28.>

제50조의3(영리목적의 광고성 정보 전송의 위탁 등) ① 영리목적의 광고성 정보의 전송을 타인에게 위탁한 자는 그 업무를 위탁받은 자가 제50

조를 위반하지 아니하도록 관리·감독하여야 한다. <개정 2014.5.28.>

② 제1항에 따라 영리목적의 광고성 정보의 전송을 위탁받은 자는 그 업무와 관련한 법을 위반하여 발생한 손해의 배상책임에 있어 정보 전송을 위탁한 자의 소속 직원으로 본다.

[전문개정 2008.6.13.]

제50조의4(정보 전송 역무 제공 등의 제한) ① 정보통신서비스 제공자는 다음 각 호의 어느 하나에 해당하는 경우에 해당 역무의 제공을 거부하는 조치를 할 수 있다.

1. 광고성 정보의 전송 또는 수신으로 역무의 제공에 장애가 일어나거나 일어날 우려가 있는 경우
2. 이용자가 광고성 정보의 수신을 원하지 아니하는 경우
3. 삭제 <2014.5.28.>

② 정보통신서비스 제공자는 제1항 또는 제4항에 따른 거부조치를 하려면 해당 역무 제공의 거부에 관한 사항을 그 역무의 이용자와 체결하는 정보통신서비스 이용계약의 내용에 포함하여야 한다. <개정 2014.5.28.>

③ 정보통신서비스 제공자는 제1항 또는 제4항에 따른 거부조치 사실을 그 역무를 제공받는 이용자 등 이해관계인에게 알려야 한다. 다만, 미리 알리는 것이 곤란한 경우에는 거부조치를 한 후 지체 없이 알려야 한다. <개정 2014.5.28.>

④ 정보통신서비스 제공자는 이용계약을 통하여 해당 정보통신서비스 제공자가 이용자에게 제공하는 서비스가 제50조 또는 제50조의8을 위반하여 영리목적의 광고성 정보전송에 이용되고 있는 경

우 해당 역무의 제공을 거부하거나 정보통신망이나 서비스의 취약점을 개선하는 등 필요한 조치를 강구하여야 한다. <신설 2014.5.28.>

[전문개정 2008.6.13.]

제50조의5(영리목적의 광고성 프로그램 등의 설치) 정보통신서비스 제공자는 영리목적의 광고성 정보가 보이도록 하거나 개인정보를 수집하는 프로그램을 이용자의 컴퓨터나 그 밖에 대통령령으로 정하는 정보처리장치에 설치하려면 이용자의 동의를 받아야 한다. 이 경우 해당 프로그램의 용도와 삭제방법을 고지하여야 한다.

[전문개정 2008.6.13.]

제50조의6(영리목적의 광고성 정보 전송차단 소프트웨어의 보급 등) ① 방송통신위원회는 수신자가 제50조를 위반하여 전송되는 영리목적의 광고성 정보를 편리하게 차단하거나 신고할 수 있는 소프트웨어나 컴퓨터프로그램을 개발하여 보급할 수 있다.

② 방송통신위원회는 제1항에 따른 전송차단, 신고 소프트웨어 또는 컴퓨터프로그램의 개발과 보급을 촉진하기 위하여 관련 공공기관·법인·단체 등에 필요한 지원을 할 수 있다.

③ 방송통신위원회는 정보통신서비스 제공자의 전기통신역무가 제50조를 위반하여 발송되는 영리목적의 광고성 정보 전송에 이용되면 수신자 보호를 위하여 기술개발·교육·홍보 등 필요한 조치를 할 것을 정보통신서비스 제공자에게 권고할 수 있다.

④ 제1항에 따른 개발·보급의 방법과 제2항에 따른 지원에 필요한 사항은 대통령령으로 정한다.

[전문개정 2008.6.13.]

제50조의7(영리목적의 광고성 정보 게시의 제한) ① 누구든지 영리목적의 광고성 정보를 인터넷 홈페이지에 게시하려면 인터넷 홈페이지 운영자 또는 관리자의 사전 동의를 받아야 한다. 다만, 별도의 권한 없이 누구든지 쉽게 접근하여 글을 게시할 수 있는 게시판의 경우에는 사전 동의를 받지 아니한다.

② 영리목적의 광고성 정보를 게시하려는 자는 제1항에도 불구하고 인터넷 홈페이지 운영자 또는 관리자가 명시적으로 게시 거부의사를 표시하거나 사전 동의를 철회한 경우에는 영리목적의 광고성 정보를 게시하여서는 아니 된다.

③ 인터넷 홈페이지 운영자 또는 관리자는 제1항 또는 제2항을 위반하여 게시된 영리목적의 광고성 정보를 삭제하는 등의 조치를 할 수 있다.

[전문개정 2014.5.28.]

제50조의8(불법행위를 위한 광고성 정보 전송금지) 누구든지 정보통신망을 이용하여 이 법 또는 다른 법률에서 금지하는 재화 또는 서비스에 대한 광고성 정보를 전송하여서는 아니 된다.

[전문개정 2008.6.13.]

제51조(중요 정보의 국외유출 제한 등) ① 정부는 국내의 산업·경제 및 과학기술 등에 관한 중요 정보가 정보통신망을 통하여 국외로 유출되는 것을 방지하기 위하여 정보통신서비스 제공자 또는 이용자에게 필요한 조치를 하도록 할 수 있다.

② 제1항에 따른 중요 정보의 범위는 다음 각 호와 같다.

1. 국가안전보장과 관련된 보안정보 및 주요 정책에 관한 정보
2. 국내에서 개발된 첨단과학 기술 또는 기기의 내용에 관한 정보

③ 정부는 제2항 각 호에 따른 정보를 처리하는 정보통신서비스 제공자에게 다음 각 호의 조치를 하도록 할 수 있다. <개정 2016.3.22.>

1. 정보통신망의 부당한 이용을 방지할 수 있는 제도적·기술적 장치의 설정
2. 정보의 불법파괴 또는 불법조작을 방지할 수 있는 제도적·기술적 조치
3. 정보통신서비스 제공자가 처리 중 알게 된 중요 정보의 유출을 방지할 수 있는 조치

[전문개정 2008.6.13.]

第52조(한국인터넷진흥원) ① 정부는 정보통신망의 고도화(정보통신망의 구축·개선 및 관리에 관한 사항을 제외한다)와 안전한 이용 촉진 및 방송통신과 관련한 국제협력·국외진출 지원을 효율적으로 추진하기 위하여 한국인터넷진흥원(이하 "인터넷진흥원"이라 한다)을 설립한다. <개정 2009.4.22.>

② 인터넷진흥원은 법인으로 한다. <개정 2009.4.22.>

③ 인터넷진흥원은 다음 각 호의 사업을 한다. <개정 2009.4.22., 2012.2.17., 2013.3.23., 2014.11.19., 2015.6.22., 2017.7.26.>

1. 정보통신망의 이용 및 보호, 방송통신과 관련한 국제협력·국외진출 등을 위한 법·정책 및 제도의 조사·연구
2. 정보통신망의 이용 및 보호와 관련한 통계의 조사·분석
3. 정보통신망의 이용에 따른 역기능 분석 및 대책 연구
4. 정보통신망의 이용 및 보호를 위한 홍보 및 교육·훈련
5. 정보통신망의 정보보호 및 인터넷주소자원 관련 기술 개발 및 표준화

6. 정보보호산업 정책 지원 및 관련 기술 개발과 인력양성
7. 정보보호 관리체계의 인증, 정보보호시스템 평가·인증 등 정보보호 인증·평가 등의 실시 및 지원
8. 개인정보보호를 위한 대책의 연구 및 보호기술의 개발·보급 지원
9. 분쟁조정위원회의 운영 지원과 개인정보침해 신고센터의 운영
10. 광고성 정보 전송 및 인터넷광고와 관련한 고충의 상담·처리
11. 정보통신망 침해사고의 처리·원인분석 및 대응체계 운영
12. 「전자서명법」 제25조제1항에 따른 전자서명인증관리
13. 인터넷의 효율적 운영과 이용활성화를 위한 지원
14. 인터넷 이용자의 저장 정보 보호 지원
15. 인터넷 관련 서비스정책 지원
16. 인터넷상에서의 이용자 보호 및 건전 정보 유통 확산 지원
17. 「인터넷주소자원에 관한 법률」에 따른 인터넷주소자원의 관리에 관한 업무
18. 「인터넷주소자원에 관한 법률」 제16조에 따른 인터넷주소분쟁조정위원회의 운영 지원
19. 「정보보호산업의 진흥에 관한 법률」 제25조제7항에 따른 조정위원회의 운영지원
20. 방송통신과 관련한 국제협력·국외진출 및 국외홍보 지원
21. 제1호부터 제20호까지의 사업에 부수되는 사업
22. 그 밖에 이 법 또는 다른 법령에 따라 인터넷진흥원의 업무로 정하거나 위탁한 사업이나 과학기술정보통신부장관·행정안전부장관·방송통신위원회 또는 다른 행정기관의 장으로부터

위탁받은 사업

④ 인터넷진흥원이 사업을 수행하는 데 필요한 경비는 다음 각 호의 재원으로 충당한다. <개정 2016.3.22.>

1. 정부의 출연금
2. 제3항 각 호의 사업수행에 따른 수입금
3. 그 밖에 인터넷진흥원의 운영에 따른 수입금

⑤ 인터넷진흥원에 관하여 이 법에서 정하지 아니한 사항에 대하여는 「민법」의 재단법인에 관한 규정을 준용한다. <개정 2009.4.22.>

⑥ 인터넷진흥원이 아닌 자는 한국인터넷진흥원의 명칭을 사용하지 못한다. <개정 2009.4.22.>

⑦ 인터넷진흥원의 운영 및 업무수행에 필요한 사항은 대통령령으로 정한다. <개정 2009.4.22.>

[전문개정 2008.6.13.]

[제목개정 2009.4.22.]

제7장 통신과금서비스 <신설 2007.12.21.>

제53조(통신과금서비스제공자의 등록 등) ① 통신과금서비스를 제공하려는 자는 대통령령으로 정하는 바에 따라 다음 각 호의 사항을 갖추어 과학기술정보통신부장관에게 등록하여야 한다. <개정 2008.2.29., 2013.3.23., 2017.7.26.>

1. 재무건전성
2. 통신과금서비스이용자보호계획

3. 업무를 수행할 수 있는 인력과 물적 설비

4. 사업계획서

② 제1항에 따라 등록할 수 있는 자는 「상법」제170조에 따른 회사 또는 「민법」제32조에 따른 법인으로서 자본금·출자총액 또는 기본재산이 5억원 이상의 범위에서 대통령령으로 정하는 금액 이상이어야 한다.

③ 통신과금서비스제공자는 「전기통신사업법」 제22조에도 불구하고 부가통신사업자의 신고를 하지 아니할 수 있다. <개정 2010.3.22.>

④ 「전기통신사업법」 제23조부터 제26조까지의 규정은 통신과금서비스제공자의 등록사항의 변경, 사업의 양도·양수 또는 합병·상속, 사업의 승계, 사업의 휴지·폐지·해산 등에 준용한다. 이 경우 "별정통신사업자"는 "통신과금서비스제공자"로 보고, "별정통신사업"은 "통신과금서비스제공업"으로 본다. <개정 2010.3.22.>

⑤ 제1항에 따른 등록의 세부요건, 절차, 그 밖에 필요한 사항은 대통령령으로 정한다.

[본조신설 2007.12.21.]

[종전 제53조는 제62조로 이동 <2007.12.21.>]

제54조(등록의 결격사유) 다음 각 호의 어느 하나에 해당하는 자는 제53조에 따른 등록을 할 수 없다. <개정 2008.2.29., 2013.3.23., 2017.7.26.>

1. 제53조제4항에 따라 사업을 폐지한 날부터 1년이 지나지 아니한 법인 및 그 사업이 폐지될 당시 그 법인의 대주주(대통령령으로 정하는 출자자를 말한다. 이하 같다)이었던 자로서 그 폐지일부터 1년이

지나지 아니한 자

2. 제55조제1항에 따라 등록이 취소된 날부터 3년이 지나지 아니한 법인 및 그 취소 당시 그 법인의 대주주이었던 자로서 그 취소가 된 날부터 3년이 지나지 아니한 자

3. 「채무자 회생 및 파산에 관한 법률」에 따른 회생절차 중에 있는 법인 및 그 법인의 대주주

4. 금융거래 등 상거래에 있어서 약정한 기일 내에 채무를 변제하지 아니한 자로서 과학기술정보통신부장관이 정하는 자

5. 제1호부터 제4호까지의 규정에 해당하는 자가 대주주인 법인

[본조신설 2007.12.21.]

[종전 제54조는 제63조로 이동 <2007.12.21.>]

제55조(등록의 취소명령) ① 과학기술정보통신부장관은 통신과금서비스제공자가 거짓이나 그 밖의 부정한 방법으로 등록을 한 때에는 등록을 취소하여야 한다. <개정 2015.6.22., 2017.7.26.>

② 제1항에 따른 처분의 절차, 그 밖에 필요한 사항은 대통령령으로 정한다. <개정 2015.6.22.>

[본조신설 2007.12.21.]

[제목개정 2015.6.22.]

[종전 제55조는 제64조로 이동 <2007.12.21.>]

제56조(약관의 신고 등) ① 통신과금서비스제공자는 통신과금서비스에 관한 약관을 정하여 과학기술정보통신부장관에게 신고(변경신고를 포함한다)하여야 한다. <개정 2008.2.29., 2013.3.23., 2017.7.26.>

② 과학기술정보통신부장관은 제1항에 따른 약관이 통신과금서비스 이용자의 이익을 침해할 우려가 있다고 판단되는 경우에는 통신과

금서비스제공자에게 약관의 변경을 권고할 수 있다. <개정 2008.2.29., 2013.3.23., 2017.7.26.>

[본조신설 2007.12.21.]

[종전 제56조는 제65조로 이동 <2007.12.21.>]

제57조(통신과금서비스의 안전성 확보 등) ① 통신과금서비스제공자는 통신과금서비스가 안전하게 제공될 수 있도록 선량한 관리자로서의 주의의무를 다하여야 한다. <개정 2014.5.28.>

② 통신과금서비스제공자는 통신과금서비스를 통한 거래의 안전성과 신뢰성을 확보하기 위하여 대통령령으로 정하는 바에 따라 업무처리지침의 제정 및 회계처리 구분 등의 관리적 조치와 정보보호시스템 구축 등의 기술적 조치를 하여야 한다.

[본조신설 2007.12.21.]

[종전 제57조는 제66조로 이동 <2007.12.21.>]

제58조(통신과금서비스이용자의 권리 등) ① 통신과금서비스제공자는 재화등의 판매·제공의 대가가 발생한 때 및 대가를 청구할 때에 통신과금서비스이용자에게 다음 각 호의 사항을 고지하여야 한다. <개정 2011.4.5., 2014.5.28.>

1. 통신과금서비스 이용일시
2. 통신과금서비스를 통한 구매·이용의 거래 상대방(통신과금서비스를 이용하여 그 대가를 받고 재화 또는 용역을 판매·제공하는 자를 말한다. 이하 "거래 상대방"이라 한다)의 상호와 연락처
3. 통신과금서비스를 통한 구매·이용 금액과 그 명세
4. 이의신청 방법 및 연락처

② 통신과금서비스제공자는 통신과금서비스이용자가 구매·이용 내

역을 확인할 수 있는 방법을 제공하여야 하며, 통신과금서비스이용자가 구매·이용 내역에 관한 서면(전자문서를 포함한다. 이하 같다)을 요청하는 경우에는 그 요청을 받은 날부터 2주 이내에 이를 제공하여야 한다.

③ 통신과금서비스이용자는 통신과금서비스가 자신의 의사에 반하여 제공되었음을 안 때에는 통신과금서비스제공자에게 이에 대한 정정을 요구할 수 있으며(통신과금서비스이용자의 고의 또는 중과실이 있는 경우는 제외한다), 통신과금서비스제공자는 이용자의 정정요구가 이유 있을 경우 판매자에 대한 이용 대금의 지급을 유보하고 그 정정 요구를 받은 날부터 2주 이내에 처리 결과를 알려 주어야 한다. <개정 2014.5.28.>

④ 통신과금서비스제공자는 통신과금서비스에 관한 기록을 5년 이내의 범위에서 대통령령으로 정하는 기간 동안 보존하여야 한다.

⑤ 통신과금서비스제공자(제2조제1항제10호가목의 업무를 제공하는 자)는 통신과금서비스를 제공하거나 이용한도액을 증액할 경우에는 미리 해당 통신과금서비스이용자의 동의를 받아야 한다. <신설 2014.5.28.>

⑥ 통신과금서비스제공자(제2조제1항제10호가목의 업무를 제공하는 자)는 약관을 변경하는 때에는 변경되는 약관의 시행일 1개월 전에 이용자에게 통지하여야 한다. 이 경우 변경되는 약관에 대하여 이의가 있는 이용자는 통신과금서비스에 관한 계약을 해지할 수 있다. <신설 2014.5.28.>

⑦ 제2항에 따라 통신과금서비스제공자가 제공하여야 하는 구매·이용내역의 대상기간, 종류 및 범위, 제4항에 따라 통신과금서비스제

공자가 보존하여야 하는 기록의 종류 및 보존방법, 제6항에 따른 약관변경에 관한 통지의 방법 및 이의기간·절차 등 계약해지에 필요한 사항은 대통령령으로 정한다. <개정 2014.5.28.>

⑧ 제5항에 따른 동의의 방법 등에 필요한 사항은 과학기술정보통신부장관이 정하여 고시한다. <신설 2014.5.28., 2017.7.26.>

⑨ 과학기술정보통신부장관은 통신과금서비스가 통신과금서비스이용자의 의사에 반하여 제공되지 아니하도록 결제방식 등에 관한 세부적인 사항을 정하여 고시할 수 있다. <신설 2014.5.28., 2017.7.26.>

[본조신설 2007.12.21.]

[종전 제58조는 제67조로 이동 <2007.12.21.>]

제59조(분쟁해결 등) ① 통신과금서비스제공자는 통신과금서비스에 있어서 이용자의 권익을 보호하기 위하여 자율적인 분쟁해결 등을 시행하는 기관 또는 단체를 설치·운영할 수 있다.

② 통신과금서비스제공자는 대통령령으로 정하는 바에 따라 통신과금서비스와 관련한 통신과금서비스이용자의 이의신청 및 권리구제를 위한 절차를 마련하여야 하고, 통신과금서비스 계약을 체결하는 경우 이를 이용약관에 명시하여야 한다. <개정 2014.5.28.>

[본조신설 2007.12.21.]

[종전 제59조는 제68조로 이동 <2007.12.21.>]

제60조(손해배상 등) ① 통신과금서비스제공자는 통신과금서비스를 제공함에 있어서 통신과금서비스이용자에게 손해가 발생한 경우에 그 손해를 배상하여야 한다. 다만, 그 손해의 발생이 통신과금서비스이용자의 고의 또는 중과실로 인한 경우에는 그러하지 아니하다.

② 제1항에 따른 손해배상을 함에 있어서는 손해배상을 받을 자와 협의하여야 한다.

③ 제2항에 따른 손해배상에 관한 협의가 성립되지 아니하거나 협의를 할 수 없는 경우에는 당사자는 방송통신위원회에 재정을 신청할 수 있다. <개정 2008.2.29.>

[본조신설 2007.12.21.]

[종전 제60조는 제69조로 이동 <2007.12.21.>]

제61조(통신과금서비스의 이용제한) 과학기술정보통신부장관은 통신과금서비스제공자에게 다음 각 호의 어느 하나에 해당하는 자에 대한 서비스의 제공을 거부, 정지 또는 제한하도록 명할 수 있다. <개정 2008.2.29., 2011.9.15., 2013.3.23., 2017.7.26.>

1. 「청소년 보호법」 제16조를 위반하여 청소년유해매체물을 청소년에게 판매·대여·제공하는 자
2. 다음 각 목의 어느 하나에 해당하는 수단을 이용하여 통신과금서비스이용자로 하여금 재화등을 구매·이용하게 함으로써 통신과금서비스이용자의 이익을 현저하게 저해하는 자
   가. 제50조를 위반한 영리목적의 광고성 정보 전송
   나. 통신과금서비스이용자에 대한 기망 또는 부당한 유인
3. 이 법 또는 다른 법률에서 금지하는 재화등을 판매·제공하는 자

[본조신설 2007.12.21.]

[종전 제61조는 제70조로 이동 <2007.12.21.>]

제8장 국제협력 <신설 2007.12.21.>

제62조(국제협력) 정부는 다음 각 호의 사항을 추진할 때 다른 국가 또는 국제기구와 상호 협력하여야 한다.

1. 개인정보의 국가간 이전 및 개인정보의 보호에 관련된 업무
2. 정보통신망에서의 청소년 보호를 위한 업무
3. 정보통신망의 안전성을 침해하는 행위를 방지하기 위한 업무
4. 그 밖에 정보통신서비스의 건전하고 안전한 이용에 관한 업무

[전문개정 2008.6.13.]

제63조(국외 이전 개인정보의 보호) ① 정보통신서비스 제공자등은 이용자의 개인정보에 관하여 이 법을 위반하는 사항을 내용으로 하는 국제계약을 체결하여서는 아니 된다.

② 정보통신서비스 제공자등은 이용자의 개인정보를 국외에 제공(조회되는 경우를 포함한다)·처리위탁·보관(이하 이 조에서 "이전"이라 한다)하려면 이용자의 동의를 받아야 한다. 다만, 정보통신서비스의 제공에 관한 계약을 이행하고 이용자 편의 증진 등을 위하여 필요한 경우로서 제3항 각 호의 사항 모두를 제27조의2제1항에 따라 공개하거나 전자우편 등 대통령령으로 정하는 방법에 따라 이용자에게 알린 경우에는 개인정보 처리위탁·보관에 따른 동의절차를 거치지 아니할 수 있다. <개정 2016.3.22.>

③ 정보통신서비스 제공자등은 제2항에 따른 동의를 받으려면 미리 다음 각 호의 사항 모두를 이용자에게 고지하여야 한다.

1. 이전되는 개인정보 항목
2. 개인정보가 이전되는 국가, 이전일시 및 이전방법

3. 개인정보를 이전받는 자의 성명(법인인 경우에는 그 명칭 및 정보관리책임자의 연락처를 말한다)

4. 개인정보를 이전받는 자의 개인정보 이용목적 및 보유·이용 기간

④ 정보통신서비스 제공자등은 제2항에 따른 동의를 받아 개인정보를 국외로 이전하는 경우 대통령령으로 정하는 바에 따라 보호조치를 하여야 한다.

[전문개정 2008.6.13.]

제9장 보칙 <신설 2007.12.21.>

제64조(자료의 제출 등) ① 과학기술정보통신부장관 또는 방송통신위원회는 다음 각 호의 어느 하나에 해당하는 경우에는 정보통신서비스 제공자등(제67조에 따라 준용되는 자를 포함한다. 이하 이 조에서 같다)에게 관계 물품·서류 등을 제출하게 할 수 있다. <개정 2011.3.29., 2012.2.17., 2013.3.23., 2017.7.26.>

1. 이 법에 위반되는 사항을 발견하거나 혐의가 있음을 알게 된 경우

2. 이 법의 위반에 대한 신고를 받거나 민원이 접수된 경우

2의2. 이용자 정보의 안전성과 신뢰성 확보를 현저히 해치는 사건·사고 등이 발생하였거나 발생할 가능성이 있는 경우

3. 그 밖에 이용자 보호를 위하여 필요한 경우로서 대통령령으로 정하는 경우

② 방송통신위원회는 이 법을 위반하여 영리목적 광고성 정보를 전송한 자에게 다음 각 호의 조치를 하기 위하여 정보통신서비스 제공

자등에게 해당 광고성 정보 전송자의 성명·주소·주민등록번호·이용기간 등에 대한 자료의 열람이나 제출을 요청할 수 있다.

1. 제4항에 따른 시정조치
2. 제76조에 따른 과태료 부과
3. 그 밖에 이에 준하는 조치

③ 과학기술정보통신부장관 또는 방송통신위원회는 정보통신서비스 제공자등이 제1항 및 제2항에 따른 자료를 제출하지 아니하거나 이 법을 위반한 사실이 있다고 인정되면 소속 공무원에게 정보통신서비스 제공자등, 해당 법 위반 사실과 관련한 관계인의 사업장에 출입하여 업무상황, 장부 또는 서류 등을 검사하도록 할 수 있다. <개정 2011.3.29., 2013.3.23., 2016.3.22., 2017.7.26.>

④ 과학기술정보통신부장관 또는 방송통신위원회는 이 법을 위반한 정보통신서비스 제공자등에게 해당 위반행위의 중지나 시정을 위하여 필요한 시정조치를 명할 수 있고, 시정조치의 명령을 받은 정보통신서비스 제공자등에게 시정조치의 명령을 받은 사실을 공표하도록 할 수 있다. 이 경우 공표의 방법·기준 및 절차 등에 필요한 사항은 대통령령으로 정한다. <개정 2011.3.29., 2013.3.23., 2017.7.26.>

⑤ 과학기술정보통신부장관 또는 방송통신위원회는 제4항에 따라 필요한 시정조치를 명한 경우에는 시정조치를 명한 사실을 공개할 수 있다. 이 경우 공개의 방법·기준 및 절차 등에 필요한 사항은 대통령령으로 정한다. <개정 2011.3.29., 2013.3.23., 2017.7.26.>

⑥ 과학기술정보통신부장관 또는 방송통신위원회가 제1항 및 제2항에 따라 자료 등의 제출 또는 열람을 요구할 때에는 요구사유, 법적

근거, 제출시한 또는 열람일시, 제출·열람할 자료의 내용 등을 구체적으로 밝혀 서면(전자문서를 포함한다)으로 알려야 한다. <개정 2011.3.29., 2013.3.23., 2017.7.26.>

⑦ 제3항에 따른 검사를 하는 경우에는 검사 시작 7일 전까지 검사일시, 검사이유 및 검사내용 등에 대한 검사계획을 해당 정보통신서비스 제공자등에게 알려야 한다. 다만, 긴급한 경우나 사전통지를 하면 증거인멸 등으로 검사목적을 달성할 수 없다고 인정하는 경우에는 그 검사계획을 알리지 아니한다.

⑧ 제3항에 따라 검사를 하는 공무원은 그 권한을 표시하는 증표를 지니고 이를 관계인에게 내보여야 하며, 출입할 때 성명·출입시간·출입목적 등이 표시된 문서를 관계인에게 내주어야 한다.

⑨ 과학기술정보통신부장관 또는 방송통신위원회는 제1항부터 제3항까지의 규정에 따라 자료 등을 제출받거나 열람 또는 검사한 경우에는 그 결과(조사 결과 시정조치명령 등의 처분을 하려는 경우에는 그 처분의 내용을 포함한다)를 해당 정보통신서비스 제공자등에게 서면으로 알려야 한다. <개정 2011.3.29., 2013.3.23., 2017.7.26.>

⑩ 과학기술정보통신부장관 또는 방송통신위원회는 제1항부터 제4항까지의 규정에 따른 자료의 제출 요구 및 검사 등을 위하여 인터넷진흥원의 장에게 기술적 자문을 하거나 그 밖에 필요한 지원을 요청할 수 있다. <개정 2009.4.22., 2011.3.29., 2013.3.23., 2017.7.26.>

⑪ 제1항부터 제3항까지의 규정에 따른 자료 등의 제출 요구, 열람 및 검사 등은 이 법의 시행을 위하여 필요한 최소한의 범위에서 하여야 하며 다른 목적을 위하여 남용하여서는 아니 된다.

[전문개정 2008.6.13.]

제64조의2(자료 등의 보호 및 폐기) ① 과학기술정보통신부장관 또는 방송통신위원회는 정보통신서비스 제공자등으로부터 제64조에 따라 제출되거나 수집된 서류·자료 등에 대한 보호 요구를 받으면 이를 제3자에게 제공하거나 일반에게 공개하여서는 아니 된다. <개정 2011.3.29., 2013.3.23., 2017.7.26.>

② 과학기술정보통신부장관 또는 방송통신위원회는 정보통신망을 통하여 자료의 제출 등을 받은 경우나 수집한 자료 등을 전자화한 경우에는 개인정보·영업비밀 등이 유출되지 아니하도록 제도적·기술적 보안조치를 하여야 한다. <개정 2011.3.29., 2013.3.23., 2017.7.26.>

③ 과학기술정보통신부장관 또는 방송통신위원회는 다른 법률에 특별한 규정이 있는 경우 외에 다음 각 호의 어느 하나에 해당하는 사유가 발생하면 제64조에 따라 제출되거나 수집된 서류·자료 등을 즉시 폐기하여야 한다. 제65조에 따라 과학기술정보통신부장관 또는 방송통신위원회의 권한의 전부 또는 일부를 위임 또는 위탁받은 자도 또한 같다. <개정 2011.3.29., 2013.3.23., 2017.7.26.>

1. 제64조에 따른 자료제출 요구, 출입검사, 시정명령 등의 목적이 달성된 경우
2. 제64조제4항에 따른 시정조치명령에 불복하여 행정심판이 청구되거나 행정소송이 제기된 경우에는 해당 행정쟁송절차가 끝난 경우
3. 제76조제4항에 따른 과태료 처분이 있고 이에 대한 이의제기가 없는 경우에는 같은 조 제5항에 따른 이의제기기간이 끝난 경우

4. 제76조제4항에 따른 과태료 처분에 대하여 이의제기가 있는 경우에는 해당 관할 법원에 의한 비송사건절차가 끝난 경우

[전문개정 2008.6.13.]

제64조의3(과징금의 부과 등) ① 방송통신위원회는 다음 각 호의 어느 하나에 해당하는 행위가 있는 경우에는 해당 정보통신서비스 제공자등에게 위반행위와 관련한 매출액의 100분의 3 이하에 해당하는 금액을 과징금으로 부과할 수 있다. <개정 2012.2.17., 2014.5.28., 2016.3.22.>

1. 제22조제1항(제67조에 따라 준용되는 경우를 포함한다)을 위반하여 이용자의 동의를 받지 아니하고 개인정보를 수집한 경우
2. 제23조제1항(제67조에 따라 준용되는 경우를 포함한다)을 위반하여 이용자의 동의를 받지 아니하고 개인의 권리·이익이나 사생활을 뚜렷하게 침해할 우려가 있는 개인정보를 수집한 경우
3. 제24조(제67조에 따라 준용되는 경우를 포함한다)를 위반하여 개인정보를 이용한 경우
4. 제24조의2(제67조에 따라 준용되는 경우를 포함한다)를 위반하여 개인정보를 제3자에게 제공한 경우
5. 제25조제1항(제67조에 따라 준용되는 경우를 포함한다)을 위반하여 이용자의 동의를 받지 아니하고 개인정보 처리위탁을 한 경우

5의2. 제25조제4항(제67조에 따라 준용되는 경우를 포함한다)에 따른 관리·감독 또는 교육을 소홀히 하여 수탁자가 제4장의 규정을 위반한 경우

6. 이용자의 개인정보를 분실·도난·유출·위조·변조 또는 훼손한 경우로서 제28조제1항제2호부터 제5호까지(제67조에 따라 준용

되는 경우를 포함한다)의 조치를 하지 아니한 경우

7. 제31조제1항(제67조에 따라 준용되는 경우를 포함한다)을 위반하여 법정 대리인의 동의를 받지 아니하고 만 14세 미만인 아동의 개인정보를 수집한 경우
8. 제63조제2항 본문을 위반하여 이용자의 동의를 받지 아니하고 이용자의 개인정보를 국외에 제공한 경우

② 제1항에 따른 과징금을 부과하는 경우 정보통신서비스 제공자등이 매출액 산정자료의 제출을 거부하거나 거짓의 자료를 제출한 경우에는 해당 정보통신서비스 제공자등과 비슷한 규모의 정보통신서비스 제공자등의 재무제표 등 회계자료와 가입자 수 및 이용요금 등 영업현황 자료에 근거하여 매출액을 추정할 수 있다. 다만, 매출액이 없거나 매출액의 산정이 곤란한 경우로서 대통령령으로 정하는 경우에는 4억원 이하의 과징금을 부과할 수 있다. <개정 2012.2.17.>

③ 방송통신위원회는 제1항에 따른 과징금을 부과하려면 다음 각 호의 사항을 고려하여야 한다.

1. 위반행위의 내용 및 정도
2. 위반행위의 기간 및 횟수
3. 위반행위로 인하여 취득한 이익의 규모

④ 제1항에 따른 과징금은 제3항을 고려하여 산정하되, 구체적인 산정기준과 산정절차는 대통령령으로 정한다.

⑤ 방송통신위원회는 제1항에 따른 과징금을 내야 할 자가 납부기한까지 이를 내지 아니하면 납부기한의 다음 날부터 내지 아니한 과징금의 연 100분의 6에 해당하는 가산금을 징수한다.

⑥ 방송통신위원회는 제1항에 따른 과징금을 내야 할 자가 납부기한까지 이를 내지 아니한 경우에는 기간을 정하여 독촉을 하고, 그 지정된 기간에 과징금과 제5항에 따른 가산금을 내지 아니하면 국세체납처분의 예에 따라 징수한다.

⑦ 법원의 판결 등의 사유로 제1항에 따라 부과된 과징금을 환급하는 경우에는 과징금을 낸 날부터 환급하는 날까지 연 100분의 6에 해당하는 환급가산금을 지급하여야 한다.

[본조신설 2008.6.13.]

第64조의4(청문) 과학기술정보통신부장관 또는 방송통신위원회는 다음 각 호의 어느 하나에 해당하는 경우에는 청문을 하여야 한다. <개정 2017.7.26.>

1. 제9조제2항에 따라 인증기관의 지정을 취소하려는 경우
2. 제23조의4제1항에 따라 본인확인기관의 지정을 취소하려는 경우
3. 제47조제10항(제47조의3제3항에서 준용하는 경우를 포함한다)에 따라 정보보호 관리체계 인증을 취소하려는 경우
4. 제47조의2제1항(제47조의3제4항에서 준용하는 경우를 포함한다)에 따라 정보보호 관리체계 인증기관의 지정을 취소하려는 경우
5. 제47조의5제4항에 따라 정보보호 관리등급을 취소하려는 경우
6. 제55조제1항에 따라 등록을 취소하려는 경우

[본조신설 2015.12.1.]

第65조(권한의 위임·위탁) ① 이 법에 따른 과학기술정보통신부장관 또는 방송통신위원회의 권한은 대통령령으로 정하는 바에 따라 그 일

부를 과학기술정보통신부 소속 기관의 장 또는 지방우정청장에게 위임ㆍ위탁할 수 있다. <개정 2011.3.29., 2013.3.23., 2017.7.26.>

② 과학기술정보통신부장관은 제13조에 따른 정보통신망의 이용촉진 등에 관한 사업을 대통령령으로 정하는 바에 따라 「국가정보화 기본법」 제14조에 따른 한국정보화진흥원에 위탁할 수 있다. <개정 2013.3.23., 2017.7.26.>

③ 과학기술정보통신부장관 또는 방송통신위원회는 제64조제1항 및 제2항에 따른 자료의 제출 요구 및 검사에 관한 업무를 대통령령으로 정하는 바에 따라 인터넷진흥원에 위탁할 수 있다. <개정 2009.4.22., 2011.3.29., 2013.3.23., 2017.7.26.>

④ 제3항에 따른 인터넷진흥원의 직원에게는 제64조제8항을 준용한다. <개정 2009.4.22.>

[전문개정 2008.6.13.]

제65조의2 삭제 <2005.12.30.>

제66조(비밀유지 등) 다음 각 호의 어느 하나에 해당하는 업무에 종사하는 자 또는 종사하였던 자는 그 직무상 알게 된 비밀을 타인에게 누설하거나 직무 외의 목적으로 사용하여서는 아니 된다. 다만, 다른 법률에 특별한 규정이 있는 경우에는 그러하지 아니하다. <개정 2012.2.17.>

1. 삭제 <2011.3.29.>

2. 제47조에 따른 정보보호 관리체계 인증 업무

2의2. 제47조의3에 따른 개인정보보호 관리체계 인증 업무

3. 제52조제3항제4호에 따른 정보보호시스템의 평가 업무

4. 삭제 <2012.2.17.>

5. 제44조의10에 따른 명예훼손 분쟁조정부의 분쟁조정 업무

[전문개정 2008.6.13.]

제67조(방송사업자에 대한 준용) ① 「방송법」 제2조제3호가목부터 마목까지와 같은 조 제6호ㆍ제9호ㆍ제12호 및 제14호에 해당하는 자가 시청자의 개인정보를 수집ㆍ이용 또는 제공하는 경우에는 제4장을 준용한다. 이 경우 "정보통신서비스 제공자" 또는 "정보통신서비스 제공자등"은 "「방송법」 제2조제3호가목부터 마목까지와 같은 조 제6호ㆍ제9호ㆍ제12호 및 제14호에 해당하는 자"로, "이용자"는 "시청자"로 본다.

② 제25조제1항에 따른 수탁자에 관하여는 제22조, 제23조, 제23조의2부터 제23조의4까지, 제24조, 제24조의2, 제26조, 제26조의2, 제27조, 제27조의2, 제27조의3, 제28조, 제28조의2, 제29조, 제30조, 제30조의2 및 제31조를 준용한다.

[본조신설 2012.2.17.]

제68조 삭제 <2010.3.22.>

제68조의2 삭제 <2015.6.22.>

제69조(벌칙 적용 시의 공무원 의제) 과학기술정보통신부장관 또는 방송통신위원회가 제65조제2항 및 제3항에 따라 위탁한 업무에 종사하는 한국정보화진흥원과 인터넷진흥원의 임직원은 「형법」 제129조부터 제132조까지의 규정에 따른 벌칙을 적용할 때에는 공무원으로 본다. <개정 2009.4.22., 2011.3.29., 2013.3.23., 2017.7.26.>

[전문개정 2008.6.13.]

제69조의2(고발) ①방송통신위원회는 제64조의3제1항 각 호의 어느 하

나에 해당하는 행위가 있다고 인정하는 경우에는 해당 정보통신서비스 제공자등을 검찰 등 수사기관에 고발할 수 있다. <개정 2016.3.22.>

② 방송통신위원회는 개인정보 보호와 관련하여 이 법을 위반한 정보통신서비스 제공자등에게 책임이 있는 자(대표자 및 책임있는 임원을 포함한다)를 징계할 것을 권고할 수 있다. 이 경우 권고를 받은 사람은 이를 존중하여야 하며 그 결과를 방송통신위원회에 통보하여야 한다. <신설 2016.3.22.>

[본조신설 2012.2.17.]

제10장 벌칙 <신설 2007.12.21.>

제70조(벌칙) ① 사람을 비방할 목적으로 정보통신망을 통하여 공공연하게 사실을 드러내어 다른 사람의 명예를 훼손한 자는 3년 이하의 징역 또는 3천만원 이하의 벌금에 처한다. <개정 2014.5.28.>

② 사람을 비방할 목적으로 정보통신망을 통하여 공공연하게 거짓의 사실을 드러내어 다른 사람의 명예를 훼손한 자는 7년 이하의 징역, 10년 이하의 자격정지 또는 5천만원 이하의 벌금에 처한다.

③ 제1항과 제2항의 죄는 피해자가 구체적으로 밝힌 의사에 반하여 공소를 제기할 수 없다.

[전문개정 2008.6.13.]

제70조의2(벌칙) 제48조제2항을 위반하여 악성프로그램을 전달 또는 유포하는 자는 7년 이하의 징역 또는 7천만원 이하의 벌금에 처한다.

[본조신설 2016.3.22.]

제71조(벌칙) ①다음 각 호의 어느 하나에 해당하는 자는 5년 이하의 징역 또는 5천만원 이하의 벌금에 처한다. <개정 2016.3.22.>

1. 제22조제1항(제67조에 따라 준용되는 경우를 포함한다)을 위반하여 이용자의 동의를 받지 아니하고 개인정보를 수집한 자
2. 제23조제1항(제67조에 따라 준용되는 경우를 포함한다)을 위반하여 이용자의 동의를 받지 아니하고 개인의 권리·이익이나 사생활을 뚜렷하게 침해할 우려가 있는 개인정보를 수집한 자
3. 제24조, 제24조의2제1항 및 제2항 또는 제26조제3항(제67조에 따라 준용되는 경우를 포함한다)을 위반하여 개인정보를 이용하거나 제3자에게 제공한 자 및 그 사정을 알면서도 영리 또는 부정한 목적으로 개인정보를 제공받은 자
4. 제25조제1항(제67조에 따라 준용되는 경우를 포함한다)을 위반하여 이용자의 동의를 받지 아니하고 개인정보 처리위탁을 한 자
5. 제28조의2제1항(제67조에 따라 준용되는 경우를 포함한다)을 위반하여 이용자의 개인정보를 훼손·침해 또는 누설한 자
6. 제28조의2제2항을 위반하여 그 개인정보가 누설된 사정을 알면서도 영리 또는 부정한 목적으로 개인정보를 제공받은 자
7. 제30조제5항(제30조제7항, 제31조제3항 및 제67조에 따라 준용되는 경우를 포함한다)을 위반하여 필요한 조치를 하지 아니하고 개인정보를 제공하거나 이용한 자
8. 제31조제1항(제67조에 따라 준용되는 경우를 포함한다)을 위반하여 법정대리인의 동의를 받지 아니하고 만 14세 미만인 아동의 개인정보를 수집한 자

9. 제48조제1항을 위반하여 정보통신망에 침입한 자

10. 제48조제3항을 위반하여 정보통신망에 장애가 발생하게 한 자

11. 제49조를 위반하여 타인의 정보를 훼손하거나 타인의 비밀을 침해·도용 또는 누설한 자

② 제1항제9호의 미수범은 처벌한다. <신설 2016.3.22.>

[전문개정 2008.6.13.]

제72조(벌칙) ① 다음 각 호의 어느 하나에 해당하는 자는 3년 이하의 징역 또는 3천만원 이하의 벌금에 처한다. <개정 2015.1.20., 2015.3.27.>

1. 삭제 <2016.3.22.>

2. 제49조의2제1항을 위반하여 다른 사람의 개인정보를 수집한 자

2의2. 「재난 및 안전관리 기본법」 제14조제1항에 따른 대규모 재난 상황을 이용하여 제50조의8을 위반하여 광고성 정보를 전송한 자

3. 제53조제1항에 따른 등록을 하지 아니하고 그 업무를 수행한 자

4. 다음 각 목의 어느 하나에 해당하는 행위를 통하여 자금을 융통하여 준 자 또는 이를 알선·중개·권유·광고한 자

가. 재화등의 판매·제공을 가장하거나 실제 매출금액을 초과하여 통신과금서비스에 의한 거래를 하거나 이를 대행하게 하는 행위

나. 통신과금서비스이용자로 하여금 통신과금서비스에 의하여 재화등을 구매·이용하도록 한 후 통신과금서비스이용자가 구매·이용한 재화등을 할인하여 매입하는 행위

5. 제66조를 위반하여 직무상 알게 된 비밀을 타인에게 누설하거

나. 직무 외의 목적으로 사용한 자

② 삭제 <2016.3.22.>

[전문개정 2008.6.13.]

제73조(벌칙) 다음 각 호의 어느 하나에 해당하는 자는 2년 이하의 징역 또는 2천만원 이하의 벌금에 처한다. <개정 2014.5.28., 2016.3.22.>

1. 제28조제1항제2호부터 제5호까지(제67조에 따라 준용되는 경우를 포함한다)의 규정에 따른 기술적·관리적 조치를 하지 아니하여 이용자의 개인정보를 분실·도난·유출·위조·변조 또는 훼손한 자

1의2. 제29조제1항을 위반하여 개인정보를 파기하지 아니한 자(제67조에 따라 준용되는 경우를 포함한다)

2. 제42조를 위반하여 청소년유해매체물임을 표시하지 아니하고 영리를 목적으로 제공한 자

3. 제42조의2를 위반하여 청소년유해매체물을 광고하는 내용의 정보를 청소년에게 전송하거나 청소년 접근을 제한하는 조치 없이 공개적으로 전시한 자

4. 제44조의6제3항을 위반하여 이용자의 정보를 민·형사상의 소를 제기하는 것 외의 목적으로 사용한 자

5. 제44조의7제2항 및 제3항에 따른 방송통신위원회의 명령을 이행하지 아니한 자

6. 제48조의4제3항에 따른 명령을 위반하여 관련 자료를 보전하지 아니한 자

7. 제49조의2제1항을 위반하여 개인정보의 제공을 유인한 자

8. 제61조에 따른 명령을 이행하지 아니한 자

[전문개정 2008.6.13.]

제74조(벌칙) ① 다음 각 호의 어느 하나에 해당하는 자는 1년 이하의 징역 또는 1천만원 이하의 벌금에 처한다. <개정 2012.2.17., 2014.5.28.>

1. 제8조제4항을 위반하여 비슷한 표시를 한 제품을 표시·판매 또는 판매할 목적으로 진열한 자
2. 제44조의7제1항제1호를 위반하여 음란한 부호·문언·음향·화상 또는 영상을 배포·판매·임대하거나 공공연하게 전시한 자
3. 제44조의7제1항제3호를 위반하여 공포심이나 불안감을 유발하는 부호·문언·음향·화상 또는 영상을 반복적으로 상대방에게 도달하게 한 자
4. 제50조제5항을 위반하여 조치를 한 자
5. 삭제 <2014.5.28.>
6. 제50조의8을 위반하여 광고성 정보를 전송한 자
7. 제53조제4항을 위반하여 등록사항의 변경등록 또는 사업의 양도·양수 또는 합병·상속의 신고를 하지 아니한 자

② 제1항제3호의 죄는 피해자가 구체적으로 밝힌 의사에 반하여 공소를 제기할 수 없다.

[전문개정 2008.6.13.]

제75조(양벌규정) 법인의 대표자나 법인 또는 개인의 대리인, 사용인, 그 밖의 종업원이 그 법인 또는 개인의 업무에 관하여 제71조부터 제73조까지 또는 제74조제1항의 어느 하나에 해당하는 위반행위를 하면 그 행위자를 벌하는 외에 그 법인 또는 개인에게도 해당 조문의 벌금형을 과(科)한다. 다만, 법인 또는 개인이 그 위반행위를 방

지하기 위하여 해당 업무에 관하여 상당한 주의와 감독을 게을리 하지 아니한 경우에는 그러하지 아니하다.

[전문개정 2010.3.17.]

제75조의2(몰수·추징) 제71조제1항제1호부터 제8호까지, 제72조제1항제2호 및 제73조제1호·제1호의2·제7호의 어느 하나에 해당하는 죄를 지은 자가 해당 위반행위와 관련하여 취득한 금품이나 그 밖의 이익은 몰수할 수 있으며, 이를 몰수할 수 없을 때에는 그 가액을 추징할 수 있다. 이 경우 몰수 또는 추징은 다른 벌칙에 부가하여 과할 수 있다.

[본조신설 2016.3.22.]

제76조(과태료) ① 다음 각 호의 어느 하나에 해당하는 자와 제7호부터 제11호까지의 경우에 해당하는 행위를 하도록 한 자에게는 3천만 원 이하의 과태료를 부과한다. <개정 2011.3.29., 2012.2.17., 2013.3.23., 2014.5.28., 2015.6.22., 2015.12.1., 2016.3.22., 2017.7.26.>

1. 제22조의2제2항 또는 제23조제3항(제67조에 따라 준용되는 경우를 포함한다)을 위반하여 서비스의 제공을 거부한 자

1의2. 제22조의2제3항(제67조에 따라 준용되는 경우를 포함한다)을 위반하여 접근권한에 대한 이용자의 동의 및 철회방법을 마련하는 등 이용자 정보 보호를 위하여 필요한 조치를 하지 아니한 자

2. 제23조의2제1항을 위반하여 주민등록번호를 수집·이용하거나 같은 조 제2항에 따른 필요한 조치를 하지 아니한 자(제67조에 따라 준용되는 경우를 포함한다)

2의2. 제24조의2제3항(제67조에 따라 준용되는 경우를 포함한다)을 위반하여 제공 또는 처리위탁에 대한 동의를 받을 때 개인정보의 수집·이용에 대한 동의와 구분하여 받지 아니하거나 이에 동의하지 아니한 이유로 서비스 제공을 거부한 자

2의3. 제27조의3제1항(제67조에 따라 준용되는 경우를 포함한다)을 위반하여 이용자·방송통신위원회 및 한국인터넷진흥원에 통지 또는 신고하지 아니하거나 정당한 사유 없이 24시간을 경과하여 통지 또는 신고한 자

2의4. 제27조의3제3항에 따른 소명을 하지 아니하거나 거짓으로 한 자

3. 제28조제1항(제67조에 따라 준용되는 경우를 포함한다)에 따른 기술적·관리적 조치를 하지 아니한 자

4. 제29조제2항(제67조에 따라 준용되는 경우를 포함한다)을 위반하여 개인정보 파기 등의 조치를 취하지 아니한 자

5. 제30조제3항·제4항 및 제6항(제30조제7항, 제31조제3항 및 제67조에 따라 준용되는 경우를 포함한다)을 위반하여 필요한 조치를 하지 아니한 자

5의2. 제30조의2제1항 본문을 위반하여 개인정보의 이용내역을 통지하지 아니한 자(제67조에 따라 준용되는 경우를 포함한다)

6. 삭제 <2014.5.28.>

6의2. 제45조의3제1항을 위반하여 정보보호 최고책임자의 지정을 신고하지 아니한 자

6의3. 제47조제2항을 위반하여 정보보호 관리체계 인증을 받지 아니한 자

7. 제50조제1항부터 제3항까지의 규정을 위반하여 영리 목적의 광고성 정보를 전송한 자

8. 제50조제4항을 위반하여 광고성 정보를 전송할 때 밝혀야 하는 사항을 밝히지 아니하거나 거짓으로 밝힌 자

9. 제50조제6항을 위반하여 비용을 수신자에게 부담하도록 한 자

9의2. 제50조제8항을 위반하여 수신동의 여부를 확인하지 아니한 자

10. 제50조의5를 위반하여 이용자의 동의를 받지 아니하고 프로그램을 설치한 자

11. 제50조의7제1항 또는 제2항을 위반하여 인터넷 홈페이지에 영리목적의 광고성 정보를 게시한 자

12. 이 법을 위반하여 제64조제4항에 따라 과학기술정보통신부장관 또는 방송통신위원회로부터 받은 시정조치 명령을 이행하지 아니한 자

② 다음 각 호의 어느 하나에 해당하는 자에게는 2천만원 이하의 과태료를 부과한다. <개정 2016.3.22.>

1. 제25조제2항(제67조에 따라 준용되는 경우를 포함한다)을 위반하여 이용자에게 개인정보 처리위탁에 관한 사항을 공개하지 아니하거나 알리지 아니한 자

1의2. 제25조제7항(제67조에 따라 준용되는 경우를 포함한다)을 위반하여 개인정보 처리위탁을 한 정보통신서비스 제공자등의 동의를 받지 아니하고 제3자에게 재위탁한 자

2. 제26조제1항 및 제2항(제67조에 따라 준용되는 경우를 포함한다)을 위반하여 이용자에게 개인정보의 이전사실을 알리지 아니한 자

3. 제27조제1항(제67조에 따라 준용되는 경우를 포함한다)을 위반하여 개인정보 보호책임자를 지정하지 아니한 자

4. 제27조의2제1항(제67조에 따라 준용되는 경우를 포함한다)을 위반하여 개인정보 처리방침을 공개하지 아니한 자

5. 제63조제2항 단서를 위반하여 제63조제3항 각 호의 사항 모두를 공개하거나 이용자에게 알리지 아니하고 이용자의 개인정보를 국외에 처리위탁·보관한 자

③ 다음 각 호의 어느 하나에 해당하는 자에게는 1천만원 이하의 과태료를 부과한다. <개정 2009.4.22., 2011.4.5., 2012.2.17., 2014.5.28., 2015.6.22., 2015.12.1., 2016.3.22., 2017.7.26.>

1. 삭제 <2015.6.22.>

2. 삭제 <2015.6.22.>

2의2. 제23조의3제1항을 위반하여 본인확인기관의 지정을 받지 아니하고 본인확인업무를 한 자

2의3. 제23조의3제2항에 따른 본인확인업무의 휴지 또는 같은 조 제3항에 따른 본인확인업무의 폐지 사실을 이용자에게 통보하지 아니하거나 방송통신위원회에 신고하지 아니한 자

2의4. 제23조의4제1항에 따른 본인확인업무의 정지 및 지정취소 처분에도 불구하고 본인확인업무를 계속한 자

2의5. 제25조제6항(제67조에 따라 준용되는 경우를 포함한다)을 위반하여 개인정보 처리위탁을 할 때에 문서에 의하지 아니한 자

3. 제42조의3제1항을 위반하여 청소년 보호 책임자를 지정하지 아니한 자

4. 제43조를 위반하여 정보를 보관하지 아니한 자

5. 제46조제2항을 위반하여 보험에 가입하지 아니한 자
6. 삭제 <2015.12.1.>
7. 제47조제9항 및 제47조의3제3항을 위반하여 인증받은 내용을 거짓으로 홍보한 자
8. 삭제 <2012.2.17.>
9. 삭제 <2012.2.17.>
10. 제47조의4제3항을 위반하여 소프트웨어 사용자에게 알리지 아니한 자
11. 제48조의2제4항에 따른 시정명령을 이행하지 아니한 자
11의2. 제48조의3제1항을 위반하여 침해사고의 신고를 하지 아니한 자
12. 제48조의4제4항에 따른 사업장 출입 및 조사를 방해하거나 거부 또는 기피한 자
12의2. 제49조의2제4항을 위반하여 과학기술정보통신부장관 또는 방송통신위원회의 명령을 이행하지 아니한 자
12의3. 제50조제7항을 위반하여 수신동의, 수신거부 또는 수신동의 철회에 대한 처리 결과를 알리지 아니한 자
12의4. 제50조의4제4항을 위반하여 필요한 조치를 하지 아니한 자
13. 제52조제6항을 위반하여 한국인터넷진흥원의 명칭을 사용한 자
14. 제53조제4항을 위반하여 사업의 휴지·폐지·해산의 신고를 아니한 자
15. 제56조제1항을 위반하여 약관을 신고하지 아니한 자
16. 제57조제2항을 위반하여 관리적 조치 또는 기술적 조치를 하지 아니한 자

17. 제58조제1항을 위반하여 통신과금서비스 이용일시 등을 통신과금서비스이용자에게 고지하지 아니한 자
18. 제58조제2항을 위반하여 통신과금서비스이용자가 구매·이용 내역을 확인할 수 있는 방법을 제공하지 아니하거나 통신과금서비스이용자의 제공 요청에 응하지 아니한 자
19. 제58조제3항을 위반하여 통신과금서비스이용자로부터 받은 통신과금에 대한 정정요구가 이유 있음에도 결제대금의 지급을 유보하지 아니하거나 통신과금서비스이용자의 요청에 대한 처리 결과를 통신과금서비스이용자에게 알려 주지 아니한 자
20. 제58조제4항을 위반하여 통신과금서비스에 관한 기록을 보존하지 아니한 자
20의2. 제58조제5항을 위반하여 통신과금서비스이용자의 동의를 받지 아니하고 통신과금서비스를 제공하거나 이용한도액을 증액한 자
20의3. 제58조제6항을 위반하여 통신과금서비스 약관의 변경에 관한 통지를 하지 아니한 자
21. 제59조제2항을 위반하여 통신과금서비스이용자의 이의신청 및 권리구제를 위한 절차를 마련하지 아니하거나 통신과금서비스 계약 시 이를 명시하지 아니한 자
22. 제64조제1항에 따른 관계 물품·서류 등을 제출하지 아니하거나 거짓으로 제출한 자
23. 제64조제2항에 따른 자료의 열람·제출요청에 따르지 아니한 자
24. 제64조제3항에 따른 출입·검사를 거부·방해 또는 기피한 자

④ 제1항부터 제3항까지의 과태료는 대통령령으로 정하는 바에 따라

과학기술정보통신부장관 또는 방송통신위원회가 부과·징수한다. <개정 2011.3.29., 2013.3.23., 2017.7.26.>

⑤ 삭제 <2017.3.14.>

⑥ 삭제 <2017.3.14.>

⑦ 삭제 <2017.3.14.>

[전문개정 2008.6.13.]

부칙 <제14839호, 2017.7.26.> (정부조직법)

제1조(시행일) ① 이 법은 공포한 날부터 시행한다. 다만, 부칙 제5조에 따라 개정되는 법률 중 이 법 시행 전에 공포되었으나 시행일이 도래하지 아니한 법률을 개정한 부분은 각각 해당 법률의 시행일부터 시행한다.

제2조부터 제4조까지 생략

제5조(다른 법률의 개정) ①부터 ㉖까지 생략

㉗ 정보통신망 이용촉진 및 정보보호 등에 관한 법률 일부를 다음과 같이 개정한다.

제4조제1항·제3항, 제6조제1항, 제7조제1항, 같은 조 제2항 전단, 같은 조 제3항, 제8조제1항 본문, 같은 조 제5항, 제9조제1항, 같은 조 제2항 각 호 외의 부분 본문, 제13조제1항, 제15조제1항·제2항, 제45조제2항, 제45조의2제2항 각 호 외의 부분, 같은 항 제1호·제2호, 제45조의3제1항 단서, 제46조의2제1항제3호, 제47조제1항, 같은 조 제3항 전단 및 후단, 같은 조 제4항, 같은 조 제6항 각 호 외의

부분, 같은 조 제7항ㆍ제8항, 같은 조 제10항 각 호 외의 부분 본문, 제47조의2제1항 각 호 외의 부분 본문, 제47조의5제1항ㆍ제2항, 같은 조 제4항 각 호 외의 부분 본문, 제48조의2제1항 각 호 외의 부분, 같은 조 제2항 각 호 외의 부분, 같은 조 제3항부터 제6항까지, 제48조의3제1항 각 호 외의 부분 전단, 같은 조 제2항, 제48조의4제2항ㆍ제3항, 같은 조 제4항 본문, 같은 조 제5항, 제49조의2제2항, 같은 조 제3항 각 호 외의 부분, 같은 조 제4항, 제53조제1항 각 호 외의 부분, 제54조제4호, 제55조제1항, 제56조제1항ㆍ제2항, 제58조제8항ㆍ제9항, 제61조 각 호 외의 부분, 제64조제1항 각 호 외의 부분, 같은 조 제3항, 같은 조 제4항 전단, 같은 조 제5항 전단, 같은 조 제6항ㆍ제9항ㆍ제10항, 제64조의2제1항ㆍ제2항, 같은 조 제3항 각 호 외의 부분 전단 및 후단, 제64조의4 각 호 외의 부분, 제65조제1항부터 제3항까지, 제69조, 제76조제1항제12호, 같은 조 제3항제12호의2 및 같은 조 제4항 중 "미래창조과학부장관"을 각각 "과학기술정보통신부장관"으로 한다.

제8조제6항, 제9조제3항 및 제47조제3항 전단 중 "미래창조과학부령"을 각각 "과학기술정보통신부령"으로 한다.

제52조제3항제22호 중 "미래창조과학부장관ㆍ행정자치부장관"을 "과학기술정보통신부장관ㆍ행정안전부장관"으로 한다.

제65조제1항 중 "미래창조과학부"를 "과학기술정보통신부"로 한다.

㉘부터 <382>까지 생략

제6조 생략